プリント形式のリアル過去問で本番の臨場感！

大阪府

# 大阪女学院中学校

2025年春受験用

# 解答集

本書は，実物をなるべくそのままに，プリント形式で年度ごとに収録しています。
問題用紙を教科別に分けて使うことができるので，本番さながらの演習ができます。

## ■ 収録内容

・解答集（この冊子です）

書籍ＩＤ番号，この問題集の使い方，最新年度実物データ，リアル過去問の活用，
解答例と解説，ご使用にあたってのお願い・ご注意，お問い合わせ

・2024（令和６）年度 ～ 2021（令和３）年度　学力検査問題

| ○は収録あり | 年度 | '24 | '23 | '22 | '21 | | |
|---|---|---|---|---|---|---|---|
| ■ 問題（前期・後期） | | ○ | ○ | ○ | ○ | | |
| ■ 解答用紙 | | ○ | ○ | ○ | ○ | | |
| ■ 配点※ | | ○ | ○ | ○ | ○ | | |

全教科に解説があります

※前期の理科の配点は大問ごと

☆問題文等の非掲載はありません

教英出版

## ■　書籍ＩＤ番号

入試に役立つダウンロード付録や学校情報などを随時更新して掲載しています。
教英出版ウェブサイトの「ご購入者様のページ」画面で，書籍ＩＤ番号を入力してご利用ください。

書籍ＩＤ番号　111429

（有効期限：2025年9月30日まで）

**【入試に役立つダウンロード付録】**
「要点のまとめ（国語／算数）」
「課題作文演習」ほか

## ■　この問題集の使い方

年度ごとにプリント形式で収録しています。針を外して教科ごとに分けて使用します。①片側，②中央のどちらかでとじてありますので，下図を参考に，問題用紙と解答用紙に分けて準備をしましょう（解答用紙がない場合もあります）。

針を外すときは，けがをしないように十分注意してください。また，針を外すと紛失しやすくなりますので気をつけましょう。

### ①　片側でとじてあるもの

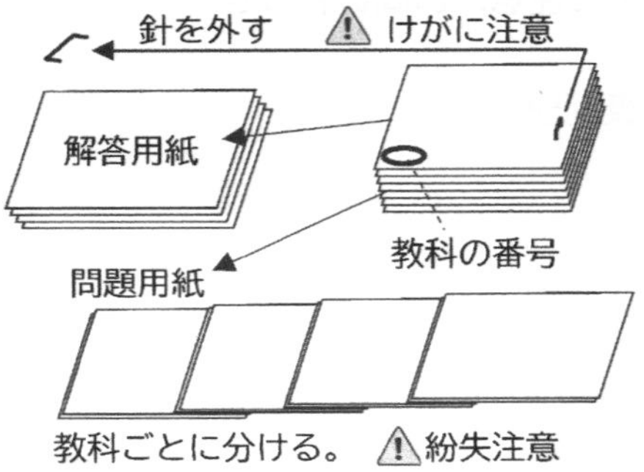


### ②　中央でとじてあるもの

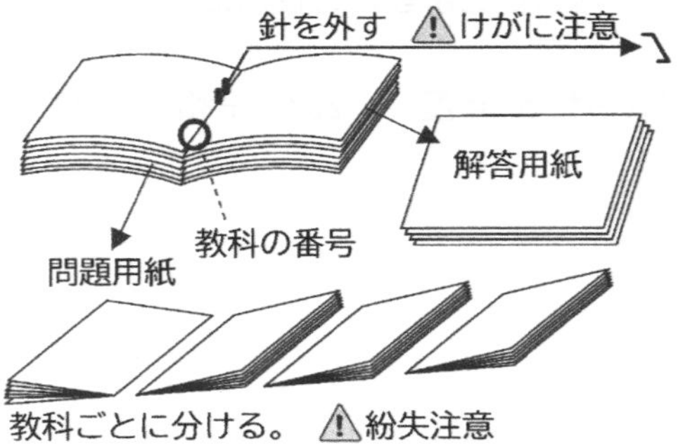


※教科数が上図と異なる場合があります。
　解答用紙がない場合や，問題と一体になっている場合があります。
　教科の番号は，教科ごとに分けるときの参考にしてください。

## ■　最新年度　実物データ

実物をなるべくそのままに編集していますが，収録の都合上，実際の試験問題とは異なる場合があります。実物のサイズ，様式は右表で確認してください。

| | |
|---|---|
| 問題用紙 | Ｂ４片面プリント<br>算：Ｂ５冊子（二つ折り） |
| 解答用紙 | Ｂ４片面プリント |

# リアル過去問の活用

～リアル過去問なら入試本番で力を発揮することができる～

## 本番を体験しよう！

問題用紙の形式（縦向き／横向き），問題の配置や余白など，実物に近い紙面構成なので本番の臨場感が味わえます。まずはパラパラとめくって眺めてみてください。「これが志望校の入試問題なんだ！」と思えば入試に向けて気持ちが高まることでしょう。

## 入試を知ろう！

同じ教科の過去数年分の問題紙面を並べて，見比べてみましょう。

**①　問題の量**

毎年同じ大問数か，年によって違うのか，また全体の問題量はどのくらいか知っておきましょう。どのくらいのスピードで解けば時間内に終わるのか，大問ひとつにかけられる時間を計算してみましょう。

**②　出題分野**

よく出題されている分野とそうでない分野を見つけましょう。同じような問題が過去にも出題されていることに気がつくはずです。

**③　出題順序**

得意な分野が毎年同じ大問番号で出題されていると分かれば，本番で取りこぼさないように先回りして解答することができるでしょう。

**④　解答方法**

記述式か選択式か（マークシートか），見ておきましょう。記述式なら，単位まで書く必要があるかどうか，文字数はどのくらいかなど，細かいところまでチェックしておきましょう。計算過程を書く必要があるかどうかも重要です。

**⑤　問題の難易度**

必ず正解したい基本問題，条件や指示の読み間違いといったケアレスミスに気をつけたい問題，後回しにしたほうがいい問題などをチェックしておきましょう。

## 問題を解こう！

志望校の入試傾向をつかんだら，問題を何度も解いていきましょう。ほかにも問題文の独特な言いまわしや，その学校独自の答え方を発見できることもあるでしょう。オリンピックや環境問題など，話題になった出来事を毎年出題する学校だと分かれば，日頃のニュースの見かたも変わってきます。

こうして志望校の入試傾向を知り対策を立てることこそが，過去問を解く最大の理由なのです。

## 実力を知ろう！

過去問を解くにあたって，得点はそれほど重要ではありません。大切なのは，志望校の過去問演習を通して，苦手な教科，苦手な分野を知ることです。苦手な教科，分野が分かったら，教科書や参考書に戻って重点的に学習する時間をつくりましょう。今の自分の実力を知れば，入試本番までの勉強の道すじが見えてきます。

## 試験に慣れよう！

入試では時間配分も重要です。本番で時間が足りなくなってあわてないように，リアル過去問で実戦演習をして，時間配分や出題パターンに慣れておきましょう。教科ごとに気持ちを切り替える練習もしておきましょう。

## 心を整えよう！

入試は誰でも緊張するものです。入試前日になったら，演習をやり尽くしたリアル過去問の表紙を眺めてみましょう。問題の内容を見る必要はもうありません。どんな形式だったかな？受験番号や氏名はどこに書くのかな？…ほんの少し見ておくだけでも，志望校の入試に向けて心の準備が整うことでしょう。

そして入試本番では，見慣れた問題紙面が緊張した心を落ち着かせてくれるはずです。

※まれに入試形式を変更する学校もありますが，条件はほかの受験生も同じです。心を整えてあせらずに問題に取りかかりましょう。

# 大阪女学院中学校【前期】【後期】

## 《前期　国語》

一 問一．a．見当　b．測　c．不思議　d．治　e．秘密　f．染　g．よそお　h．参考

問二．A．エ　B．ウ　問三．ア　問四．ア　問五．イ　問六．Ⅰ．ア　Ⅱ．エ　Ⅲ．イ　問七．ともこちゃんが心因性視覚障害になってしまったのは自分のせいだと責める（下線部は病気になった／目が見えなくなったでもよい）　問八．ウ　問九．エ　問十．イ，オ　問十一．エ　問十二．ア　問十三．C

二 問一．①エ　②ア　③イ　問二．［漢字／意味］　①［一／エ］　②［十／イ］　③［適／ア］　④［全／ウ］

問三．［漢字／意味］　①［帯／イ］　②［石／エ］　③［友／ウ］　④［下／オ］　問四．①ウ　②イ　③エ

問五．［誤／正］　①［長／帳］　②［地／池］　③［解／開］　問六．①エ　②イ　③オ

三 1．キ　2．イ　3．エ　4．オ　5．ク

## 《前期　算数》

1 (1)44　(2)9　(3)$\frac{4}{5}$　(4)9.45　(5)$\frac{1}{3}$　(6)0.35　(7)890　(8)8

2 (1)345　(2)51.44　(3)1.14

3 (1)4　(2)450　(3)5055

4 (1)94　(2)148　(3)202　(4)236

5 (1)1　(2)6〔別解〕11　(3)12分30秒後　(4)115

6 (1)ア．6　イ．11　ウ．ひき算　エ．22　オ．230　カ．69　(2)23

## 《前期　理科》

1 (問1)(あ)，(い)，(う)，(か)　(問2)かみの毛をくくる。／そでをまくる。／リボンを中に入れる。　などから1つ　(問3)①(き)　②(お)　③(え)　④(い)　(問4)目を守るため。／薬品やほこりが目にはいらないようにするため。　などから1つ　(問5)(あ)　(問6)(い)　(問7)②→③→①→④

2 (問1)(う)　(問2)記号…(う)　結果…石灰水が白くにごる。　(問3)(え)

(問4)記号…(あ)　結果…白い固体がでてくる。　(問5)4

3 (問1)①(え)　②(う)　③(あ)　(問2)(A)6　(B)胸

(問3)(A)(え)　(B)ツバメの食料となる生物の活動がにぶり，食料不足になるため。

4 (問1)0.92　(問2)0.017　(問3)鉄　(問4)バイメタル②

5 (問1)(い)　(問2)①(い)　②青い色水が花まで運ばれたから。　(問3)(あ)　(問4)(え)　(問5)(う)

6 (問1)(い)，(う)　(問2)(お)，(か)，(き)，(く)，(け)　(問3)4　(問4)1

7 (問1)(う)　(問2)(う)　(問3)(あ)

8 (問1)地層　(問2)砂岩　(問3)(あ)　(問4)海であった。　(問5)(う)　(問6)断層　(問7)(え)

(問8)⑤⑦→④⑥→⑧→③→②→①

## 《前期　社会》

[1] 問1．減反　問2．イ　問3．A．エ　B．ウ　C．イ　問4．エ　問5．地産地消
問6．食品ロス〔別解〕フードロス　問7．高齢化や後継者不足によって，農業従事者が減少し，耕地面積も減少していること。

[2] 問1．カ　問2．伝統工業〔別解〕地場産業／伝統工芸　問3．(1)ア．A　イ．C　ウ．B　(2)りんご
問4．ア　問5．(1)イ　(2)富山市は日本海側に位置し，冬季は北西季節風の影響で積雪がみられ，降水量が多くなるため。　問6．中部地方は高い山脈が多く，そこから流れる河川をせき止め，落差を利用して発電しやすいため。

[3] 問1．1．卑弥呼　2．推古天皇　3．紫式部　4．北条政子　問2．藤原道長　問3．イ　問4．ウ
問5．ウ　問6．エ　問7．ア　問8．(1)エ　(2)兄の名前…織田信長　都市…堺市　理由…鉄砲の生産が盛んにおこなわれたから。

[4] 問1．1．か　2．あ　3．え　4．け　5．い　6．き　問2．絵踏　問3．朝鮮通信使　問4．屯田兵
問5．統監府　問6．(1)韓国が日本の植民地になった。（下線部は領土でもよい）
(2)創氏改名／神社参拝強要／日本語教育強制／産米増殖計画 などから1つ　問7．サンフランシスコ平和条約

[5] 問1．①冷戦〔別解〕冷たい戦争　③マルタ会談　問2．ア　問3．(A)エ　(B)ア　問4．イ
問5．(1)広島　(2)持ち込ませず〔別解〕持ち込ませない　(3)核拡散防止条約〔別解〕核不拡散条約／NPT
(4)最近の動き…全体的に核の保有数が削減されていることがわかる。　達成の度合い…保有国が増えており，拡散が進んでいるため全く達成されていない。

## 《後期　国語》

[一] 問一．a．看板　b．提案　c．こだち　d．しょうち　e．混雑
問二．A．イ　B．イ　C．ア　D．エ　問三．1．エ　2．ア　3．ウ　4．イ　問四．ウ　問五．エ
問六．エ　問七．ア　問八．経験　問九．ウ

[二] 問一．1．保　2．悲　3．退　問二．1．イ　2．カ　3．ウ　4．エ
問三．1．三文　2．深長　3．夢中　問四．1．ウ　2．イ　3．ア
問五．［記号／漢字］　1．［ウ／器］　2．［イ／永］　3．［ア／習］　問六．1．イ　2．イ　3．ア
問七．1．イ　2．エ　3．ウ　問八．1．こちら　2．きちんと　3．ではなく　4．たくさん
問九．1．キ　2．オ　3．ア　4．イ　5．ク

## 《後期　算数》

[1] (1)38　(2)24.99　(3)$\frac{1}{4}$　(4)$\frac{3}{4}$　(5)2.6　(6)$\frac{4}{175}$　(7)1500　(8)8.8

[2] (1)26　(2)18.24　(3)2

[3] (1)7　(2)3.5　(3)4秒後から7.5秒後　(4)1.2秒後と11秒後

[4] (1)376.8　(2)$7\frac{2}{3}$　(3)$9\frac{1}{8}$　(4)14.13

[5] (1)あ．4.5　い．2.7　う．21　え．48　お．18　か．40　(2)27

## 《2024　前期　国語　解説》

一 問三　直後の「あれ、ゼロだよ」は、レンズの度数が「ゼロ」であるという意味。広瀬先輩《せんぱい》が、手品のようにレンズをあつかい、度数が「ゼロ」の状態を作りだしたことに「僕《ぼく》」は気づいていなかった。よって、アが適する。

問四　患者《かんじゃ》を検査用の椅子《いす》に座らせるのは、通常の検査でも行われることだと考えられる。よって、アが正解。

問五　あらすじに、「広瀬先輩は心因性視覚障害ではないかという推測を立てた」とある。広瀬先輩はこの予測をもとに追加の検査を行い、度数ゼロのレンズを「魔法《まほう》のレンズ」だと思い込《こ》ませ、矯正《きょうせい》視力をだした。このデータをもとに、北見先生は、とも子ちゃんは心因性視覚障害だという診断《しんだん》をくだした。よって、イが適する。

問六Ⅰ　直前に、「お母さんは、濃《こ》い疲労《ひろう》の色を浮《う》かべて」とある。ここから、体調や精神状態があまりよくないことがわかるので、顔色が青白くなっていたとわかる。　Ⅱ　身を乗り出すとは、体を前や外に出すようにすること。　Ⅲ　耳打ちをするとは、耳もとで小さい声で言うこと。

問七　直前の３行に書かれている「お母さん」の言葉から、とも子ちゃんの病気の原因が自分にあるのではないかと思い、自分を責めていることが読み取れる。

問八　この後、北見先生は、「とも子ちゃん、先生のメガネどうかな」と訊《たず》ね、続いて「じゃあ、お母さんのメガネは？」と訊ねた。このように質問したのは、とも子ちゃんの病気と「お母さんのメガネ」に何らかの関係があると推測しているからである。よって、ウが適する。

問九　北見先生は、直前で、とも子ちゃんの病気の原因を示し、「大丈夫《だいじょうぶ》。きっと良くなります」と言っている。したがって、心配はいらないというようなことを言ったと考えられる。よって、エが適する。

問十　北見先生は、「とも子ちゃんは～仕事ができるお母さんのようになって、早くお母さんを助けてあげたいそうです」と言った。この言葉で、お母さんは、とも子ちゃんが自分のことを思いやってくれていたことに気付いた。よって、イが適する。また、――⑥の直後に「良かった」とある。「お母さん」は、とも子ちゃんの病気はよくなるということがわかり、安心している。よって、オも適する。

問十一　問七の解説にあるように、「お母さん」は、とも子ちゃんの病気の原因が自分にあるのではないかと思い、自分を責めていた。しかし、北見先生が二度目に「大丈夫」と言ったとき、「お母さんはハッとしたように、とも子ちゃんを見」て、その後「とも子ちゃんを想《おも》う優しい声」で「良かった」と言い、涙《なみだ》を流した。北見先生の言葉には、親子の思いを優しく包み、お母さんを安心させ、自分を責める気持ちから解放させる力があった。よって、エが適する。

問十二　広瀬先輩は、「野宮君の言葉が先生の判断を助けたんだよ。検査器具を正確に使えることも大事だけれど、私たちの仕事はそれだけじゃない。患者さんのことをちゃんと見て仕事してたってこと。それもすごく大事だよ」と言った。それを聞いた「僕」は、「完璧《かんぺき》には程遠い。でもなにかが自分にもできたのではないかと、少しだけ思えた」。「僕」は、患者さんのことをちゃんと見ることが診断の役に立つことを知り、少しだけ自信や達成感を得ることができたのである。また、北見先生の言葉で自分を責める気持ちから解放されたお母さんや、とも子ちゃんの瞳《ひとみ》の輝《かがや》きを見て、ただ病気の原因をつきとめたり、それを治したりするだけではない、医療《いりょう》の仕事の奥深《おくぶか》さを感じている。よって、アが適する。

問十三　生徒Cの発言の「仕事量を減らしてとも子ちゃんと一緒《いっしょ》に治療《ちりょう》を頑張《がんば》ろうと決意していたね」という部分は、本文からは読み取れない。

二　問四①　ウは、ある状態のままであることを示している。他は、二つの動作が同時に行われることを示している。

②　イは可能、他は受け身の意味を示している。　③　エは、「の」を「こと」に置きかえることができるので、準体言助詞。他は、「の」をふくむ文節が連体修飾語《しゅうしょくご》であることを示す助詞。

## 《2024　前期　算数　解説》

1　(1)　与式＝17＋９×３＝17＋27＝**44**

(2)　与式＝24－７－（２＋６）＝17－８＝**9**

(3)　与式$=\frac{9}{4}\times\frac{8}{15}-\frac{3}{10}\times\frac{4}{3}=\frac{6}{5}-\frac{2}{5}=\mathbf{\frac{4}{5}}$

(4)　与式＝1.26×7.5＝**9.45**

(5)　与式$=\frac{5}{3}\times\frac{1}{4}\div 0.2-1\frac{3}{4}=\frac{5}{12}\div\frac{1}{5}-\frac{7}{4}=\frac{5}{12}\times 5-\frac{7}{4}=\frac{25}{12}-\frac{21}{12}=\frac{4}{12}=\mathbf{\frac{1}{3}}$

(6)　与式より，49×□＝17.15　□＝17.15÷49＝**0.35**

(7)　２割引した金額はもとの値段の１－0.2＝0.8(倍)だから，もとの値段は712÷0.8＝**890**(円)である。

(8)　**【解き方】濃度《のうど》が等しい食塩水にふくまれる食塩の量は，食塩水の量に比例する。**

８％の食塩水300ｇにふくまれる食塩は300×0.08＝24(ｇ)，４％の食塩水500ｇにふくまれる食塩は500×0.04＝20(ｇ)だから，混ぜ合わせてできた食塩水300＋500＋10＝810(ｇ)には24＋20＋10＝54(ｇ)の食塩がふくまれる。よって，この食塩水120ｇにふくまれる食塩は$120\times\frac{54}{810}=$**8**(ｇ)である。

2　(1)　**【解き方】表にまとめて考える。**

| | | ハンバーグ ○ | ハンバーグ × | 合計 |
|---|---|---|---|---|
| カレー | ○ | ㋒ | ㋑ | 360 |
| カレー | × | | 55 | |
| 合計 | | 430 | ㋐ | 500 |

※○が好き，×が好きではないことを表す。

児童は500人だから，カレーが好きな人は500×0.72＝360(人)，ハンバーグが好きな人は500×0.86＝430(人)，ハンバーグもカレーも好きではない人は500×0.11＝55(人)いるので，右表のようにまとめられる。

ハンバーグが好きではない人は，㋐＝500－430＝70(人)，カレーは好きだがハンバーグは好きではない人は，㋑＝70－55＝15(人)だから，カレーもハンバーグも好きな人は，㋒＝360－15＝**345**(人)いる。

(2)　**【解き方】台形の内角の大きさの和は360°だから，円の一部を４つつなげると，半径２cmの円になる。**

求める面積は，台形の面積から半径２cmの円の面積を引いた値《あたい》だから，(６＋10)×８÷２－２×２×3.14＝**51.44**(㎠)である。

(3)　**【解き方】右図のように補助線を引く。**

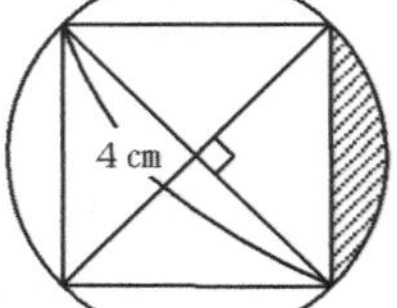


求める面積は，半径が４÷２＝２(cm)の円の面積の$\frac{90°}{360°}=\frac{1}{4}$から，直角をつくる２辺の長さが２cmの直角二等辺三角形の面積を引いた値だから，

$2\times 2\times 3.14\times\frac{1}{4}-2\times 2\div 2=$**1.14**(㎠)である。

3　(1)　**【解き方】体積と高さが等しい２つの柱体は，底面積も等しい。**

２つのブロックを手前から見たとき，ブロック①は底面積が６×６＝36(㎠)，高さが５cmの直方体であり，ブロック②の高さも５cmだから，ブロック②は底面積が36㎠の五角柱である。右図のようにブロック②の底面を三角形と長方形に分けると，

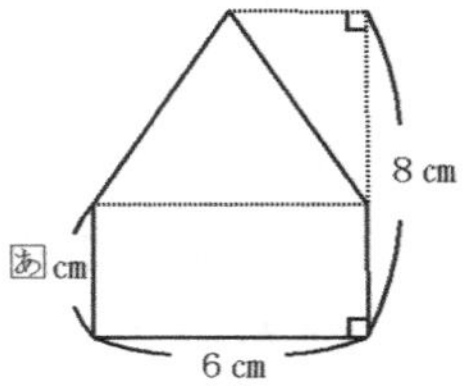


底面積について，あ×６＋６×(８－あ)÷２＝36　あ×６＋３×(８－あ)＝36

あ×６＋24－あ×３＝36　あ×３＝12　あ＝**4**となる。

(2)　**【解き方】(水の体積)÷(高さ)＝(水そうの底面積)となる。**

ブロック①の体積は６×６×５＝180(㎤)であり，完全に沈むと水面の高さが0.4㎝上がったから，水そうの底面積は180÷0.4＝**450**(㎠)である。

⑶　**【解き方】水に沈んでいる部分のブロックの体積を求める。**

⑴より，ブロック②の底面の三角形の部分は底辺が６㎝，高さが８－４＝４(㎝)である。この三角形を三角形ＡＢＣとすると，水に沈んでいる部分は右図の色つき部分のようになり，ＢＣとＤＥは平行だから，三角形ＡＢＣと三角形ＡＤＥは形が同じで大きさが異なる三角形である。底辺をＢＣ，ＤＥとしたときの高さはそれぞれ４㎝，２㎝だから，辺の長さの比は４：２＝２：１となる。三角形ＡＢＣと三角形ＡＤＥの面積の比は辺の長さの比を２回かけた比になるから，(２×２)：(１：１)＝４：１であり，三角形ＡＤＥの面積は(６×４÷２)×$\frac{1}{4}$＝３(㎠)である。

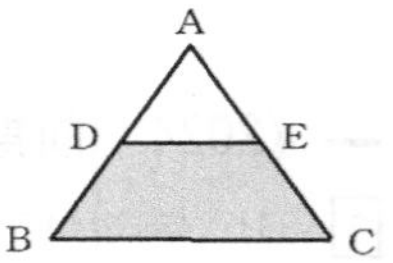


よって，水に沈んでいる部分のブロックの体積は(36×２－３)×５＝345(㎤)となるので，水の体積は450×(６＋８－２)－345＝**5055**(㎤)である。

**４**　⑴　**【解き方】アの面積は５×３＝15(㎠)，イの面積は５×４＝20(㎠)，ウの面積は４×３＝12(㎠)である。**

この直方体の表面積は(15＋20＋12)×２＝**94**(㎠)

⑵　**【解き方】⑴より，ア，イ，ウのうち，面積が一番大きいのはイだから，イの面どうしをつなぎ合わせる。**

直方体が２つあるとき，ア，イ，ウの面は４つずつある。２つの直方体をイの面でつなげるから，イの面は２つだけ少なくなるので，求める表面積は(15＋12)×４＋20×２＝**148**(㎠)である。

⑶　⑵と同様に，イの面でつなげると，ア，ウの面は６つずつ，イの面は６－２×２＝２(つ)になる。

よって，求める表面積は(15＋12)×６＋20×２＝**202**(㎠)

⑷　**【解き方】直方体を４つつなげるとき，２番目に面積が大きいのはアだから，アとイの面をそれぞれ右図のようにつなぎあわせて１つの直方体をつくるとき，表面積は一番小さくなる。**

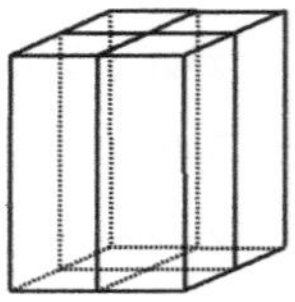

アとイの面でそれぞれつなぎ合わせるとき，ウの面は８つ，アとイの面は８－２×２＝４(つ)になるから，求める表面積は12×８＋(15＋20)×４＝**236**(㎠)である。

**５**　⑴　ＣさんはＢさんが出発してから35－20＝15(分後)に，Ｂさんに追いついた。15分＝$\frac{15}{60}$時間＝$\frac{1}{4}$時間だから，ＣさんがＢさんに追いついたのは，学校から４×$\frac{1}{4}$＝**１**(㎞)はなれた地点である。

⑵　**【解き方】Ｃさんは出発してから35－30＝５(分後)にＢさんに追いついたので，Ｃさんの速さは，１÷$\frac{5}{60}$＝12より，時速12㎞である。**

Ｃさんは出発して60－30＝30(分後)にＡさんに追いつくから，ＣさんがＡさんに追いついたのは，学校から12×$\frac{30}{60}$＝**６**(㎞)はなれた地点である。

⑶　**【解き方】Ｃさんが引き返し始めてから，ＢさんとＣさんの間の道のりは１時間に４＋12＝16(㎞)ちぢまる。**

Ａさんが出発してから60分後＝１時間後，Ｂさんは60－20＝40(分)，つまり$\frac{40}{60}$時間＝$\frac{2}{3}$時間歩いたから，学校から４×$\frac{2}{3}$＝$\frac{8}{3}$(㎞)はなれた地点にいる。このときのＢさんとＣさんの間の道のりは，６－$\frac{8}{3}$＝$\frac{10}{3}$(㎞)である。

よって，ＣさんがＢさんに出会うのは，引き返し始めてから，$\frac{10}{3}$÷16＝$\frac{5}{24}$(時間後)，つまり($\frac{5}{24}$×60)分後＝12$\frac{1}{2}$分後＝12分(60×$\frac{1}{2}$)秒後＝**12分30秒後**である。

⑷　**【解き方】Ｃさんが引き返してＢさんに出会うのは，Ａさんが出発してから60分＋12分30秒後＝72分30秒後だから，Ｂさんが出発してから72分30秒後－20分＝52分30秒後である。**

52分30秒＝52$\frac{1}{2}$分＝$\frac{105}{2}$分＝($\frac{105}{2}$×$\frac{1}{60}$)時間＝$\frac{7}{8}$時間だから，Ｂさんは出発してから$\frac{7}{8}$時間後に引き返してきたＣ

さんに出会う。このとき，学校から$4\times\frac{7}{8}=\frac{7}{2}$(km)はなれた地点にいるから，公園までの道のりは$12-\frac{7}{2}=\frac{17}{2}$(km)である。よって，Cさんはこの後，$\frac{17}{2}\div12=\frac{17}{24}$(時間後)，つまり$(60\times\frac{17}{24})$分後$=42\frac{1}{2}$分後＝42分30秒後に公園に着くので，Aさんが出発してから72分30秒後＋42分30秒後＝**115**(分後)である。

**(2)の別解**　(4)を解いた後，CさんがAさんに２回目に追いつく場合を考えることもできる。

Aさんは出発して60分後＝１時間後にCさんと学校から６kmはなれた地点で出会うから，Aさんの速さは時速６kmである。よって，Aさんは出発して72分30秒後$=\frac{29}{24}$時間後に学校から$6\times\frac{29}{24}=\frac{29}{4}$(km)はなれた地点にいるので，Cさんとの間の道のりは$\frac{29}{4}-\frac{7}{2}=\frac{15}{4}$(km)である。したがって，CさんがAさんに追いつくのはさらに$\frac{15}{4}\div(12-6)=\frac{5}{8}$(時間後)，つまり37分30秒後だから，Aさんが出発してから72分30秒後＋37分30秒後＝110(分後)に追いつく。よって，学校から$6\times\frac{110}{60}=$**11**(km)はなれた地点である。

**6**　(1)　12と18の最大公約数は**6**である。また，121÷11＝11，132÷11＝12であり，11と12は１以外の公約数を持たないから，121と132の最大公約数は**11**である。18－12＝６，132－121＝11だから，これらの最大公約数は２つの数字の**ひき算**の答えになっている。よって，2024と2002では，2024－2002＝**22**となる。

2024÷299＝6.7…より，2024から299を６回引くと，2024－299×６＝**230**になるから，299－230＝**69**である。

(2)　右の筆算より，69の約数は１，３，23，69であり，69の次に大きい約数は23となる。

3) 69
　 23

299÷23＝13，2024÷23＝88となり，それぞれ割り切ることができ，13と88は１以外の公約数を持たないから，**23**は確かに299と2024の最大公約数である。

## 《2024　前期　理科　解説》

1　(問１)　(え)×…頭を守るためにぼうしはかぶった方がよい。　(お)×…危険な生き物には直接さわらない。

(き)×…石などを動かしたときは元にもどす。

(問７)　ピペットのゴム球に薬品が入ると，ゴム球がいたむことがあるので，ゴム球に薬品が入らないように気をつける。

2　(問１)　操作１より，ＡとＢは酸性のうすい塩酸または炭酸水とわかる。操作２より，においのあるＡはうすい塩酸である。

(問２)　Ｂ(炭酸水)は二酸化炭素がとけた水よう液だから，加熱して出てきた気体(二酸化炭素)を石灰水に通すと白くにごる。なお，Ａ(うすい塩酸)は塩化水素(気体)，Ｂ(炭酸水)は二酸化炭素(気体)がとけた水よう液だから，どちらの水よう液も蒸発させると何も残らない。また，ＢＴＢよう液は，酸性で黄色，中性で緑色，アルカリ性で青色を示すから，ＡとＢはどちらも黄色になる。

(問３)　操作１より，ＣとＤはアルカリ性の石灰水またはアンモニア水とわかる。操作３より，においのあるＣはアンモニア水である。

(問４)　Ｃ(アンモニア水)はアンモニア(気体)，Ｄ(石灰水)は水酸化カルシウム(固体)がとけた水よう液だから，水よう液を蒸発させると，Ｃは何も残らないが，Ｄは白い固体(水酸化カルシウム)が残る。なお，ＣとＤはアルカリ性の水よう液だから，ＢＴＢよう液はどちらも青色になる。また，ＣやＤを加熱して出てくる気体はアンモニアや水蒸気でどちらも無色である。

(問５)　〔水よう液のこさ(%)$=\frac{\text{とけているものの重さ(g)}}{\text{水よう液の重さ(g)}}\times100$〕より，$\frac{1}{25}\times100=4$(%)である。

3　(問１)　オオカマキリは，卵→幼虫→成虫と成長する(不完全変態という)こん虫である。春に卵からかえった幼虫はだっぴをくり返し，夏に成虫になる。カブトムシは，卵→幼虫→さなぎ→成虫と成長する(完全変態という)こん虫である。夏に卵からかえった幼虫は土の中で冬をこし，春になるとさなぎになり，夏に成虫となり土から出てくる。桜は春に花がさき葉が出始め，夏に葉がしげり実をつける。その後，秋に葉が赤くなり，冬に葉が落ちる。

**(問２)**　こん虫の体は頭，胸，腹に分かれていて，６本(３対)のあしは胸についている。

**4**　**(問１)**　表より，100 cmのアルミニウムの棒の温度を１℃上昇させたときの長さの変化が 0.023 mmだから，200 cmのアルミニウムの棒の温度を 20℃上昇させると，棒の長さは $0.023\times\frac{200}{100}\times\frac{20}{1}=0.92$(mm)変化する。

**(問２)**　$0.34\times\frac{100}{50}\times\frac{1}{40}=0.017$(mm)

**(問３)**　図３のようになるとき，ＡよりＢの方が長さの変化が大きい(長い)から，表より，長さの変化が大きいアルミニウムがＢ，長さの変化が小さい鉄がＡである。

**(問４)**　長さの変化の差が大きい方が，バイメタルが変形して曲がりやすいから，亜鉛《あえん》と鉄を使ったバイメタル②の方がより低い温度で火災報知器がはたらく。

**5**　**(問１)**　(あ)×…ビンは水を通さない。　(う)×…ビンの口のだっし綿が，ビンの中の水の蒸発をふせぐ。

**6**　**(問１)**　流れる電流の大きさが(あ)と同じ(い)と(う)が同じ明るさになる。

**(問２)**　③より，(え)と(お)は同じ明るさである((お)に流れる電流の大きさは 0.5 である)。(あ)と(い)，(う)の明るさが同じ(流れる電流の大きさが同じ)だから，(え)・(お)と(か)・(き)，(く)・(け)の明るさは同じ(流れる電流の大きさは同じ)になる。

**(問３)(問４)**　⑤より，豆電球が並列につながれている図２のとき，電池に流れる電流はそれぞれの豆電球((い)と(う))に流れた電流の和になり，豆電球が直列につながれている図３のとき，電池に流れる電流はそれぞれの豆電球((え)と(お))に流れた電流と等しくなる。したがって，図４で(か)と(き)，(く)と(け)に流れた電流の大きさはそれぞれ 0.5 だから，図４の電池に流れた電流の大きさは 0.5＋0.5＝１である。図３の電池に流れた電流の大きさが 0.5 だから，図４の電池の方が大きな電流が流れた。

**7**　**(問１)**　表より，ふりこが 10 往復する時間は，重さを変えても変化せず，ふりこの長さによって変化する。また，ふりこの長さが(２×２＝)４倍になると，10 往復する時間は２倍に，ふりこの長さが(４×４＝)16 倍になると，10 往復する時間は４倍になるから，ふりこの長さが 10 cmの(３×３＝)９倍の 90 cmになると，10 往復する時間は 6.35 秒の３倍の 19.05 秒になる。

**(問２)**　ふりこが 10 往復する時間は，ふりこのふれ幅を変えても変化しない。表より，ふりこの長さが 40 cmのとき，10 往復する時間は 12.7 秒である。

**(問３)**　上のおもりの位置を支点に近付くように動かす(上のおもりを下にずらす)と，ふりこの長さが短くなり，ふりこが 10 往復する時間は短くなる。よって，ふりこのふれる速さははやくなる。

**8**　**(問２)**　砂が固まってできた岩石を砂岩，れきが固まってできた岩石をれき岩，どろが固まってできた岩石をでい岩という。

**(問３)(問４)**　ビカリアは新生代の海に生息していた巻き貝である。

**(問７)**　Ａ－Ｂのずれ(断層)は，図において左右に引く力がはたらいてできる。

**(問８)**　地層はふつう下にあるものほど古い。また，Ａ－Ｂのずれがア～ウにはないことから，ウがたい積する前にＡ－Ｂのずれができたと考えられる。したがって，オとキのたい積→エとカのたい積→Ａ－Ｂのずれ→ウのたい積→イのたい積→アのたい積の順にできたと考えられる。なお，ウの地層とエやカの地層が不整合になっている(地層が連続していない)から，「Ａ－Ｂのずれ」と「ウのたい積」の間で土地が持ち上がり(水位が下がり)，陸上でしん食を受けたあと，土地がしずんだ(水位が上がった)と考えられる。

## 《2024　前期　社会　解説》

1　問１　減反政策　　生産過剰となった米の生産量を調整するための政策である。

問２　イ　　小麦は米よりも涼しく雨が少ない気候を好み，高温多湿なベトナムではほとんど生産されていない。

問３　A＝エ　B＝ウ　C＝イ　　1965 年には自給率が 100%であり，1985 年から自給率が低下し始めたBが野菜，2005 年・2021 年の自給率が 50%を下回っているAが果物である。大豆の 2021 年の自給率は 17%より低いから，A～Cの中に大豆がないことがわかるので，残ったCは肉類である。

問４　エ　　牛海綿状脳症（ＢＳＥ）が見つかった直後は，アメリカ合衆国からの牛肉の輸入をストップしていたが，2005 年以降，月齢条件をつけて輸入が再開され，2019 年には月齢条件が撤廃された。

問５　地産地消　　地産地消は，トラックなどによる輸送距離が少なく，輸送時に排出する二酸化炭素を減らすことができるので，環境にやさしい取り組みと言える。

問６　食品ロス　　日本の食品ロスの量を国民一人当たりに換算すると，毎日茶わん１杯分の食べ物が捨てられている計算になるとされている。

問７　表１から，耕地面積の減少と農業従事者の減少，表２から，農業従事者の少子高齢化が読み取れる。

2　問１　カ　　輪島塗は石川県，越前和紙は福井県，瀬戸焼は愛知県。

問２　伝統工業　　冬の北陸地方は，積雪によって外での農作業ができないため，農家の副業として，屋内で作業する伝統工業が発達した。

問３⑴　ア＝A　イ＝C　ウ＝B　　Aは新潟県，Bは長野県，Cは静岡県，Dは愛知県。長野県では，夏の冷涼な気候を利用して，他県の出荷量が減る夏にレタスを収穫して出荷している（高冷地農業による抑制栽培）。

⑵　りんご　　青森県，長野県が上位であることから，りんごと判断する。

問４　ア　　愛知県には，日本最大の工業地帯である中京工業地帯がある。イは岐阜県，ウは長野県，エは富山県。

問５⑴　イ　　アは松本市，ウは浜松市である。

⑵　冬の日本海側では，北西季節風が暖流の対馬海流上空で大量の水分を含み，山地を越える手前に大雪を降らせる（右図参照）。

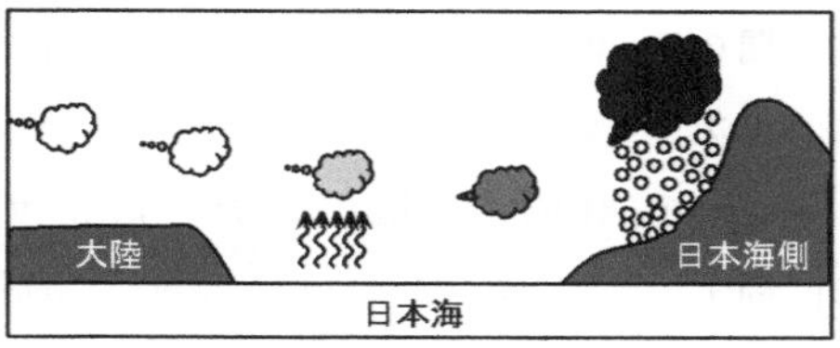


問６　水力発電は主に，川をせき止めたダムを活用して，水を高いところから放水するときの位置エネルギーを利用してタービンを回し，電力を取り出している。

3　問１　１＝卑弥呼　２＝推古天皇　３＝紫式部　４＝北条政子　１．邪馬台国の女王卑弥呼が魏に朝貢し，「親魏倭王」の称号と金印，百枚あまりの銅鏡を授かったことが，『魏志』倭人伝に記されている。２．蘇我馬子は，崇峻天皇を殺害し，推古天皇を女帝として即位させた。３．彰子に仕えていた紫式部は，かな文字を使って長編小説『源氏物語』を書いた。４．北条政子は，後鳥羽上皇が承久の乱を起こしたとき，関東の御家人に頼朝の御恩を説き，御家人の団結を促したことで知られる。

問２　藤原道長　　道長は，４人の娘を天皇に嫁がせ，生まれてきた子を天皇にして，外戚として実権をにぎった。

問３　イ　　『魏志』倭人伝の内容として正しい。

問４　ウ　　阿倍仲麻呂は，奈良時代に遣唐使として唐に渡り，唐で役人として長らく活躍した人物である。

問５　ウ　　『土佐日記』は，紀貫之が女性になりすまして書いた日記である。『風土記』と『古事記』は奈良時代に漢文や万葉仮名で書かれた。『方丈記』は鎌倉時代に鴨長明が書いた随筆。

問６　エ　　後鳥羽上皇は，源氏の将軍が３代で途絶えたことから，政権を奪い返そうとして，当時の執権北条義時に対して挙兵した(承久の乱)。壬申の乱は，飛鳥時代に大海人皇子と大友皇子が，天智天皇のあとつぎをめぐって争った戦いで，勝利した大海人皇子が天武天皇として即位した。

**問７**　ア　　５の人物は，足利義政の妻の日野富子である。足利義政と富子の間に長らく子が生まれなかったため，義政の弟の義視を養子としたが，富子が義尚を生んだことから，あとつぎ問題が起きた。これに，管領をめぐる守護大名の権力争いが加わって，京都を主戦場として，全国の大名が東西に分かれて戦った。

**問８⑴**　エ　　６の人物は，織田信長の妹のお市の方である。ア．誤り。織田信長は，キリスト教を保護し，仏教を弾圧した。イ．誤り。一向一揆の中心であった寺院は，比叡山延暦寺ではなく石山本願寺である。ウ．誤り。バテレン追放令は，豊臣秀吉が出した法令である。

⑵　織田信長／堺市　　資料は，織田・徳川連合軍と武田勝頼軍による長篠の戦いである。織田・徳川軍は，足軽鉄砲隊と馬防柵を有効に使って，武田軍の騎馬隊を破った。16 世紀半ばに伝来した鉄砲は，堺や国友の刀鍛冶らによって大量に生産された。

**4**　**問１**　１＝か　２＝あ　３＝え　４＝け　５＝い　６＝き　　１．対馬藩の宗氏が朝鮮半島に倭館を建てて，朝鮮との貿易を担当した。２．幕府は，長崎の出島でオランダと，長崎の唐人屋敷で中国と貿易をした。３．薩摩藩の島津氏が琉球王国を服属させた。将軍の代替わりには慶賀使，琉球国王の代替わりには謝恩使を派遣した。

５．領事裁判権が認められると，国内で罪を犯した外国人に対して自国の法律で裁くことができない。

**問２**　絵踏　　聖母マリアやイエス・キリストが描かれた像(踏絵)を踏むことができないと，キリスト教徒であると判断された。キリスト教徒ではないことを証明させるための取り組みとして，宗門改めも行われた。

**問３**　朝鮮通信使　　通信使の一行は 400～500 人に及んだ。一行が通る沿道には，異国の人を見ようとする民衆や，漢詩や朱子学などを通じた交流を求める文人・学者などが集まってきた。

**問４**　屯田兵　　明治時代，北海道の開拓と北方の警備のために屯田兵が送られた。

**問５**　統監府　　初代統監には伊藤博文が就任した。その後，統監府は韓国併合ののちに朝鮮総督府となった。

**問６⑵**　創氏改名や日本語教育など，皇民化政策が行われた。

**問７**　サンフランシスコ平和条約　　アメリカ合衆国をはじめとする西側諸国とサンフランシスコ平和条約を結ぶことで，日本は独立国となった。また，サンフランシスコ平和条約に調印した日に，日米安全保障条約にも調印した。

**5**　**問１**　①＝冷戦　③＝マルタ会談　　①冷戦時には，朝鮮戦争やベトナム戦争などの代理戦争が起きた。

③アメリカのブッシュ大統領とソ連のゴルバチョフ書記長がマルタ島で会談し，冷戦の終結を宣言した。

**問２**　ア　　核兵器の所持を全面的に禁止する核兵器禁止条約は，核保有国や日本などが批准していない。核実験を全面的に禁止する包括的核実験禁止条約は，アメリカ合衆国などが未批准であり，発効していない。

**問３**　Ａ＝エ　Ｂ＝ア　　資本主義諸国は西側陣営，社会主義諸国は東側陣営とも表現される。

**問４**　イ　　最も核戦争に近かったと言われるのがキューバ危機である。

**問５⑴**　広島　　これまでに東京，九州・沖縄，北海道洞爺湖，三重県伊勢志摩でサミットが開かれている。

⑵　持ち込ませず　　非核三原則は，核兵器を「持たず　作らず　持ち込ませず」である。

⑶　核拡散防止条約　　ヒント２の「核兵器が広がらない」＝核不拡散と考えよう。

⑷　1971 年に比べて 2021 年の核兵器保有数は３分の１程度まで減っていることが読み取れる。核の保有が認められている国は，アメリカ合衆国・ロシア・イギリス・フランス・中国の５か国だけであるが，それ以外にインド・パキスタン・イスラエル・北朝鮮が事実上核兵器を保有していることが読み取れる。

2024 解説 令和６年度

# 大阪女学院中学校【後期】

## 《2024　後期　国語　解説》

一 **問四**　渋滞《じゅうたい》に巻《ま》き込《こ》まれた車の中でサチの話を聞いたキリは、かつて写真館だった場所を、通りすがりの客を取りこめる好立地だと考えた。また、周辺が住宅地《じゅうたくち》だということは、周りにたくさんの人が住んでいるということであり、地元の人にも来てもらえる場所だということになる。こうした立地のよさに、キリの期待は高まっている。よって、ウが適する。

**問五**　少し年配の理容師が言った「どんどんお客さまが入ってきちゃって」という言葉や、順番待ちをしている客がいることから、キリはこの店が人気店だと判断した。そして、この店がなぜ人気なのかを知るためには、店の中の様子、特に実際に髪《かみ》を切る様子を見学させてもらうのが一番良いと思ったのだと考えられる。よって、エが適する。

**問六**　２～３行前のやりとりから、姉妹の理容師の腕前《うでまえ》はそれほど高くないことがわかる。一方で、２～４行後にあるように、サチは姉妹の接客技術を高く評価している。そして、その接客技術の高さを理由に「最強の店」、つまり他の店はこの店にかなわないと評価しているのである。よって、エが適する。

**問七**　――⑤の次の行で、千恵子は「その店のお客さまは動かないよ。それを承知で出店するのはどうだろう」と言っている。さらに、文章の最後で、「焦《あせ》っちゃいけないよ～キリちゃんが今持っているものを最大限に発揮できる舞台《ぶたい》を選ぶんだ」とも言っている。千恵子は、「ほかを探すべき」だというサチの意見に同意している。そして、自分の理容技術で競い合いたいというキリの考えを受け止めつつも、焦らずにほかを探すべきだと助言している。よって、アが適する。

**問八**　姉妹の接客技術の高さは、長く、そしておそらく豊富な人生経験に裏打《うらう》ちされたものである。学生と間違《まちが》われてしまうほどに若いキリは、これから人生経験を積んで、それを武器にしていくのである。

**問九**　――③の後にあるように、キリはサチの言うことを認め、「あそこにはかなわないかもしれない」と感じている。また、千恵子の言うことに対して「でも」と反論しつつも、千恵子の言うことに耳をかたむけ、聞き入っている。よって、ウが正解。

二 **問六３**　絵を見るのは、話しかけている相手である。相手に敬意を表す場合、相手の動作は尊敬語に直す。ご覧になるは、見るの尊敬語なので、アが適する。拝見するは、見るの謙譲語《けんじょうご》。

## 《2024　後期　算数　解説》

1 (1)　与式$=42-4=\mathbf{38}$

(2)　与式$=5.1\times 4.9=\mathbf{24.99}$

(3)　与式$=(\frac{75}{30}-\frac{18}{30}-\frac{50}{30})\times\frac{15}{14}=\frac{7}{30}\times\frac{15}{14}=\mathbf{\frac{1}{4}}$

(4)　与式より，$\frac{10}{3}+\square=\frac{7}{12}\times 7$　　$\square=\frac{49}{12}-\frac{10}{3}=\frac{49}{12}-\frac{40}{12}=\frac{9}{12}=\mathbf{\frac{3}{4}}$

(5)　与式$=2.6-1.75+0.7\div 0.4=0.85+1.75=\mathbf{2.6}$

(6)　与式より，$(\frac{4}{7}\div\square-5)\times 8=195-35$　　$\frac{4}{7}\div\square-5=160\div 8$　　$\frac{4}{7}\div\square=20+5$　　$\square\times 25=\frac{4}{7}$
$\square=\frac{4}{7}\times\frac{1}{25}=\mathbf{\frac{4}{175}}$

(7)　１割$=\frac{1}{10}$だから，15才未満の女性の割合は全体の$\frac{5}{9}\times\frac{1}{10}=\frac{1}{18}$である。よって，15才未満の女性の人数は

$27000\times\frac{1}{18}$＝**1500**(人)である。

**(8)　【解き方】食塩水の問題は，うでの長さを濃度《のうど》，おもりを食塩水の重さとしたてんびん図で考えて，うでの長さの比とおもりの重さの比がたがいに逆比になることを利用する。**

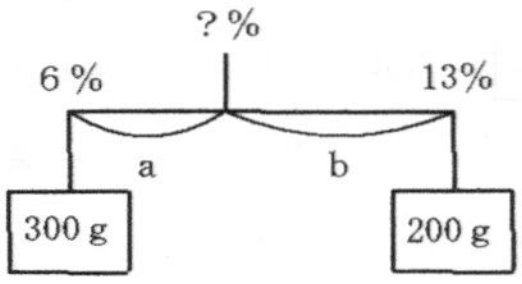


右のようなてんびん図がかける。ａ：ｂは，食塩水の量の比である300：200＝3：2の逆比になるので，ａ：ｂ＝2：3となる。これより，ａ：(ａ＋ｂ)＝2：5となるから，ａ＝(13－6)×$\frac{2}{5}$＝2.8(%)なので，求める濃度は，
6＋2.8＝**8.8**(%)

**2**　(1)　71以上の3の倍数で最も小さい数は72＝3×24である。よって，3番目に小さい数は24＋2＝**26**である。これは26×3＝78となり，「3倍すると71以上100以下の整数となる」という条件を満たす。

**(2)　【解き方】右図の矢印のように斜線《しゃせん》部分を移動する。**

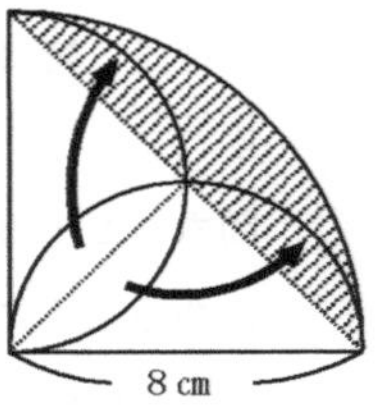


おうぎ形の中心角を90°として考える。求める面積は，半径8cm，中心角90°のおうぎ形の面積から，直角をつくる2辺の長さが8cmの直角二等辺三角形の面積を引いた値《あたい》だから，8×8×3.14×$\frac{90°}{360°}$－8×8÷2＝**18.24**(㎠)である。

**(3)　【解き方】同じ道のりを進むのにかかる時間の比は，速さの比の逆比になる。**

ルミさんとミナさんの進む速さの比は1：$\frac{5}{2}$＝2：5だから，同じ時間に2人が進む道のりの合計と，ルミさんが進む道のりの比は(2＋5)：2＝7：2である。よって，2人が出会うまでにかかる時間と，ルミさんが学校から駅まで歩くのにかかる時間の比は7：2の逆比の2：7だから，求める時間は7×$\frac{2}{7}$＝**2**(分後)である。

**3**　(1)　Ｐは秒速2cmで動くから，ＣからＢまで移動したとき，合計で12.5×2＝25(cm)移動した。
よって，ＡＤ＝25－ＣＤ－ＡＢ＝25－8－10＝**7**(cm)

**(2)　【解き方】(高さ)＝(三角形の面積)×2÷(底辺の長さ)で求められる。**

三角形ＢＥＰの底辺をＢＥとすると，三角形ＢＥＰの面積が21㎠となるとき，ＣＰ＝21×2÷6＝7(cm)だから，Ｐが出発してから7÷2＝**3.5**(秒後)である。

**(3)　【解き方】三角形ＢＥＰの底辺をＢＥとすると，面積が一番大きくなるのは，高さが一番大きくなるときだから，ＰがＡＤ上にあるときである。**

ＰがＤに着くのは出発してから8÷2＝4(秒後)，Ａに着くのは出発してから(8＋7)÷2＝7.5(秒後)だから，三角形ＢＥＰの面積が一番大きくなるのは，出発してから**4**秒後から**7.5**秒後の間である。

**(4)　【解き方】三角形ＢＥＰの底辺をＢＥとすると，三角形ＢＥＰの面積が7.2㎠となるのは，高さが7.2×2÷6＝2.4(cm)のときだから，ＰがＣＤ上，ＡＢ上にあるときの2回ある。**

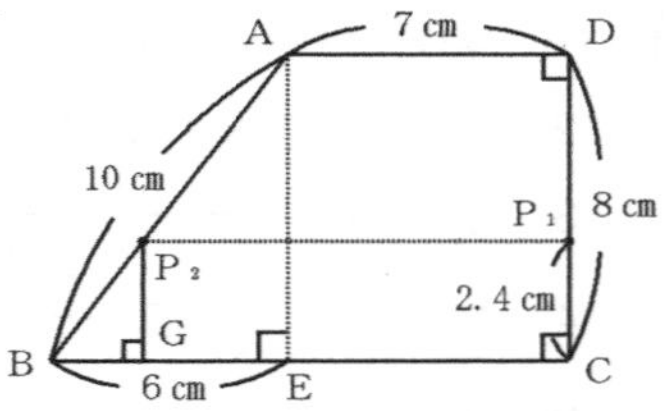


三角形ＢＥＰの面積が7.2㎠になるとき，1回目のＰを$P_1$，2回目のＰを$P_2$とすると，右図のようになる。
1回目に三角形ＢＥＰの面積が7.2㎠になるとき，$CP_1$＝2.4cmだから，Ｐが出発してから2.4÷2＝**1.2**(秒後)である。
2回目に三角形ＢＥＰの面積が7.2㎠になるとき，$P_2G$＝2.4cmである。
このとき，ＡＥと$P_2G$は平行だから，三角形ＡＢＥと三角形$P_2BG$は形が同じで大きさが異なる三角形なので，辺の長さの比はＡＥ：$P_2G$＝8：2.4＝10：3となる。よって，$P_2B$＝10×$\frac{3}{10}$＝3(cm)だから，Ｐが出発してから12.5－(3÷2)＝**11**(秒後)である。

**4**　(1)　容器の容積は，ア底面の半径が3cm，高さが8cmの円柱の容積と，イ底面の半径が4cm，高さが3cmの円柱の

容積の和だから，$3\times3\times3.14\times8+4\times4\times3.14\times3=72\times3.14+48\times3.14=120\times3.14=\mathbf{376.8}$(cm³)

(2)　**【解き方】底面積が等しいとき，水面の高さは入っている水の体積に比例する。**

(1)より，入れた水の量は $120\times3.14\times\frac{3}{4}=90\times3.14$(cm³)である。よって，(1)のアの部分に入る水の量は $90\times3.14-48\times3.14=42\times3.14$(cm³)だから，水面の高さは $3+8\times\frac{42\times3.14}{72\times3.14}=\frac{23}{3}=\mathbf{7\frac{2}{3}}$(cm)である。

(3)　(2)より，(1)のイの部分に入る水の量は $90\times3.14-72\times3.14=18\times3.14$(cm³)だから，水面の高さは $8+3\times\frac{18\times3.14}{48\times3.14}=\frac{73}{8}=\mathbf{9\frac{1}{8}}$(cm)である。

(4)　**【解き方】(2)の解説をふまえる。**

水の中にビー玉を1個しずめると，水面の高さは $2.5\div5=0.5$(cm)上がるので，ビー玉1個の体積は $72\times3.14\times\frac{0.5}{8}=\mathbf{14.13}$(cm³)である。

**5**　(1)　高速モードだと，1分間に $63\div14=\mathbf{4.5}$(m²)のそうじができる。静音モードは高速モードと同じ面積をそうじするのに $\frac{5}{3}$ 倍の時間がかかるから，同じ時間でそうじできる面積は高速モードの $\frac{3}{5}$ 倍である。よって，1分間に $4.5\times\frac{3}{5}=\mathbf{2.7}$(m²)のそうじができる。静音モードで63 m²の部屋をそうじするのに $14\times\frac{5}{3}=\frac{70}{3}$(分)かかるから，63 m²の部屋の $\frac{1}{4}$ を高速モード，$1-\frac{1}{4}=\frac{3}{4}$ を静音モードでそうじすると，$14\times\frac{1}{4}+\frac{70}{3}\times\frac{3}{4}=\mathbf{21}$(分)かかる。

84 m²は63 m²の $\frac{84}{63}=\frac{4}{3}$(倍)の面積だから，84 m²の部屋の $\frac{1}{4}$ を高速モード，$\frac{3}{4}$ を静音モードでそうじすると，$21\times\frac{4}{3}=28$(分)かかる。同じ面積をそうじするとき，静音モードの時間を1分だけ短くすると，高速モードの時間は $\frac{3}{5}$ 分だけ長くなるから，静音モードの時間を $(28-24)\div(1-\frac{3}{5})=10$(分)だけ短くし，高速モードの時間を $10\times\frac{3}{5}=6$ (分)長くすればよい。よって，高速モードの時間は $14\times\frac{1}{4}\times\frac{4}{3}+6=\frac{32}{3}$(分)だから，84 m²の部屋を24分でそうじするためには，高速モードで $4.5\times\frac{32}{3}=\mathbf{48}$(m²)をそうじすればよい。

84 m²を高速モードだけでそうじするには，$84\div4.5=18\frac{2}{3}$(分)，つまり18分$(60\times\frac{2}{3})$秒＝**18**分**40**秒かかる。

(2)　高速モードで2台のロボットが10分間にそうじできる面積は $4.5\times10\times2=90$(m²)である。同時に使ったとき，10分間にそうじした面積は63 m²だから，重なってそうじした面積は $90-63=\mathbf{27}$(m²)である。

# 2023 解答例 令和5年度　大阪女学院中学校【前期】【後期】

## 《前期　国語》

一　問一．a．一刻　b．努　c．時期　d．倉庫　e．ふうあ　f．たいやく　g．びとく　問二．Ⅰ．ウ　Ⅱ．ア　Ⅲ．オ　Ⅳ．イ　問三．A．ウ　B．ウ　C．エ　D．イ　問四．エッチングの　問五．自分のこと～うとしない　問六．自分の絵で印刷したいという気持ち　問七．エ　問八．ウ　問九．A．イ　B．ウ　C．オ　D．ア　問十．ア　問十一．エ

二　問一．1．イ　2．オ　3．エ　問二．1．イ　2．ア　3．カ　問三．1．快い　2．費やす　3．耕す　問四．1．ウ　2．イ　3．ア　問五．1．落ちた　2．○　3．首　問六．1．便利　2．著名　3．支出　4．人工　問七．1．半　2．誠　問八．1．カ　2．ア　3．ウ　4．エ　5．ク

## 《前期　算数》

1　(1)7　(2)15　(3)39.3　(4)$\frac{1}{3}$　(5)$\frac{1}{12}$　(6)$3\frac{2}{3}$　(7)$\frac{1}{3}$　(8)58

2　(1)①24.13　②42　(2)92

3　(1)24　(2)33，20　(3)3.6

4　(1)容器A…1200　容器B…1080　(2)$8\frac{1}{3}$　(3)330

5　(1)2　(2)62.8　(3)$1\frac{3}{5}$　(4)125.6

6　あ．9　い．25　う．54　え．56　お．2

## 《前期　理科》

1　(問1)2　(問2)あ　(問3)え　(問4)お　(問5)ハチによって受粉が行われるため。

2　(問1)230　(問2)130　(問3)10　(問4)10

3　(問1)う　(問2)関節　(問3)え　(問4)あ，え　(問5)①う　②D

4　(問1)い　(問2)う　(問3)う　(問4)い

5　(問1)①D，イ　②き　③い　(問2)い　(問3)う　(問4)い

6　(問1)い　(問2)イ，ウ　(問3)g　(問4)①じん臓　②肺　(問5)①う　②い

7　(問1)あ　(問2)あ　(問3)え

8　(問1)砂糖水…66　食塩水…26　(問2)う　(問3)48.6

## 《前期　社会》

1 問1．松江…ウ　岡山…ア　高知…イ　問2．イ　問3．エ　問4．エ　問5．ウ　問6．エ
問7．長所…少ない資源で電力が得られる。／二酸化炭素を排出しない。／温室効果ガスを排出しない。などから1つ
短所…大事故を起こした時の被害が深刻である。／放射性廃棄物の処理に課題がある。／放射線の影響を踏まえると立地が限定される。などから1つ

2 問1．イ　問2．ウ　問3．過疎　問4．イ　問5．ウ→エ→ア→イ　問6．出生
問7．経済…人口が減少していくため，経済規模が縮小する。（下線部は税収が減少でもよい）　社会保障…生産年齢人口が減少するため，社会保険の額が減少する。

3 問1．イ　問2．争いをやめること。／仏教を厚く信仰すること。／天皇の命令に従うこと。／公正な政治を行うこと。のうち2つ　問3．大和絵〔別解〕絵巻物　問4．ア　問5．ウ　問6．ウ　問7．イ
問8．戦法…集団戦法〔別解〕集団戦術　武器…火薬兵器〔別解〕てつはう／火薬　問9．(1)カ　(2)イ　(3)エ
問10．検地　問11．バテレン追放令

4 問1．自由民権　問2．日本が朝鮮に勢力を伸ばそうとしたことから朝鮮を属国と考えていた清との戦争に発展したため。　問3．イ　問4．ウ　問5．A．ア　B．エ　問6．ポーツマス　問7．日米修好通商
問8．ウ　問9．(1)小村寿太郎　(2)領事裁判権を認めていたこと。（下線部は治外法権でもよい）
問10．ウクライナ

5 問1．(1)第一次世界大戦　(2)12，8　(3)第二次世界大戦　(4)原子爆弾〔別解〕原爆／新型爆弾／核兵器　(5)冷戦
問2．核兵器をもっている（下線部は原爆／水爆でもよい）／第二次世界大戦の戦勝国である　のうち1つ
問3．武力による解決ではなく，話し合いやルールにのっとって解決する。

## 《後期　国語》

一 問一．a．しょうそく　b．げんじゅう　c．熱中　d．責　e．あらわ　f．臨時　問二．A．イ　B．ア　C．ア　問三．1．イ　2．ウ　3．エ　4．ア　問四．Ⅰ．置いていかれ　Ⅱ．お弁当
問五．ウ　問六．イ　問七．汽車がいつ通過するかのスケジュールが分かっているから。　問八．ウ
問九．二番目…ある日、私　四番目…私はいま、　問十．エ

二 問一．1．ウ，カ　2．ア，オ　3．キ，ク　4．イ，エ　問二．記号…ア　漢字…営む　問三．1．冬　2．夏　3．夏　4．秋　問四．1．イ　2．エ　3．オ　問五．1．ウ　2．ア　3．オ
問六．1．手　2．二　3．足　問七．イ，オ　問八．1．×　2．×　3．○　4．○　5．×
問九．1．エ　2．ア　3．イ　4．オ　5．ウ

## 《後期　算数》

1 (1)311　(2)$\frac{53}{60}$　(3)$10\frac{2}{5}$　(4)$\frac{15}{19}$　(5)$\frac{3}{5}$　(6)$\frac{1}{6}$　(7)6　(8)20

2 (1)①74　②18.84　③20.52　(2)104720

3 (1)36　(2)12　(3)2640　(4)10，15

4 (1)36　(2)8，20　(3)3　(4)$3\frac{3}{7}$

5 (1)$3\frac{2}{3}$　(2)$\frac{7}{13}$　(3)操作…B，D，A，C，C　整数…7

6 (1)あ．50　い．7500　う．6250　え．6000　お．5500　(2)5000

# 大阪女学院中学校【前期】

## 《2023　前期　国語　解説》

一 **問四**　直前の２文の亀乃介の言葉の中に、リーチの申し出を辞退した理由がふくまれている。

**問五**　亀乃介の「よくないところ」を、リーチの言葉の中から探す。少し後の「自分のことを卑下《ひげ》し、なんでも遠《えん》慮《りょ》して、こちらの好意を受け取ろうとしない～でも、それは大きな間違《まちが》いだ」より抜き出す。

**問六**　「ハンドルを回す」というのは、エッチングを創る工程の一つで、亀乃介が「仰《おお》せつかった」仕事である。この仕事をする際に目が輝《かがや》いていたのは、「エッチングという新しい手法に魅了《みりょう》された亀乃介」の「自分の絵で印刷したいという気持ち」が強かったからである。

**問七**　直後に「そうだ。先生の言う通りだ」とある。ここより前でリーチは、「もしも君が、本気で芸術家になろうと考えているのだったら、まず、自分を卑下することをやめなさい～それが芸術家というものだ」と言った。亀乃介は、自分の創作意欲にふたをするというこれまでのふるまいは、芸術家としては間違っていたと気づき、大きなショックを受けたのである。よって、エが適する。

**問八**　ア．４～５行前に「自分はいつも～一生懸命《いっしょうけんめい》ふたをしてきた」とあるので、ふさわしい。　イ．２～３行前に「先生がやっていることを～自分に自信がないことの裏返しだったんじゃないか」とあるので、ふさわしい。エ．――①の前に「先生のお手伝いをさせていただくだけでも十分です」とあり、これは亀乃介の本心だと考えられる。一方で、――⑤の１～２行前には「先生のことを、ただただ、うらやましく思って、いじけていただけかもしれない」ともある。よって、ふさわしい。

**問九**　リーチは亀乃介に対して、「自分のことを卑下し、なんでも遠慮して、こちらの好意を受け取ろうとしない～でも、それは大きな間違《まちが》いだ」と言っている。よって、Ａにはイ、Ｂにはウが入る。また、「欲望が、創造を生む」というブレイクの言葉を聞いて、自分のように「やってみたい」「創ってみたい」という思いに「ふたをして」いては、芸術家としては何も生み出せないのだと知った。よって、Ｃにはオが入る。また、リーチは「お金も家も、なんにもなくても、誇りだけはある。それが芸術家というものだ」と言っている。よって、Ｄにはアが入る。

**問十**　前の一文の「『やってみたい』と欲する心こそが、私たちを創造に向かわせるんだ」という言葉から、芸術家の「創造」の原動力は「欲望」であることがわかる。よって、アが適する。

**問十一**　エッチングは「新しい手法」であり、日本ではまだ広まっていないことは読み取れるが、リーチの言動から、「イギリスの文化が一番すばらしいという誇り」を読み取ることはできない。リーチは、「日本の美術にあこがれ」て日本に渡航した人物であり、「日本人の美徳」に感激しているともある。よって、エが正解。

## 《2023　前期　算数　解説》

1 (1)　与式 $=15-24\div3=15-8=\mathbf{7}$

(2)　与式 $=9+36\div6=9+6=\mathbf{15}$

(3)　与式 $=5.3+8.5\times4=5.3+34=\mathbf{39.3}$

(4)　与式 $=\frac{20}{31}\times(\frac{10}{60}+\frac{45}{60}-\frac{24}{60})=\frac{20}{31}\times(\frac{55}{60}-\frac{24}{60})=\frac{20}{31}\times\frac{31}{60}=\mathbf{\frac{1}{3}}$

(5)　与式 $=\frac{4}{7}\div(\frac{14}{10}-\frac{5}{7})-\frac{75}{100}=\frac{4}{7}\div(\frac{98}{70}-\frac{50}{70})-\frac{3}{4}=\frac{4}{7}\div\frac{48}{70}-\frac{3}{4}=\frac{4}{7}\times\frac{70}{48}-\frac{3}{4}=\frac{5}{6}-\frac{3}{4}=\frac{10}{12}-\frac{9}{12}=\mathbf{\frac{1}{12}}$

(6)　与式より，$\square\times\frac{1}{4}-\frac{1}{6}\times\frac{7}{2}=\frac{1}{3}$　$\square\times\frac{1}{4}-\frac{7}{12}=\frac{1}{3}$　$\square\times\frac{1}{4}=\frac{1}{3}+\frac{7}{12}$　$\square=(\frac{4}{12}+\frac{7}{12})\div\frac{1}{4}=\frac{11}{12}\times4=\frac{11}{3}=\mathbf{3\frac{2}{3}}$

(7)　2日目に読んだ量は1日目の$\frac{1}{2}$だから，全体の$\frac{3}{5}\times\frac{1}{2}=\frac{3}{10}$である。
残りは，全体の$1-(\frac{3}{5}+\frac{3}{10})=1-(\frac{6}{10}+\frac{3}{10})=\frac{1}{10}$だから，3日目に読む量は2日目の$\frac{1}{10}\div\frac{3}{10}=\mathbf{\frac{1}{3}}$になる。

(8)　1人に配る個数が$10-7=3$(個)減ると，必要な個数は$42-12=30$(個)減るから，子どもの人数は，
$30\div3=10$(人)　　よって，くりの個数は，$10\times10-42=$**58**(個)

**2**　(1)①　求める長さは，円の周の長さと長方形の周の長さの和から，点線のおうぎ形の周の長さをひいた長さになる。よって，$3\times2\times3.14+(5+3)\times2-(3+3+3\times2\times3.14\times\frac{1}{4})=18.84+16-(6+4.71)=$
$34.84-10.71=$**24.13**(cm)

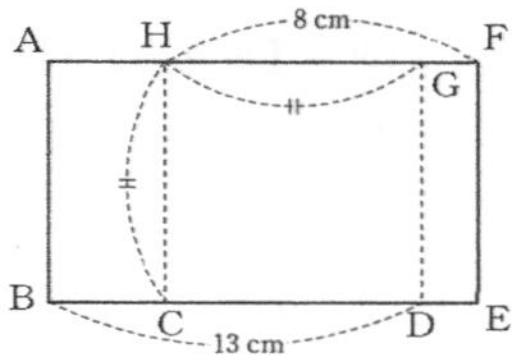


②　右図のように記号をおく。AH＝BC，AB＝CDだから，AH＋AB＝BC＋CD＝BD＝13(cm)　　DE＝GF，EF＝HGだから，DE＋EF＝HG＋GF＝HF＝8(cm)　　よって，求める長さは，$13\times2+8\times2=26+16=$**42**(cm)

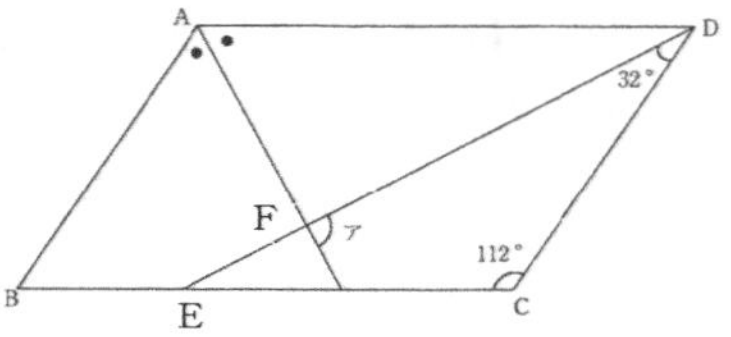


(2)　右図のように記号をおく。三角形の内角の和は180°だから，
角DEC＝180°－112°－32°＝36°　　平行四辺形の対角は等しいから，●＝112°÷2＝56°　　平行線のさっ角は等しいから，角ADF＝角DEC＝36°
三角形の1つの外角は，これととなりあわない2つの内角の和に等しいから，三角形AFDにおいて，角ア＝角DAF＋角ADF＝56°＋36°＝**92°**

**3**　(1)　**【解き方】グラフから愛子さんの速さを求めると，A市からB市までの道のりがわかる。**
愛子さんは3km＝3000mを20分で進んだから，愛子さんのはじめの速さは，毎分$(3000\div20)$m＝毎分150mで，途中からの速さは，毎分$(150\times2.5)$m＝毎分375mである。愛子さんはA市からB市まで，毎分150mで$20+40=60$(分)，毎分375mで$100-60=40$(分)進んだから，求める道のりは，$150\times60+375\times40=9000+15000=24000$(m)で，**24 km**である。

(2)　**【解き方】花子さんの速さは，分速(24000÷100)m＝分速240mだから，出発して20分後，花子さんと愛子さんの差は，240×20－3000＝1800(m)である。その後2人の差は1分で何mずつ小さくなるかを考えればよい。**
愛子さんは分速375mで進むから，花子さんとの差は1分で$375-240=135$(m)ずつ小さくなり，20分後の地点から$1800\div135=13\frac{1}{3}$(分)で花子さんに追いつく。よって，愛子さんが花子さんに追いつくのは，出発してから，$20+13\frac{1}{3}=33\frac{1}{3}$(分後)で，**33分20秒後**である。

(3)　**【解き方】グラフより2人が最もはなれたのは愛子さんがもとの速さにもどるときで，出発して60分後とわかる。**
出発して60分後は，愛子さんはB市の$150\times40=6000$(m)手前にいるから，A市から$24000-6000=18000$(m)の地点にいる。花子さんはA市から$240\times60=14400$(m)の地点にいるから，道のりの差は，$18000-14400=3600$(m)で，**3.6 km**である。

**4**　(1)　容器Bの容積は，$12\times12\div2\times15=$**1080**(cm³)　　1080 cm³の水を容器Aに入れると水面の高さが18 cmになるから，容器Aの底面積は，$1080\div18=60$(cm²)　　よって，容器Aの容積は，$60\times20=$**1200**(cm³)である。

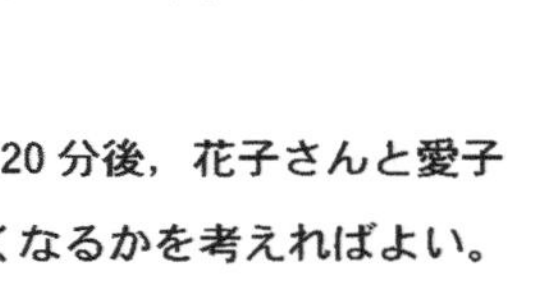


(2)　**【解き方】②で，水の入っていない部分に注目する。容器Bの容積から水の入っていない部分の体積をひくと水の体積がわかる。**
容器Bの底面は直角二等辺三角形だから，②のようにおくと，水の入っていない部分は，2辺の長さが$12-4=8$(cm)の直角二等辺三角形を底面とする，高さが15 cmの三角柱になる。したがって，水の体積は，$1080-8\times8\div2\times15=1080-480=600$(cm³)で，①のようにおくと，

底面積は12×12÷２＝72(㎠)だから，求める水面の高さは，600÷72＝$\frac{25}{3}$＝**$8\frac{1}{3}$**(㎝)

⑶　⑵と同じように考えると，容器Ｂに入っていた水の体積は，1080－６×６÷２×15＝810(㎤)　　容器Ａに８㎝分の水を入れると体積は60×８＝480(㎤)になるから，こぼれた水の量は，810－480＝**330**(㎤)

**5**　⑴　支柱の直径は12.56÷3.14＝４(ｍ)だから，半径は，４÷２＝**２**(ｍ)

⑵　Ａさんの乗った馬は半径２＋３＝５(ｍ)の円周上を動く。円周の長さは５×２×3.14＝31.4(ｍ)で，30秒＝$\frac{1}{2}$分で１周するから，Ａさんが乗った馬が動く速さは，分速(31.4÷$\frac{1}{2}$)ｍ＝分速(31.4×２)ｍ＝分速**62.8**ｍ

⑶　**【解き方】同じ時間だけ進むとき，速さの比と道のりの比は等しい。**

Ａさんの乗った馬は半径５ｍ，Ｂさんの乗った馬は半径５＋３＝８(ｍ)の円周上を動く。２つの馬はともに30秒で１周するから，Ａさんの乗った馬とＢさんの乗った馬の速さの比は，(５×２×3.14)：(８×２×3.14)＝５：８である。よって，Ｂさんの乗った馬の速さはＡさんの乗った馬の速さの，８÷５＝$\frac{8}{5}$＝**$1\frac{3}{5}$**(倍)

⑷　**【解き方】同じ速さのとき，道のりの比とかかる時間の比は等しい。**

Ｃさんは30秒で走る道のりと40秒で走る道のりの比は，30：40＝３：４で，30秒で１周するから，40秒で走る道のりは，円周の長さの$\frac{4}{3}$である。Ｃさんが回る円の半径は，２＋３＋３＋２＋５＝15(ｍ)だから，40秒でＣさんが走った道のりは，15×２×3.14×$\frac{4}{3}$＝**125.6**(ｍ)

**6**　**【解き方】少ない本数の画びょうでたくさんのプリントをはるには，プリントが重なる部分が多ければよいから，縦と横に同じ枚数ずつ並べるか，縦と横に並べる枚数の差ができるだけ少なくなるようにすればよい。**

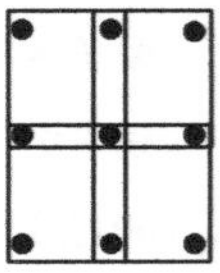

プリント４枚は，右図のように縦に２枚，横に２枚はると，画びょうが最も少なくなる。
画びょうの本数は，１辺に並ぶプリントの枚数より１多いから，画びょうは縦と横にそれぞれ，２＋１＝３(本)で，全部で，３×３＝[あ]**9**(本)必要である。

画びょうが 36 本のとき，画びょうを縦に６本，横に６本留めると最大の枚数のプリントをはることができるから，(６－１)×(６－１)＝[い]**25**(枚)まではることができる。

画びょうが36＋34＝70(本)のときは，画びょうを縦に７本，横に10本(縦に10本，横に７本)留めると最大の枚数のプリントをはることができるから，(７－１)×(10－１)＝[う]**54**(枚)まではることができる。

プリントは１㎝ずつ重ねるから，全体の縦の長さは，26＋25＋25＋…と25㎝ずつ，横の長さは，18＋17＋17＋…と17㎝ずつ増えていく。(102－26)÷25＝３あまり１より，縦には１＋３＝４(枚)はることができて，(240－18)÷17＝13あまり１より，横には１＋13＝14(枚)はることができるから，けい示板には４×14＝[え]**56**(枚)まで並べられる。

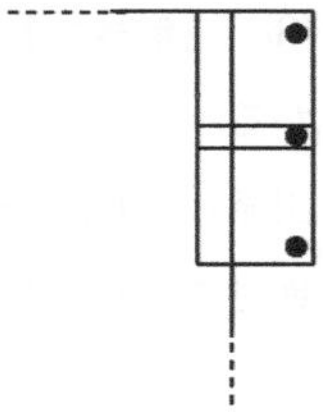

50枚のプリントを，縦に４枚，横に12枚並べ，残り２枚を右図のようにはると，画びょうの本数は，(４＋１)×(12＋１)＋３＝68(本)になり，[お]**2**本あまる。

## 《2023　前期　理科　解説》

１　(問１)　お花はやがて実になる部分(子ぼうという)がないので，図２である。

(問２)　がくは花びらの付け根の部分に，花びらよりも外側に出ている。

(問３)　ウリ科の植物はお花とめ花に分かれてさく。ウリ科の植物は，カボチャ，ヘチマ，キュウリ，ツルレイシなどを覚えておこう。

(問５)　めしべの先の部分(柱頭という)に花粉がつくことを受粉という。

2　(問１)　240－10＝230(ｇ)

(問２)　230－100＝130(ｇ)

(問３)　10ｇのプラスチックの立方体にはたらく浮力は 10ｇだから，プラスチックの立方体が押しのけた水(受け皿にたまった水)の重さは10ｇである。

(問４)　ばねは１ｇで１㎝のびるので，10ｇのプラスチックの立方体をつるすとばねののびは 10㎝になる。

3　(問１)　Ａは背中の骨(背骨)である。

(問４)　フナ(魚類)，カエル(両生類)，ヘビ(は虫類)，ハト(鳥類)，ヒト(ほ乳類)はすべて背骨をもつせきつい動物のなかまである。

(問５)　筋肉は関節をまたいでついている。Ｃが(う)についていることで，Ｃが縮むとつま先が下がる。反対にＤが縮むとつま先が上がる。

4　(問１)　空気がぼう張すると，空気の重さは変わらないが体積は大きくなるので，気球の中の同じ量の空気の重さは軽くなる。このため，気球は高度を上げることができる。

(問２)　空気と水を 20℃から 80℃まで温めたとき，空気は水よりも体積が大きくなりやすいので，空気が多く入っているＢの方がピストンが大きく動く。

(問３)　お湯に入れると空気がぼう張して体積が大きくなるので，フラスコ内の空気が外に出て，フラスコの重さは軽くなる。このとき湯気が出ていたので，水も水蒸気に変化して外に出る。お湯から出すと空気が収しゅくして体積が小さくなるので，フラスコの外の空気が中に入って，フラスコの重さが重くなるが，水が外に出たかわりに空気が入るので，お湯に入れる前よりもお湯から出したあとの方が軽くなる。

(問４)　80℃のときの方がアンモニアがたくさん出てきたので，アンモニアは高温の水よりも低温の水に多くとけることがわかる。

5　(問１)①　周囲と比べて風速が小さい[Ｄ，イ]が台風の目だと考えられる。　②　図２で[Ｄ，イ]にあった台風の目は，図３では[Ｃ，ウ]，図４では[Ｂ，エ]にあるので，北東に進んだことがわかる。　③　台風の中心に向かって風が吹《ふ》きこむので，「い」が正答である。

(問２)　津波は海底を震源《しんげん》とする地震が発生したときに起きることがある。

(問３)　予報円は台風の中心がその部分を通る確率が 70％の範《はん》囲《い》だから，予報円大きくなるということは，台風の中心が進む可能性のある範囲が広くなるということである。

(問４)　台風のときには，木などが倒れたり，ものが飛んできたりすることがあるので，外に出ないほうがよい。

6　(問１)(問２)　血液は大静脈(あ)→右心房(オ)→右心室(エ)→肺動脈(い)→肺→肺静脈(う)→左心房(イ)→左心室(ウ)→大動脈(ア)の順に流れる。よって，肺に向かう血液が流れている血管は肺動脈(い)，酸素を多くふくむ血液が流れているのは左心房(イ)と左心室(ウ)である。

(問３)　小腸で吸収された養分は，小腸とかん臓を結ぶ特別な血管(ｇで門脈という)を通ってかん臓へ運ばれる。

(問４)①　体内でできた有害なアンモニアはかん臓で無害な尿《にょう》素《そ》に変えられて，じん臓で水とともに尿としてこし出される。　②　吸った空気から血液に酸素をとり入れて，血液から二酸化炭素をとり出す臓器は肺である。

(問５)①　イから送られてくる酸素が多い血液と，オから送られてくる二酸化炭素が多い血液がまざりあって全身に送られる。　②　酸素が多い血液と二酸化炭素が多い血液がまざりあって全身に送られるので，血液中の酸素の量が少なく，活発な運動ができない。

7　(問1)　電磁石の向きはコイルに流れる電流の向きによって決まる。アの向きに電流を流すと棒磁石は反発したので，イの向きに電流を流すと棒磁石は引かれる。

(問2)　(問1)から棒磁石か電流の向きのどちらか一方を反対にすると，棒磁石の動きは反対になるが，棒磁石の向きと電流の向きを両方反対にすると，棒磁石の動きは同じになる。よって，棒磁石は(問1)と同様にコイルに引かれる。

(問3)　コイルに対して，棒磁石を近づけたり遠ざけたりすると，コイルに電流が流れる現象を電磁誘導《でんじゆうどう》，そのとき流れる電流を誘導電流という。コイル側の棒磁石の極，動かし方のうち，どちらか一方を反対にすると誘導電流の向きは反対になり，両方反対にすると誘導電流の向きは同じになる。図2に対して，「あ」は両方反対だからアの向きに電流が流れる。また，図5に対して，「い」と「う」は1つ反対だからアの向き，「え」は2つ反対だからイの向きに電流が流れる。

8　(問1)　〔のう度(%)＝$\frac{\text{とけているものの重さ(g)}}{\text{水よう液の重さ(g)}}\times 100$〕より，砂糖水ののう度は$\frac{198}{100+198}\times 100=66.4\cdots\to 66\%$，食塩水ののう度は$\frac{36}{100+36}\times 100=26.4\cdots\to 26\%$となる。

(問2)　食塩のとけ残りを出すためには，砂糖と食塩を混ぜたものをCかDに入れる必要がある。よって，「う」か「え」が正答となる。操作5で，食塩の固体が残ったろ紙が入ったろうとに砂糖水を注ぐと食塩がとけてしまうので，Dの食塩水を注ぐ「う」が正答となる。

(問3)　食塩水の重さは5.4÷0.1＝54(g)だから，水の重さは54－5.4＝48.6(g)である。

## 《2023　前期　社会　解説》

[1]　問1　松江＝ウ　岡山＝ア　高知＝イ　　日本海側に位置する松江は，北西季節風の影響で冬の降水量が多くなるのでウを選ぶ。瀬戸内に位置する岡山は，夏と冬の季節風が四国山地や中国山地でさえぎられ，1年を通して降水量が少なくなるのでアを選ぶ。太平洋側に位置する高知は，南東季節風の影響で夏の降水量が多くなるのでイを選ぶ。また，3都市の経度に差が少ないことから，緯度の違いによって平均気温が高知＞岡山＞松江の順になることに着目してもよい。

問2　イ　　石灰岩でできた地形をカルスト地形という。山口県には国内最大級のカルスト地形の秋吉台がある。

問3　エ　　吉野川は，可動堰で知られる。利根川は関東地方，筑後川は九州地方，熊野川は近畿地方を流れる。

問4　エ　　宇和海沿岸では，温暖な気候を利用してみかん栽培がさかんである。

問5　ウ　　アは沖合漁業，イは沿岸漁業，エは遠洋漁業。

問6　エ　　岡山県倉敷市と香川県を結ぶ連絡橋は，明石海峡大橋ではなく瀬戸大橋である。

問7　2011年に発生した東日本大震災以降，日本のすべての原子力発電所はいったん稼働を停止し，その後厳しい審査基準をクリアした原子力発電所だけが稼働するようになった。

[2]　問1　イ　　ピーク時の日本の人口は1億2800万人で，そこから徐々に減少している。

問2　ウ　　世界の人口は2011年に70億人をこえ，2023年現在は約80億人であり，2058年には100億人をこえるとされている。

問3　過疎　　過疎化と高齢化が進むと，病院・学校などのサービスが衰退し，地域の共同生活ができなくなる。

問4　イ　　1人の女性が生涯に産む子供の数を合計特殊出生率という。合計特殊出生率が2以上であれば，人口は減少しないが，わが国の合計特殊出生率は1.3～1.4程度となっている。

問5　ウ→エ→ア→イ　　ピラミッドの底辺が広いものからせまいものへ，ピラミッド型(富士山型)→つりがね型

→つぼ型と形を変えている。

**問7**　人口が減ると，需要量(買いたい量)が減ることで国内の経済規模が縮小する。税制や年金制度を支える生産年齢人口が減ると，税収が減って，公的サービスが行き届かなくなったり，保険料収入が減って，支払われる年金額が減ったりするなどの問題点が起きてくる。

**3**　**問1**　イ　　公地公民制を始めたのは，中大兄皇子(天智天皇)である。

**問2**　資料1の「一に曰く，～」より，争いをやめること，「二に曰く，～」より，仏教を厚く信仰すること，「三に曰く，～」より，天皇の命令に従うこと，「四に曰く，～」より，公正な政治を行うことが読みとれる。

**問3**　大和絵　　平安時代の中頃，大和絵・仮名文字・寝殿造など，唐の文化をもとにわが国の風土や習慣に合うようにつくりかえた国風文化が栄えた。

**問4**　ア　　書院造は室町時代，校倉造は古代から近世にかけて，唐様(禅宗様)は鎌倉時代に流行した。書院造は武家住宅，校倉造は主に倉庫，唐様(禅宗様)は寺院の建築様式である。

**問5**　ウ　　自分の娘を天皇のきさきにし，生まれた男子を天皇に立て，その外戚として摂政や関白の地位を独占して政治の実権をにぎる藤原氏の政治を摂関政治という。

**問6**　ウ　　北条義時は承久の乱が起きたときの執権(第2代)，北条時頼は北条時宗の父(第5代執権)，北条政子は源頼朝の妻で，初代執権北条時政の娘。

**問7**　イ　　文永の役では上陸を許したが，その後，博多湾沿岸に防塁を築いたため，2度目の襲来である弘安の役では元軍の上陸を許さなかった。

**問8**　元軍が集団戦法で火器を使うのに対して，鎌倉幕府の御家人たちは，弓や刀による一騎打ちで臨んだ。

**問9**　1＝カ　2＝イ　3＝エ　　豊臣秀吉は，方広寺の大仏をつくる際のくぎなどに使うという名目で，農民から武器を取り上げた。この刀狩は，農民を農業に専念させ，一揆を防ぐために行われた。

**問10**　検地　　特に豊臣秀吉が行った検地を太閤検地と呼ぶ。太閤検地では，米の収穫高を貫高から石高への変更，全国のマスの大きさの統一，土地のよしあし，数の単位の統一などが行われ，検地帳に耕作者が記された。その結果，寺社や貴族による荘園制が完全に否定された。

**問11**　バテレン追放令　　豊臣秀吉は，バテレン追放令を出してキリスト教を禁止したが，南蛮貿易を優先したために，禁教は徹底されなかった。

**4**　**問1**　自由民権　　板垣退助らが民撰議院設立建白書を提出した頃から自由民権運動は始まり，言論による運動と武力を伴う運動が繰り広げられた。西南戦争で新政府軍が勝利すると，武力を伴う運動はなくなり，言論による運動だけになっていった。

**問2**　日本が朝鮮への進出を考えていたこと，清が朝鮮を属国と考えていたことの2点を盛り込む。朝鮮で甲午農民戦争(東学党の乱)が起きると，朝鮮は宗主国である清に援軍を要請した。日本は天津条約に基づいて朝鮮に出兵すると，朝鮮政府は反乱軍と和議を結んだ。その後も清軍と日本軍は緊張状態にあったが，1894年7月，豊島沖の海戦で日本軍が清の戦艦を沈めたことから日清戦争が始まった。

**問3**　イ　　下関条約では，朝鮮の独立の承認，台湾・遼東半島・澎湖諸島の割譲，2億両(日本円で約3億1千万円)の賠償金を獲得した。このときの全権は，伊藤博文と陸奥宗光であった。

**問4**　ウ　　ロシア・ドイツ・フランスが，日本に遼東半島の返還を求めた動きを三国干渉という。

**問5**　A＝ア　B＝エ　　ロシアの南下政策をけん制するために，イギリスは日英通商航海条約を結び，その後，1902年に日英同盟を結んだ。日露戦争は，アメリカのT．ローズベルト大統領の仲介で講和条約が結ばれた。

問6　ポーツマス　　ポーツマスは，アメリカ東部の都市である。

問7　日米修好通商　　1858 年，大老の井伊直弼は，朝廷の許可を得ないで，日米修好通商条約に調印した。この条約は，日本に関税自主権がなく，相手国の領事裁判権を認めた不平等条約であり，これと同等の条約が，イギリス・フランス・ロシア・オランダとも結ばれた(安政の五か国条約)。

問8　ウ　　ポーツマスにおける講和条約に臨んだ全権大使の小村寿太郎は，一歩も引かず，賠償金は獲得ならなかったが，日本に有利な条件を獲得した。この態度をアメリカが評価し，1911 年の日米通商航海条約を締結するときに，関税自主権の回復に成功した。

問9(1)　小村寿太郎　　問８の解説を参照。　(2)　領事裁判権を認めていたこと　　日清戦争の直前に，陸奥宗光外務大臣はイギリスとの間で領事裁判権の撤廃に成功した。

問10　ウクライナ　　ウクライナとロシアの争いは，2023 年３月現在も続いている。

5　問1　(1)＝第一次世界大戦　(2)＝12 月８日　(3)＝第二次世界大戦　(4)＝原爆　(5)＝冷戦　　(1)　1914 年，サラエボ事件をきっかけとして，ドイツ・オーストリアの同盟国側と，イギリス・フランスをはじめとした連合国側に分かれた第一次世界大戦が始まった。　(2)　1941 年 12 月８日，日本が太平洋のハワイ諸島の１つオアフ島の真珠湾を奇襲攻撃したことから，太平洋戦争が始まった。　(3)　第二次世界大戦は，1939 年，ドイツ軍がポーランドに侵入したことから始まった。　(4)　アメリカが開発した原子爆弾は，ウランを使用した「リトルボーイ」が広島に，プルトニウムを用いた「ファットマン」が長崎に投下された。　(5)　アメリカとソ連(現在のロシア)による，戦火を交えない緊張状態を冷戦という。1989 年のマルタ会談で冷戦は終結した。

問2　核保有国である。〔別解〕第二次世界大戦の戦勝国である。　　国際連合安全保障理事会の常任理事国は，アメリカ・イギリス・フランス・中国・ロシア(旧ソ連)である。

問3　武力による解決はあってはならないこと，話し合いや国際法を適用することの２点を盛り込む。

## 《2023　後期　国語　解説》

一 **問四**　汽車《きしゃ》通学をしていた時の習慣で、「私がいま、物を食べるのが早い」ことにつながるのは、「ゆっくりⅡお弁当を食べてると、みんなにⅠ置いていかれるので、必死で、いつも食べていた」ということである。

**問五**　「家といっても、リンゴ畠《ばたけ》の真中《まんなか》にある、小さな見張り小屋のようなものだった」より、アの「孤立《こりつ》した家」、イの「粗末《そまつ》な家」であることが分かる。「電気は無くてランプだったし、御飯《ごはん》の支度《したく》は、私たちが拾って来たタキギだった」より、エの「不便な家」であることが分かる。「私たちの家」が、高台に建っているという表記は本文にない。よってウが正解。

**問六**　「母は駅の人と交渉《こうしょう》してくれた。でも、『どんなことがあっても再発行はしない』という規則になっていたので～私は定期なしに、学校に通うことに、なった」「私は自分の不注意から、一緒《いっしょ》に通う友達より、二時間近く早く家を出て、歩いて、隣《とな》りの三戸《さんのへ》の駅まで行くことになったのだった。普通《ふつう》の道を歩いて行くと大回りで、何時間かかるか分からないので、線路の上を歩いて行くことにした」「つらいのは、帰りだった～みんなは、汽車に乗る～みんなを見送ってから、一人で、カランコロンと、枕木《まくらぎ》の上を、飛びはねながら、汽車の通っていった後を、歩いて行くのだった」より、イが適する。

**問七**　「毎日、そうやって歩いていると、どの辺りまで歩いた時に、『下り』が一回通り……とか、いうように、汽車のスケジュールが、私にも、はっきり分かって来た」とある。汽車が通過する時だけ、「線路から外に出て、土手に立って過させて」さえいれば安全だと思って安心していたので、――④のような態度で歩いていたのだ。

**問八**　「母は、私がよく物を失くすから心配だといって、毛糸で編んだ紐《ひも》を定期入れに通し、私の首から定期を下げるようにしてくれた」「アヤトリしたいね、という話になった。紐…紐…と探しているうちに、私の首から下げてる定期の紐が、丁度いい長さだ、という事になり」「やっと定期が買える時が来て、母が（定期を）買ってくれた。私は、いそいで、紐を通して、しっかりと首にかけた」「あの母の作ってくれた、混り毛糸で編んだ茶色の紐ほど、思い出深いものは、ない」とある。□には、筆者が女学生時代に、首から下げていた紐の思い出深さと比べるものが入るので、ウのネックレスが適する。

**問九**　一つ目は、「私」が戦時中、青森県に疎開《そかい》していて、女学校に汽車通学していた話題が描《か》かれている部分。二つ目は、定期を失くしてしまった日の出来事と、そのために線路の上を歩いて登下校することになったことが描かれている部分。三つ目は、「次の日から私は」で始まり、定期がないために、線路の上を歩いて登下校する様子と、そのために「一度だけ恐ろしいことが、あった」ことが描かれている部分。四つ目は、いまの「私」（＝筆者）が、当時「母の作ってくれた、混り毛糸で編んだ茶色の紐」のことを、最も思い出深いネックレスだと語る部分。

**問十**　ア.「私の母は、そういう時、絶対に、グズグズいうタイプの人では、なかった～私を責める事も、しなかった。『失くしちゃったんだもの、仕方ないじゃない』と、いっただけだった」とあり、「非常時にはとりみだしてしまうことが多く、気が短い人」は適さない。　イ.筆者の友達が、筆者に対して「同情を示さない」ことが分かる部分は本文にない。　ウ.「母は、私がよく物を失くすから心配だといって」とあるが、「戦地に行く前」の父親がそのような心配をしたという部分は本文にない。　エ.鉄橋の上を歩いている時に臨時の汽車が来てこわい思いをしたが、そんな「予想外の事件」にも対応することができた。　よってエが適する。

二 **問八１**　「役不足」とは、割り当てられた役目が、その人の能力に比べて軽いこと。よって×。　**２**　「気が置けない」とは、遠りょや気づまりがなく、打ち解けられること。よって×。　**３**　「情けは人のためならず」とは、人に親切にしておけば、それがめぐりめぐって、必ず自分に良い報いがあること。よって○。　**４**　「急がば回れ」とは、急ぐときには、あぶない近道よりも、安全な本道を通った方が、帰って早く着くものだということ。よって○。　**5**「立て板に水」とは、すらすらとよどみなくしゃべる様子。よって×。

## 《2023　後期　算数　解説》

**1**　(1)　与式$=12\times34-8-89=408-8-89=400-89=$**311**

(2)　与式$=\frac{30}{60}+\frac{20}{60}+\frac{15}{60}-\frac{12}{60}=\frac{65}{60}-\frac{12}{60}=\mathbf{\frac{53}{60}}$

(3)　与式$=\frac{312}{100}\times\frac{5}{4}+\frac{5}{2}\times\frac{26}{10}=\frac{39}{10}+\frac{13}{2}=\frac{39}{10}+\frac{65}{10}=\frac{104}{10}=\frac{52}{5}=\mathbf{10\frac{2}{5}}$

(4)　与式より，$\square=1\div(2\frac{3}{5}-1\frac{1}{3})=1\div(\frac{13}{5}-\frac{4}{3})=1\div(\frac{39}{15}-\frac{20}{15})=1\div\frac{19}{15}=1\times\frac{15}{19}=\mathbf{\frac{15}{19}}$

(5)　与式$=\frac{37}{5}-\frac{27}{10}\div\frac{27}{8}\times\frac{17}{2}=\frac{37}{5}-\frac{27}{10}\times\frac{8}{27}\times\frac{17}{2}=\frac{37}{5}-\frac{34}{5}=\mathbf{\frac{3}{5}}$

(6)　与式$=\frac{35}{3}-(\frac{28}{9}\times\frac{7}{4}-\frac{9}{4})\times\frac{36}{10}=\frac{35}{3}-(\frac{196}{36}-\frac{81}{36})\times\frac{18}{5}=\frac{35}{3}-\frac{115}{36}\times\frac{18}{5}=\frac{35}{3}-\frac{23}{2}=\frac{70}{6}-\frac{69}{6}=\mathbf{\frac{1}{6}}$

(7)　**【解き方】(６％の食塩水にふくまれる食塩)＋(４％の食塩水にふくまれる食塩)＋(□％の食塩水にふくまれる食塩)＝(５％の食塩水にふくまれる食塩)となる。**

５％の食塩水の量は150＋250＋100＝500(ｇ)になる。５％の食塩水500ｇにふくまれる食塩は$500\times\frac{5}{100}=25$(ｇ)で，６％の食塩水150ｇにふくまれる食塩は$150\times\frac{6}{100}=9$(ｇ)，４％の食塩水250ｇにふくまれる食塩は$250\times\frac{4}{100}=10$(ｇ)だから，□％の食塩水100ｇにふくまれる食塩は，25－９－10＝６(ｇ)である。

よって，$\square=\frac{6}{100}\times100=$**6**

(8)　100円は125円の$\frac{100}{125}\times100=80$(％)だから，125円の100－80＝**20**(％)引きである。

**2**　(1)①　**【解き方】折り返した図形だから右図の○印の図形は合同であることを利用する。**

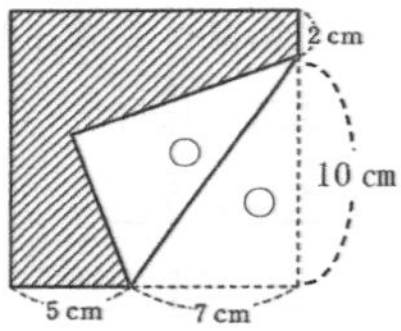


斜線部分の面積は１辺が５＋７＝12(cm)の正方形の面積から，○印の２つの直角三角形の面積をのぞいた面積だから，12×12－７×(12－２)÷２×２＝**74**(㎠)

②　大きい半円の半径は４cm，小さい半円の半径は４÷２＝２cmだから，斜線部分の面積は，４×４×3.14÷２－２×２×3.14÷２＝**18.84**(㎠)

③　**【解き方】右の「葉っぱ型の図形の面積」を利用する。**

正方形の面積は(対角線)×(対角線)÷２で求めることができる。斜線部分の面積は，葉っぱ型の図形の面積の半分だから，12×12÷２×0.57÷２＝**20.52**(㎠)

**葉っぱ型の図形の面積**

右の斜線部分の面積は，

(円の$\frac{1}{4}$の面積)×２－(正方形の面積)＝

$(1\times1\times3.14\times\frac{1}{4})\times2-1\times1=0.57$ だから，

**(葉っぱ型の面積)＝(正方形の面積)×0.57**

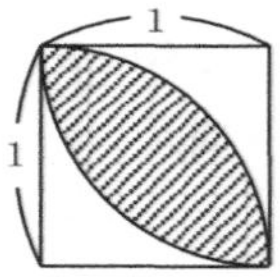


(2)　木は１㎡あたり1500÷10000＝0.15(本)生えているから，38500㎡の土地に生えている木は，38500×0.15＝5775(本)

この5775本の木から，まきを5775×272(本)作れるから，キャンプができる回数は，5775×272÷15＝**104720**(回)

**3**　(1)　水面の上がり方が変わったときに注目すると，直方体の高さは**36**cmとわかる

(2)　水そうＡの水面の高さが36cmになったとき，水そうＡに入っている水の量は，40×30×36－20×20×36＝28800(㎤)　毎分2400㎤の割合で水を入れたから，(ア)＝28800÷2400＝**12**(分)

(3)　水そうＢには，19分で40×30×(50－8.2)＝50160(㎤)の水が入ったから，水を入れる割合は，毎分(50160÷19)㎤＝毎分**2640**㎤

(4)　**【解き方】水面の高さが等しくなるのはグラフが交わる時間である。水そうＡ，Ｂで，１分あたり何cmずつ水面があがるかを考える**

水そうＡでは，水を入れ始めて12分後までは，１分で36÷12＝３(cm)，水そうＢでは，１分で(50－8.2)÷19＝

2.2(cm)ずつ水面があがる。水を入れ始める前は2つの水そうの水面の高さの差は8.2 cmで，水を入れ始めると水面の高さの差は，1分あたり3－2.2＝0.8(cm)ずつ小さくなるから，差がなくなり水面の高さが等しくなるのは，8.2÷0.8＝10.25(分後)で，**10分15秒後**である。

**4** (1) グラフより，バスは10分＝$\frac{1}{6}$時間で6km進むから，速さは，時速$(6\div\frac{1}{6})$km＝時速**36km**である。

(2) 愛さんが遊園地に着いたのは9時10分だから，光さんが遊園地に着いたのは9時10分＋30分＝9時40分である。光さんは駅から遊園地まで6000÷75＝80(分)かかるから，駅を出発した時刻は，9時40分－80分＝**8時20分**

(3) **【解き方】光さんの歩いた道のりと時刻のグラフをかきこむ。**

(2)より，光さんのグラフをかきこむと，バスのグラフと3回交わることがわかるから，出会った回数は**3回**である。

(4) **【解き方】右図のように記号をおくと，バスが光さんを追い抜くのは点Cの地点である。グラフの同じ形の三角形の辺の比を利用してBC間の道のりを求める。**

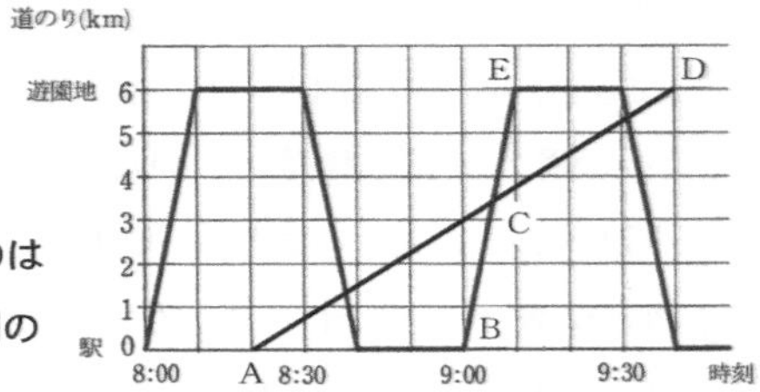


三角形ABCと三角形DECは同じ形の三角形で，AB：DE＝40：30＝4：3だから，BC：EC＝4：3となる。BE間は6kmだから，BC間は$6\times\frac{4}{4+3}=\frac{24}{7}=3\frac{3}{7}$(km)で，求める地点は駅から**$3\frac{3}{7}$km**の地点である。

**5** (1) 操作Aで$\frac{2}{9}\to\frac{9}{2}$，操作Bで$\frac{9}{2}\to\frac{9}{2}+1=\frac{11}{2}$，操作Cで$\frac{11}{2}\to\frac{11}{2}\times2=11$，操作Dで$11\to11\div3=\frac{11}{3}=$**$3\frac{2}{3}$**

(2) $\frac{34}{21}$から，B，C，D，A，Cの順でもとにもどす。

操作Bをもどして，$\frac{34}{21}\to\frac{34}{21}-1=\frac{13}{21}$　操作Cをもどして，$\frac{13}{21}\to\frac{13}{21}\div2=\frac{13}{42}$　操作Dをもどして，$\frac{13}{42}\to\frac{13}{42}\times3=\frac{13}{14}$　操作Aをもどして，$\frac{13}{14}\to\frac{14}{13}$　操作Cをもどして，$\frac{14}{13}\to\frac{14}{13}\div2=$**$\frac{7}{13}$**

(3) **【解き方】5回目の操作で整数になるのは，4回目の操作で$\frac{1}{\square}$になり5回目で操作Aをするか，4回目の操作で$\frac{\triangle}{2}$になり5回目で操作Cをするかである(□，△は整数とする)。$\frac{5}{7}$に対してA，B，C，Dそれぞれの操作を1回して，あと3回の操作で$\frac{1}{\square}$か$\frac{\triangle}{2}$になる場合を考える。**

最初に操作Aをすると，$\frac{5}{7}\to\frac{7}{5}$となる。あと3回ではどの操作でも，分子が1にも，分母が2にもならない。

最初に操作Bをすると，$\frac{5}{7}\to\frac{12}{7}$となる。2回目に操作Dで，$\frac{12}{7}\to\frac{4}{7}$，3回目に操作Aで，$\frac{4}{7}\to\frac{7}{4}$，4回目に操作Cで，$\frac{7}{4}\to\frac{7}{2}$となるから，5回目に操作Cで，$\frac{7}{2}\to7$となる。

最初に操作C，Dをすると，$\frac{5}{7}\to\frac{10}{7}$，$\frac{5}{7}\to\frac{5}{21}$となり，あと3回ではどの操作でも，分子が1にも，分母が2にもならない。よって，整数になる5回の操作は，**B，D，A，C，C**の順で，できる整数は**7**である。

**6** (1) 2段の図形は，大きな正方形の1辺を2等分する，1辺が100÷2＝[あ]**50**(cm)の正方形を切り取るから，面積は，100×100－50×50＝[い]**7500**(cm²)

右図のように考えると，4段の図形は，1辺が100÷4＝25(cm)の正方形が1＋2＋3＋4＝10(個分)だから，面積は，25×25×10＝[う]**6250**(cm²)　5段の図形は，1辺100÷5＝20(cm)の正方形が1＋2＋3＋4＋5＝15(個分)だから，面積は，20×20×15＝[え]**6000**(cm²)

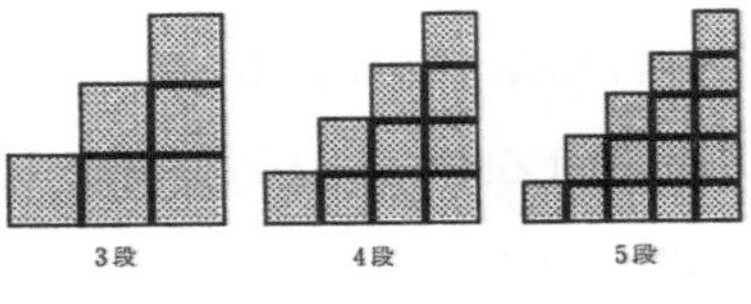


同じように考えると，10段の図形は，1辺が100÷10＝10(cm)の正方形が1＋2＋3＋4＋5＋6＋7＋8＋9＋10＝55(個分)とわかるから，面積は，[お]10×10×55＝**5500**(cm²)

(2) 段数が多くなると分割された小さな正方形はどんどん小さくなるが，どんなに小さくても1辺は0cmより大きい。したがって，面積は，2辺が100 cmの直角二等辺三角形の面積の[か]＝100×100÷2＝**5000**(cm²)よりも必ず大きくなる。

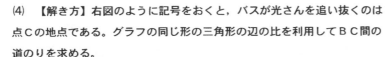

# 2022 解答例 令和4年度　大阪女学院中学校【前期】【後期】

## 《前期　国語》

一　問一．a．似　b．無感覚　c．証明　d．簡単　e．しる　問二．おおざっぱに世界を探っている
問三．1．イ　2．エ　3．ウ　問四．ア，ウ，エ，カ　問五．何も信じられないが、音だけは信じたフリができるから。　問六．Ⅰ．イ　Ⅱ．キ　Ⅲ．ク　Ⅳ．エ　★巨人族のボード・ゲーム　問七．f．動作　g．個人　h．態度　問八．ように　問九．イ．1　ウ．3　問十．A．エ　B．イ　C．ア　D．ウ
問十一．この人～いこと　問十二．イ

二　問一．漢字…A．千　B．万　意味…1．ウ　2．エ　3．ア　問二．［漢字／記号］　1．［頭／イ］　2．［手／ア］　3．［腹／ウ］　問三．1．ウ　2．エ　3．ア　4．イ　問四．1．直　2．行
問五．1．まいります　2．もうしあげる　3．いたします　問六．1．ウ　2．イ　3．ア

三　1．ク　2．オ　3．イ　4．エ　5．ア

## 《前期　算数》

1　(1)10　(2)122　(3)$\frac{5}{7}$　(4)190　(5)$\frac{2}{5}$　(6)$\frac{123}{1000}$　(7)2　(8)750

2　(1)①ア，エ　②ア，イ　(2)18.56

3　(1)20　(2)$\frac{3}{8}$　(3)16

4　(1)300　(2)30　(3)55　(4)12，10

5　(1)2　(2)13.5　(3)②

6　(1)ア．65　イ．35　ウ．30　(2)32

## 《前期　理科》

1　(問1)え　(問2)510　(問3)え

2　(問1)②　(問2)③お　④う　⑤あ　⑥い　(問3)⑦肺　⑧えら　(問4)受精　(問5)受精卵
(問6)う→あ→え→い　(問7)う　(問8)い，う

3　(問1)い　(問2)あ　(問3)お　(問4)あ

4　(問1)地層　(問2)ボーリング　(問3)15000　(問4)あ，う，お　(問5)い，う　(問6)地熱発電／温泉／火山灰による野菜栽培 などから2つ　(問7)化石　(問8)ヒマラヤ山脈の山頂付近は以前海であったということ。

5　(問1)①あ　②い　③あ　④あ　⑤い　⑥い　⑦あ　⑧あ　(問2)上昇する　(問3)飲み物の体積が大きくなり，容器がこわれるかもしれないから。

6　(問1)名前…め花　特ちょう…花の下の部分にふくらみがあるから。　(問2)ウ　(問3)①3　②めしべとおしべの両方がそろっているから。　(問4)う　(問5)とげの部分が花に来た昆虫やほかの動物につきやすい。
(問6)風

7　(問1)36　(問2)109　(問3)う　(問4)8.5

## 《前期　社会》

1　問１．Ｚ　問２．(1)リアス(式)海岸　(2)エ　問３．イ　問４．(1)びわこ　(2)ウ　(3)ア
問５．理由…騒音対策のため。　長所…24 時間発着可能であること。
問６．［府県名／位置］　Ⅰ．［京都(府)／Ｂ］　Ⅱ．［三重(県)／Ｇ］

2　問１．エ　問２．①イ　②ウ　問３．ウ　問４．イ　問５．さとうきび　問６．(1)日本でとれる【い】の漁獲量が減っているから。(下線部はさんまでもよい)　(2)日本近海の海水温が上昇傾向にあるため。／台湾・中国の漁獲数が増えているため。

3　問１．(あ)シ　(い)キ　(う)ア　(え)ウ　(お)カ　(か)ケ　(き)オ　(く)コ　問２．①シ　②エ　③ア　④コ　⑤キ　⑥ク　⑦イ　⑧ケ　問３．(1)外様大名　(2)江戸から遠くに配置した。

4　問１．(1)キ　(2)オ　(3)サ　(4)ソ　(5)ア　(6)ス　(7)ケ　(8)ウ　問２．ターヘル・アナトミア　問３．適
問４．考え…外国と貿易してはならないということ。／外国船が来航してはいけないということ。／鎖国を続けること。などから１つ　対応…異国船打払令に基づき外国船や外国人を攻撃し，追放したこと。(下線部は外でもよい)
問５．太陽暦　問６．大森　問７．津田梅子

5　問１．イ　問２．ＰＫＯ〔別解〕平和維持活動　問３．(1)ウ　(2)イ　(3)ア
問４．国連安全保障理事会〔別解〕安保理　問５．(1)常任理事国　(2)拒否　問６．2011 年の出来事をふまえて分かること…東日本大震災をきっかけに原子力発電の割合が減少したこと。(下線部は福島原発事故でもよい)
今後の電源構成についてのあなたの考え…環境に負荷をかけない再生可能エネルギーを増やすべきだ。

## 《後期　国語》

一　問一．ａ．複雑　ｂ．不規則　ｃ．せお　ｄ．伝承　ｅ．習慣　ｆ．ふぜい　ｇ．まぎわ
問二．１．イ　２．ア　３．イ　問三．Ａ．ア　Ｂ．オ　Ｃ．エ　Ｄ．イ　問四．文章がリズミカル
問五．ウ　問六．大量の読み聞かせ　問七．エ　問八．大人は、同じ本を何度も読むとあきてしまうから。
問九．エ　問十．ア　問十一．ウ　問十二．Ａ．声優の声　Ｂ．自分で想像した声　問十三．ア

二　問一．１．足　２．身　３．腹　問二．１．イ　２．イ　３．ウ　問三．１．ア．れ　イ．し　２．ア．る　イ．い　３．ア．る　イ．つ　問四．１．勝利　２．延長　３．収入　問五．１．口　２．夢　３．快
問六．ア，オ／イ，エ／ウ，キ　問七．１．イ　２．オ　３．ア　４．エ　５．ウ

## 《後期　算数》

1　(1)74　(2)$\frac{1}{80}$　(3)$\frac{1}{5}$　(4)$1\frac{2}{3}$　(5)19.005　(6)496　(7)316.5　(8)8

2　(1)①18　②80　③$\frac{1}{2}$　(2)①１　②61

3　(1)20　(2)116　(3)276

4　(1)400　(2)8.3　(3)４：１

5　(1)$\frac{2}{15}$　(2)26，40　(3)12　(4)長く使える方…Ｂ／13，20

6　あ．52　い．３　う．11　え．４

←解答例は前のページにありますので，そちらをご覧ください。

## 《2022　前期　国語　解説》

**一**　**問二**　２～５行後の「何か曲らしきものを作ろうとしてみる」「曲を作りたいってわけでもないんだ～ただ、おおざっぱに世界を探《さぐ》っている感じ」などが、「音のスケッチ」によってしていることの説明になっている。

**問四**　３～４行後に「俺《おれ》の肉体、俺の精神～五感で感じ取れるもの～これら、すべてが、なぜ、確かに実在すると証明できる？」とあるので、アとカは適する。その後に「精子と卵子の結合は理解できても、生物の進化は認められても」とあるので、イとオは適さない。さらにその後に「そもそもの始まりのことは、誰も知らない～神がすべてを作ったのだと思わなければ、何もわからない。今、俺は本当に生きているのか」とあるので、ウとエは適する。

**問五**　後の方に、「何も信じられないのだが、信じたフリをできるものが一つだけある。音──だ」とあるので、ここからまとめる。

**問六Ⅰ**　本文中に「曲を作りたいってわけでもないんだ」「つまらないよな」「毎回、違《ちが》うんだけどね」などとあり、話しことばが使われている。空らんの前の「ふだん使っているであろう」もヒントになる。　**Ⅱ・Ⅲ**　本当に確かなことがこの世の中にあるのか、そもそもの始まりはどうだったのか、「俺は本当に生きているのか」といった問いは、根源的で哲学《てつがく》的なものである。また、これらの問いを、話しことばを使って問いかける形で提起している。　**Ⅳ**　擬態語《ぎたいご》とは、物事の状態をそれらしい音でたとえた言葉である。

**問十Ａ**　直後で「面白くないですよ」と答えているので、「面白いのか？」という問いかけが入る。よって、エが適する。　**Ｂ・Ｃ**　「面白くないですよ」という答えを聞いた「じいさん」の反応である。ウはＤ、エはＡに入るので、アとイから選ぶ。イは最初に「じゃあ」とあるので、「俺」の言葉に対して言い返したものだとわかる。アは、イに続けて「見るな」とくり返したもの。よって、Ｂはイ、Ｃはアが適する。　**Ｄ**　２行後に「確かに、関係ない」とある。これは、直前の「じいさん」の言葉を受けたものなので、「関係のない」とあるウが適する。

**問十二**　２～３行前に「この世が、夢でも幻《まぼろし》でも～空しくても、あのじいさんは～しぶとく実在している」とある。よって、イが適する。

**二**　**問五１**　「先生」に敬意を表すために、けんじょう語にする。「いらっしゃる」は、「来る」の尊敬語。　**２**　「社長」に敬意を表すために、けんじょう語にする。「おっしゃる」は、「言う」の尊敬語。　**３**　「お客様」に敬意を表すために、けんじょう語にする。「お～いたす」の形にすることで、けんじょう語になる。「いたす」にていねい語の「ます」を重ねることで、より強い敬意を表すことができる。

## 《2022　前期　算数　解説》

**1**　(1)　与式＝$3\times3+1=9+1=10$

(2)　与式＝$96+(101-23)\div3=96+78\div3=96+26=122$

(3)　与式＝$(\frac{6}{12}-\frac{4}{12}+\frac{3}{12})\div(\frac{6}{12}+\frac{4}{12}-\frac{3}{12})=\frac{5}{12}\div\frac{7}{12}=\frac{5}{12}\times\frac{12}{7}=\frac{5}{7}$

(4)　与式＝$400-210=190$

(5)　与式より，$\square\times\frac{3}{4}+\frac{1}{3}=\frac{19}{20}\times\frac{2}{3}$　$\square\times\frac{3}{4}=\frac{19}{30}-\frac{1}{3}$　$\square\times\frac{3}{4}=\frac{19}{30}-\frac{10}{30}$　$\square=\frac{9}{30}\times\frac{4}{3}=\frac{2}{5}$

(6)　与式＝$(\frac{12}{100}\times\frac{4}{3}+\frac{1}{4})\div\frac{10}{3}=(\frac{16}{100}+\frac{25}{100})\times\frac{3}{10}=\frac{41}{100}\times\frac{3}{10}=\frac{123}{1000}$

(7)　勉強時間の合計は，$20\times4+30\times7+50\times10+60\times4+90\times2+110\times1=1320$(分)

平均が44分なので，人数は $1320\div44=30$(人)

よって，0分の人数は，$30-4-7-10-4-2-1=2$(人)

(8) 持っていたお金の $1-\frac{1}{4}-\frac{1}{10}-\frac{1}{2}=\frac{20}{20}-\frac{5}{20}-\frac{2}{20}-\frac{10}{20}=\frac{3}{20}$ が450円だから，持っていたお金は，$450\div\frac{3}{20}=3000$(円)である。よって，かばんの代金は，$3000\times\frac{1}{4}=750$(円)

**2** (1) それぞれの図形の辺の長さや対角線の性質は覚えておこう。

(2) 太線の部分のうち，曲線部分の長さは，半径が1cmの半円の曲線部分と，半径が2cmで中心角が90°のおうぎ形の曲線部分と，半径が4cmで中心角が90°のおうぎ形の曲線部分の長さの和である。

直線部分の長さは，$4+(4-2)=6$(cm)

よって，太線の部分の長さは，$1\times2\times3.14\div2+2\times2\times3.14\times\frac{90°}{360°}+4\times2\times3.14\times\frac{90°}{360°}+6=(1+1+2)\times3.14+6=18.56$(cm)

**3** (1) 重さが $\frac{2}{5}$ になるまで使ったえんぴつを何本か合わせて，えんぴつ8本と同じ重さになればよい。

よって，求める本数は，$8\div\frac{2}{5}=20$(本)

(2) えんぴつ1本の重さは，クレヨン $3\div8=\frac{3}{8}$(本)分の重さである。よって，クレヨン1本を $\frac{3}{8}$ まで使えば，えんぴつと同じ重さになる。

(3) えんぴつとクレヨンについて，同じ重さに対する本数の比は，8：3である。よって，えんぴつとクレヨンが合わせて22本あり，えんぴつの重さの和とクレヨンの重さの和が等しいときえんぴつは $22\times\frac{8}{8+3}=16$(本)ある。

**4** (1) 水そうの容積は，$40\times125\times60=300000$(cm³)であり，1L＝10cm×10cm×10cm＝1000cm³だから，

$300000\div1000=300$(L)

(2) 水道管Aを開くと，5分間で高さが30cm高くなるから，水そうの容積の $\frac{30}{60}=\frac{1}{2}$ だけ水が入る。

よって，5分間で $300\times\frac{1}{2}=150$(L)の水が入るから，1分間で $150\div5=30$(L)の水が入る。

(3) **【解き方】水道管Cを開いたあとも，水道管Aからは水が出続けていることに注意する。**

グラフより，Cを開くと，1分間で水面の高さが5cm低くなるから，水そうの中の水が $300\times\frac{5}{60}=25$(L)少なくなる。Aからは1分間で30Lの水が出ているので，Cから1分間にぬける水の量は，$30+25=55$(L)

(4) **【解き方】水を入れ始めてから8分後の水そうに入っている水の量から，水そうが水でいっぱいになる時間を求める。**

8分後の水面の高さは15cmだから，水そうに入っている水の量は，$300\times\frac{15}{60}=75$(L)

よって，水はあと $300-75=225$(L)入る。AとBを同時に開くと，1分間に $30+24=54$(L)の割合で水が入るから，あと $225\div54=4\frac{1}{6}$(分後)＝4分 $(60\times\frac{1}{6})$ 秒後＝4分10秒後に水そうが水でいっぱいになる。

したがって，求める時間は，8分＋4分10秒＝12分10秒後

**5** (1) 3秒後から4秒後で，重なる部分の長さが変わらないことから，3秒後に正方形は右図の位置まで移動していることがわかる。よって，3秒間で6cmだけ動いているから，求める速さは，毎秒(6÷3)cm＝毎秒2cm

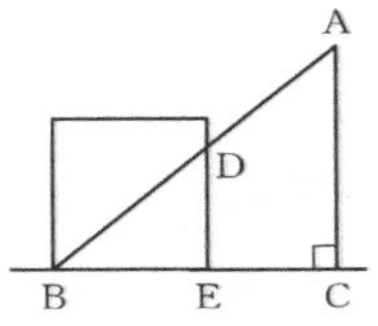


(2) 3秒後は(1)の図のようになる。三角形ABCと三角形DBEは同じ形であり，

AC：BC＝9：12＝3：4だから，DE＝$\frac{3}{4}$BE＝$\frac{3}{4}\times6=4.5$(cm)

重なっている部分の面積は，BE×DE÷2＝$6\times4.5\div2=13.5$(cm²)

(3) 3秒後から，図Iの状態まで，重なる部分の長さは変わらない。

FG＝6cmだから，BG＝$\frac{4}{3}$FG＝8(cm)

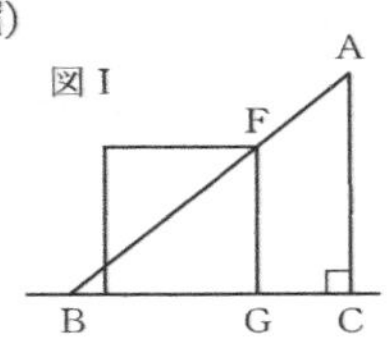


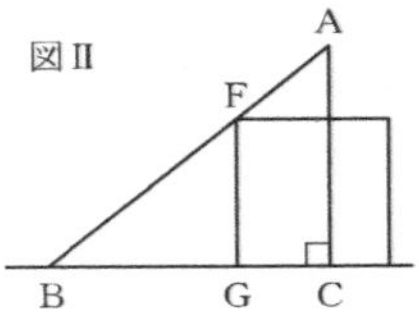

よって，図Ⅰは８÷２＝４(秒後)

図Ⅰの状態から図Ⅱの状態までは，重なる部分の長さが一定の割合で短くなる。図Ⅱは(８＋６)÷２＝７(秒後)

７秒後以降は，重なる部分の長さが０cmになるから，求めるグラフは②だとわかる。

6 (1)　１種類ずつ料理を作る場合，コンロを使う時間は，

５＋10＋10＋15＋５＋20＝ア65(分)である。

同時に２種類作れる場合，例えば図ｉのように作ることができるから，コンロを使う時間はイ35分である。

同時に３種類作れる場合，例えば図ⅱのように作ることができるから，コンロを使う時間はウ30分である。

図ｉ

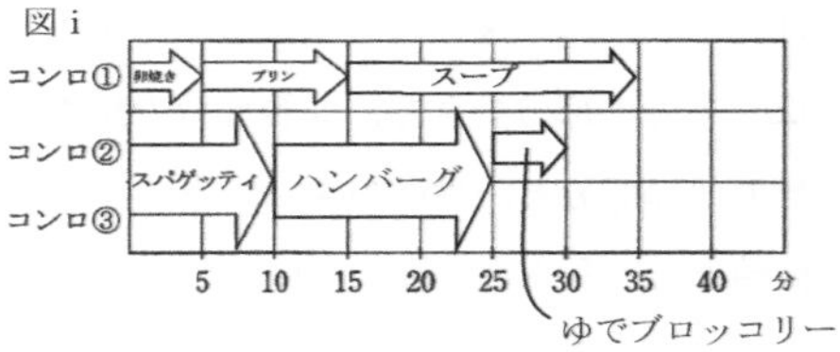


図ⅱ

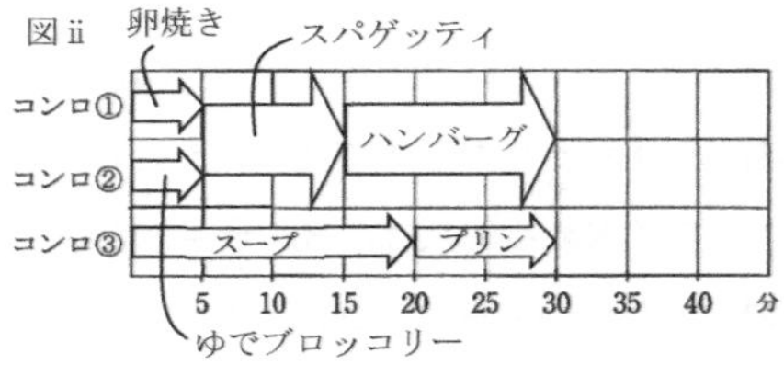


(2)　例えば図ⅲのように作ることができるから，コンロを使う時間は，

図ⅲ

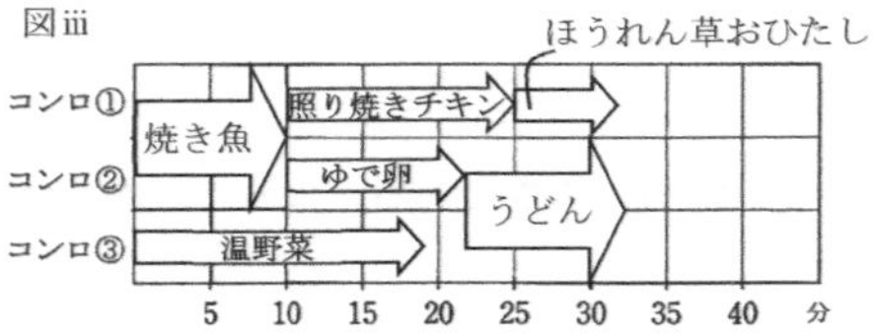


10＋15＋７＝32(分)である。

## 《2022　前期　理科　解説》

**1**　**(問１)**　音は物体が振動《しんどう》することで伝わる。糸を手でつかむと，その糸は振動しなくなり，その先に音は伝わらない。ＡさんからＥさんに音が伝わるには，振動が⑤→⑦の順に伝わるか，①→③→④の順に伝わるかのどちらかであるが，①→③→④の順に伝わると必ずＣさんにも伝わるので，Ｅさんには⑤→⑦の順に伝わることになる。⑤→⑦の順に伝わるとき，Ｃさんに伝わらないようにするためには④をつかむ必要があり，Ｄさんに伝わらないようにするためには⑥をつかむ必要がある。④と⑥が含《ふく》まれる(え)と(お)のうち，ＢさんとＣさんの両方に伝わらないのは①をつかんだ(え)である。

**(問２)**　３秒は向かいの山までの１往復にかかる時間だから，向かいの山までの１往復のきょりが340×３＝1020(m)であり，向かいの山までのきょりは1020÷２＝510(m)である。

**(問３)**　(問２)解説と同様に考えると，〔(海中を伝わる音の速さ)×(出した音が魚群で反射してもどってくるまでの時間)÷２〕より，魚群までのきょりを求めることができる。

**2**　**(問１)**　ヒトの卵の大きさは約0.1㎜である。

**(問７)**　(あ)×…ふ化した直後のメダカは呼吸をしている。　(い)×…例えばヒトでは，はき出した空気に約17%の酸素が含まれていて，これは排出《はいしゅつ》された二酸化炭素の割合よりも大きい。　(え)×…メダカでは，口から吸い込《こ》んだ水がえらを通るときに気体の交換《こうかん》が行われる。

**(問８)**　(い)×…受精後，約38週間で生まれる。　(う)×…たいじがいる子宮は羊水で満たされていて，空気はない。酸素と二酸化炭素の交換は，へそのおを通してたいばんで行われる。

**3**　**(問１)**　選択しの図の状態から，１階のスイッチを押《お》した後，２階のスイッチを押し，それぞれの操作《そうさ》で点灯と消灯が切りかわるかを確かめればよい。(あ)は消灯していて，１階のスイッチを押しても消灯したままである。(い)は点灯していて，１階のスイッチを押すと消灯し，その後２階のスイッチを押すと点灯する。(う)は消灯していて，１階のスイッチを押すと点灯するが，その後２階のスイッチを押しても点灯したままである。(え)は点灯していて，

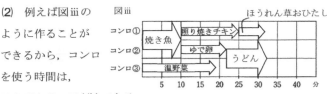

１階のスイッチを押しても点灯したままである。

**(問２)**　図３と４より，ＬＥＤの長いたん子と電池の＋極がつながると，ＬＥＤが光ることがわかる。図６で，スイッチ①を入れると，左の電池とＬＥＤ①が正しくつながり，ＬＥＤ①が光る。なお，スイッチ②を入れると，ＬＥＤ①は直列つなぎの２個の電池と正しくつながるが，ＬＥＤ②の長いたん子が電池の－極とつながっているため，ＬＥＤ①にも電流が流れず，光らない。

**(問３)**　スイッチ①と③を入れると，ＬＥＤ①と②が並列つなぎになって，どちらも左の電池の＋極と長いたん子がつながり，同じ明るさで光る。

**(問４)**　並列つなぎのＬＥＤの数を増やしても，それぞれのＬＥＤの明るさは，ＬＥＤを１個つなげたときと同じである。なお，ＬＥＤを直列つなぎにしたときには，それぞれのＬＥＤの明るさが(問２)のＬＥＤ①より暗くなる。

**4**　**(問３)**　約150年周期で大規模なふん火をくり返している(火山灰の層ができる)から，最も古い火山灰の層は150×100＝15000(年前)のものである。

**(問４)**　(い)(え)×…流れる水のはたらきを受けてたい積したつぶは，川底や他の石とぶつかるなどして角がとれて丸みを帯びるが，火山のふん火によってたい積したつぶは，そのようなはたらきを受けないため，角ばっている。

**(問５)**　(あ)(え)(お)の変化は，地震《じしん》の発生によって起こりやすい。

**5**　**(問１)**　⑦ふつう，液体から気体になるときには体積が大きくなり，液体から固体になるときには体積が小さくなるが，水は例外で，液体から固体になるときに体積が大きくなる。なお，このとき重さは変化しないため，水と氷では，氷の方が１㎤あたりの重さが軽くなる。このため，水に氷を入れると，１㎤あたりの重さが軽い氷が上に移動する(氷が水にうく)。

**(問２)**　(問１)解説と同様に考えればよい。温められた空気は体積だけが大きくなるので，１㎤あたりの重さが周りの空気と比べて軽くなり，上昇する。

**(問３)**　飲み物にはふつう水が含まれているので，こおらせることで体積が大きくなる。飲み物の体積が容器よりも大きくなると，容器がこわれてしまう。

**6**　**(問１)**　め花の下のふくらんだ部分を子房といい，受粉後，成長して実になる。

**(問２)**　Ａはめしべの先たんで柱頭という。(ア)は花びら，(イ)はおしべ(のやく)，(ウ)は柱頭，(エ)は子房，(オ)はがくである。

**(問３)**　図５はアサガオの花粉である。ヘチマの花粉はラグビーボールのような形をしている。アサガオは，つぼみのときにはめしべよりもおしべの方が短いが，開花の直前におしべが成長してめしべを追いこすときに，受粉が行われる。このため，アサガオは他の花から花粉を受けとらなくても実ができる。

**(問４)**　けんび鏡の視野は上下左右が反対になっている。よって，図６のように，観察物が視野の左上に見えるとき，実際には右下にあるので，中央に見えるようにするにはプレパラートを左上に動かせばよい。

**(問６)**　昆虫《こんちゅう》によって受粉が行われる花を虫媒花《ちゅうばいか》，風によって受粉が行われる花を風媒花という。

**7**　**(問１)**　食塩がそれ以上とけることができない状態の食塩水を飽和《ほうわ》食塩水という。表１より，20℃の飽和食塩水100ｇには食塩が26.4ｇとけている。つまり，20℃のとき，100－26.4＝73.6(ｇ)の水に食塩が26.4ｇまでとけるということだから，20℃の水100ｇには食塩が$26.4\times\frac{100}{73.6}=35.8\cdots\rightarrow 36$ｇまでとける。

**(問２)**　［３］より，体積55㎤のときの重さが60ｇだから，体積100㎤での重さは$60\times\frac{100}{55}=109.0\cdots\rightarrow 109$ｇである。

**(問３)**　同じ体積での重さが軽い方が上にいき，重い方が下にいくと考えればよい。よって，［２］と(問２)より，たまご100㎤の重さは，20％の食塩水よりは軽く，10％の食塩水よりは重いので，20％の食塩水にはうき，10％の食塩水にはしずむ。

(問4)　4％の食塩水160ｇには160×0.04＝6.4(ｇ)の食塩がとけていて，16％の食塩水40ｇには40×0.16＝6.4(ｇ)の食塩がとけている。よって，２つの食塩水を混ぜて水を50ｇ蒸発させたとき，食塩の重さは6.4＋6.4＝12.8(ｇ)，食塩水の重さは160＋40－50＝150(ｇ)になっているから，〔のう度(％)＝$\frac{\text{食塩の重さ(g)}}{\text{食塩水の重さ(g)}}\times100$〕より，$\frac{12.8}{150}\times100=8.53\cdots\rightarrow8.5$％となる。

## 《2022　前期　社会　解説》

1　Ａは兵庫県，Ｂは京都府，Ｃは滋賀県，Ｄは大阪府，Ｅは奈良県，Ｆは和歌山県，Ｇは三重県。

**問１**　日本の標準時子午線は，兵庫県明石市を通る東経135度の経線だから，Ｚを選ぶ。

**問２(1)**　若狭湾や志摩半島のような複雑に入り組んだ海岸線をもつ地形をリアス海岸という。　**(2)**　リアス海岸は山地が沈降した谷の部分に海水が入りこんでできた地形だから，エが正しい。アはフィヨルド，イは岩石海岸や海食崖など，ウは三角州や扇状地。

**問３**　イが正しい。奈良県大和郡山市のほか，愛県弥富市などが金魚産地として知られている。アは茶せん，ウはいちご，エは杉の産地。

**問４(1)**　琵琶湖は日本で一番大きな湖で，滋賀県の面積のおよそ６分の１を占める。　**(2)**　ウが正しい。ラムサール条約の正式名称は，「特に水鳥の生息地として国際的に重要な湿地に関する条約」である。アはオゾン層，イは絶滅のおそれのある野生動植物の種の保護を目的とする条約である。エは歴史上多くの条約は存在するが，環境についての条約はない。　**(3)**　アが正しい。琵琶湖から流れ出た瀬田川は，京都府で宇治川，大阪府で淀川と名前を変えて大阪湾に注ぐ。イとウは兵庫県，エは奈良県・和歌山県・三重県を流れる。

**問５**　海上空港は，周辺に住宅街がないことから騒音問題が軽減されるため，早朝や深夜であっても離着陸できる。

**問６Ⅰ**　Ｂ．日本三景は松島(宮城県)・天橋立(京都府)・宮島(広島県)である。　**Ⅱ**　Ｇ．志摩半島英虞湾で真珠の養殖が盛んである。四日市に石油化学コンビナートがある。

2　**問１**　エ．蚕《かいこ》は桑の葉を食べて成長し，さなぎになるとき繭をつくる。この繭からとれる生糸が絹糸の原料になる。

**問２**［①］　イ．季節風は山地や山脈を越えた後に乾いた風となるため，南アルプスや富士山があり，内陸の山梨県では１年を通して晴れた日が多く降水量が少なくなる。　［②］　ウ．火山灰土のシラス台地は，水はけがよいため稲作に向かず，畜産や畑作が盛んに行われている。アのカルスト地形は山口県の秋吉台が有名である。

**問３**　ウが正しい。アとイは長野県，エは青森県の郷土料理である。

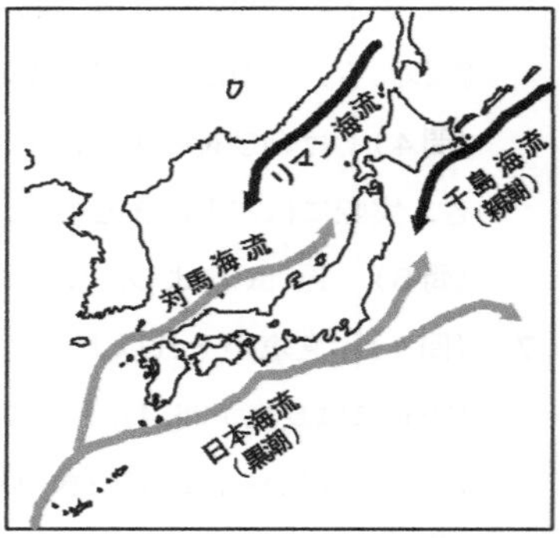


**問４**　イ．寒流である千島海流(親潮)沿いの岩手県では，寒流魚のさんまの漁獲量が多い。

**問５**　砂糖の主な原料はさとうきびとてんさいで，黒糖はサトウキビのみを原料とする。

**問６(1)**　漁獲量が減ると品不足になるため，値上がりする。　**(2)**　資料Ⅰより，さんまの漁獲量において，台湾は2014年以降，中国は2019年以降に日本を上回っている。資料Ⅱより，日本近海における，2020年までのおよそ100年間の海水温が，1.16℃上昇している。

3　問１(あ)　シ．右表参照

| 選挙法改正年<br>(主なもののみ抜粋) | 直接国税の要件 | 性別による制限 | 年齢による制限 |
|---|---|---|---|
| 1889年 | 15円以上 | 男子のみ | 満25歳以上 |
| 1925年 | なし | 男子のみ | 満25歳以上 |
| 1945年 | なし | なし | 満20歳以上 |
| 2015年 | なし | なし | 満18歳以上 |

(い)　キ．江戸幕府が京都の警備と朝廷や公家の監視のために京都所司代を設置した。　(う)　ア．江戸幕府の各将軍は大名を統制するために武家諸法度を定めた。　(え)　ウ．秀吉は宣教師の追放を命じるバテレン追放令を出したが，南蛮貿易を奨励していたため，徹底されなかった。　(お)　カ．北条泰時は，御家人に対して裁判の基準を示すために御成敗式目を定めた。　(か)　ケ．大岡忠相は町奉行時代に小石川養生所を開いたことでも知られる。　(き)　オ．豊臣秀吉が出した刀狩令によって，百姓が武器を使って戦うことができなくなったため，武士との身分がはっきりと区別されるようになった(兵農分離)。　(く)　コ．大日本帝国憲法のもとでは，臣民は法律の範囲内で自由権が保障されていた。

問３　関ヶ原の戦い以前から徳川氏の家臣であったのは譜代大名，関ヶ原の戦い以後に徳川氏の家臣となったのは外様大名である。外様大名は江戸から遠ざけられ，徳川家一門の親藩が交通の要衝に配置された。

4　問１(1)　キ．８大将軍徳川吉宗の享保の改革によって，漢文に翻訳された洋書の輸入の制限がゆるめられた。鎖国体制が完成した後も，長崎の出島でオランダとの貿易が続けられたため，オランダを通して日本に入ってきた西洋の知識や学問を研究する蘭学がさかんになった。　(2)　オ．シーボルトは，国外持出し禁止の大日本沿海輿地全図をドイツに持ち帰ろうして国外追放となったこと(シーボルト事件)でも知られる。　(3)　サ．高野長英は，モリソン号事件を批判して蛮社の獄で弾圧された。　(4)　ソ．伊能忠敬は10年以上かけて全国を測量してまわり，「大日本沿海輿地《えんかいよち》全図」の作成に努めたが，完成を見ないまま亡くなった。その後，高橋景保が受けついで正確な日本地図を完成させた。　(5)　ア．平賀源内は不燃布・エレキテルなどを発明した。　(7)　ケ．北里柴三郎は，破傷風のほか，ペスト菌やコレラの血清療法も発見した。

問４　異国船打払令は，理由を問わず，日本沿岸に近づく外国船を砲撃・撃退せよというものだった。幕府は，アヘン戦争で大国の清がイギリスに敗北したことを知ると，異国船打払令をゆるめ，薪水給与令を出して必要な水や薪などを与え，退去させることにした。

問５　一週間を７日とする太陽暦を明治時代初期から採用している。

問６　縄文時代の大森貝塚は東京都にある。

問７　津田梅子は岩倉使節団に従ってアメリカに留学し，帰国後女子英学塾(津田塾大学)を設立した。

5　問１　イが正しい。第一次世界大戦後，悲劇を繰り返さないために国際連盟が設立された。しかしアメリカなどの大国が不参加で，武力制裁ができず経済制裁しかできなかったため，第二次世界大戦の勃発を防ぐことはできなかった。

問２　自衛隊はＰＫＯ(国連平和維持活動)としてカンボジアなどに派遣された。

問３　(1)はウ，(2)はイ，(3)はアが正しい。エは赤潮の説明である。

問４　安全保障理事会の常任理事国であるアメリカ・中国・イギリス・フランス・ロシアは，核拡散防止条約によって核兵器の保有を認められている。

問５(2)　大国一致の原則によって，常任理事国が１国でも反対すればその議案は否決される。

問６　2011年3月11日の東日本大震災での福島第一原子力発電所放射能漏れ事故の影響を受け，全国の原子力発電所が稼働を停止したので，不足を火力発電(石炭や石油を燃料とする)でまかなうようになった。

地熱発電・水力発電の割合が低いことに注目しよう。半永久的に使える地熱・太陽光・風力・水力などの再生可能エネルギーは，地球温暖化の原因となる二酸化炭素などの温室効果ガスをほとんど発生させないため，今後の活用が期待されている。

## 《2022　後期　国語　解説》

一

**問四**　本を読んでもらうことに関して、最初の段落で「文章がリズミカルに耳に響《ひび》いてくるのは～楽しいものなのだ」と述べている。

**問五**　ここでいう「外界」とは、自分のまわりの世界のこと。「交渉《こうしょう》する通路をもつ」は比ゆを使った表現であり、やりとりをしたり関わったりするということを表している。つまり、――②は、クシュラが、本の世界の中で、自分のまわりの世界とかかわりをもてるようになったということを表している。よって、ウが適する。

**問六**　何が「どの子どもにも有効な教育方法」なのかを考える。

**問七**　アとイは、ギルガメシュ王の物語を絵本にした「三部作」の説明と一致《いっち》する。また、ウは、「『怪人《かいじん》二十面相』シリーズ」の説明と一致する。エは、「長いシリーズ」「寝《ね》る前に気楽に読むことができる本」という部分が「『ドリトル先生』シリーズ」の説明と一致する。しかし、このシリーズが文語体で書かれているとは書かれていないので、「文語体で書かれているため寝る前に気楽に読むことができる」というつながりはおかしい。よって、エが正解。

**問八**　直後の一文に「親自身が何度読んでも飽《あ》きないものにしたくなる」とあるので、「あまりに過剰《かじょう》になれば～辛《つら》い」というのは、同じ本をあまりにもたくさん読めば飽きるという意味である。

**問九**　――⑥は、直前の一文とほぼ同じことを、表現をかえて言いかえたものである。つまり、読み聞かせを行うことで、「人類の文化史を凝縮《ぎょうしゅく》して伝承している気が」するということ。読み聞かせは個人が行うことなので、――⑥で「個人において」と表現しているのである。よって、エが適する。

**問十**　「その国」では「これほどの文化的価値の高い本が品切れに」なってしまう。「品切れ状態」になって、こうした本が入手しづらくなるのは、「本の価値に対して、あまりにも(売り上げ)部数が少なすぎる」からである。よって、アが適する。

**問十一**　同じ段落の「(アニメ映画の優れた作品は)非常に高度な技術が駆使《くし》されたものである」「作品をつくる側の想像力があまりにも発揮されてしまっていて」や、――⑧の後の、「本のように言葉しか手がかりがなければ～すべて読者側が想像することになる」「作り手側の想像力が駆使された映像作品は～子どもの想像力を鍛《きた》えるトレーニングメニューにはなりにくい」などから考える。高度な技術を駆使し、作り手側の想像力があまりにも発揮された作品は、作品を見る側からすれば、想像力を働かせる必要がほとんどない作品ということになる。このことを「その想像力を享受《きょうじゅ》するだけでお腹いっぱいになってしまう」と表現している。よって、ウが適する。

**問十二**　前の行に「実際の声優の声がイメージとずれている」とある。――⑨の「ズレ」とは、「声優の声」と自分でイメージした声のズレである。

**問十三**　問十一の解説も参照。「本のように言葉しか手がかりがなければ、色から絵柄《えがら》、そして登場人物の声質まで、すべて読者側が想像することになる」が、アニメ作品のように「作り手側の想像力が駆使された映像作品」は、作品を見る側が想像力を働かせる必要がほとんどない。そのため、想像する力、「イメージ化能力」が弱まるのである。よって、アが適する。

## 《2022　後期　算数　解説》

**1** (1)　与式＝13＋228－167＝241－167＝74

(2)　与式＝$(\frac{1}{8}-\frac{1}{9})\times\frac{9}{10}=(\frac{9}{72}-\frac{8}{72})\times\frac{9}{10}=\frac{1}{72}\times\frac{9}{10}=\frac{1}{80}$

(3)　与式＝$\frac{7}{15}-\frac{1}{4}\times\frac{2}{5}\times\frac{8}{3}=\frac{7}{15}-\frac{4}{15}=\frac{3}{15}=\frac{1}{5}$

(4)　与式より，$(3\frac{2}{3}-□)\times\frac{3}{2}=1+2$　　$3\frac{2}{3}-□=3\times\frac{2}{3}$　　$□=3\frac{2}{3}-2=1\frac{2}{3}$

(5)　与式＝9.43＋3.83÷0.4＝9.43＋9.575＝19.005

(6)　与式より，$□=432\div\frac{27}{31}=432\times\frac{31}{27}=496$

(7)　つなぎ目は30－１＝29(か所)できるから，求める長さは，12×30－1.5×29＝316.5(cm)

(8)　歯車Ａが12回転すると，歯は48×12＝576だけかみ合うから，歯車Ｂは576÷72＝８(回転)する。

**2** (1)①　円グラフより，雑誌の割合は，74－56＝18(％)

②　小説の割合は32％だから，$250\times\frac{32}{100}=80$(冊)

③　**【解き方】割合で比べれば，実際に借りた冊数をそれぞれ求める必要はない。**

辞書と図かんの割合はそれぞれ86－74＝12(％)，56－32＝24(％)である。

よって，辞書は図かんの $12\div24=\frac{1}{2}$(倍)貸し出しされた。

(2)①　**【解き方】数字は，「１，２，３，４，３，２」の６つの数字が繰《く》り返し並んでいる。**

25÷６＝４余り１より，左から25番目までに，６つの数字が４回繰り返されてから「１」と並ぶ。

よって，求める数字は１である。

②　①をふまえる。６つの数字の和は１＋２＋３＋４＋３＋２＝15だから，求める数は，15×４＋１＝61

**3** (1)　１辺の長さが２cmの立方体の１つの面の面積は２×２＝４(cm²)

１段の立体で，色をぬる面は５つあるから，求める面積は，４×５＝20(cm²)

(2)　**【解き方】前後，左右，上から見たときに見える面の数に注目する。**

図ⅰ

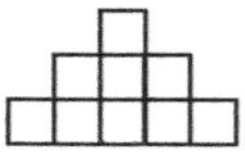

図ⅱ

図ⅲ

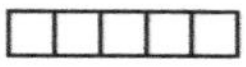

前後から見える面の数は，図ⅰのように９個ある。

左右から見える面は，図ⅱのように３個ある。

上から見える面は，図ⅲのように５個ある。よって，色をぬる面は全部で９×２＋３×２＋５＝29(個)あるから，

求める面積は，４×29＝116(cm²)

(3)　**【解き方】(2)をふまえ，それぞれの向きから見える面の数を表にまとめ，規則性を見つける。**

１～３段目について，見える面の数をまとめると，右表のようになる。

| | 前後 | 左右 | 上 |
|---|---|---|---|
| １段 | １個 | １個 | １個 |
| ２段 | ４個 | ２個 | ３個 |
| ３段 | ９個 | ３個 | ５個 |

前後から見える面の数は，１段が１×１＝１(個)，２段が２×２＝４(個)，３段が

３×３＝９(個)，…となるので，５段は５×５＝25(個)となる。

左右から見える面の数は，段の数に等しいとわかるから，５段は５個となる。

上から見える面の数は，１段が１個で，段が１つ大きくなるごとに見える面が２個増えるから，５段は

１＋２×(５－１)＝９(個)となる。よって，色をぬる面は全部で25×２＋５×２＋９＝69(個)あるから，

求める面積は，４×69＝276(cm²)

**4** (1)　**【解き方】(水そうがいっぱいの状態から出た水の体積)＝(水そうの底面積)×(取り出したときに下がった水面の高さ)で求められる。**

１辺10cmの立方体の体積は，10×10×10＝1000(cm³)だから，水がいっぱいの状態の水そうに立方体を入れることで，1000cm³の水が出る。下がった水面の高さは2.5cmなので，水そうの底面積は，1000÷2.5＝400(cm²)

(2)　物体の体積は，出た水の体積に等しく，400×1.5＝600(㎤)

5kg＝5000gだから，1㎤あたりの重さは，5000÷600＝8.33…より，8.3gである。

(3)　**【解き方】つるかめ算を用いる。**

AとBの体積の和は，出た水の体積に等しく，400×1.25＝500(㎤)

500㎤すべてがAとしたときの重さは9×500＝4500(g)であり，実際の4.2kg＝4200gより4500－4200＝300(g)重い。500㎤のうち，1㎤をAからBに置きかえると，重さは9－6＝3(g)軽くなるから，Bの体積は300÷3＝100(㎤)，Aの体積は500－100＝400(㎤)である。したがって，求める体積の比は，400：100＝4：1

**5**　(1)　Aは60分間に8cm短くなるので，1分間に$\frac{8}{60}=\frac{2}{15}$(cm)短くなる。

(2)　Bは20分間に10－4＝6(cm)短くなるので，1分間に$\frac{6}{20}=\frac{3}{10}$(cm)短くなる。

よって，Bはと中で火を消さないと，$10\div\frac{3}{10}=\frac{100}{3}=33\frac{1}{3}$(分間)，つまり，33分$(60\times\frac{1}{3})$秒間＝33分20秒間で燃えつきる。したがって，火を消していた時間は，60分－33分20秒＝26分40秒間である。

(3)　2つのろうそくに同時に火をつけたとき，BはAより10－8＝2(cm)長い。

ここから，1分間でBはAより$\frac{3}{10}-\frac{2}{15}=\frac{1}{6}$(cm)多く短くなるから，求める時間は，$2\div\frac{1}{6}=12$(分後)

(4)　Aを12本使うときの時間は，60×12＝720(分)である。

(2)より，Bを1本使うときの時間は$\frac{100}{3}$分だから，Bを22本使うときの時間は，$\frac{100}{3}\times22=\frac{2200}{3}=733\frac{1}{3}$(分)，つまり，733分$(60\times\frac{1}{3})$秒＝733分20秒である。

よって，Bの方が733分20秒－720分＝13分20秒長く使える。

**6**　トランプは，4種類のマークそれぞれに1～13の数字のカードがあるから，全部で4×13＝あ52(枚)ある。

同じ数字は4枚しかないので，10枚のカードの数字の合計が18となるのは，1のカードが4枚，2のカードが4枚，3のカードが2枚のときだけである。よって，このときの1番大きい数字はい3である。

10枚のカードがすべて同じマークのとき，数字の合計は最小で，1＋2＋3＋4＋5＋6＋7＋8＋9＋10＝55である。よって，数字の合計が56となるのは，1～9と11のカードを持っているときだから，1番大きい数はう11である。

10枚の合計が115のときの，入っている可能性がある数字で1番小さいものは，残りの9枚の合計が最大になるときの数字を考えればよい。9枚の合計が最大となるのは，13が4枚，12が4枚，11が1枚のときの，13×4＋12×4＋11＝111だから，入っている可能性がある数字で1番小さいものは，115－111＝え4である。

## 《前期　国語》

一　問一. a. 表示　b. けはい　c. 結局　d. 寄　e. なまいき　f. 質問　g. 破　h. 具体
問二. 1. イ　2. ア　3. エ　問三. A. ウ　B. ア　C. エ　問四. イ　問五. ア　問六. ウ
問七. エ　問八. のろのろと　問九. Ⅰ. ウ　Ⅱ. エ　Ⅲ. イ　問十. A. ピアノを調律する　B. 考えていた以上に先が見えず困難で複雑　問十一. ア　問十二. 僕がそこだけを目指して　問十三. エ
問十四. ウ　問十五. イ

二　問一. ①イ　②ア　③エ　問二. ①ウ　②ア　③オ　問三. ①演奏されている　②走ることです　③うかがいます　問四. [漢字／意味]①[不／エ]　②[温／ア]　③[転／カ]　④[前／ウ]　問五. ①ねこ　②すずめ
③うま　④ねずみ　問六. ①石　②仏　③船〔別解〕舟　④都　問七. ①a. 解放　b. 開放
②a. 創造　b. 想像　③a. 意外　b. 以外　問八. ①き　②あた　③い　問九. 1. イ　2. エ
3. ア　4. ウ　5. オ

## 《前期　算数》

1　(1)36　(2)$\frac{3}{8}$　(3)2.34　(4)$\frac{1}{22}$　(5)39　(6)3　(7)86　(8)210

2　(1)体積…459　表面積…426　(2)33.12

3　(1)21　(2)30　(3)20

4　(1)5, 30　(2)330　(3)ウィル, 1, 50

5　(1)あ. 55　い. 4500　う. 5050　え. 99　お. 50　か. 50　(2)20100

## 《前期　理科》

1　(問1)臓器　(問2)①え　②い　③く　④う　⑤お　⑥き　⑦か　(問3)血液　(問4)(あ)だ液
(い)ヨウ素液　(問5)う　(問6)教室の空気に二酸化炭素が多くなったため。

2　(問1)い　(問2)え　(問3)あ　(問4)お

3　(問1)い, え　(問2)お　(問3)か, き

4　(問1)う　(問2)B　(問3)デンプン　(問4)B　(問5)い　(問6)え　(問7)ア. あ　イ. い
(問8)え→い→お→あ→う→か　(問9)ア. あ　イ. お

5　(問1)8　(問2)12　(問3)187.5

6　(問1)(A)アンタレス　(B)ベテルギウス　(C)リゲル　(問2)(B)あ　(C)い　(問3)C　(問4)あ
(問5)①東　②い

7　(問1)う　(問2)う　(問3)い

## 《前期　社会》

1　問1．ア　問2．(1)A　(2)B　(3)D　(4)C　問3．太平洋ベルト　問4．場所…資源の輸入しやすい臨海部／資源がとれる場所／資源の有無にかかわらず大都市周辺　などから1つ　利点…(筑豊炭田の)石炭がとれた点。／中国から鉄鉱石を輸入していた点。などから1つ

2　問1．エ　問2．③　問3．え　問4．(1)D／宮城　(2)B／岩手　(3)E／山形　問5．リアス(式)海岸
問6．太平洋側の沖合には寒流の千島海流が流れており，その上空を冷涼な風のやませが吹きその影響を受けるため。(下線部は親潮でもよい)

3　問1．A．イ　B．ウ　C．カ　D．ア　E．エ　F．オ　問2．イ　問3．イ　問4．ウ
問5．①天平文化　②正倉院　問6．ねずみが入らないようにネズミ返しが作られている。〔別解〕稲が湿気ないように床を高くしている。(下線部は風通しをよくしているでもよい)　問7．元
問8．ご恩と奉公〔別解〕封建制度

4　問1．(1)コ　(2)ウ　(3)サ　(4)シ　(5)ク　(6)カ　(7)ス　(8)セ　問2．バテレン追放令　問3．禁教令
問4．日本の政治を変革し，自分の領土としようとたくらんでいる　問5．絵踏〔別解〕踏絵
問6．ポルトガル

5　問1．(1)国民主　(2)選挙〔別解〕投票　(3)条例〔別解〕法律　(4)憲法　(5)最高裁判所　問2．(例文)民主的でない部分は手っ取り早く多数決で決めることであり，話し合っても決まらない場合は，多数決を採用しつつも少数意見を尊重すると民主的な決め方になる。

## 《後期　国語》

一　問一．a．利害　b．家事　c．めざ　d．年配〔別解〕年輩　e．手帳　f．伝票　g．み
問二．ウ　問三．A．イ　B．エ　C．エ　D．ア　問四．信用は…一方的でありちょっとした都合や風向きで簡単になかったものにできる〔別解〕相手がいない感じがして、一度信用しても簡単になかったことにできる
信頼は…相手を頼りにする分、何かを手渡しており、消えることがない〔別解〕相手に何かを手渡していて、一度信頼したら消えることはない　問五．自分の人生　問六．エ　問七．X．め　Y．かた〔別解〕くび
問八．Ⅰ．エ　Ⅱ．ア　問九．間違いのない本を作る／完全な本を目指す／誤植のない本を作る　などから1つ
問十．イ　問十一．ウ

二　問一．1．a．立　b．建　2．a．公正　b．後世　3．a．自転　b．時点　問二．1．治
2．迷　3．保　問三．1．潔く　2．温かい　3．営む　問四．1．はと　2．ねこ　3．きつね
問五．1．ウ　2．ア　3．オ　問六．1．ア　2．ウ　3．イ　問七．1．エ　2．エ　3．オ
問八．1．イ　2．ク　3．キ　4．カ　5．エ

## 《後期　算数》

1　(1)19　(2)95　(3) $1\frac{1}{2}$　(4)2.7　(5)0.17　(6)63　(7)1000　(8)7

2　(1)①10　②63　(2)36000

3　(1)6.6　(2)277　(3)264

4　(1)2　(2)25，50　(3)12

5　(1)3　(2)⑥　(3)あ．偶数　い．5　う．5　A．8　B．2

←解答例は前のページにありますので，そちらをご覧ください。

## 《2021　前期　国語　解説》

一

**問三A**　「緊張《きんちょう》しているつもりもないのに指が震《ふる》えた〜ピンを回しすぎてしまう〜指が滑《すべ》る〜やればやるほどずれて、焦《あせ》ればさらに音の波をつかまえられなくなった〜嫌《いや》な汗《あせ》をぐっしょりかいた」とあるように、「僕《ぼく》」(外《と》村《むら》)は、かなり緊張している。暑いと汗をかくのは自然だが、暑くないのに汗をかくのは、緊張している時など、精神的な要因であること多い。よってウが適する。　**B**　柳《やなぎ》さんが「悪い。俺《おれ》だけど。指輪——」と言いかけると、外村は「ありました」と即座《そくざ》に答えている。「間髪《かんはつ》を入れず」とは、ほとんど間を置かず・即座にという意味の慣用句。よってアが適する。　**C**　外村は、調律を失敗してしまい、ひどく気落ちしている。しかし、ここは先輩《せんぱい》に頼《たの》まなければどうしようもないので、気力を振《ふ》り絞《しぼ》って、先輩に頭を下げてお願いした。よってエが適する。

**問四**　前書きに「調律師《ちょうりつし》見習いの僕」「先輩の柳《やなぎ》と別れてから店へ帰る途中《とちゅう》、柳の客であるふたご」とある。自分の立場と実力を考えれば、微妙《びみょう》な調律をするのは柳さんであるべきだと頭では分かっていた。よってイが適する。

**問五**　「できるんじゃないか」と思ってしまったことを「魔《ま》が差したとしか言いようがない」と表現している。「初めて触《さわ》るピアノ〜いつもなら難《なん》なくこなせる作業に途轍《とてつ》もない時間がかかった〜今まで習ってきたことも、店で毎日練習していることも、どこかへ飛んでしまった」より、アが適する。

**問六**　柳さんが「今最もかけてきてほしくない相手」であるのは、「身の程知らず」で、勝手に調律してだめにした自分の力不足によるみじめさと申し訳なさからである。しかし、「最もかけて来てほしい相手でもあった」のは、「どうしても今日弾《ひ》きたくて僕を見つけて連れてきた」ふたごの姉妹の気持ちを思うと、柳さんにお願いしてなるべく早く調律をし直してもらわなければならないと思っているからである。よってウが適する。

**問七**　外村と柳さんの電話のやりとりを聞いていた由仁《ゆに》は、「この音、すごくいい」「この音もいい」と「僕」のやろうとしていたことを認め、「ぜんぜん嫌《いや》な感じじゃなかった。たぶん、もうちょっと、ほんのちょっとの何かなんだと思います」と励《はげ》ましている。よってエが適する。

**問八**　外村の落ちこんだ気持ちが車の運転(「のろのろ」)にも表れている。

**問十A**　外村は、板鳥さんのつくる音に憧《あこが》れて、ピアノの調律師を目指して４年になる。しかし、まだ「調律の基本さえできなかった」ことに気づいた。これからも板鳥さんの音に近づくことなどできないのかもしれないと不安になった。　**B**　「鬱蒼《うっそう》とした森へ足を踏《ふ》み入れてしまった怖《こわ》さ」と例えているように、ピアノを調律することは、薄暗く先が見えず、考えていた以上に困難で複雑であることに気づいた。

**問十一**　「誰《だれ》もいないことを期待して」店に戻《もど》ると、板鳥さんがいた。外村は「まともに顔を見ることができなかった」。「穏《おだ》やかな声をかけられて、いえ、としか言えなかった。それ以上口を開くと気持ちが崩《くず》れてしまいそうだった」。板鳥さんは、外村の様子を見て「どうかしましたか」と声をかけている。調律の仕事の難しさにぶつかり悩《なや》んでいることを察した。板鳥さんは、失敗をして自分の実力を知り、悩むところからプロの仕事への道が始まることを知っているので、その一歩を踏《ふ》み出した外村を心から祝福し、自分のハンマーをゆずり、励まそうとしている。よってアが適する。

**問十二**　外村は「板鳥さんはどんな音を目指していますか」と聞いたが、「できるだけ、具体的でない答えがいいと思った。ほんとうに僕がそこだけを目指してしまわないように」とある。板鳥さんの言うように「目指す音はそれぞれ」であるべきなので、板鳥さんの目指している音だけを自分も目指してしまわないようにするため、これまでこの質問をしないようにしていた。

**問十三**　今回の出来事で、外村は「僕の技術は未熟《みじゅく》などという域にさえ達していない」と自覚した。「気持ちが崩れてしまいそう」な外村だったが、その後の板鳥さんとの会話で、「何もないところから、焦《あせ》らずに、こつこつと」という気持ちに立て直すことができた。よってエが適する。

**問十四**　柳さんは外村に「ちゃっちゃと済《す》ませようぜ」と言ったが、「ちゃっちゃと済ませられるようなものではない」ことは「柳さんは重々わかっている」。「初回は誰だってテンパるんだ。しょうがない。外村はちょっと早まっただけだ」と後輩を思いやる言葉をかけていることから、柳さんは外村の気持ちの負担《ふたん》を軽くしようとしてくれていることが分かる。よってウが適する。

**問十五**　地の文が外村の語りなので、外村の心理がわかりやすい。外村を見守る人々とのやりとりが温かい言葉で描《えが》かれており、読者をしみじみとさせる作品である。よってイが適する。

二　**問一①**　質問を示す。　ア．勧誘《かんゆう》を示す。　イ．質問を示す。　ウ．感動を示す。　エ．反語を示す。　よってイが適する。　②　限定を示す。　ア．限定を示す。　イ．程度を示す。　ウ．程度を示す。　エ．完了《かんりょう》して間もないことを示す。　よってアが適する。　③　程度を強調する。　ア．逆接を示す。(「しかし」と置きかえられる)　イ．だいたいの事がらを示す。　ウ．一例をあげて他を類推させる。(「でさえ」と置きかえられる)　エ．程度を強調する。　よってエが適する。

**問二①**　物事の性質・状態を表すはたらき。言い切りの形が「～い」。よってウが適する。　②　物事の動作・作用・存在などを表すはたらき。言い切りの形がウ段音。よってアが適する。　③　前後の語句をつないだり、前後の文をつないだりするはたらき。よってオが適する。

**問三①**　「曲は」に対応する表現にする。受け身(～れる・～られる)の形が適する。　②　「日課は」に対応する表現(～することです)にする。　③　自分の動作をけんそんして言うことで、その動作を受ける人(お客様)に敬意を表す。

## 《2021　前期　算数　解説》

1　(1)　与式$=30-3+9=27+9=36$

(2)　与式$=\frac{12}{24}-\frac{8}{24}+\frac{5}{24}=\frac{9}{24}=\frac{3}{8}$

(3)　与式$=2.4\times0.975=2.34$

(4)　与式$=(\frac{10}{30}-\frac{9}{30})\div(\frac{6}{15}+\frac{5}{15})=\frac{1}{30}\div\frac{11}{15}=\frac{1}{30}\times\frac{15}{11}=\frac{1}{22}$

(5)　与式より，$(\square-27)\times4=62-14$　　$\square-27=48\div4$　　$\square=12+27=39$

(6)　与式より，$(\frac{3}{4}-\frac{1}{\square})\div5=\frac{1}{3}-\frac{1}{4}$　　$\frac{3}{4}-\frac{1}{\square}=(\frac{4}{12}-\frac{3}{12})\times5$　　$\frac{1}{\square}=\frac{3}{4}-\frac{5}{12}=\frac{9}{12}-\frac{5}{12}=\frac{4}{12}=\frac{1}{3}$

よって，$\square=3$

(7)　4人の平均が80点以上になるのは，合計点が$80\times4=320$(点)以上になるときだから，

Dさんが$320-(87+79+68)=86$(点)以上であればよい。

(8)　ある数の$1-\frac{2}{7}=\frac{5}{7}$(倍)が150だから，ある数は，$150\div\frac{5}{7}=210$である。

**2** ⑴　**【解き方】辺の長さをかきこむと，右図のようになる。図の色つき部分を底面として考える。**

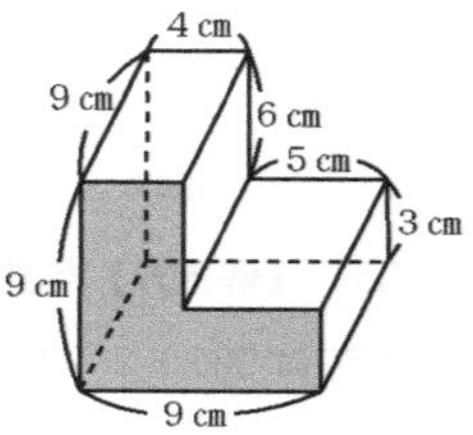


底面積が 9 × 9 − 6 × 5 ＝51(㎠)で高さが 9 cmの柱体だから，体積は，51× 9 ＝459(㎤)
この立体を前後から見たときに見える図形の面積は 51 ㎠であり，上下左右から見たときに見える図形の面積は，1 辺が 9 cmの正方形の面積に等しく 9 × 9 ＝81(㎠)である。
よって，表面積は，51× 2 ＋81× 4 ＝426(㎠)

⑵　太線のうち，直線部分は 4 cmの直線 2 つ分の長さであり，曲線部分は半径が 4 cmの半円 2 つ分の長さであるから，求める長さは，4 × 2 ＋ 4 × 2 ×3.14÷ 2 × 2 ＝ 8 ＋ 8 ×3.14＝ 8 ＋25.12＝33.12(cm)

**3** **【解き方】50 cm×70 cmの面を正面として見ると，右図のようになる(太線は仕切り)。Aの位置から水を入れると，ア，イ，ウの順に水が入る。**

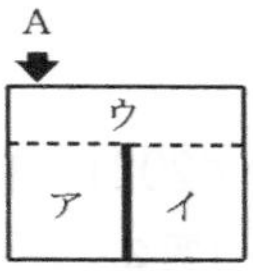


⑴　水そうの容積は，30×70×50＝105000(㎤)
1 Lは 1 辺の長さが 10 cmの立方体の体積を表すので，1 L＝10 cm×10 cm×10 cm＝1000 ㎤
よって，水そうの容積は$\frac{105000}{1000}$＝105(L)であり，5 分間で容器が水でいっぱいになるのだから，
1 分間に入れた水の量は，105÷ 5 ＝21(L)である。

⑵　1 分 30 秒後＝1.5 分後，水は 21×1.5＝31.5(L)，つまり，31.5×1000＝31500(㎤)入る。
アの部分の容積は，30×35×35＝36750(㎤)なので，水はアの部分にだけ入っていることがわかる。
アの部分の底面積は 30×35＝1050(㎠)なので，水面の高さは，31500÷1050＝30(cm)

⑶　2 分 30 秒後＝2.5 分後，水は 21×2.5＝52.5(L)，つまり，52.5×1000＝52500(㎤)入る。
水はアの部分いっぱいに入り，さらにイの部分に 52500−36750＝15750(㎤)だけ入る。アの部分の水面の高さは 35 cmであり，イの部分は底面積がアの部分と等しく 1050 ㎠だから，水面の高さは 15750÷1050＝15(cm)である。
よって，求める水面の高さの差は，35−15＝20(cm)

**4** ⑴　ミナさんは，スタートしてから 1 分間でB地点からA地点までの道のりの$\frac{2}{9+2}=\frac{2}{11}$を歩いているから，
A地点に着くのは，スタートしてから $1\div\frac{2}{11}=\frac{11}{2}=5\frac{1}{2}$(分後)，つまり，5 分 30 秒後である。

⑵　ミナさんは 1 分間で 50×120＝6000(cm)，つまり，60m進んでいるから，求める道のりは，$60\times5\frac{1}{2}$＝330(m)

⑶　**【解き方】(ウィルさんが 1 分間で走る道のり)＝(A，B間の道のり)−(ミナさんが 1 分間で歩く道のり)である。**
ウィルさんは 1 分間で 330−60＝270(m)進むから，A地点からB地点の 3 倍である 330× 3 ＝990(m)の距離《きょり》を走るのに，990÷270＝ $3\frac{2}{3}$(分)，つまり，3 分($\frac{2}{3}$×60)秒＝ 3 分 40 秒かかる。
したがって，ウィルさんの方が 5 分 30 秒− 3 分 40 秒＝ 1 分 50 秒先に着く。

**5** ⑴　1 ＋ 2 ＋ 3 ＋ 4 ＋ 5 ＋ 6 ＋ 7 ＋ 8 ＋ 9 ＋10＝$_{あ}$<u>55</u>
1 行目，2 行目，3 行目，…，10 行目を計算すると，55，55＋100，55＋200，…，55＋900 となるから，
すべて足すと，55＋(55＋100)＋(55＋200)＋…＋(55＋900)＝(55＋55＋55＋…＋55)＋(100＋200＋…＋900)＝
55×10＋(100＋200＋…＋900)＝550＋(1 ＋ 2 ＋…＋ 9)×100＝550＋45×100＝550＋$_{い}$<u>4500</u>＝$_{う}$<u>5050</u>
Aさんの考えは，足している数字について，1 番大きい数と 1 番小さい数同士，2 番目に大きい数と 2 番目に小さい数同士，…でペアを作り，その和が同じになることを利用している。足している数は 100 個あるから，ペアは 100÷ 2 ＝50(組)できる。よって，計算すると，

1＋2＋3＋…＋98＋99＋100＝(1＋100)＋(2＋え 99)＋…＋(お 50＋51)＝101＋101＋…＋101＝101×か 50＝5050
ただし，この考えはペアが余りなく作れるときに使えるので，足している数の合計が奇数であるときには使えないことに気をつける。

⑵　**【解き方】与式は，200個の数を足しているから，⑴のＡさんの考えが使える。**
ペアは200÷2＝100(組)できるから，与式＝(1＋200)＋(2＋199)＋…(100＋101)＝201×100＝20100
また，足している数が奇数の場合でも考えられるよう，連続する整数の和の問題は，以下のように考えるとよい。
1からｎまでの連続する整数の和の2倍は，右の筆算より，(ｎ＋1)×ｎ＝ｎ×(ｎ＋1)となるから，1からｎまでの連続する整数の和は，$\frac{n\times(n+1)}{2}$で求められる。

$$\begin{array}{rccccccccccccc} & 1 & + & 2 & + & 3 & +\cdots\cdots+ & (n-2) & + & (n-1) & + & n \\ +) & n & + & (n-1) & + & (n-2) & +\cdots\cdots+ & 3 & + & 2 & + & 1 \\ \hline & (n+1) & + & (n+1) & + & (n+1) & +\cdots\cdots+ & (n+1) & + & (n+1) & + & (n+1) \end{array}$$

## 《2021　前期　理科　解説》

1　(問2)　①はかん臓(え)，②は肺(い)，③は小腸(く)，④は心臓(う)，⑤は胃(お)，⑥は大腸(き)，⑦はじん臓(か)の特ちょうとはたらきである。なお，(あ)は食道，(け)はぼうこうである。
(問4)　だ液によって，デンプンが別のものに変化することを調べる実験である。ヨウ素液はデンプンに反応して青むらさき色に変化する。
(問5)　う〇…吸った空気は肺に送られ，酸素が血液中にとりこまれ，二酸化炭素が血液中から出される。このため，はき出した空気は，吸う空気に比べて，酸素が少なく二酸化炭素が多くなっている。ただし，吸う空気やはき出した空気に酸素や二酸化炭素がなくなることはない。

2　(問1)　い〇…水の体積は4℃のときに最も小さくなるので，20℃の水道水の温度を下げていくと，体積が小さくなる。また，水の液面は，温度を下げても中央がへこんでいる。
(問2)　え〇…水は液体から固体の氷に変化すると，体積が大きくなり，中央がもり上がったような形になる。
(問3)　あ〇…気温が高くなると金属の体積は大きくなる。気温が高くなる夏でもレールが押し曲げられないように，レールのつなぎ目にはすきまがあいている。また，レールが長いほど，温度による体積の変化の量が大きいため，すきまを大きくする。
(問4)　お〇…レールの体積が最も変わりにくい鉄を使うとよい。

3　(問1)　ある条件が必要かどうかを調べるとき，その条件以外を同じにして結果を比べる実験を対照実験という。導線の巻き数以外の条件が同じ(い)と(え)，(お)と(き)，(か)と(く)のうち，(い)～(か)の中から答えるので，(い)と(え)である。
(問2)　(お)〇…電流が大きく，コイルの巻き数が多いほど，電磁石は強くなる。また，鉄のしんを入れると電磁石は強くなるので，電池の個数が4個，導線の巻き数が100回，しんの種類が鉄の(お)である。
(問3)　しんの種類が鉄である(あ)，(う)，(お)，(き)のうち，(お)と導線の巻き数が同じで電池の個数が異なる(あ)は電磁石の強さが同じにならない(同じグラフ上にはこない)。(お)と導線の巻き数と電池の個数の両方が半分の(う)は，電磁石の強さが半分にならない(同じグラフ上にこない)。(お)と導線の巻き数が半分で電池の個数が同じ(き)は電磁石の強さが半分になる(同じグラフ上にくる)と考えられる。木についても同様に考えて(か)を選ぶ。

4　(問1)　う〇…日光と葉の養分の関係を調べる実験だから，アルミニウムはくでおおうのは，葉に日光が当たらないようにして，葉のデンプンをなくすためである。
(問2)　Ｂ〇…実験当日の図より，午前中に葉をとったＡとアルミニウムはくでおおわれているＣは日光が当たらない。

（問３） ジャガイモの葉にできる養分は，光合成によって作られるデンプンである。

（問４） 日光が当たるＢで光合成によってデンプンが作られる。

（問５） い○…葉を熱湯に入れるのは，葉をやわらかくして，エタノールと反応しやすくするためである。

（問６） え○…葉をエタノールにひたすと，葉の緑色がとけ出して，ヨウ素液の反応が見やすくなる。なお，このときエタノールは緑色になる。

（問７） ア．あ○…Ａは午前中にとったので，葉にデンプンがふくまれていない状態で実験が始まったことを確かめるためのものである。　イ．い○…葉に日光が当たったＢだけデンプンができたので，日光が当たるとデンプンができることがわかる。

（問９） ア．あ○…日光が当たらない葉は色が変化しなかったことは実験の結果である。　イ．お○…アルミニウムはくでおおうのは実験の方法である。

5 （問１） 〔こさ(%)＝$\frac{\text{とけているものの重さ(g)}}{\text{水よう液の重さ(g)}}$×100〕より，$\frac{10}{125}$×100＝８(%)となる。

（問２） 14%の食塩水 250ｇには，250×0.14＝35(ｇ)の食塩がとけているので，合計で 125＋250＝375(ｇ)の食塩水に食塩が 10＋35＝45(ｇ)とけている。したがって，こさは$\frac{45}{375}$×100＝12(%)となる。

（問３） 45ｇの食塩がとけている８%の食塩水の重さは 45÷0.08＝562.5(ｇ)だから，あと 562.5－375＝187.5(ｇ)の水を足せばよい。

6 （問１） 図１はさそり座で(A)の星はアンタレスである。また，図２はオリオン座で(B)の星はベテルギウス，(C)の星はリゲルである。

図Ｉ

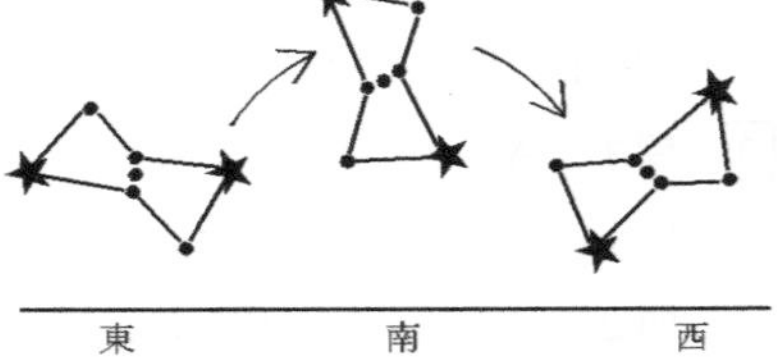


（問２，３） アンタレスとベテルギウスは赤色，リゲルは青白色をしている。星の温度が高い方の色から青白色，白色，黄色，赤色となる。

（問４） あ○…アンタレス，ベテルギウス，リゲルはすべて１等星である。

（問５）① オリオン座の見え方は図Ｉの通りだから，東である。

② い○…星も太陽や月と同様に，東の地平線からのぼり，南の空で高度が最も高くなってから，西の地平線にしずむので，図３の方がはやい。

7 （問１） う○…ついたてとスクリーン２の距離が近くなるので，かげは小さくなる。

（問２） う○…太陽光は平行に進むから，図１の装置を太陽光に対して平行に設置すると，小さな穴から入った光は広がらずに直進する。このとき，スクリーン２にはスクリーン１のかげが映り，ついたてと同じ形のかげは映らない(ただし，小さな穴を通った光はついたてによってさえぎられている)。

（問３） い○…穴の間かくが２cm のとき，ついたての横の長さと穴の間かくが同じになるので，それぞれのかい中電灯からついたての左右の端ぎりぎりを通る光は，直進してスクリーン２に垂直に当たる。したがって，スクリーン２に映るかげの横幅も２cm である。

## 《2021　前期　社会　解説》

1 問１ アが正しい。四大工業地帯を比較したとき，機械の割合が突出して多いのが中京工業地帯，金属の割合が高く品目別の割合の差が小さいのが中京工業地帯である。

問２⑴ 「天下の台所」大阪の説明だからＡである。　⑵ 首都である東京には，多くの情報が集まるので印刷業の生産額が多くなるからBである。　(3)　八幡製鉄所から北九州工業地帯と考えてDである。

(4)　瀬戸・多治見は愛知県北部から岐阜県にかけての都市だからCである。

**問3**　四大工業地帯の間をつなぐように，京葉工業地域・東海工業地域・瀬戸内工業地域などが形成され，太平洋側に帯状に連なる太平洋ベルトが形成された。

**問4**　日本は資源が乏しい国なので，資源や燃料を輸入し，製品を輸出する加工貿易が発達した。また，北九州工業地帯の基盤となった八幡製鉄所は，中国からの鉄鉱石の輸入と筑豊炭田からの石炭の輸送に便利な北九州に立地された。

**2**　**問1**　エが正しい。北緯 40 度の緯線が，Cの秋田県男鹿半島あたりを通っていること，日本の標準時子午線である東経135度の経線が，兵庫県明石市を通ることから考える。

**問2**　③が正しい。「第二の湖」は八郎潟である。八郎潟が干拓されて大潟村ができた。

**問3**　「え」のかきが正しい。宮城県は，広島県に次いでかきの養殖がさかんである。入り組んだ入り江の続くリアス海岸の湾内は，波が穏やかで養殖に適している。

**問4**(1)　D・宮城県である。東北地方にある政令指定都市は仙台市だけである。地方の行政や地方を管理する機関が集中する都市を地方中枢都市と呼ぶ。　(2)　B・岩手県である。「地熱発電所」「南部鉄器」から判断する。

(3)　E・山形県である。「最上川」「庄内平野」「さくらんぼ」から判断する。

**問5**　リアス海岸は，三陸海岸や志摩半島(三重県)，若狭湾沿岸(福井県)，宇和海沿岸(愛媛県)などに広がる。

**問6**　夏の太平洋側に吹く冷たく湿った北東風を「やませ」と呼ぶ。東北地方の太平洋側は，寒流である千島海流(親潮)の影響を受けて，夏の気温が上がらない。この2つの要素をうまくつなげて書けばよい。

**3**　**問1**　A＝イ，B＝ウ，C＝カ，D＝ア，E＝エ，F＝オである。Aは銀閣，Bは寝殿造のモデル図，Cは姫路城，Dは東大寺大仏殿，Eは高床倉庫，Fは元寇防塁である。

**問2**　イが正しい。銀閣は，室町時代の中期に足利義政によって建てられた，室町文化(東山文化)を代表する建築物である。アは江戸時代の元禄文化や化政文化，ウは鎌倉時代の鎌倉文化，エは平安時代の国風文化の説明である。

**問3**　イが正しい。ア．源氏の棟梁で征夷大将軍に任命されたのは，源頼義ではなく源頼朝である。ウ．織田信長が武田勝頼の騎馬隊を破った長篠の戦いは戦国時代のことである。エ．豊臣秀吉が天下統一をしたのは安土桃山時代である。

**問4**　ウが正しい。日本では東南アジアとの貿易において，スペイン・ポルトガルなどの人々を南蛮人と呼び，その貿易を南蛮貿易と呼んだ。南蛮貿易では，ヨーロッパの進んだ文化とともにキリスト教(カトリック)が日本にもたらされた。

**問5**　聖武天皇の治世の頃に栄えた国際色豊かな仏教文化を天平文化と呼び，シルクロードを通って唐から日本にもたらされた品々が，東大寺の正倉院におさめられている。

**問6**　「ねずみなどの害獣から米を守ること」または，「米を湿気から守ること」が書かれていればよい。

**問7**　元の皇帝フビライの服属要求を，鎌倉幕府の第8代執権である北条時宗が拒否したことから，元寇が起きた。

**問8**　土地を仲立ちとした御恩と奉公による将軍と御家人の主従制度を封建制度と呼ぶ。御家人とは，将軍と契約した武士のことであり，将軍(幕府)のために命をかけて戦ったり，京都や鎌倉の警護をしたりすることを奉公と呼んだ。それに対して将軍(幕府)が，功績のあった御家人に対して，領地を保護したり，新たに守護や地頭に任じたりしたことを御恩と呼んだ。

4 問1 (1)＝コ，(2)＝ウ，(3)＝サ，(4)＝シ，(5)＝ク，(6)＝カ，(7)＝ス，(8)＝セである。

(1) カトリックの布教活動をするためにザビエルは鹿児島県の坊津に上陸した。

(2)(3)(4) キリシタン大名である，大友宗麟・有馬晴信・大村純忠らによって，伊東マンショ・千々石ミゲル・中浦ジュリアン・原マルティノの４人がローマ教皇のもとに派遣された(天正遣欧少年使節)。

(5) セミナリオは，イエズス会によって建てられた修道士育成のための学校であり，初めは京都に建てることを考えたが，仏教勢力との対立をさけて，織田信長に建設の話をもちかけ，その結果安土に建設されることになった。

(6)(7) はじめ豊臣秀吉は長崎が教会に寄付されたことを知ると，バテレン追放令を出し，キリスト教を禁教とした。しかし，南蛮貿易を禁止することはなかったので，禁教の徹底はされなかった。

(8) 天草四郎を大将として起こした島原天草一揆を鎮圧すると，幕府は鎖国体制を強化し，ポルトガル船の来航を禁止し，オランダ商館を出島に移し，オランダ以外のヨーロッパとの貿易を禁止した。

**問4** 「日本の政治を変革しようとしていること」「領土をうばおうとしていること」が書かれていればよい。

**問5** 絵踏みを行うための板を踏絵と呼ぶので，正しくは「絵踏み」だが「踏絵」でも正答となる。絵踏みは，正月に長崎で行われた。

**問6** 問１の(8)の解説を参照。

5 問1 (1)＝国民主，(2)＝選挙，(3)＝条例(法律)，(4)＝憲法，(5)＝最高裁判所である。

(1) 「国民が自分たちの政治を自分たちで決める権利」から国民主権と判断する。

(2) 国会議員・地方自治体の知事・議員は，直接選挙で選ばれる。

(3) 地方自治体(地方公共団体)の制定する決まりを条例，国が定める決まりを法律・命令と呼ぶ。

(4) 国民投票とあるので，憲法改正と判断する。憲法改正は，衆議院・参議院の両院の総議員の３分の２以上の賛成をもって，憲法改正の発議を行い，その後に行われる国民投票において，有効投票の過半数の賛成を得ることができれば，天皇が国民の名において憲法改正を発表する。国民投票の権利は，満 18 歳以上の日本国民にある。

(5) 最高裁判所の裁判官は，衆議院議員総選挙と同時に行われる国民審査で，過半数が裁判官にふさわしくないと投票すれば辞めさせられる。しかし，今までに国民審査で辞めさせられた最高裁判所裁判官はいない。

**問2** 「手っ取り早く多数決で決める」ことは，十分な話し合いがなされていないので，民主的とはいえない。
「特にたずねていない」「聞く必要はない」ことは，少数意見を尊重していないので，民主的とはいえない。
「先生が決め」ることは，自分たちで決めたことにならないので，民主的とはいえない。

## 《2021　後期　国語　解説》

一 **問二**　《あらすじ》に「わたし」はフリーランスで仕事を請《う》け負《お》うことに不安があったことが書かれている。また、――①の前に「聖はわたしの不安を押《お》しのけるように～言った」とあり、それを聞いた「わたし」は「顔が自然にゆるんで」いることから、「わたし」の不安が消え、安心したことがうかがえる。よってウが適する。

**問四**　――②の前後の聖の言葉からまとめればよい。「信用」については「信用っていうのは～一方的に信用したりしなかったりすることができるじゃない。だから～相手がいない感じがするのよね。つまり～いつでも信用できなくなることもできる」「ちょっとした都合や風向きで簡単《かんたん》になかったことにできるのよ」と言っている。一方「信頼《しんらい》」については、「信頼したぶん、わたしも相手に、何かをちゃんと手渡《てわた》している」「そして、ひとたびその相手を信頼したら、その信頼は消えることはないのよ」と言っている。信用は一方的で、なかったことにできるのに対し、信頼は双方向《そうほうこう》的で、消えることがないというちがいを読みとる。

**問五**　聖が信頼するのは「仕事にたいする姿勢《しせい》」だと言う。――④の前の２行で「自分の人生において仕事というものをどんなふうにとらえていて～そして努力しているか。あるいは、したか」と、仕事との向きあい方（＝仕事にたいする姿勢）について説明している。

**問六**　――④の後で、（敬意《けいい》をはらって仕事をしているか、努力しているかということは）「どこでわかるの」と問われた聖は「そんなの～一発でわかるわよ」と答え、「当然というような顔でわたしをみた」。また、「そういう人に向けられたすきという自分の気持ちを、わたしは信頼しているところがあるの」とも言っている。このような言葉や態度から、自分の考え方に内心では自信や誇《ほこ》りを持っていることがうかがえる。よってエが適する。

**問八Ⅰ**　後に「～ても」という仮定の助詞が続いていることに注意する。後に決まった言い方が続く副詞（この場合は「たとえ」）を、「呼応《こおう》の副詞」という。よってエが適する。　**Ⅱ**　「誤植《ごしょく》のない本なんて存在《そんざい》しないわけじゃない？」「かならず、かならず、間違《まちが》いはみつかるじゃない？」などの言葉から、「誤植のない本はぜったいに存在しない」と強く言い切っていると予測できる。よってアが適する。

**問九**　問八Ⅱでも見たように、間違いや誤植のない本は存在しない。だから「最初から負けることが決まってる」のだが、それでも「間違いのない完全な本」を目指さなくてはいけないため、「戦い」と言っている。

**問十**　聖に「あなたを信頼しているの」と言われた「わたし」は、「会社を辞《や》めてフリーランスの校閲《こうえつ》者になることを決めた」。―― ⑥の直前の「これまでに味わったことのないようなすがすがしさが肺《はい》のなかでゆっくりと膨《ふく》らんで～満たされた」から、前向きで明るい気分になっていることが読みとれる。よってイが適する。エの後半部分「希望に満ちあふれた未来を想像した」も間違いではないが、その要因が「退社の手つづきをすべて終えたこと」とは言えないので、適さない。これまでの流れから「わたし」の感じている気持ちは、会社を辞めたこと自体によるものである。

**問十一**　ウは、――⑤の３～５行後で聖が言っていること「わたしたちは～すごく大事な仕事をしている～あなたにも、それと似たようなものを感じるの」と内容が一致《いっち》するので、適する。アは、「それに対して石川聖はそうではない」の部分が適さない。聖も「自分の仕事に誇《ほこ》りをもってる」と言っている。イの「しかし集中力のない『わたし』は自分には向いていないと感じて」、エの「いつか自分たちの仕事が世間の人々に認《みと》められることを望んでいる」は、本文に書かれていない内容。

二 **問六１**　「一部」の「部」は、「新聞」を数えるときに使う語で、助数詞の一種。同じく正しい助数詞は、和歌を数えるときに使う「首《しゅ》」。よってアが適する。　イ．豆腐《とうふ》を数えるときは「丁《ちょう》」を使う。　ウ．映画《えいが》を数えるときは「本」を使う。　**２**　全て、四字熟語の前２文字と後ろ２文字の関係だが、「自由自在」の「自由」と「自在」は同じような意味の単語。同じく、前後２文字で似たような意味なのは、ウの「完全」と「無欠」。

問七　修飾《しゅうしょく》とは、かかる部分をくわしく説明するということ。１「住んでいる― エ おばを」、２「静かな― エ 車が」、３「昨夜は― オ 降《ふ》っていた」とつなげても意味が通じる。

問八　全て百人一首の和歌。覚えておこう。

## 《2021　後期　算数　解説》

1 (1) 与式$=28-\frac{21\times 3}{7}=28-9=19$

(2) 与式$=9+(45-2)\times 2=9+43\times 2=9+86=95$

(3) 与式$=\frac{9}{14}\times\frac{14}{5}-\frac{3}{10}=\frac{9}{5}-\frac{3}{10}=\frac{18}{10}-\frac{3}{10}=\frac{15}{10}=\frac{3}{2}=1\frac{1}{2}$

(4) 与式$=2\times 1.8-0.09\times 10=3.6-0.9=2.7$

(5) 与式$=(\frac{3}{4}-\frac{2}{4})\div\frac{1}{5}-1.08=\frac{1}{4}\times 5-1.08=1.25-1.08=0.17$

(6) 与式より，$(288-□)\div 5=70-25$　　$288-□=45\times 5$　　$□=288-225=63$

(7) Ｂさんの持っているお金は$2000\times 0.75=1500$(円)で，これがＣさんの持っているお金の1.5倍だから，Ｃさんが持っているお金は，$1500\div 1.5=1000$(円)である。

(8) **【解き方】右のてんびん図を利用して考える。**

**ａ：ｂは，食塩水の量の比の逆比に等しくなる。**

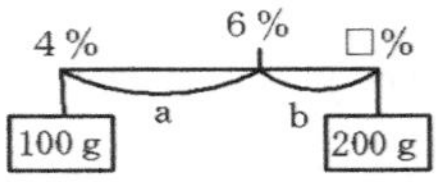


４％と□％の食塩水の量の比は100：200＝１：２だから，ａ：ｂ＝２：１

$a=6-4=2$(％)より，$b=2\times\frac{1}{2}=1$(％)だから，$□=6+1=7$

2 (1)① **【解き方】折って重なる図形の面積は等しいことを利用する。**

右図のように記号をおく。アとウは折って重なるから，面積が等しい。

よって，アとウと斜線《しゃせん》部分の面積が等しいから，ウの面積は，正方形の面積の$\frac{1}{3}$となる。

したがって，ウの面積は$15\times 15\times\frac{1}{3}=75$(㎠)であり，ウの三角形はＡＢを底辺とすると，高さが15㎝となるので，$AB=75\times 2\div 15=10$(㎝)

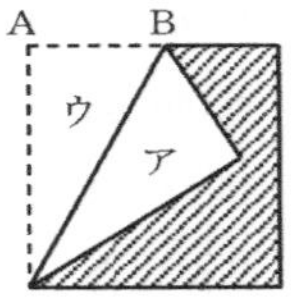


② **【解き方】折って重なる角の大きさ，辺の長さは等しいことを利用する。**

右図のように記号をおく。三角形ＣＤＧの内角について，角ＣＤＧ＝180°－72°－90°＝18°

折って重なる角だから，角ＨＤＧ＝角ＣＤＧ＝18°

折って重なる辺だから，ＨＤ＝ＣＤであり，ＣＤ＝ＥＤだから，三角形ＤＥＨはＨＤ＝ＥＤの二等辺三角形である。角ＨＤＥ＝90°－18°－18°＝54°なので，角イ＝(180°－54°)÷２＝63°

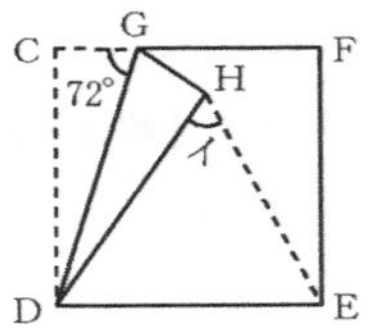


(2) 電波は１秒間で$40000\times 7.5=300000$(㎞)進むから，求める距離《きょり》は，$300000\times 0.12=36000$(㎞)

3 (1) えんぴつ25本の重さは$1830-1665=165$(ｇ)だから，えんぴつ１本の重さは，$165\div 25=6.6$(ｇ)

(2) $1830\div 6.6=277.2\cdots$より，えんぴつは最大で277本入っていると考えられる。

(3) 箱の重さを除くと，最初の重さは$1830-90=1740$(ｇ)から$1830-85=1745$(ｇ)の間である。

よって，えんぴつだけで重さが1740ｇから1745ｇになるときの本数を求める。

$1745\div 6.6=264.3\cdots$より，えんぴつ264本で$6.6\times 264=1742.4$(ｇ)となり，これは条件に合う。

ここからえんぴつを１本増やす，または減らすと，重さが条件に合わないので，求める本数は264本である。

4 (1) **【解き方】流れ込む水の量の比は，水面の高さの比に等しい。**

水そうAは20分で水面の高さが10 cm上がるから，1分で10÷20＝0.5(cm)上がる。

水そうBは水が流れ込む時は，10分で水面の高さが10 cm上がるから，1分で10÷10＝1(cm)上がる。

よって，水そうA，Bの流れ込む水の量の比は，0.5：1＝1：2だから，BはAの2倍である。

(2)　水そうAは一定の割合で水が流れ込み，水そうBは水が流れる→止まるをくり返しているから，$\frac{(\text{水そうAの水面の高さ})}{(\text{水そうBの水面の高さ})}$が最大となるのは，水そうBが止まってから，再び水が入り始めるときである。

水そうBがそのような状態になるのは，右グラフの●の時間なので，25分後と50分後と考えられる。Aは，25分後に0.5×25＝12.5(cm)，

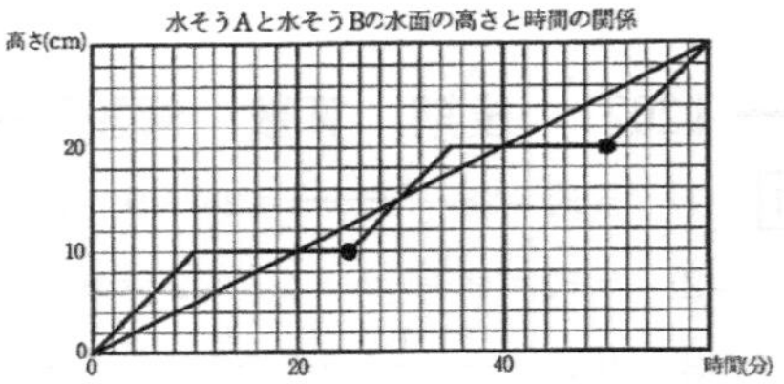


50分後に0.5×50＝25(cm)だから，$\frac{(\text{水そうAの水面の高さ})}{(\text{水そうBの水面の高さ})}$が，25分後は$\frac{12.5}{10}$＝1.25，50分後は$\frac{25}{20}$＝1.25で，同じ値になる。よって，求める時間は25分後と50分後である。

(3)　**【解き方】水そうAは60分でいっぱいになるから，水そうCは60÷4＝15(分)でいっぱいになる。**

**水を入れ始めてから15分以降60分未満で，水そうA，Bの高さが等しくなるのは(2)のグラフの交わる点である，点(20分，10 cm)，点(30分，15 cm)，点(40分，20 cm)なので，このいずれかで3つの水そうが同じ高さになる。**

水そうCが水でいっぱいになってから，水そうA，Bが水でいっぱいになるまでに，60－15＝45(分)かかる。

点(20分，10 cm)で同じ高さになる場合，水そうCは20－15＝5(分)で水面の高さが30－10＝20(cm)下がるから，45分で水面の高さが20×$\frac{45}{5}$＝180(cm)下がってしまい，これは水そうCの水がなくなることを指すので，条件に合わない。

点(30分，15 cm)で同じ高さになる場合，水そうCは30－15＝15(分)で水面の高さが30－15＝15(cm)下がるから，45分で水面の高さが15×$\frac{45}{15}$＝45(cm)下がってしまい，条件に合わない。

点(40分，20 cm)で同じ高さになる場合，水そうCは40－15＝25(分)で水面の高さが30－20＝10(cm)下がるから，45分で水面の高さが10×$\frac{45}{25}$＝18(cm)下がる。このとき，水そうCの水面の高さは30－18＝12(cm)となるので，条件に合う。よって，求める水面の高さは，12 cmである。

5　(1)　例えば，①で1を選んだときは，以下のようになる。②より，1＋3＝4　③より，4×2＝8　④より，8－4＝4　⑤より，4÷2＝2　⑥より，2－1＝1　⑦より，1×2＝2　⑧より，2＋1＝3

(2)　**【解き方】①で選んだ数を△として，②から順に計算し，計算結果が△を使わない数になるところを探す。**

②より，△＋3　③より，(△＋3)×2＝△×2＋3×2＝△×2＋6　④より，△×2＋6－4＝△×2＋2

⑤より，(△×2＋2)÷2＝△×2÷2＋2÷2＝△＋1　⑥より，△＋1－△＝1

よって，計算した結果は，⑥から同じになる。

(3)　ある整数に偶数をかけると，偶数になるので，③で出てきた数は，偶数である。⑤の計算結果が整数になるためには，④の計算結果が偶数である必要があり，(偶数)－A＝(偶数)だから，Aに入る数は必ず$_{\text{あ}}$偶数となる。

また，⑦で数を5倍しているから，⑦の計算をした結果は必ず$_{\text{い}}$5の倍数となる。

⑧について，5の倍数に1～9の整数を加えて7にするのだから，⑦の計算をした結果は$_{\text{う}}$5であり，Bに入る数は7－5＝$_{B}$2であることがわかる。

①で選んだ数を□として，計算を逆にたどっていくと，⑦で出てきた数が5だから，⑥で出てきた数は5÷5＝1，⑤で出てきた数は□＋1，④で出てきた数は(□＋1)×2＝□×2＋2となる。また，②で出てきた数は□＋5，③で出てきた数は(□＋5)×2＝□×2＋10だから，④では，③で出てきた数から，10－2＝$_{A}$8を引けばよい。

## ■ ご使用にあたってのお願い・ご注意

（1）問題文等の非掲載

著作権上の都合により，問題文や図表などの一部を掲載できない場合があります。

誠に申し訳ございませんが，ご了承くださいますようお願いいたします。

（2）過去問における時事性

過去問題集は，学習指導要領の改訂や社会状況の変化，新たな発見などにより，現在とは異なる表記や解説になっている場合があります。過去問の特性上，出題当時のままで出版していますので，あらかじめご了承ください。

（3）配点

学校等から配点が公表されている場合は，記載しています。公表されていない場合は，記載していません。

独自の予想配点は，出題者の意図と異なる場合があり，お客様が学習するうえで誤った判断をしてしまう恐れがあるため記載していません。

（4）無断複製等の禁止

購入された個人のお客様が，ご家庭でご自身またはご家族の学習のためにコピーをすることは可能ですが，それ以外の目的でコピー，スキャン，転載（ブログ，ＳＮＳなどでの公開を含みます）などをすることは法律により禁止されています。学校や学習塾などで，児童生徒のためにコピーをして使用することも法律により禁止されています。

ご不明な点や，違法な疑いのある行為を確認された場合は，弊社までご連絡ください。

（5）けがに注意

この問題集は針を外して使用します。針を外すときは，けがをしないように注意してください。また，表紙カバーや問題用紙の端で手指を傷つけないように十分注意してください。

（6）正誤

制作には万全を期しておりますが，万が一誤りなどがございましたら，弊社までご連絡ください。

なお，誤りが判明した場合は，弊社ウェブサイトの「ご購入者様のページ」に掲載しておりますので，そちらもご確認ください。

## ■ お問い合わせ

解答例，解説，印刷，製本など，問題集発行におけるすべての責任は弊社にあります。

ご不明な点がございましたら，弊社ウェブサイトの「お問い合わせ」フォームよりご連絡ください。迅速に対応いたしますが，営業日の都合で回答に数日を要する場合があります。

ご入力いただいたメールアドレス宛に自動返信メールをお送りしています。自動返信メールが届かない場合は，「よくある質問」の「メールの問い合わせに対し返信がありません。」の項目をご確認ください。

また弊社営業日（平日）は，午前９時から午後５時まで，電話でのお問い合わせも受け付けています。

2025春

株式会社教英出版

〒422-8054　静岡県静岡市駿河区南安倍３丁目 12-28

TEL　054-288-2131　　FAX　054-288-2133

URL　https://kyoei-syuppan.net/

MAIL siteform@kyoei-syuppan.net

# 二〇二一年度大阪女学院中学校入学試験問題　前期日程

## 国　語（50分）

※出題の都合上、本文の省略と表記の変更《へんこう》があります。
※字数制限のある問いはすべて、句読点等も一字とします。

一　次の文を読んで、あとの問いに答えなさい。

注1調律師《ちょうりつし》見習いの僕《ぼく》（外村《とむら》）は、ある日彼女《かのじょ》に指輪を渡《わた》しに行くと言って帰っていった先輩《せんぱい》の柳《やなぎ》と別れてから店へ帰る途中《とちゅう》、柳の客であるふたごの一人に偶然《ぐうぜん》出会う。ラの音が出ないからピアノを見てほしいと言われ、初めて一人で客の家に行き、ピアノを修理する。直ったピアノですばらしい連弾《れんだん》を聴《き》かせてくれたふたごに心からの拍手《はくしゅ》を送った。

「それでは、僕《ぼく》はこれで」
帰ろうとすると、ふたごに引き留められた。
「乾燥《かんそう》のせいでしょうか、いつもより少し全体的に音程が上がっているような気がするんです」
「微妙《びみょう》に気持ち悪い感じがします」
口々に言い出した。確かに少し気になるところはあった。でも、おかしいと言うほどではない。触《さわ》らなくてだいじょうぶだと思った。①触るとしても、僕じゃない。柳さんだ。
それなのに、1魔《ま》が差したとしか言いようがない。今の連弾《れんだん》で、完全に胸《むね》が熱くなってしまっていた。できるんじゃないか。微妙なずれだけを直せばいい。ふたごがもっと気持ちよくピアノを弾《ひ》けるように。
ピアノは一台ずつ違《ちが》う。②わかっているつもりで、わかっていなかったのだ。初めて触るピアノ。乾燥しすぎている部屋。

A

汗《あせ》をかいた。緊張《きんちょう》しているつもりもないのに指が震《ふる》えた。わずかに回せばいいだけのピンを回しすぎてしまう。戻《もど》そうとして指が滑《すべ》る。いつもなら難《なん》なくこなせる作業に2途轍《とてつ》もない時間がかかった。少しだけ、少しだけ、と思いながら、望まぬほうに音がずれていくのがわかる。粒《つぶ》はまったく揃《そろ》わない。やればやるほどずれて、焦《あせ》ればさらに音の波をつかまえられなくなった。時間ばかりがどんどん経《た》ち、嫌《いや》な汗をぐっしょりかいた。今まで習ってきたことも、店で毎日練習していることも、どこかへ飛んでしまった。
そのとき、胸のポケットに入れていた携帯《けいたい》が震《ふる》えた。ピアノから離《はな》れ、aヒョウジを見る。柳さんだった。③今最もかけてきてほしくない相手であり、最もかけてきてほしい相手でもあった。
「悪い。俺《おれ》だけど。指輪──」
「ありました」
間髪《かんはつ》を　B　答える。
「ああ、よかった。焦《あせ》った」
それから柳さんは、ん、と疑問《ぎもん》形で言った。
「ん、どうした、外村。何かあったの」
テレパスか、と思う。こちらの b気配が伝わったのだろうか。3観念した。
「柳さん、すみません。明日の朝一で調律を一件入れていただきたいんです」
気力を　C　、電話の向こうの柳さんに頭を下げた。
「佐倉《さくら》さんのところ、今見ているんですが、触ってかえってだめにしてしまいました」
柳さんは三秒ほど黙《だま》っていてから、わかった、と言った。
なさけなかった。それ以上に、申《もう》し訳《わけ》なかった。どうしても今日弾《ひ》きたくて僕を見つけて連れてきたのに、cケッキョクは僕がだめにしてしまった。ふたごに申し訳ない。今日はもう弾けない。柳さんにも申し訳ない。店にも申し訳ない。勝手に触って勝手にだめにして、明日調律をし直すとしても代金は取れないだろう。
「でも」
ふたごのひとりが言う。じっと黙って部屋の隅《すみ》で見ていた。たぶん、由仁《ゆに》だ。つかつかとピアノのそばにdヨってきた。
「この音、すごくいいでしょう」
ポーン、と弾いた基準のラの音は、僕の動揺《どうよう》とは遠く離《はな》れ、澄《す》んでのびやかだった。
「それで、そこに合わせようとした、ほら、この音もいい」
ポロン、隣《となり》の鍵盤《けんばん》を叩《たた》く。ポロン、ポロン。その隣も。その隣も。



2021(R3) 大阪女学院中　前期
教英出版

e「生意気かもしれないけど、④やろうとしていること、すごくよくわかったんです。凛《りん》とした音でした。欲《ほ》しかった音だ、って思いました。だから、うまくいかなくてもぜんぜん嫌な感じじゃなかった。たぶん、もうちょっと、ほんのちょっとの何かなんだと思います」

和音《かずね》も口を開いた。

「私《わたし》もそう思います。いくらうまくまとまってたって、全部冴《さ》えない音に合わせられちゃったらがっかりだもの。これくらい挑《ちょう》戦《せん》してる音、私も好きです」

挑戦か。僕は何に挑戦しようとしたのだろう。唇《くちびる》を噛《か》むしかない。挑戦などしていない。ただの身の程知らずだった。

「申し訳なかったです」

頭を下げたとき、思いがけず涙《なみだ》が滲《にじ》みそうになった。

「明日の朝、柳が――いつもの調律師が、来ます。ほんとうにすみませんでした」

「いいえ、無理に頼《たの》んだのはこっちですから」

もう一度謝《あやま》ってから、部屋を出た。鞄《かばん》がやけに重かった。⑤ぜんぜんだめだ、と思った。（中略）

マンションを出て、駐車場《ちゅうしゃじょう》へ向かう。白い軽[注2]が、ダッシュボードに指輪を載《の》せて停《と》まっている。

夜になって、急激《きゅうげき》に気温が下がっていた。フロントガラスが曇《くも》る。のろのろと運転して、クラクションを何度も鳴らされながら帰った。

店に戻《もど》ると、一階のシャッターは下りているものの、二階にはまだ電気がついていた。そう遅《おそ》い時間ではないが、ピアノ教室が入っていない曜日には、六時半に店を閉《し》めてしまう。人が残っていないといいと思った。

通用口から入って、二階へ上る。二つ提《さ》げた鞄が重い。誰《だれ》もいないことを期待してドアを開けると、今日に限って板鳥さんがいた。出先から戻ったばかりなのか、外出用のジャケットを着ている。まともに顔を見ることができなかった。あんなに憧《あこが》れたのに。板鳥さんから学びたいことがたくさんあったはずだったのに。僕の技術は未熟《みじゅく》などという域《いき》にさえ達していない。板鳥さんに教われることなど何ひとつないだろう。

「お疲《つか》れさまでした」

穏《おだ》やかな声をかけられて、いえ、としか言えなかった。それ以上口を開くと気持ちが崩《くず》れてしまいそうだった。

「どうかしましたか」

「板鳥さん」

震えそうになる声を抑《おさ》える。

「調律って、どうしたらうまくできるようになるんですか」

聞いてから、ばかなfシツモンだと思った。うまくどころか、調律の基本さえできなかった。半年間は先輩について見て覚える。そういう決まりなのに、勝手にgヤブったのは自分だ。もう少しのところでふりかえって、亡《な》き妻が冥界《めいかい》へ戻ってしまったオルフェウスの神話を思い出した。ほんとうにもう少しだったんだろうか。近くに見えて、きっとほんとうは果てしなく遠かったのだろうと思う。

「そうですねえ」

板鳥さんは考え込むような顔をしてみせたが、実際に考えていたのかどうかはわからない。板鳥さんのつくる音が、（　Ｉ　）脳裏《のうり》を掠《かす》めた。初めて聴《き》いたピアノの音。僕はそれを求めてここへきた。あれから少しも近づいてはいない。もしかしたら、これからも（　Ⅱ　）近づくことはできないのかもしれない。⑥初めて、怖いと思った。鬱蒼《うっそう》とした森へ足を踏《ふ》み入れてしまった怖さだった。

「いったいどうしたら」

僕が言いかけると、

「もしよかったら」

板鳥さんがチューニングハンマーを差し出した。チューニングピンを締《し》めたり緩《ゆる》めたりするときに使うハンマーだ。

「これ、使ってみませんか」

差し出されたまま柄《え》を握《にぎ》った。持ってみると、（　Ⅲ　）重いのに手にひたっとなじんだ。

「⑦お祝いです」

お祝いという言葉の意味を計りかねて、怪訝《けげん》そうな顔をしていたのだろう。

「ハンマーは要《い》りませんか」

聞かれて、思わず、要ります、と答えていた。森は深い。それでも引き返すつもりはないのだとはっきり気づいた。

「板鳥さんはどんな音を目指していますか」（中略）

これまでずっと堪《こら》えてきたシツモンだった。聞きたかったけれど、⑧それを言葉で聞いてしまってはいけないだろうと思ってきた。板鳥さんのつくる音を聴いて、言葉を通さずに、そのままそこを目指すしかない。そう思ってきたはずだった。どうして今聞いてしまえたのか、わからない。欲《よく》だろうか。なりふりかまわず、森を歩くどんなヒントでも欲《ほ》しいと思ったからか。

「目指す音ですか」

板鳥さんはいつも通りの穏《おだ》やかな顔をしていた。

目指す音は人それぞれでしょう。一概《いちがい》には言えません。そのピアノを弾く人の好みに合わせます。演奏《えんそう》の目的にもよります。──自分で聞いておきながら、先回りして板鳥さんの回答を探《さが》している。できるだけ、hグタイ的でない答えがいいと思った。ほんとうに僕がそこだけを目指してしまわないように。

「外村君は、注3原民喜《はらたみき》を知っていますか」

原民喜。聞いたことはある気がする。調律師ではなかったと思う。演奏家《えんそうか》だろうか。

「その人がこう言っています」

板鳥さんは小さく咳払《せきばら》いをした。

「明るく静かに澄んで懐《なつ》かしい文体、少しは甘《あま》えているようでありながら、きびしく深いものを湛《たた》えている文体、夢のように美しいが現実のようにたしかな文体」

文体、というのが何のことなのかわからなかった。それから、あっと思い当たった。

原民喜。小説家だ。高校の現国の時間に文学史で覚えた名前だった。

「原民喜が、こんな文体に憧《あこが》れている、と書いているのですが、しびれました。私の理想とする音をそのまま表してくれていると感じました」

文体を音に替《か》えたということだろうか。

ああ、たしかに。たしかにそうだ。（中略）明るく静かに澄んで懐かしい。甘えているようで、きびしく深いものを湛えている。夢のように美しいが現実のようにたしかな音。

それが、板鳥さんのつくり出す音だ。僕の世界を変えた音だ。僕はその音に憧れてここにいる。高校の体育館で板鳥さんの音を聴いてから、高校を卒業するまでに一年半、調律師の学校に通って二年、ここに就職《しゅうしょく》して半年。四年かかって、やっと今、ここにいる。⑨ここから行くしかないではないか。何もないところから、焦らずに、こつこつと。

「おや」

板鳥さんがドアのほうへ目をやった。直後に、ドアが開いて柳さんが入ってきた。

「柳さん」

怒《おこ》ったような顔して大股《おおまた》に歩いてきて、さっき僕が運んだキャリーバッグの持ち手をつかむ。

「行くぞ」

どこへ、と聞きそうになってしまった。答えはわかっていた。慌《あわ》てて自分の調律鞄を取る。

「でも、柳さん、今日は大事な用事が」

言い終わらないうちに遮《さえぎ》られる。

「どうせ指輪忘《わす》れたんだ。取りに来たんだよ。また彼女《かのじょ》のところへ戻る。でもその前に、ちゃちゃっと済《す》まそうぜ」

⑩ちゃちゃっと済ませられるようなものではない。そんなことは柳さんは重々わかっている。

「申し訳ありませんでした」

「初回は誰だってテンパるんだ。しょうがない。外村はちょっと早まっただけだ」

そう言うと、板鳥さんに向かって、じゃお先に、と会釈《えしゃく》をした。注4直帰のはずだったのに、大事な用事のある夜だったのに。右手に鞄を持ち、左手にハンマーを握り、柳さんの後ろをついていく。挨拶《あいさつ》しようとふりかえると、板鳥さんはジャケットのボタンを外して袖《そで》を捲《まく》り、調律道具を熱心に磨《みが》きはじめていた。

（宮下奈都《なつ》『羊と鋼《はがね》の森』文藝春秋刊）

注1　調律　…　楽器の音の高さを演奏に先立って適切な状態に調整すること。
2　軽　…　軽自動車の略
3　原民喜　…　自己の体験を基に原爆《げんばく》の悲惨《ひさん》さを描《えが》いた短編小説『夏の花』や詩「原爆小景」などの作品を残した作家・詩人。
4　直帰　…　出先から勤《つと》め先に戻らずにそのまま帰宅《きたく》すること。

問一 〰〰 a～hのカタカナは漢字に直し、漢字は読み方を答えなさい。

問二 ═══ 1～3のことばの文中における意味として、最も適当なものを次の中から選んで、それぞれ記号で答えなさい。

1 「魔が差した」　ア 一時正気を失った　イ 一瞬《いっしゅん》判断を誤《あやま》った　ウ ぱっとひらめいた　エ すっかり嫌になった

2 「途轍もない」　ア ふつうではない　イ 納得《なっとく》できない　ウ うんざりする　エ がまんできない

3 「観念した」　ア 驚《おどろ》いた　イ 感心した　ウ 信用した　エ あきらめた

問三 [　] A～Cに入る最も適当なことばを次の中から選んで、それぞれ記号で答えなさい。

A　ア 気分が悪くて　イ 興奮《こうふん》しすぎて　ウ 暑くないのに　エ 空調が悪くて

B　ア 入れずに　イ あけずに　ウ 返して　エ 見ながら

C　ア 使わずに　イ 押《お》さえこんで　ウ 失って　エ 振《ふ》り絞《しぼ》って

問四 ――①とありますが、「僕」がそのように考えるのはなぜですか。その説明として最も適当なものを次の中から選んで、記号で答えなさい。

ア 見習いの人間がピアノを触ることはできないという決まりがあり、自分が触れば会社を解雇《かいこ》されるかもしれないから。

イ 自分はまだ調律の基本も身についていない見習いで、しかもふたごのピアノの調律の担当者《たんとうしゃ》は先輩の柳さんだから。

ウ 新人は半年間、見習いとして学ぶという決まりがあり、自分が調律などしたら店の信用に関《かか》わる大問題になるから。

エ 自分が調律してしまうと、自分の指導をしてくれている柳さんの立場が悪くなり、指導をしてもらえなくなるから。

問五 ――②とありますが、何がわかっていなかったのですか。最も適当なものを次の中から選んで、記号で答えなさい。

ア いつもと違《ちが》う環境《かんきょう》で初めて触るピアノを調律するのは店で練習するのとはまったく違うものであり、自分の力ではまだとてもできることではないということ。

イ 弾いている二人が感じた音程の微妙なずれはとても繊細《せんさい》なものであるため、自分の力量ではきちんと認識《にんしき》することができないレベルのものだということ。

ウ ふたごの連弾のレベルの高さに驚き、興奮した心理状態でピアノを調律すれば冷静さを欠いてしまうため、いつも以上に調律は難《むずか》しくなってしまうということ。

エ 初めて触るピアノを調律する場合は経験を生かすことができないので高い集中力が要求されるのに、緊張《きんちょう》感のせいで思うように調整できなくなるということ。

問六 ――③とありますが、この時の「僕」の気持ちはどのようなものですか。最も適当なものを次の中から選んで、記号で答えなさい。

ア 調律の失敗をごまかしたいが、このままではふたごから許してもらえないので、柳さんに謝るしかない。

イ 何も話していないのに「僕」の失敗に気づく柳さんの鋭《するど》さに驚《おどろ》き、そんな柳さんに勝てるはずはない。

ウ 力不足をみじめに感じつつも、ふたごにピアノを弾かせてあげるためには、柳さんにお願いするしかない。

エ いつも心配してくれている柳さんにこれ以上迷惑《めいわく》をかけたくないが、ピアノを直さないと商売にならない。

問七 ――④とありますが、由仁はどのような気持ちでこう言ったのですか。最も適当なものを次の中から選んで、記号で答えなさい。

ア 「僕」の複雑な立場を理解したいという気持ち。

イ 「僕」のことをとてもかわいそうに思う気持ち。

ウ 「僕」のつくったピアノの音に感動する気持ち。

エ 「僕」の仕事を認《みと》めて励《はげ》ましたいという気持ち。

問八 ――⑤とありますが、このときの気持ちが行動として表れている一文をぬき出し、初めの五字を書きなさい。

問九 （　　）Ⅰ～Ⅲに入ることばとして最も適当なものを次の中から選んで、それぞれ記号で答えなさい。

ア さらっと　イ ずしりと　ウ ふっと　エ ずっと

問十　――⑥とありますが、どういうことを表していますか。□にあてはまることばを考え、指定された字数で答えなさい。

［A 十字以内］ことは、［B 二十字以内］であることに気づいたということ。

問十一　――⑦とありますが、板鳥さんはどのような気持ちでこう言ったのですか。最も適当なものを次の中から選んで、記号で答えなさい。

ア　調律の仕事の難しさにとまどう「僕」を勇気づけ、たとえ失敗であってもプロの仕事への第一歩を踏《ふ》み出したことを祝福したいという気持ち。

イ　以前からハンマーをほしがっていた「僕」にハンマーをゆずることによって、せっかく始めた仕事を辞《や》めないで続けてほしいという気持ち。

ウ　いいハンマーを使えば「僕」の調律の腕前《うでまえ》をカバーできるので、調律の仕事を始めたお祝いに道具の大切さも伝えておこうという気持ち。

エ　使いやすいハンマーを使うことによって今日のような失敗を繰《く》り返《かえ》させないことが、店のためにも本人のためにもなるはずだという気持ち。

問十二　――⑧とありますが、それはなぜですか。□にあてはまることばを、文中から十一字でぬき出して答えなさい。

それを言葉で聞いてしまうと［十一字］しまうと思ったから。

問十三　――⑨とありますが、この時の「僕」の気持ちとして最も適当なものを次の中から選んで、記号で答えなさい。

ア　四年という歳月《さいげつ》をかけて磨《みが》いてきた自分の実力を発揮《はっき》することはできなかったが、初めての経験で緊張するのは当たり前だと気づいたことで、これからへの希望に胸がふくらんできている。

イ　板鳥さんが理想としている音について詳《くわ》しく知ることができたので、自分の目指すべき場所がはっきりと認識《にんしき》できるようになり、これからは板鳥さんの言葉を大切にしようと決心している。

ウ　板鳥さんの優《やさ》しさに触《ふ》れ、調律の技術が未熟でも自分を受け入れてくれる人々と仕事ができることの喜びをかみしめ、たとえ調律師になれなくても何かの役に立てればいいと思い始めている。

エ　自分の技術はまだまだ未熟で練習してきたことがまったくできなかったが、板鳥さんの言葉で目指すものを確認《かくにん》し、今の自分を受け入れることで、前向きに歩んでいこうと気持ちを立て直している。

問十四　――⑩とありますが、この時の「僕」の気持ちとして最も適当なものを次の中から選んで、記号で答えなさい。

ア　自分が失敗したせいで、指輪を忘れて取りに帰ってきた柳さんのプライベートな時間をつぶす結果を招き、どうして謝ればいいか途方《とほう》に暮《く》れている。

イ　彼女に指輪を渡す大切な夜であるにもかかわらず、今から再びピアノの調律に行くという柳さんの仕事に対するまじめな姿勢《しせい》に感動している。

ウ　失敗に落《お》ち込み、申し訳なく思っている僕の負担《ふたん》を軽くしようと、たいしたことではないように接してくれる柳さんの優しさに胸がいっぱいになっている。

エ　憧れの板鳥さんのアドバイスで何かつかめそうな気がしていたのに、柳さんと一緒《いっしょ》に仕事に行かなければならないということに負担を感じている。

問十五　本文の構成や表現の特徴《とくちょう》の説明として最も適当なものを次の中から選んで、記号で答えなさい。

ア　擬人法《ぎじんほう》や擬態語《ぎたいご》などを多用したり神話を挿入《そうにゅう》したりすることで、物語に説得力や厚みを持たせることに成功し、読者の感動を深めている作品である。

イ　一人称《いちにんしょう》の語りと会話によって登場人物の心理が描かれることで、主人公の心の葛藤《かっとう》とそれを見守る周囲の人々とのつながりがしみじみと感じられる作品である。

ウ　時間の流れは複雑であるが登場人物の人数が限られているため、読み手が主人公の人物像をはっきりと想像して感情移入することのできる作品である。

エ　小説ではあるが、説明文のような論理的《ろんりてき》な構造になっていて、読み手がそれぞれの登場人物の心の動きによりそって読むことのできる作品である。

二 次の各問いに答えなさい。

問一 次の①～③の ―― 部のことばと同じはたらきのものをあとから選んで、それぞれ記号で答えなさい。

① 今日は何の日か知っていますか。
ア 今度一緒に遊びに行かないか。
イ 赤と青、どちらが好きですか。
ウ なんという美しさだろうか。
エ そんなことをして何になるのか。

② お父さんは、家では寝《ね》てばかりだ。
ア 子どもの頃《ころ》はけんかばかりしていた。
イ 彼が席を立って、五分ばかりたった。
ウ 割《わ》れんばかりの拍手が鳴り響《ひび》いた。
エ 帰ってきたばかりで疲れている。

③ どんなに急いでも間に合わないだろう。
ア 試合に負けた。でも、悔《くや》しくない。
イ 疲れたので、コーヒーでも飲もう。
ウ こんなことは子どもでもわかることだ。
エ いくら呼《よ》んでも返事はなかった。

問二 次の①～③と同じはたらきをすることばをあとから選んで、それぞれ記号で答えなさい。

① （優しい　寒い　黒い　美しい）
② （着る　飛ぶ　消す　迷う）
③ （つまり　しかし　ところで　だから）

ア 来る　イ さわやかだ　ウ 明るい　エ いろんな　オ なぜなら　カ いきなり

問三 次の①～③の ―― 部には表現の誤《あやま》りがある。解答らんの字数に合わせて、正しく書き改めなさい。

① 彼の作った曲は世界中で演奏《えんそう》している。（七字）
② 私の日課は、毎朝池の周りを走ります。（六字）
③ お客様からのご要望があれば聞きます。（六字）

問四 次の①～④の □ に最も適当な漢字を一字入れて四字熟語《じゅくご》を完成させ、その意味をあとから選んで、それぞれ記号で答えなさい。

① 優柔《ゆうじゅう》□断　② □故知新　③ 心機一□　④ 空□絶後

ア 昔の物事から新しい知識を得ること
イ とつぜん現れたり消えたりすること
ウ 過去にも未来にもないようなこと
エ ぐずぐずして物事の決断がにぶいこと
オ 見かけはちがうが実際は同じこと
カ あるきっかけで気持ちが全く変わること

問五　次の①~④の（　）に入る動物の名前をひらがなで書き、下の意味を持つ慣用句を完成させなさい。

① （　）をかぶる　：本性《ほんしょう》を隠《かく》しておとなしいふりをすること
② （　）の涙《なみだ》　：非常に少ないこと
③ （　）が合う　：気が合うこと
④ 袋《ふくろ》の（　）　：追いつめられて逃《に》げ場《ば》がない様子

問六　次の①~④の□に最も適当な漢字をそれぞれ一字入れ、下の意味を持つことわざを完成させなさい。

① □の上にも三年　：じっとしんぼうしていれば、いつかきっと成功する
② □の顔も三度　：おだやかな人もあまりひどい目にあえば怒《おこ》りだすこと
③ 渡《わた》りに□　：望んでいるものが、ちょうど都合よく与《あた》えられること
④ 住めば□　：どんな所でも住み慣れればよい所に思えること

問七　次の①~③のa・bそれぞれのカタカナを漢字に改めなさい。

① a 人質《ひとじち》をカイホウする。　b 校庭をカイホウする。
② a 天地をソウゾウする。　b 昔の友の姿《すがた》をソウゾウする。
③ a イガイな結末。　b 君イガイは帰っていい。

問八　次の①~③の――部の読み方を答えなさい。

① かぜ薬が効く。　② この辺りで休もう。　③ 弓で的を射る。

問九　次の1~5の和歌の下の句を□から選んで、それぞれ記号で答えなさい。

1 あしびきの　山鳥の尾《お》の　しだり尾の
山鳥の長くたれ下がった尾《お》のように
2 かささぎの　渡《わた》せる橋に　置く霜《しも》の
3 山里は　冬ぞさびしさ　まさりける
とりわけさびしさが増すことだなあ
4 月見れば　千々に物こそ　悲しけれ
5 ほととぎす　鳴きつる方を　ながむれば

ア 人目も草も　かれぬと思へば
訪《たず》ねてくる人もなくなり、草もかれてしまったと思うと
イ 長々し夜を　ひとりかも寝む
ウ わが身ひとつの　秋にはあらねど
エ 白きを見れば　夜ぞ更《ふ》けにける
オ ただ有明の　月ぞ残れる

# 2021年度

# 大阪女学院中学校
# 前期入学試験問題

## 「算　　数」

（50分）

1. 試験開始の合図があるまで，この問題冊子にふれてはいけません。
2. 問題は1ページ～ 6ページまで [1] ～ [5] の大問があります。
3. 解答はすべて解答用紙に記入しなさい。
4. 円周率は，3.14として答えなさい。
5. ホッチキスは，はずしてはいけません。
6. 試験中に問題冊子の印刷不鮮明，ページの落丁・乱丁及び解答用紙の汚れ等に気付いた場合は，手をあげて監督の先生に知らせなさい。

1 次の $\square$ にあてはまる数を答えなさい。

(1) $30-18\div6+9=\square$

(2) $\frac{1}{2}-\frac{1}{3}+\frac{5}{24}=\square$

(3) $2.4\times(1-0.025)=\square$

(4) $\left(\frac{1}{3}-0.3\right)\div\left(\frac{2}{5}+\frac{1}{3}\right)=\square$

(5) $62-(\square-27)\times4=14$

(6) $\left(\frac{3}{4}-\frac{1}{\square}\right)\div5+\frac{1}{4}=\frac{1}{3}$

(7) 算数のテストでAさんは87点，Bさんは79点，Cさんは68点でした。Dさんが $\square$ 点以上のとき，4人の平均が80点以上になります。

(8) ある数から，その数を $\frac{2}{7}$ 倍した数をひくと，150になります。このとき，ある数は $\square$ です。



だから，すべての行の計算結果をたすと，

$\boxed{\text{あ}}+(\boxed{\text{あ}}+100)+(\boxed{\text{あ}}+200)+\cdots\cdots+(\boxed{\text{あ}}+900)$

$=(\boxed{\text{あ}}+\boxed{\text{あ}}+\boxed{\text{あ}}+\cdots\cdots+\boxed{\text{あ}})+(100+200+\cdots\cdots+900)$

$=\boxed{\text{あ}}\times10+(100+200+\cdots\cdots+900)$

$=\boxed{\text{あ}}\times10+\boxed{\text{い}}=\boxed{\text{う}}$ になるね。」

Aさん「わあ，答が出たね。でもこんなやり方はどうかな。

$1+2+3+\cdots+98+99+100=(1+100)+(2+\boxed{\text{え}})+\cdots\cdots+(\boxed{\text{お}}+51)$

$=101+101+\cdots\cdots+101$

$=101\times\boxed{\text{か}}$

これを計算したら，さっきの $\boxed{\text{う}}$ と同じ答になるよ。」

Bさん「そのやり方，良いね。それなら，1からいろんな数までのたし算ができるね。」

(1) 会話文の中の $\boxed{\text{あ}}$ ～ $\boxed{\text{か}}$ にあてはまる数を答えなさい。

(2) $1+2+3+\cdots\cdots+198+199+200$ は，いくつになるか求めなさい。

**5** AさんとBさんが，次の問題を解くために考えました。2人の会話を読んで，次の問いに答えなさい。

問題

> □ にあてはまる数字を答えなさい。
>
> $1+2+3+\cdots+98+99+100=$ □

Aさん「わあ，この問題大変だね。ただ前からたしていくだけだと，時間がかかりそう。簡単にできる方法はないかな。」

Bさん「まず，1から10までのたし算をしてみようよ。」

Aさん「$1+2+3+4+5+6+7+8+9+10$ だから，答は [あ] だね。」

Bさん「じゃあ次は，1から100までのたし算だったらどうだろう。一の位がそろうように，式を途中《とちゅう》で改行して書いてみよう。」

$1+\ 2+\ 3+\cdots\cdots+\ 8+\ 9+10+$

$11+12+13+\cdots\cdots+18+19+20+$

$21+22+23+\cdots\cdots+28+29+30+$

$31+32+33+\cdots\cdots+38+39+40+$

⋮

$71+72+73+\cdots\cdots+78+79+80+$

$81+82+83+\cdots\cdots+88+89+90+$

$91+92+93+\cdots\cdots+98+99+100$

Aさん「横の行ごとに計算したら良いかもね。1行目だけ計算すると答は [あ] だね。」

Bさん「そう。2行目は $11=1+10$，$12=2+10$，$13=3+10$，……，$20=10+10$ だから，

2行目を計算すると，　$(1+2+3+\cdots\cdots+10)+10\times10=$ [あ] $+100$

3行目も同じように考えると，$(1+2+3+\cdots\cdots+10)+20\times10=$ [あ] $+200$

4行目も同じように考えると，$(1+2+3+\cdots\cdots+10)+30\times10=$ [あ] $+300$

⋮

最後の10行目も同じように考えると，

$(1+2+3+\cdots\cdots+10)+90\times10=$ [あ] $+900$



**2** 次の問いに答えなさい。

(1) 次の立体は1辺9 cmの立方体から直方体を切り取ったものです。この立体の体積は何$cm^3$か，また表面積は何$cm^2$か求めなさい。

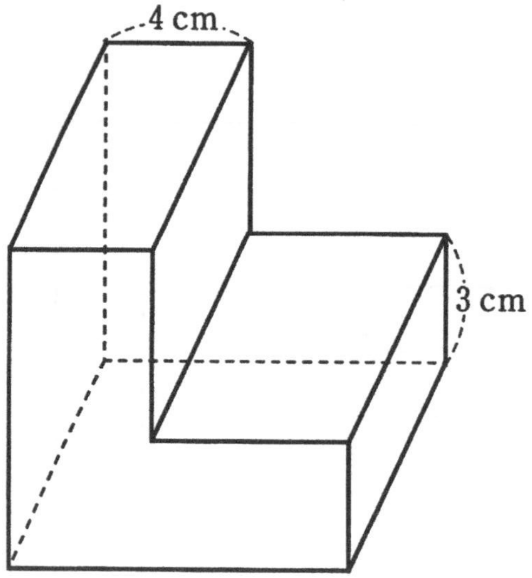


(2) 下の図のように，半径4 cmの円と直線をくみあわせました。太線で示した部分の長さは何cmか求めなさい。

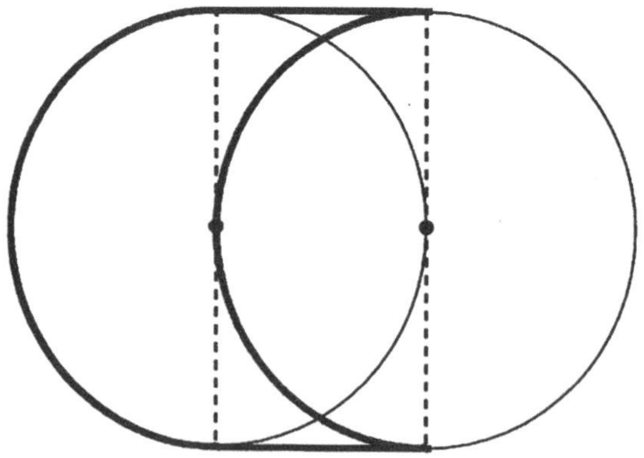

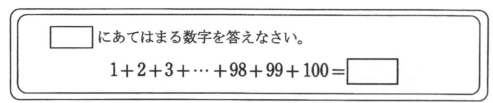

3 下の図のような，中に長方形の仕切りがある直方体の容器があります。Aの位置から一定の割合で水を入れたところ，入れ始めてから5分後に，容器が水でいっぱいになりました。次の問いに答えなさい。

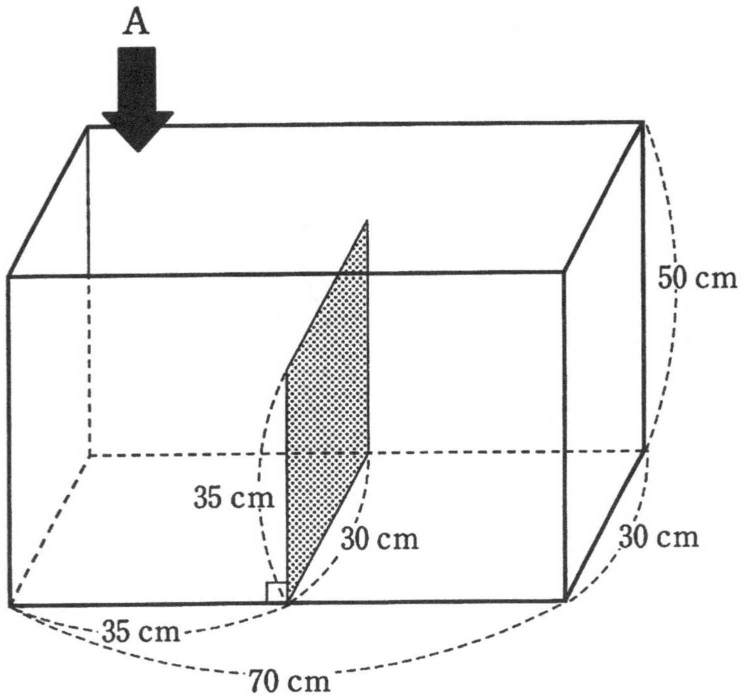


(1) 1分間に入れた水の量は何Lか求めなさい。

(2) 水を入れ始めてから1分30秒後の水面の高さは何cmか求めなさい。

(3) 水を入れ始めてから2分30秒後には，仕切りの左側の部分と右側の部分の，水面の高さに差があります。差は何cmか求めなさい。

4 ウィルさんは一定の速さで走り，ミナさんは一定の速さで歩きます。ウィルさんがA地点からB地点に向かって走り始めるのと同時に，ミナさんがB地点からA地点に向かって歩き始めました。1分後に2人は，A地点からB地点の間を9:2に分ける位置ですれちがいました。このときミナさんは120歩進んでいました。ミナさんの歩幅《ほはば》を50cmとして，次の問いに答えなさい。

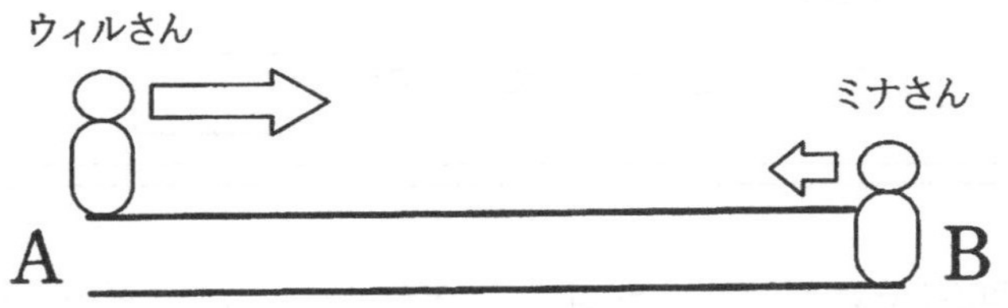


(1) ミナさんがA地点に着くのは，スタートしてから何分何秒後か求めなさい。

(2) A地点からB地点までの距離《きょり》は何mか求めなさい。

(3) ウィルさんがA地点からB地点の3倍の距離を走るのと，ミナさんがB地点から歩いてA地点に着くのとでは，どちらが何分何秒先に着くか求めなさい。

# ２０２１年度　大阪女学院中学校　入学試験問題　「理　科」

＊答えはすべて解答用紙に記入しなさい。

(40分)

## １．ヒトの体について、次の各問いに答えなさい。

(問１) 体の中で、生きるためにいろいろなはたらきをしている部分を何といいますか。

(問２) 次の特ちょうとはたらきがある部分を図の（あ）～（け）の中から選び、記号で答えなさい。

① ヒトの体内で最も大きい。さまざまなはたらきをする。吸収された養分の一部を一時的にたくわえ、必要なときに全身に送り出す。

② 細い血管が通っていて、吸った空気中の酸素の一部が血液に取り入れられ、血液から二酸化炭素がはく空気の中に出される。

③ 消化された食べ物の養分を水と一緒に吸収し、血液に取り入れる。

④ たえず血液を送り出し、全身にじゅんかんさせている。

⑤ 食べ物と胃液を混ぜ合わせて、ドロドロにする。

⑥ おもに水分を吸収し、吸収されなかったものを便にして体外に出す。

⑦ 血液中の不要なものをこし出し、尿をつくる。

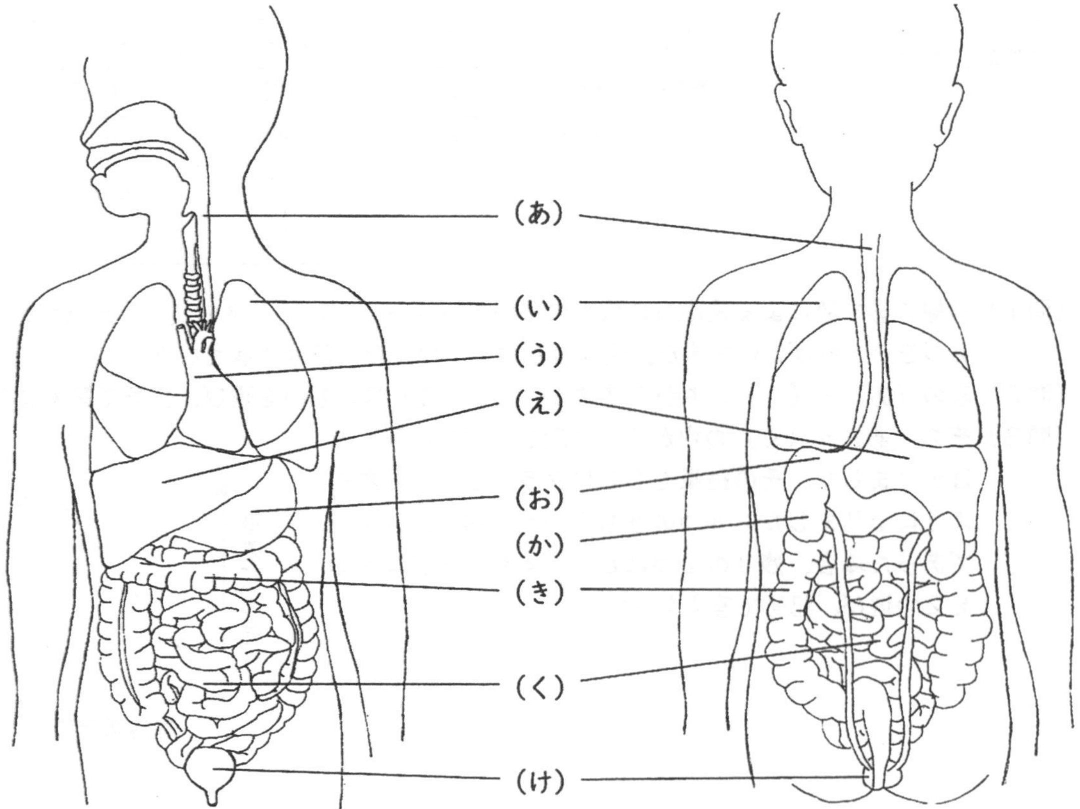


腹側からの図　　背中側からの図

(問３) 体の中の各部分は、何を通じてかかわり合って生命を支えていますか。

(問４) ごはんつぶをかんでいるとあまく感じるようになります。ごはんつぶがどうなったかを調べるために次の実験を行いました。次の（　あ　）、（　い　）に入る語句を答えなさい。

〈実験〉【手順１】　２つのジッパー付きふくろにごはんつぶを入れて、指でつぶす。

【手順２】　一方のふくろにストローで（　あ　）を入れる。もう一方には（　あ　）と同じ量の水を入れる。ふくろの上から指でよくもんでおく。

【手順３】　40℃の湯を入れたビーカーにふくろを入れ、10分間温める。

【手順４】　２つのふくろをビーカーから取り出し、それぞれに（　い　）を２てきずつ加えて、色の変化をみる。

〈結果〉・（　あ　）を加えたものは色が変化しなかった。

・（　あ　）を加えていないものは青むらさき色に変化した。

〈考察〉（　あ　）によってごはんつぶの養分は、あまく感じる別のものに変化する。

(問５) 吸う空気とはき出した空気のちがいを気体検知管を使って調べました。その結果として、最も適当なものを次の中から選び、記号で答えなさい。

| | 吸う空気 | | はき出した空気 | |
|---|---|---|---|---|
| | 酸素 | 二酸化炭素 | 酸素 | 二酸化炭素 |
| (あ) | 21% | 0% | 0% | 4% |
| (い) | 21% | 0% | 17% | 0.03% |
| (う) | 21% | 0.03% | 17% | 4% |
| (え) | 21% | 0.03% | 0% | 0% |
| (お) | 17% | 0% | 21% | 4% |
| (か) | 17% | 0% | 0% | 0.03% |
| (き) | 17% | 0.03% | 0% | 4% |
| (く) | 17% | 0.03% | 21% | 0% |

(問６) とても寒い日に１時間目から２時間目まで教室を閉め切っていました。２時間目の授業が終わった後、先生が窓をしばらく開けておくように言いました。閉め切っていた教室の中の空気の成分がどうなっていたからですか。簡単に説明しなさい。

**２．** 図１のフラスコに20℃の水道水をいっぱいに入れて、ガラス管のついたゴムせんをつけると、ガラス管のと中まで水面が上がり、その位置に線を引きました。

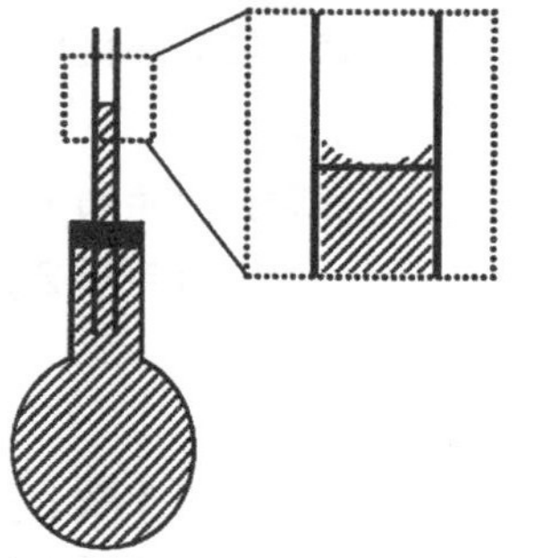

図１

（問１）このフラスコを氷水の入ったボウルに入れ、じゅうぶんに時間がたつと、水面はどのようになりますか。最も適当なものを次の中から選び、記号で答えなさい。

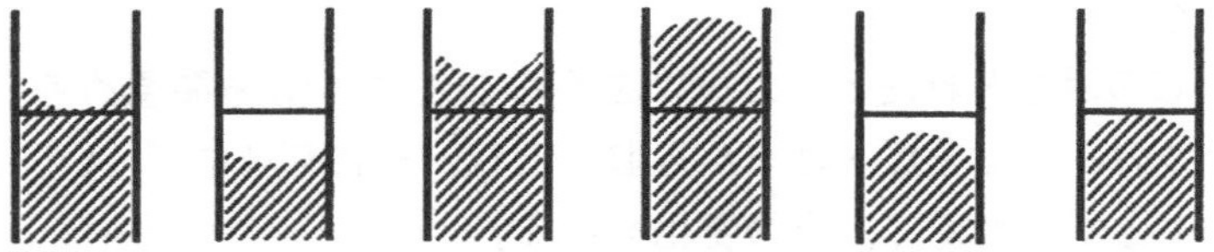

（あ）　（い）　（う）　（え）　（お）　（か）

図２のような鉄の容器に水を入れて、ガラス管のついたゴムせんをつけると、ガラス管のと中まで水面が上がり、その位置に線を引きました。

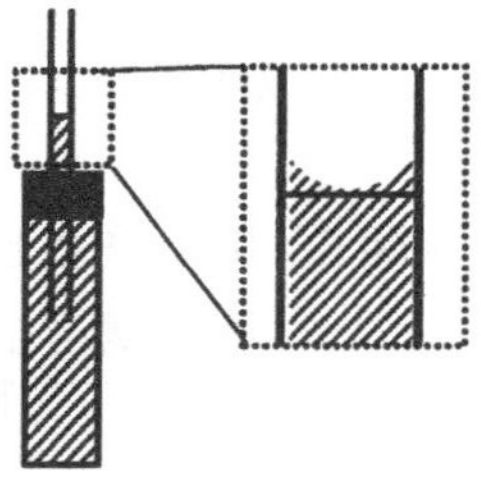

図２

（問２）この鉄の容器を冷とう庫に入れ、完全にこおらせました。このとき、氷の面はどのようになりますか。最も適当なものを（問１）の（あ）～（か）の中から選び、記号で答えなさい。ただし、容器の体積は変わらないものとします。

（問３）次の文章の空らんにあてはまる言葉の組み合わせとして、最も適当なものを次の中から選び、記号で答えなさい。

電車の通り道であるレールは、20m 程度のレールをつなぎ合わせて作られています。そのつなぎ目には図３のようにすきまがあいています。これは、気温の高いときにレールが（　①　）も電車が走るようにするためです。また、新幹線のレールはつなぎ目でのしん動を減らすため、１本が 200m 以上と長く作られています。新幹線のレールのつなぎ目のすきまはななめになるように作られていて、すきまを上から見たときの面積は、普通のレールと比べて（　②　）なっています。これは、レールが長いほど、温度による体積の変化の量が（　③　）ためです。

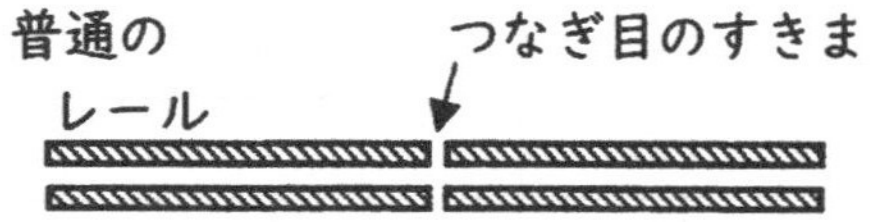


図３

| 記号 | ① | ② | ③ |
|---|---|---|---|
| （あ） | ぼう張して | 大きく | 大きくなる |
| （い） | ぼう張して | 大きく | 小さくなる |
| （う） | ぼう張して | 小さく | 小さくなる |
| （え） | ぼう張して | 小さく | 大きくなる |
| （お） | 縮んで | 大きく | 小さくなる |
| （か） | 縮んで | 小さく | 小さくなる |

（問４）右の表は、いろいろな種類の金属の温度による体積の変わりやすさを表したものです。
この表から、レールに使う金属として最も適当なものを次の中から選び記号で答えなさい。

表

| 記号 | 金　属 | 体積の変わりやすさ |
|---|---|---|
| （あ） | なまり | 変わりやすい |
| （い） | マグネシウム | |
| （う） | アルミニウム | |
| （え） | 銅 | |
| （お） | 鉄 | 変わりにくい |

**３．** ビニールにおおわれた 10m の導線、鉄の棒と木の棒、電池で電磁石を作り、電磁石の性質を調べました。表の（あ）～（く）は直列につないだ電池の個数、導線の巻き数、しんの種類を表しています。
表の（あ）は、図のような電磁石になります。

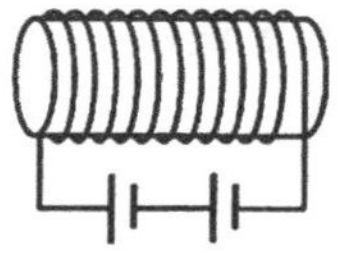

電池：２個
巻き数：100 回
しん：鉄の棒

図

表

| | 直列につないだ電池の個数 | 導線の巻き数 | しんの種類 |
|---|---|---|---|
| （あ） | ２個 | 100 回 | 鉄 |
| （い） | ２個 | 100 回 | 木 |
| （う） | ２個 | 50 回 | 鉄 |
| （え） | ２個 | 50 回 | 木 |
| （お） | ４個 | 100 回 | 鉄 |
| （か） | ４個 | 100 回 | 木 |
| （き） | ４個 | 50 回 | 鉄 |
| （く） | ４個 | 50 回 | 木 |

（問１）導線の巻き数による電磁石の強さの違いを調べるためには、表の（い）～（か）のどの２つを比べればいいですか。適当なものを２つ選び、記号で答えなさい。

（問２）表の（あ）～（く）の中から電磁石の強さが最も強いものを選び、記号で答えなさい。

（問３）表の（あ）～（く）の中から４つ選び電磁石の強さをはかりました。その結果をもとにグラフをかくと右のようになりました。４つのうち２つが（お）、（く）であった場合、残りの２つはどれですか。適当なものを２つ選び、記号で答えなさい。

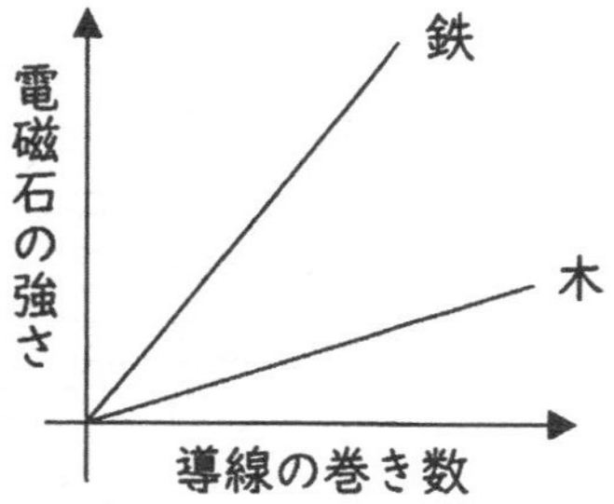

**４．** よく晴れた日に、日光と葉の養分の関係を調べる実験をしました。次の各問いに答えなさい。

〈準備〉実験前日の午後、３枚のジャガイモの葉Ａ～葉Ｃを次の図のようにアルミニウムはくでおおいました。

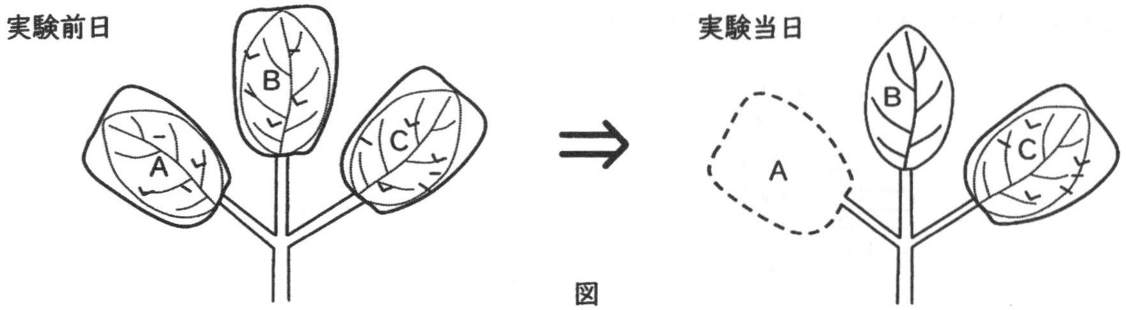


図

〈実験〉① 実験当日の午前中、葉Ａをアルミニウムはくごととりました。葉Ｂのアルミニウムはくをはずしました。

② 葉Ａは${}_1$熱湯に入れてから、あたためた${}_2$エタノールにひたしました。その後、水で洗いある薬品につけて色の変化を観察しました。

③ ５時間日光に当てた後、葉Ｂと葉Ｃをとりました。

④ 葉Ｂと葉Ｃを熱湯に入れてから、あたためたエタノールにひたしました。その後、水で洗いある薬品につけて色の変化を観察しました。

（問１）葉をアルミニウムはくでおおう理由として最も適当なものを次の中から選び、記号で答えなさい。

（あ）実験を始めるまで葉を適温に保つため
（い）実験を始めるまで葉で呼吸をしないようにするため
（う）実験を始めるまで葉に日光が当たらないようにするため
（え）実験を始めるまで葉で蒸散がおきないようにするため

（問２）日光がよく当たった葉は葉Ａ～葉Ｃのどれですか。

（問３）ジャガイモの葉にできる養分の名前を答えなさい。

（問４）養分ができた葉は葉Ａ～葉Ｃのどれですか。

（問５）下線部１のように葉を熱湯に入れる理由として最も適当なものを次の中から選び、記号で答えなさい。

（あ）葉をかたくするため
（い）葉をやわらかくするため
（う）葉にふくまれる養分を減らすため
（え）葉にふくまれる養分を増やすため
（お）葉で蒸散する量を減らすため
（か）葉で蒸散する量を増やすため

（問６）下線部２のように葉をエタノールにひたす理由として最も適当なものを次の中から選び、記号で答えなさい。

（あ）葉をかたくするため
（い）葉をやわらかくするため
（う）葉の緑色がうすくならないようにするため
（え）葉の緑色をとかしだすため
（お）葉の表面を消毒するため
（か）葉の内部を消毒するため

（問７）次のア、イの観察結果から、どのようなことがわかりますか。最も適当なものを次の中からそれぞれ選び、記号で答えなさい。

ア 葉Ａ
イ 葉Ａと葉Ｂと葉Ｃ

（あ）葉に養分がないこと
（い）葉に日光が当たると養分ができること
（う）光合成に空気が必要であること
（え）光合成に蒸散が関係あること

（問８）次の（あ）～（か）は、分からないことを調べたり実験したりするときの手順を示しています。（あ）～（か）を正しい順番に並べなさい。

（あ）調べたことや実験の結果をかく
（い）調べたいことや実験に対する自分の予想をかく
（う）調べた結果や実験の結果をもとに考えたことをかく
（え）調べたいことや実験の目的をかく
（お）調べる方法や実験の方法をかく
（か）実験の感想やもっと調べてみたいことをかく

（問９）次のア、イはそれぞれ（問８）の（あ）～（か）のどれにあてはまりますか。最も適当なものをそれぞれ選び、記号で答えなさい。

ア 日光が当たらない葉は色が変化しなかった。
イ ジャガイモの葉をアルミニウムはくでおおう。

**５．** 次の各問いに答えなさい。割り切れない場合は、四捨五入して小数第１位まで求めなさい。

（問１）食塩 10g を水にとかして 125g の食塩水にしました。この食塩水のこさは何％ですか。

（問２）こさが 14％の食塩水が 250g あります。（問１）の食塩水と混ぜ合わせると、こさは何％になりますか。

（問３）（問２）の食塩水のこさを（問１）と同じにするためには何 g の水を足せばいいですか。

6．図1はさそり座、図2はオリオン座を示しています。さそり座の星（A）は赤くかがやく星です。

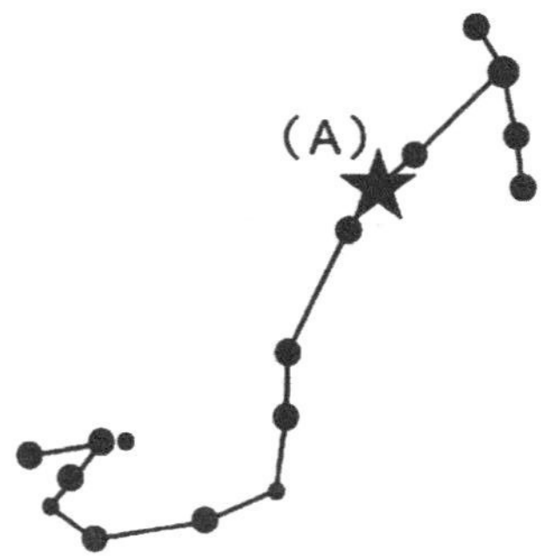


図1

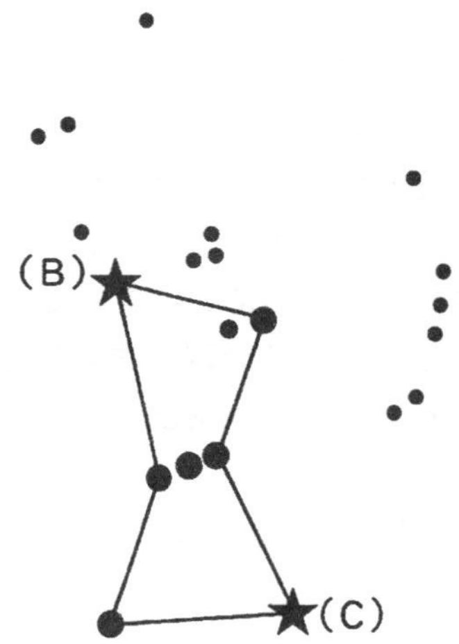


図2

（問1）図1、図2の星（A）～（C）の名前をそれぞれ答えなさい。

（問2）図2の星（B）、（C）の色として最も適当なものを次の中からそれぞれ選び、記号で答えなさい。

（あ）赤　（い）青白　（う）黄　（え）緑

（問3）星の色は星の表面の温度によって決まります。図1、図2の星（A）～（C）のうち、太陽よりも温度の高い星はどれですか。ただし、太陽は黄色くかがやく星です。

（問4）さそり座の中で星（A）はひときわ明るい星です。星の明るさは等級で表されます。地球から見える夜空で星（A）のように明るい星を何等星といいますか。次の中から選び、記号で答えなさい。

（あ）1等星　（い）3等星　（う）6等星

（問5）南の空を観察すると、オリオン座は図2のように見えました。同じ日のある時刻にオリオン座を観察すると図3のように見えました。次の各問いに答えなさい。

① 図3のオリオン座は図2と比べて「東」「西」のどちらの方角にずれて観察できますか。

② 図2と図3の時刻の関係として、最も適当なものを次の中から選び、記号で答えなさい。

（あ）図2の方がはやい

（い）図3の方がはやい

（う）同じ

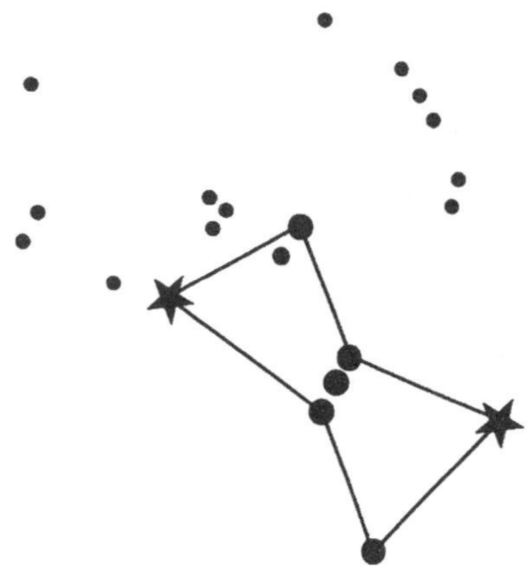

図3

7．次の各問いに答えなさい。

図1のようなスクリーンの間を移動できる縦横2cmのついたてを置いた装置を作り、光について調べました。かい中電灯で光を当てるとスクリーン1の小さな穴から光が入り、スクリーン2についたてのかげが映りました。小さな穴とついたての中心の高さはどちらも10cmです。ついたてがスクリーン1から30cmのところにあるとき、かげの大きさは縦横4cmでした。

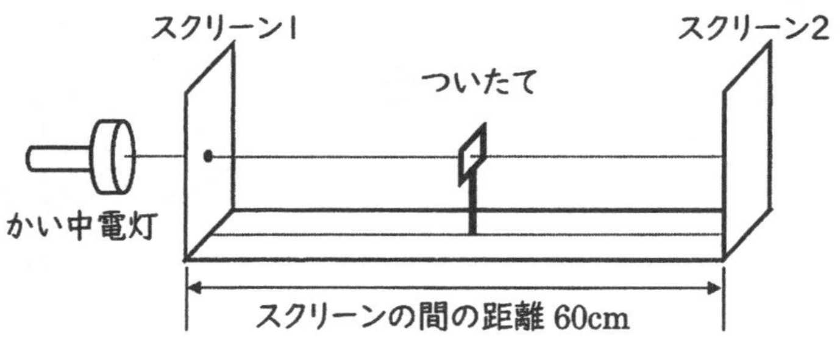


図1

（問1）ついたてをスクリーン1から遠ざけると、かげはどうなりますか。最も適当なものを次の中から選び、記号で答えなさい。

（あ）大きくなる　（い）大きくなるが、遠ざけすぎるとかげは映らない

（う）小さくなる　（え）小さくなるが、遠ざけすぎるとかげは映らない

（問2）光源をかい中電灯から太陽光に変え、ついたてをスクリーン1から30cmのところにおくと、かげはどうなりますか。最も適当なものを次の中から選び、記号で答えなさい。

（あ）縦横4cmのかげが映る　（い）縦横2cmのかげが映る　（う）かげは映らない

次に、スクリーン3を用いて光について調べました。スクリーン3にはスクリーン1の小さな穴と同じ高さに同じ大きさの2つの穴をあけてあり、穴の間かくを変えることができます。図2のようについたてをスクリーン3から30cmのところに置き、穴の間かくを1cmにしたとき、スクリーン2でどちらのかい中電灯の光も当たらない部分の大きさは縦4cm横3cmでした。

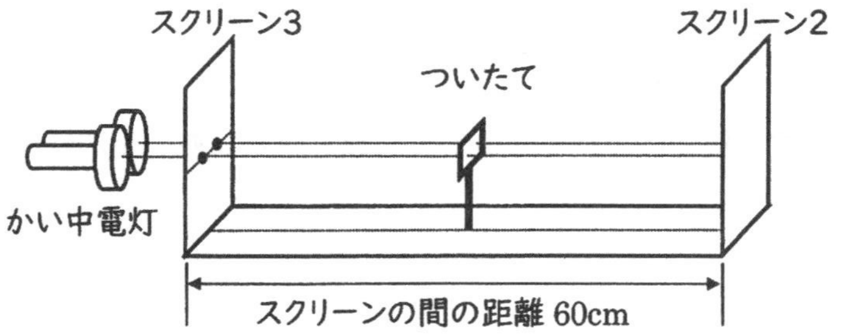


図2

（問3）スクリーン3の穴の間かくが2cmのとき、スクリーン2でどちらのかい中電灯の光も当たらない部分の大きさとして正しいものを次の中から選び、記号で答えなさい。

（あ）縦横4cm　（い）縦4cm、横2cm

（う）縦2cm、横4cm　（え）縦横2cm　（お）光が当たらない部分はない

# 2021年度　大阪女学院中学校入学試験問題　社会(本試験)

（40分）　　**解答はすべて解答用紙に記入しなさい。**

## 1　次の表を見て下の問いに答えなさい。

**日本の４大工業地帯の製造品出荷額の割合（2017年）**

| 工業地帯 | 金属 | 機械 | 化学 | 食品 | 繊維 | その他 | 総出荷額(円) |
|---|---|---|---|---|---|---|---|
| A | 20.7% | 36.9% | 17.0% | 11.0% | 1.3% | 13.1% | 33兆1478億 |
| 北九州工業地帯（地域） | 16.3% | 46.6% | 5.6% | 16.9% | 0.5% | 14.1% | 9兆8040億 |
| B | 8.9% | 49.4% | 17.7% | 11.0% | 0.4% | 12.6% | 25兆9961億 |
| C | 9.4% | 69.4% | 6.2% | 4.7% | 0.8% | 9.5% | 58兆7654億 |

（2020/21「日本国勢図会」より）

問１．上の表のA，B，Cの工業地帯の組み合わせについて正しいものを下から選び，記号で答えなさい。

| | A | B | C |
|---|---|---|---|
| ア | A.阪神工業地帯 | B.京浜工業地帯 | C.中京工業地帯 |
| イ | A.阪神工業地帯 | B.中京工業地帯 | C.京浜工業地帯 |
| ウ | A.京浜工業地帯 | B.中京工業地帯 | C.阪神工業地帯 |
| エ | A.京浜工業地帯 | B.阪神工業地帯 | C.中京工業地帯 |
| オ | A.中京工業地帯 | B.阪神工業地帯 | C.京浜工業地帯 |
| カ | A.中京工業地帯 | B.京浜工業地帯 | C.阪神工業地帯 |

問２．以下の文章は上の表の工業地帯A，B，C，北九州工業地帯（地域）について説明した文章です。それぞれ当てはまるものをA，B，C，北九州工業地帯（地域）については「D」と記号で答えなさい。

（１）江戸時代から商業が盛んであり，お金が集まっておりそれを工業に使うことができた。

（２）他の工業地帯に比べて印刷業の生産額が多いことがあげられる。

（３）1901年創業の官営八幡《やはた》製鉄所を中心として発達した。

（４）瀬戸《せと》や多治見《たじみ》など陶磁器《とうじき》の生産額が多く，よう業が盛んにおこなわれている。

問３．上の表のA，B，C，北九州工業地帯（地域），さらにその他の工業地域は日本において南関東から九州にかけて帯状に連なっているがこの一帯を何というか，答えなさい。

問４．多くの工業地帯はどのような場所に建設されていますか。「資源」という言葉を用いて答えなさい。また北九州工業地帯（地域）の場合は，どんな利点が考えられましたか，場所に注目して説明しなさい。

## 2　次の地図を見て下の問いに答えなさい。

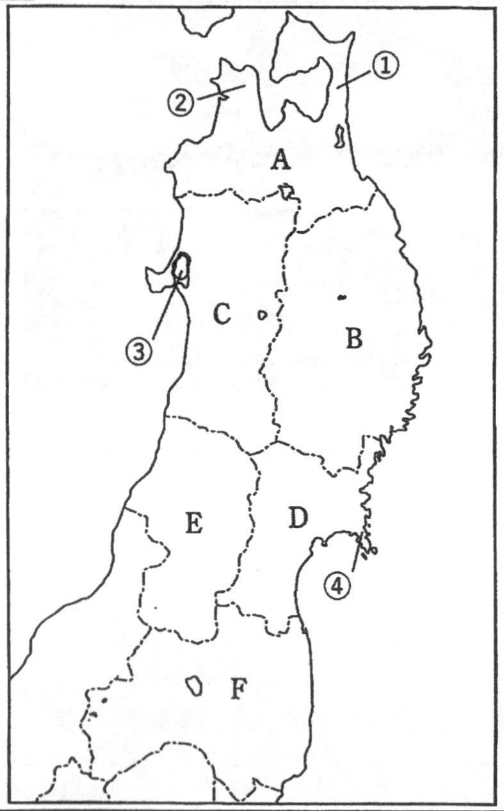


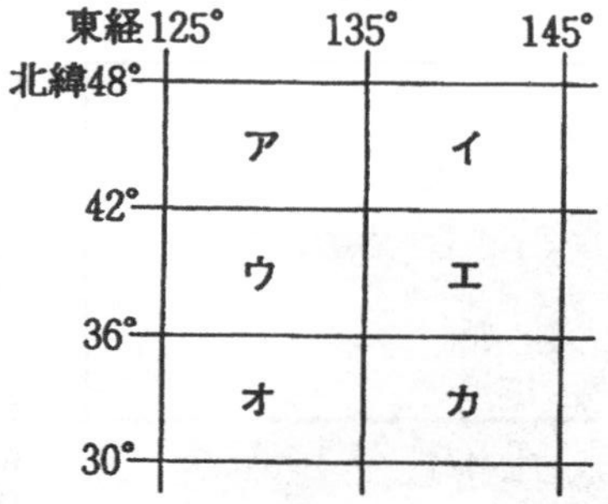


問１．地図の地域は，緯度《いど》・経度はどの辺りになりますか。上の図のア～カから選び，記号で答えなさい。

問２．下の文は地図中のどの地域の説明ですか。地図中の①～④から選び，番号で答えなさい。

「この地域にはかつて日本第二の湖がありましたが，1957年から10年間かけて干拓《かんたく》され，大型の機械を使用して大規模な稲作を行い，日本のモデル農村と呼ばれました。しかし，政府の減反政策により地域の農業はゆきづまりをみせています」

問３．地図中④周辺の松島湾《まつしまわん》では養殖《ようしょく》が盛んにおこなわれています。何の養殖が盛んにおこなわれていますか。下から選び，記号で答えなさい。

| | | | |
|---|---|---|---|
| あ．真珠《しんじゅ》 | い．くるまえび | う．わかめ | え．かき |

問４．次の（１）～（３）にあてはまる県を，地図中のA～Fの中から１つ選び，記号で答えなさい。また，その県の名前を漢字で答えなさい。

（１）この県の県庁所在地は，江戸時代に大きな城下町として発展し，行政や企業《きぎょう》など地方を管理する機関が集中する都市となっています。1989年には周辺の３市町と合併《がっぺい》して政令指定都市となりました。

（２）この県は肉牛，ブロイラー（肉用鶏《とり》）のほか乳牛の飼育も盛んで，小岩井《こいわい》農場が有名です。火山のふもとでは，地熱発電所が作られています。県庁所在地では，南部《なんぶ》鉄器が有名です。

（３）この県に流れる最上川下流の庄内《しょうない》平野は稲作が盛んにおこなわれています。この川の中流域では，おうとう（さくらんぼ）の栽培がおこなわれ，日本一の生産量をほこっています。毎年夏には，東北四大祭りの一つである花笠《はながさ》まつりが行われています。

問５．地図中の太平洋に面した海岸線は，入江が複雑に入り組んでいる地形がみられます。このような海岸地形を何といいますか。カタカナと漢字で答えなさい。

問６．地図の地域では夏の気温が日本海側より太平洋側で低くなることが多くみられます。その理由を「海流」と「風」の二つの言葉を入れて答えなさい。

**3** A～Fの建造物の写真を見て次の問いに答えなさい。

**その2**

A

B

C

D

E

F

問1．A～Fの建造物に関する説明を下から選び，記号で答えなさい。

ア．伝染病やききんが広がり世の中が混乱したため，天皇は全国に国分寺を建て仏教の力で国を守ろうと考えました。
イ．たたみや障子《しょうじ》，ふすまなどを使った日本独自の建築様式である書院造が広がりました。
ウ．日本の風土や生活に合った国風文化が生まれ，貴族たちは寝殿造《しんでんづくり》とよばれる広い屋しきに住みました。
エ．米づくりがさかんになって，集落の周りにほりをめぐらした環濠《かんごう》集落が生まれました。
オ．幕府はモンゴル人の九州北部上陸に備えて，博多湾の守りを固めました。
カ．大名たちは交通の要所に拠点《きょてん》をつくり，商人や職人の出入りを自由にし，商工業をさかんにしようとしました。

問2．Aが建てられた時代の文化の説明を下から選び，記号で答えなさい。

ア．民衆中心の文化が発達し，歌舞伎《かぶき》や浮世絵《うきよえ》がさかんになりました。
イ．茶を飲む習慣が広まり，床《とこ》の間《ま》をかざる生け花や水墨画《すいぼくが》がさかんになりました。
ウ．武士や民衆の力がのび，びわ法師が語る軍記物や力強い彫刻などがつくられました。
エ．かな文字を用いた文学作品や貴族の生活を描《えが》いた大和絵が発達しました。

問3．Bが建てられた時代に現れた武士に関する出来事について正しいもの下から選び，記号で答えなさい。

ア．源氏の棟梁《とうりょう》である源頼義《みなもとのよりよし》は朝廷から征夷大将軍《せいいたいしょうぐん》に任命されました。
イ．瀬戸内海で，伊予《いよ》国の元国司だった藤原純友《ふじわらのすみとも》が海賊を率いて反乱を起こしました。
ウ．織田信長《おだのぶなが》は鉄砲《てっぽう》を効果的に使った戦法で，武田勝頼《たけだかつより》の騎馬隊《きばたい》を破りました。
エ．国内を統一した豊臣秀吉《とよとみひでよし》は中国を征服《せいふく》しようとし，二度にわたり朝鮮《ちょうせん》に大軍を送りました。

問4．Cが建てられた時代，港町は南蛮貿易《なんばんぼうえき》で栄えました。この貿易の相手国を下から選び，記号で答えなさい。

ア．フランス・イタリア
イ．オランダ・イギリス
ウ．スペイン・ポルトガル
エ．アメリカ合衆国・ロシア

問5．Dが建てられた時代について，①この時代の文化を何といいますか　②この時代の天皇の遺品が収められている建造物を何といいますか，それぞれ答えなさい。

問6．Eの建物にはどのような工夫が何のためにされていますか。

問7．Fが建てられた時代，中国から国交を求める使者が来日しますが，日本はその求めを拒否《きょひ》しました。この時の中国王朝の名前を漢字1字で答えなさい。

問8．Fが建てられた時代の幕府は，将軍と御家人《ごけにん》を土地を仲立ちとした関係で結んでいました。これを何といいますか。

**4** 次の文章を読んで，下の問いに答えなさい。

1549年に，イエズス会の宣教師《せんきょうし》である（　１　）が鹿児島に来て，初めて日本にキリスト教を伝えました。（１）は平戸，山口などで布教を行い，２年程で日本を去りました。その後も多くの宣教師が来日して布教を行い，教会や学校，病院などを建てました。その後日本にキリスト教の信者が増え，（　２　）大名も現れました。九州の（２）大名である大友《おおとも》・（　３　）・大村《おおむら》氏は，1582年に４人の少年使節を（　４　）のもとに送りました。

織田信長は，仏教勢力を抑《おさ》えるためにキリスト教を保護し，（　５　）にセミナリオ（学校）を，京都に教会堂の建設を認めました。

豊臣秀吉は初めキリスト教を保護していましたが，（２）大名によって（　６　）が教会領に寄付されていることなどを知ると，キリスト教が国内統一のさまたげになると考え，1587年に（　ア　）を出してキリスト教宣教師の国外追放を命じました。しかし，（　７　）は許可したので，キリスト教の広まりは止まりませんでした。

徳川家康は，初め貿易による利益を考えてキリスト教の布教を許していました。しかし（２）が増え，①幕府の命令に従わなくなることをおそれたことなどから，幕府は1613年に全国に（　イ　）を出して宣教師の出入りを制限しました。その後人々が海外に行ったり海外から帰ってくることを禁止しました。

1637年に，（２）の多かった（　８　）の農民らが，厳しい年貢の取り立てと（２）への迫害《はくがい》にたえかね，一揆《いっき》を起こしました。約３万７千人の一揆勢は団結が固く，幕府は約12万人の大軍を送ってようやく平定しました。

幕府は（２）を見つけ出すために，②役人の前で人々にキリストやマリアの像をふませ，信者であるかないかを確かめました。

（８）一揆後，③幕府はさらにキリスト教を厳しく取りしまり，1639年に「ある国」の来航を禁止しました。こうしてキリスト教の禁止が徹底《てってい》され，幕府の支配力が強まりました。

問1．（１）～（８）にあてはまるものを下から選び，記号で答えなさい。

| | | | | |
|---|---|---|---|---|
| ア．島津《しまづ》 | イ．京都《きょうと》 | ウ．キリシタン | エ．博多《はかた》 | オ．イグナティウス＝ロヨラ |
| カ．長崎《ながさき》 | キ．勘合《かんごう》貿易 | ク．安土《あづち》 | ケ．大阪 | コ．フランシスコ＝ザビエル |
| サ．有馬《ありま》 | シ．ローマ法王 | ス．南蛮貿易《なんばんぼうえき》 | セ．島原《しまばら》・天草《あまくさ》 | ソ．フランス王 |

問2．（ア）にあてはまる法令の名前を，カタカナと漢字で答えなさい。
問3．（イ）にあてはまる法令の名前を，漢字３字で答えなさい。
問4．下線部①について，（　）にはどのようなことが書かれていますか，次のことばをすべて用いて答えなさい。「日本」，「政治」，「領土」。

> （前略）ここに信者の一団がたまたま日本にやってきた。彼らはただ商船を遣《つか》わして貿易するだけではなく，勝手に邪悪《じゃあく》な教えを広め神仏を惑《まど》わし，（　　　　　　　　　　　　　　　　）。これは明らかに大きな禍《わざわい》のきざしである。禁止をしないわけにはいかない。（後略）
>
> （『異国日記《いこくにっき》』より。現代語訳）

問5．下線部②を何といいますか。
問6．下線部③について，「ある国」の名前を答えなさい。

**5** 次の文章を読んで，下の問いに答えなさい。

日本国憲法では，国民が自分たちの政治を自分たちで決める権利として（　１　）権を定めています。（１）権の具体的な方法は，国会議員・地方自治体の知事・議員を（　２　）で選ぶこと，国や地方公共団体に対して苦情をのべたり（　３　）の制定の希望などを請願《せいがん》すること，（　４　）の改正を国民投票によって承認すること，（　５　）の裁判官を国民審査《しんさ》することなどです。

問1．（１）～（５）に当てはまる言葉を答えなさい。

次の会話を読んで，民主的な政治について考えてみましょう。

担任Ａ「今度の遠足の行き先について，生徒のみなさんで決めてください」
生徒Ｂ「ぼくは山へハイキングに行きたいです」
生徒Ｃ「わたしは海で潮干がりがいいです」
生徒Ｄ「ぼくは博物館に行きたいです」
担任Ａ「みなさん意見が分かれましたね。ではどうやって決めましょうか？」
生徒Ｂ「手っ取り早く多数決で決めましょう！」
生徒Ｃ「わたしも多数決に賛成です」
生徒Ｄ「ぼくはもう少しみんなと話し合いたいです」
（１０分後）
担任Ａ「みなさん，行き先は決まりましたか？」
生徒Ｂ「Ｄ君が屋外は絶対いやだと言って話し合いになりません」
生徒Ｃ「せっかく天気も良くなりそうなのに，Ｄ君がわがままを言うんです」
担任Ａ「Ｄ君がどうして屋外がいやなのか理由は聞きましたか？」
生徒Ｂ「特にたずねていません。もうめんどくさいので先生が決めてください」
生徒Ｃ「反対していても多数決で決めたらいいので，聞く必要はないと思います」
担任Ａ「Ｄ君はどうして屋外がいやなのですか？」
生徒Ｄ「ぼくはこの季節になると花粉症《かふんしょう》がひどくて，屋外がつらいからです」
担任Ａ「Ｄ君の理由を聞いて，どうしたらいいのか，みなさんで考えてください」

問2．この会話のなかで，民主的な政治の考え方とちがう部分はありますか。また，どうしたら民主的な決め方になるでしょうか。あなたの考えを書いてください。

# 二〇二一年度大阪女学院中学校前期入学試験問題　国語　解答用紙

## 一

小計

問一、二、三、九、2点×17　他、3点×12

問一　a　b　c　d　って　e　f　g　った　h

問二　1　2　3

問三　A　B　C

問四

問五

問六

問七

問八

問九　Ⅰ　Ⅱ　Ⅲ

問十　A　B

ことは、

であることに気づいたということ。

問十一

問十二　それを言葉で聞いてしまうと

しまうと思ったから。

問十三

問十四

問十五

## 二

小計

問一、二、四〜七、1点×28　他、2点×11

問一　①　②　③

問二　①　②　③

問三　①　③　②

問四　①　漢字　意味　②　漢字　意味　③　漢字　意味　④　漢字　意味

問五　①　②　③　④

問六　①　②　③　④

問七　①　a　b　②　a　b　③　a　b

問八　①　く　②　り　③　る

問九　1　2　3　4　5

受験番号

氏名

※120点満点

得点

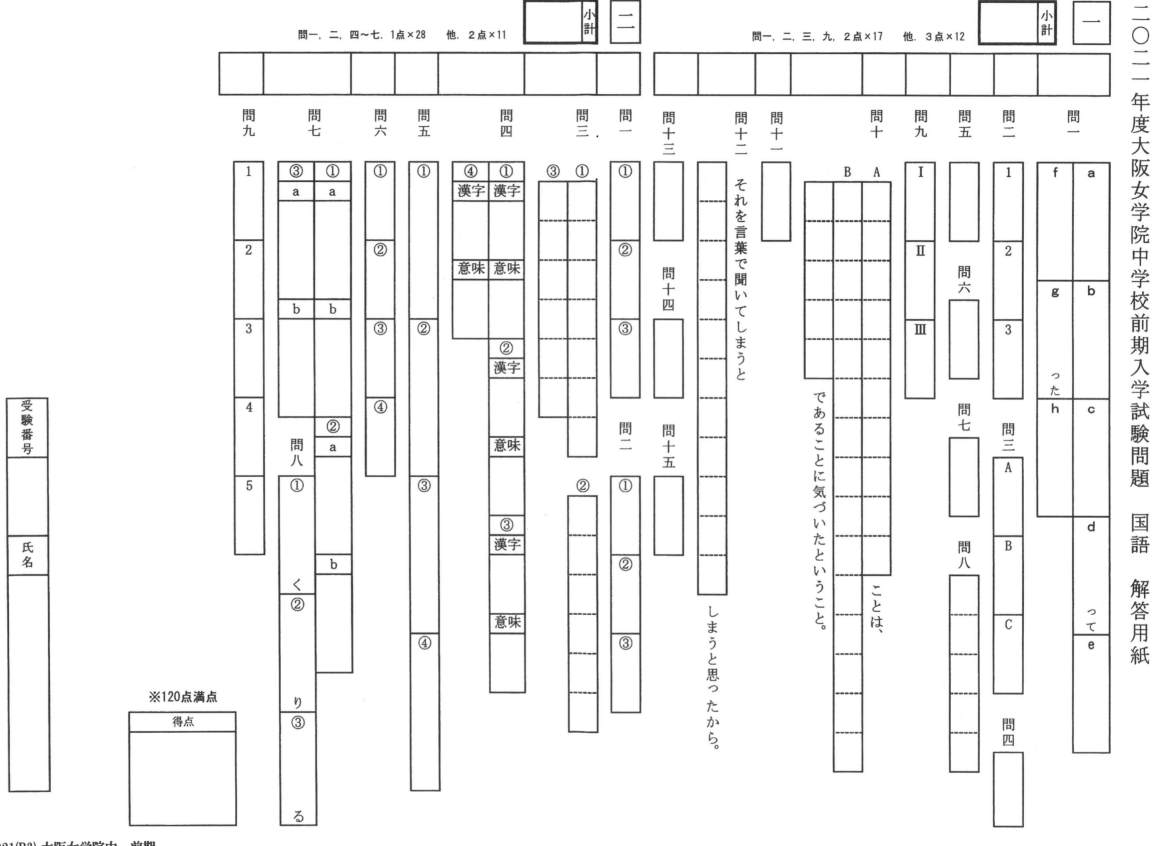

2021年度 大阪女学院中学校 前期入学試験解答用紙
「算 数」

（解答用紙には答えのみを記入し，途中の計算や式は書かないこと。）

| 受験番号 | 名 前 |
|---|---|
| | |

中 計

総 得 点

※120点満点

中 計

42-(23)
【解答用紙4-(2)】

1 （48点） 6点×8

| | 解答欄 | 得点 |
|---|---|---|
| (1) | | |
| (2) | | |
| (3) | | |
| (4) | | |
| (5) | | |
| (6) | | |
| (7) | 点 | |
| (8) | | |

小 計

小 計

2 （18点） 6点×3

| | 解答欄 | 得点 |
|---|---|---|
| (1) | 体積 $cm^3$ | |
| | 表面積 $cm^2$ | |
| (2) | cm | |

小 計

3 （18点） 6点×3

| | 解答欄 | 得点 |
|---|---|---|
| (1) | L | |
| (2) | cm | |
| (3) | cm | |

小 計

4 （18点） (1)，(2)6点×2 (3)完答6点

| | 解答欄 | 得点 |
|---|---|---|
| (1) | 分 秒後 | |
| (2) | m | |
| (3) | さんが | |
| | 分 秒先に着く | |

小 計

5 （18点） (1)2点×6 (2)6点

| | | 解答欄 | 得点 |
|---|---|---|---|
| (1) | あ | | |
| | い | | |
| | う | | |
| | え | | |
| | お | | |
| | か | | |
| (2) | | | |

小 計

# ２０２１年度　大阪女学院中学校
# 入試解答用紙　「理　科」

| 受験番号 | 氏　名 |
|---|---|
| | |

総計

※80点満点

1 （問１）　（問２）①　②　③　④　⑤　⑥　⑦

（問３）　（問４）（あ）　（い）　（問５）

（問６）

小計① 13点

2 （問１）　（問２）　（問３）　（問４）

小計② 12点

3 （問１）と　（問２）　（問３）と

小計③ 9点

4 （問１）　（問２）　（問３）

中計①

中計②

（問４）　（問５）　（問６）　（問７）ア　イ

（問８）→　→　→　→　→　（問９）ア　イ

小計④ 11点

5 （問１）%　（問２）%　（問３）g

小計⑤ 10点

6 （問１）（A）　（B）　（C）

（問２）（B）　（C）　（問３）　（問４）

（問５）①　②

小計⑥ 16点

7 （問１）　（問２）　（問３）

小計⑦ 9点



2021(R3) 大阪女学院中　前期
K 教英出版

２０２１年度　大阪女学院中学校入学試験解答用紙
「　社　　会　」（本試験）

| 受験番号 | 氏名 |
|---|---|
| | |

※80点満点

| 総計 | |
|---|---|

| 小計 | 中計 |
|---|---|

**1**

問１　問２　（１）　（２）　（３）　（４）

問３

問４　場所

利点

問１．２点
問２．１点×４
問３．２点
問４．２点×２

**2**

問１　問２　問３　問４　（１）　県

（２）　県　（３）　県　問５

問６

問１～５．１点×10
問６．３点

**3**

問１　A　B　C　D　E　F

問２　問３　問４　問５　①　②

問６

問７　問８

問１～４．１点×９　問５．２点×２
問６．４点　問７．１点　問８．２点

**4**

問１　（１）　（２）　（３）　（４）　（５）

（６）　（７）　（８）

問２　問３

問４

問５　問６

問１．１点×８　問２，３．２点×２
問４．４点　問５，６．２点×２

**5**

問１　（１）　（２）　（３）

（４）　（５）

問２

問１．２点×５　問２．５点

42-(27)
【解答用紙4-(4)】

# 二〇二一年度大阪女学院中学校入学試験問題　後期日程

## 国　語（50分）

※出題の都合上、本文の省略と表記の変更《へんこう》があります。
※字数制限のある問いはすべて、句読点等も一字とします。

一

あらすじを読んでから、あとの文章を読み、各問いに答えなさい。

《あらすじ》わたし（入江《いりえ》）は出版社で著者《ちょしゃ》が書いた文章に間違《まちが》いがないかをチェックする校閲《こうえつ》の仕事をしている。ある日かつての先輩《せんぱい》から、大手出版社が「アルバイトの校閲者」を探《さが》していると知らされ、引き受ける。
一年後、その出版社の校閲者で、外部窓口担当《まどぐちたんとう》の石川聖から「個人で仕事を請《う》け負《お》うフリーランスでやるのもありかもしれない。」と話しかけられ、その魅力《みりょく》と不安に揺《ゆ》れ始める。

「当然だけどうちの会社は本を作らない月なんてないし、もちろん今わたしがすべての約束なんてできないけれど、局長もあなたの仕事をほんとうに高く評価してるし、もっと受けてもらえると助かるのにって、よく話しているのよ。ほんとうよ、これ。だから、あなたがもしもフリーになって、やってもらえるゲラ[注1]が増えるんだとしたら、こちらとしても本当にありがたい話であるのは事実なのよ」と聖は言った。

「そうなの」わたしはすこし驚《おどろ》いて、聖の顔をみた。

「そうよ」と聖はわたしの不安を押《お》しのけるように、すこしおおきな声で言った。

そうなの、とわたしはもう一度言ってからため息をひとつついてしまうと、①顔が自然にゆるんで今度はふつうに笑うことができた。

「わたしはね、信頼《しんらい》できる仕事をする人がすきなの」しばらくして、聖が言った。

「信頼？」

「そう。信頼」そう言うと聖はうれしそうな顔をして笑った。

「それはね、信用っていうのとはまたちょっと違っていて――なんていうのかな、読んで字のごとく、まあ、頼《たよ》れるところがある、ってことなんだけど」

わたしは肯《うなず》いた。

「信用っていうのは、信用貸しとかいう言葉もあるくらいでさ、この人とは[a]リガイが一致《いっち》するなと思ったら――つまり、人って一方的に信用したりしなかったりすることができるじゃない。だからそこには相手がいない感じがするのよね。つまりいったん信用したとしても、何かのちょっとした加減で、そんなのいつでも信用できなくなることもできるっていうか」

「うん」

「その意味では、信用なんてたいしたことじゃないのよ。ちょっとした都合や風向きで簡単《かんたん》になかったことにできるものなのよ。でもね、信頼っていうのはわたしにとってそうじゃないのよ。②信用と信頼は、違うの。信頼したぶん、わたしも相手に、何かをちゃんと手渡《てわた》しているって、そういうふうに感じるの」

聖はそう言いながら耳のうしろを掻《か》いた。

「そして、ひとたびその相手を信頼したら、その信頼は消えることはないのよ」

わたしは黙《だま》ったまま聖の言葉に肯いた。

「そういうものなの。それでね、わたしが信頼するのは、すきとか恋愛《れんあい》とか、愛とか――そういうところから出発するようなものじゃなくて、まずその人の仕事にたいする姿勢《しせい》であるってことなの」

「仕事の姿勢？」わたしはききかえした。

「そう。姿勢。③仕事にたいする姿勢よ。そこにはね、その人のぜんぶがあらわれるんだって、そんなふうにわたしは思ってるところがあるのよ」

「それは、真面目《まじめ》さとか、……そういうの？」とわたしはきいてみた。

「そうね」と聖はちょっと考えるようにしてすこしのあいだ天井《てんじょう》のほうをみつめてから、何度か肯いた。「平たく言えば、そういうことかも知れない。仕事ってね、それが[b]カジでも、スーパーのレジ打ちでも、たとえば[注2]デイトレードでも肉体労働でもな

んでもいいの。種類でもなければ、結果を出すとか出さないとか、そういうものでもないの。結果なんて運もあるし、そんなものいくらでも変わるもの。他人なんていくらだってA言いくるめることはできるし、ごまかすことだってできるしね。でも、自分にだけは嘘《うそ》はつけないもの。自分の人生において仕事というものをどんなふうにとらえていて、それにたいしてどれだけ敬意《けいい》をはらって、そして努力しているか。あるいは、したか。わたしが信頼するのはそんなふうに自分の仕事とむきあっている人なのよ。——こう言っちゃうと④なんだかまるきりの注3時代錯誤《じだいさくご》の馬鹿《ばか》みたいなんだけど、わたしはそう思ってるところがあるのよ」

「それは」わたしは何度か肯いて言った。

「そういうのは、どこでわかるの」

「そんなの、ちょっと付きあって、話して、仕事をみれば一発でわかるわよ」と聖はにっこり笑って言った。

「わかるの」

「わかるわよ」と聖は唇《くちびる》のはしっこを両方にくっとあげて、当然というような顔でわたしをみた。

「そして、わたしはそういう人のことだけをすきになるの」聖はにっこりと笑って話をつづけた。「そして、そういう人に向けられたすきという自分の気持ちを、わたしは信頼してるところがあるの。だから、すきとか愛とか——まあ愛というもののことについてはあまり考えたことがないけれど、最終的に残るのはそんなふうにいつか変質したり単純《たんじゅん》に消滅《しょうめつ》したりしてしまうようなものじゃなくて、やはり信頼なのよ」

そう言うと、聖はわたしをじっとみつめた。

「それで、わたしはあなたを信頼しているの」

「わたしを？」わたしは驚いて言った。

「そうよ」と聖は驚いたわたしをみて（　X　）をおおきくみひらき、なんで驚くのよと言って笑った。わたしはどこをみていいのかわからなくなってうつむき、しばらく聖の顔をみることができなかった。

「あなたの仕事への姿勢を信頼しているの。つまり、あなたを信頼しているの。……なんだかややこしくって申《もう》し訳《わけ》ないんだけど。わたしにとって、これ以上大事な基準ってないのよ」聖は笑うと（　Y　）をすくめてみせた。わたしは聖の顔をみて、それから、ありがとう、と小さく言った。

「……わたしたちの仕事ってさ、どんなにどんなにやりつくしても、どこまでみても、ぜったいに間違いを見落とすつくりになってるじゃない？ひとつのゲラを数人で何度も何度も何日もかけて、これ以上は読めませんってところまで読んでさ、どれだけやったとしても、注4誤植《ごしょく》のない本なんて存在《そんざい》しないわけじゃない？」

「そうだね」わたしは答えた。それはほんとうにそうだった。

「かならず、かならず、間違いはみつかるじゃない？」

「うん」

「だから、その意味で完全な本なんて存在しないし完全な仕事なんていうのも存在しないのよ。［　I　］本が出て、誤植でもなんでも、B一年間は明るみに出なくても、数年たってからふとひらいたらそこに間違いがあったなんて、ほんとうによくある話だもの。そういうときって、ほんとうにもう、——何もかもに置き去りにされたみたいにがっくりくるじゃない」

「くる」

「あれだけみたのよ、ほんとなのよ！って、もうあれ、ほんとにがっくりくるじゃない」聖はちからをこめて言った。

「ほんとに、くる」わたしもちからをこめて言った。

「誤植のない本は［　II　］存在しないって、経験上どれだけ頭ではわかっていても、それでもわたしたちは完全な本をc目指さなきゃいけないじゃない？間違いのない完全な本を。それは⑤最初から負けることが決まってる戦いなのかもしれないけれど、でもやるしかないじゃない？」

わたしは肯いた。

「わたしたちは、ないところから何かを作り出すことはできないけれど、でもすごく大事な仕事をしている。わたしは文学とか小説とか批評《ひひょう》とか、そういうむずかしいことは何もわからないけれど、でも自分の仕事に誇《ほこ》りをもってる。……なんて言っていいかわからないけど——そこには何かがあるのよ。大事な何かが、あなたにも、それに似たようなものを感じるの」

聖は唇をあわせたままじっとして動かず、しばらく何かを考えているみたいだった。

「わたしはね、そこにぐっとくるの。ほんとにぐっとくるのよ」

しばらくわたしたちは黙ったまま、それぞれの飲み物を飲んだ。隣《となり》の席に座《すわ》っていたdネンパイの女性グループがとつぜんおおきな声でどんと笑いだしたので、ふたりとも体が椅子《いす》から浮《う》くほどに驚き、それからわたしたちも顔をみあわせて笑った。

「——部長にそれとなく話してみるよ。入江さんがフリーでやるのにすこし興味を持ってるって。状況《じょうきょう》もチェックしておく。

でもほんとにこっちも助かるのよ、もし全面的にうちのゲラを受けてくれるようになったら。しつこいけど、ほんとうにその話をよくするから」

聖は腕時計《うでどけい》に目をやると、そろそろもどらなきゃと言ってテーブルの上に置いていた携帯《けいたい》電話とハンカチとeテチョウを鞄《かばん》にもどしてから、指さきでfデンピョウをさっと取り、しめきりが近づいたらまた電話するよと言ってから鞄をもっていないほうの手をひらひらとふって、店からでていった。

そうしてわたしは、会社を辞《や》めてフリーランスの校閲者になることを決めた。このタイミングで抜《ぬ》けられるのは困《こま》るよと上司に言われて何度かCひるみそうになったけれど、契約《けいやく》上の都合も引き受けている仕事のDきりもよかったし、理由をはっきりとは言わなかったけれど、わたしは上司と何度か話しあって辞めたい気持ちをなんとか伝えることができた。

机《つくえ》を整理して、事務的な手つづきを終えて挨拶《あいさつ》すべき人に挨拶をし、階段《かいだん》を降《お》りて建物から出てしまうといきなり肩《かた》の力が抜《ぬ》けてしまって、思わずぐらりと視界《しかい》がゆれた。紙袋《かみぶくろ》ふたつぶんの荷物を足もとに置いて、背筋《せすじ》をのばしておおきく息を吐《は》き、それから、胸《むね》が痛《いた》くなるほどいっぱいに空気を吸《す》い込《こ》んだ。それを数回繰《く》り返《かえ》すと、これまでに味わったことのないようなすがすがしさが肺《はい》のなかでゆっくりと膨《ふく》らんで、自分の体のやわらかな部分が内側から外へ向かってじわじわと押《お》し広《ひろ》げられていくようなそんな感覚にg満たされた。⑥いつもと変わりない車の行き来や植《う》え込みの葉っぱの緑や、空気そのものが、いつもより少しだけ鮮明《せんめい》にみえるような、そんな気がした。

（川上未映子『すべて真夜中の恋人《こいびと》たち』講談社文庫）

注1　ゲラ　　　　…　著者が書いた原稿《げんこう》を編集者がチェックして実際の本に文章を落とし込んだもの。
注2　デイトレード…　金融《きんゆう》商品の売買を一日で完結させる取引スタイルのこと。
注3　時代錯誤　　…　時代に合わないこと。
注4　誤植　　　　…　印刷物で、文字・記号などに誤《あやま》りのあること。

問一　〰〰〰 a～gのカタカナを漢字に直し、漢字は読みかたを書きなさい。

問二　―――①からわかる「わたし」の心情として最も適当なものを次の中から選んで、記号で答えなさい。

ア　幸福感　　イ　疲労《ひろう》感　　ウ　安心感　　エ　緊張《きんちょう》感

問三　═══ A～Dのここでの意味として最も適当なものを次の中から選んで、それぞれ記号で答えなさい。

A「言いくるめる」
ア　うまく言《い》い訳《わけ》をして、自分の責任ではなかったことにしようとすること。
イ　言葉たくみに話して、疑《うたが》いをもつ相手をこちらの意見に従《したが》わせること。
ウ　立場が下の者が上の者に説明をして、理解し認《みと》めるようお願いをすること。
エ　ありふれた言葉で安心させて、信用してもらえるように取り入ろうとすること。

B「明るみに出なくても」
ア　身内や友人にばれなくても　　イ　証拠《しょうこ》をにぎらなくても
ウ　自分の思い通りに動かなくても　　エ　公《おおやけ》にならなくても

C「ひるみそうに」
ア　鳥肌《とりはだ》がたちそうに　　イ　自信満々に戦いそうに
ウ　あおって怒《おこ》らせそうに　　エ　恐《おそ》れて気力をなくしそうに

D「きりもよかった」
ア　区切りもよかった　　イ　まとめ方も上手だった
ウ　うまくいきそうだった　　エ　成り行きにまかせたかった

問四　―――②とありますが、聖の考える「信用」、「信頼」とはそれぞれどのようなものかを三十字程度で説明しなさい。
ただし本文中の言葉を用いて、解答らんに続く形でそれぞれ答えること。

問五 ―――③と同じ内容をあらわしている一続きの二文を本文中の「聖のことば」からぬき出し、初めの五字を答えなさい。

問六 ―――④に表れている聖の気持ちとして最も適当なものを次の中から選んで、記号で答えなさい。

ア 仕事に向き合う自分の姿勢をむりやりにでも貫《つらぬ》き通そうとする頑固《がんこ》さを、心のどこかでは情けないと思っている。

イ 丁寧《ていねい》に仕事をすることは必要だと思うが効率《こうりつ》のよい働き方を優先する自分を、心のどこかではずる賢《がしこ》いと思っている。

ウ 時代に合わないと思いながらも自分のやり方にこだわり続けていることに、心のどこかではむなしさを感じている。

エ 種類や結果ではなく地道に仕事をしているかという点を大切にしている自分に、心のどこかでは誇《ほこ》りを感じている。

問七 （　　）X・Yにあてはまる体の一部を、それぞれひらがなで答えなさい。

問八 □ I・IIにあてはまることばを次の中から選んで、それぞれ記号で答えなさい。（同じ記号は二度使わないこと。）

ア ぜったいに　イ まるで　ウ あまり　エ たとえ

問九 ―――⑤とありますが、具体的にはどのようなことを指していますか。解答らんに続く形で十字以内で答えなさい。

問十 ―――⑥とありますが、「いつもより少しだけ鮮明にみえ」たのはなぜですか。この時の「わたし」の気持ちとして、最も適当なものを次の中から選んで、記号で答えなさい。

ア 会社に属して生きてきた日々に別れを告げて、一人で仕事をするのだと思うと少し淋《さび》しく不安になったから。

イ 今まで受け身だったが、退社をすると自分で決めたことで自信がつき、前向きで明るい気分になったから。

ウ 上司に引きとめられたことによって会社に必要とされていたことが分かり、自分の価値《かち》を再認識《さいにんしき》出来たから。

エ 退社の手つづきをすべて終えたことによって気分が解放され、希望に満ちあふれた未来を想像したから。

問十一 本文の内容に合うものはどれですか。最も適当なものを次の中から選んで、記号で答えなさい。

ア 校閲はどれほど確認しても終わりのない仕事である。しかし「わたし」は投げやりな気持ちにならずに、前向きに取り組んでいる。それに対して石川聖はそうではないので「わたし」のことを尊敬《そんけい》している。

イ 校閲は、同じことを何度も繰り返す根気のいる仕事である。しかし集中力のない「わたし」は自分には向いていないと感じて、フリーランスになることを決心できないでいる。

ウ 校閲は、新しく何かを作り出すことは出来ず、表立って評価されることもない。しかし石川聖はそこに大事な何かを感じており、「わたし」の生き方にはそれに共通するものがあると考えている。

エ 校閲は、見えないところで作品を支える仕事であるので、重要な役割《やくわり》を持っていると石川聖は考えている。そのため、いつか自分たちの仕事が世間の人々に認《みと》められることを望んでいる。

## 二

次の各問いに答えなさい。

問一 次の1～3のa・bのカタカナをそれぞれ漢字に直しなさい。

1 a 非常に腹がタつ。　b 駅前にビルがタつ。

2 a コウセイな判断をする。　b コウセイに名を残す。

3 a 地球はジテンしている。　b 決定したジテンで知らせる。

問二 次の1～3の□に共通する漢字を一つ入れて、それぞれ熟《じゅく》語《ご》を作りなさい。

1 不□　□安　政□

2 □信　□惑《わく》　□宮

3 確□　□健　□護

問三　次の文の――部のカタカナを、漢字と送りがなの形にそれぞれ直しなさい。

1　イサギヨク負けを認める。
2　彼《かれ》のアタタカイ人柄《ひとがら》にひかれる。
3　健康的で文化的な生活をイトナム。

問四　次の1～3の空らんに入る最も適当な動物の名前をそれぞれひらがなで答えなさい。

1　（　　）に豆鉄砲《まめでっぽう》　［おどろいてきょとんとしたさま］
2　借りてきた（　　）　［ふだんより大人しく、小さくなっているさま］
3　（　　）につままれる　［わけのわからぬさま］

問五　次の1～3の慣用句と同じ意味をあらわすことばをあとから選んで、それぞれ記号で答えなさい。

1　頭が切れる
2　目もくれない
3　胸《むね》をなでおろす

ア　無関心　　イ　感心　　ウ　利口　　エ　混乱《こんらん》　　オ　安心

問六　次の1～3のA・Bの関係と同じものをあとから選んで、それぞれ記号で答えなさい。

1　A　新聞－B　一部
　ア　和歌－一首　　イ　豆腐《とうふ》－一個　　ウ　映画《えいが》－一点
2　A　自由－B　自在
　ア　弱肉－強食　　イ　意気－消沈《しょうちん》　　ウ　完全－無欠
3　A　会社－B　社長
　ア　怪力《かいりき》－力士　・　イ　書店－店員　　ウ　大漁－漁師

問七　次の1～3の□が修飾《しゅうしょく》する部分を選んで、それぞれ記号で答えなさい。

1　アわたしは　イ久しぶりに　ウ京都に　［住んでいる］　エおばを　オ訪《たず》ねた。
2　アエンジンの　イ音が　［静かな］　ウ新しい　エ車が　オ最近　カ注目されて　キいる。
3　［昨夜は］　ア大型の　イ台風のため　ウ雨が　エ休むことなく　オ降《ふ》っていた。

問八　次の1～5の和歌の（　　）に入ることばとして最も適当なものをあとから選んで、それぞれ記号で答えなさい。

1　世の中よ　道こそなけれ《道はないものだなあ》　思ひ入る《思いつめて入る》　山の奥《おく》にも　（　　）ぞ鳴くなる
2　朝ぼらけ《ほのぼのと夜があけるころ》　有明の（　　）と　見るまでに　吉野《よしの》の里に　降《ふ》れる白雪
3　白露《しらつゆ》に　風のふきしく　秋の野は　つらぬきとめぬ《通してとめていない》　（　　）ぞ散りける
4　ちぎりきな《約束しましたよね》　かたみに袖《そで》を　しぼりつつ　末の松山　（　　）越《こ》さじとは
5　（　　）の音は　絶えて久しく　なりぬれど　名こそ流れて《名高い評判こそは流れて》　なほ聞こえけれ

ア　鳥　　イ　鹿《しか》　　ウ　風　　エ　滝《たき》　　オ　川　　カ　波　　キ　玉　　ク　月

# 2021年度

# 大阪女学院中学校
# 後期入学試験問題

## 「算　　数」
(50分)

1. 試験開始の合図があるまで，この問題冊子にふれてはいけません。
2. 問題は1ページ～ 6ページまで 1 ～ 5 の大問があります。
3. 解答はすべて解答用紙に記入しなさい。
4. 円周率は，3.14として答えなさい。
5. ホッチキスは，はずしてはいけません。
6. 試験中に問題冊子の印刷不鮮明，ページの落丁・乱丁及び解答用紙の汚れ等に気付いた場合は，手をあげて監督の先生に知らせなさい。

1 次の □ にあてはまる数を答えなさい。

(1) $28-21\div 7\times 3=$ □

(2) $27\div 3+(45-18\div 9)\times 2=$ □

(3) $\frac{9}{14}\times 2\frac{4}{5}-\frac{3}{10}=$ □

(4) $2\times(5.2-3.4)-0.09\times(6.3+3.7)=$ □

(5) $\left(\frac{3}{4}-\frac{1}{2}\right)\div 0.2-3.24\times\frac{1}{3}=$ □

(6) $70-(288-$ □ $)\div 5=25$

(7) Aさんはお金を2000円持っています。BさんはAさんの0.75倍のお金を持っていて，これはCさんの持っているお金の1.5倍です。Cさんが持っているお金は □ 円です。

(8) 4％の食塩水100gに □ ％の食塩水200gを加えて混ぜ合わせたら，6％の食塩水になりました。



(3) ウィルさんとミナさんは，ふしぎな計算 の整数の部分をいくつか別の整数に変えて，最初にどの数を選んでも結果が7になるような計算を作ろうと考えています。

2人の会話を読んで，空らん [あ] ～ [う] にあてはまる数や言葉を答えなさい。

また，[*A*]，[*B*] にあてはまる1けたの整数を答えなさい。

① 1～9までの整数からひとつ選ぶ
② 選んだ数に5を加える
③ ②で出てきた数を2倍する
④ ③で出てきた数から [*A*] を引く
⑤ ④で出てきた数を2で割る
⑥ ⑤で出てきた数から①で選んだ数を引く
⑦ ⑥で出てきた数を5倍する
⑧ ⑦で出てきた数に [*B*] を加える

ウィルさん「もう少しでできそうだね。あと2か所の整数が決まればいいんだけど，うまくいくかなあ。」

ミナさん　「⑤の計算をした結果が小数になると，最後の⑧まで計算した結果が7にはならないよね。⑤の計算をした結果は，必ず整数じゃないといけないね。」

ウィルさん「そうすると，④の計算をした結果は，必ず偶数だね。」

ミナさん　「じゃあ [*A*] に入る数も，偶数か奇数かだとすると必ず [あ] になるね。」

ウィルさん「それと，⑦の計算をした結果は，必ず [い] の倍数になるのがわかるね。」

ミナさん　「ということは，これに⑧で，さらに [*B*] をたして結果を7にするわけだから，⑦の計算をした結果は [う] だね。あ，そうしたら [*B*] に入る数が決まるよ。」

ウィルさん「計算を逆にたどっていくと [*A*] に入る数も決定できるね。」

5　次の①～⑧の順で数字を選んで計算をすると，最初にどの数を選んでいても同じ結果になります。

**ふしぎな計算**

① 1～9までの整数からひとつ選ぶ
② 選んだ数に3を加える
③ ②で出てきた数を2倍する
④ ③で出てきた数から4を引く
⑤ ④で出てきた数を2で割る
⑥ ⑤で出てきた数から①で選んだ数を引く
⑦ ⑥で出てきた数を2倍する
⑧ ⑦で出てきた数に1を加える

このとき，次の問いに答えなさい。

(1) ⑧まで計算した結果は，いくつになるか求めなさい。

(2) 最初にどんな数を選んでも，途中《とちゅう》から計算した結果が同じになります。計算した結果はどこから同じになりますか。①～⑧から選びなさい。

2　次の問いに答えなさい。

(1) 図のように正方形の紙を折りました。

① 三角形アの面積と斜線《しゃせん》部分の面積が等しいとき，ABの長さは何cmか求めなさい。

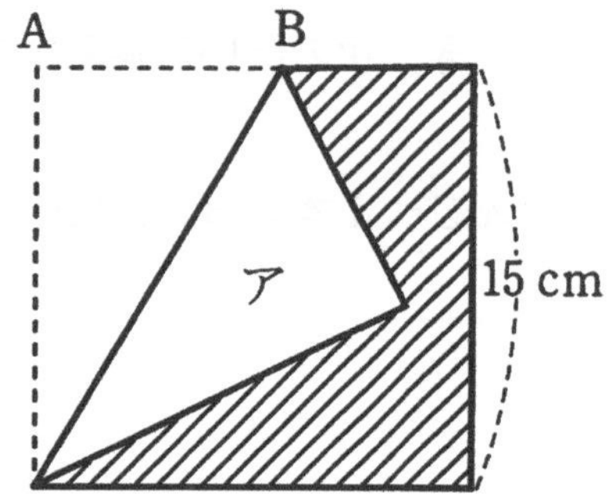


② 角イの大きさは何度か求めなさい。

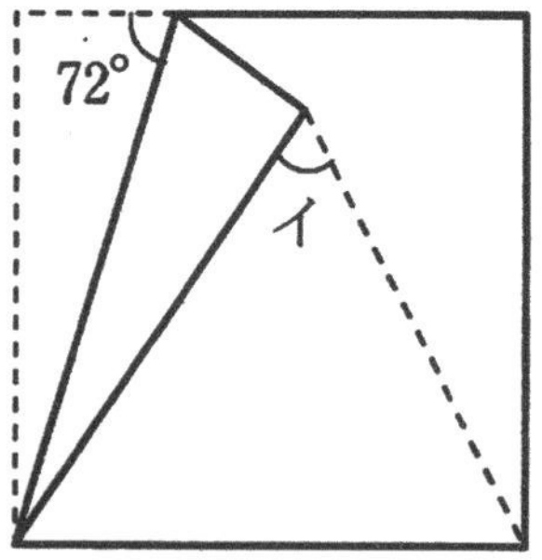


(2) 電波は，1秒間に地球7周半の距離《きょり》を進みます。地球からある静止衛星まで，電波が届くのに0.12秒かかります。地球一周の長さを40000 kmとしたとき，この静止衛星は地球から何km離《はな》れているか求めなさい。

3 同じ重さのえんぴつのたくさん入った箱と，5 gごとに目盛りのある量りがあります。えんぴつの入った箱の重さを量るとちょうど1830 gでした。箱からえんぴつを25本取り出し，残りのえんぴつが入った箱の重さを量ると，ちょうど1665 gになりました。このとき，次の問いに答えなさい。

(1) えんぴつ1本の重さは何gか求めなさい。

(2) 箱の重さがわからないとき，この箱には最初，えんぴつが最大何本入っていると考えられるか求めなさい。

(3) 箱からえんぴつをすべて取り出して，空の箱の重さを量ると85 gと90 gの間であることがわかりました。この箱には最初，えんぴつが何本入っていたか求めなさい。

4 下の図のように，高さ30 cmの3つの同じ大きさの空の水そうA, B, Cがあります。この3つの水そうに同時に水を入れ始めたとき，時間とそれぞれの水そうの水面の高さの関係はグラフのようになりました。次の問いに答えなさい。ただし，各水そうに流れ込《こ》む水の量はそれぞれ一定ですが，水そうBへ流れ込む水は，流れたり止まったりしています。

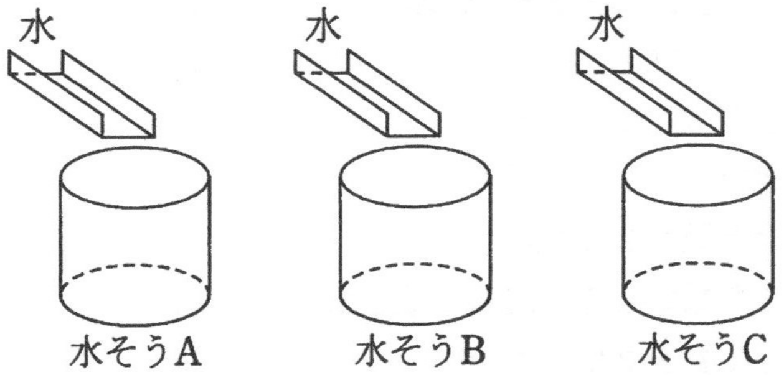


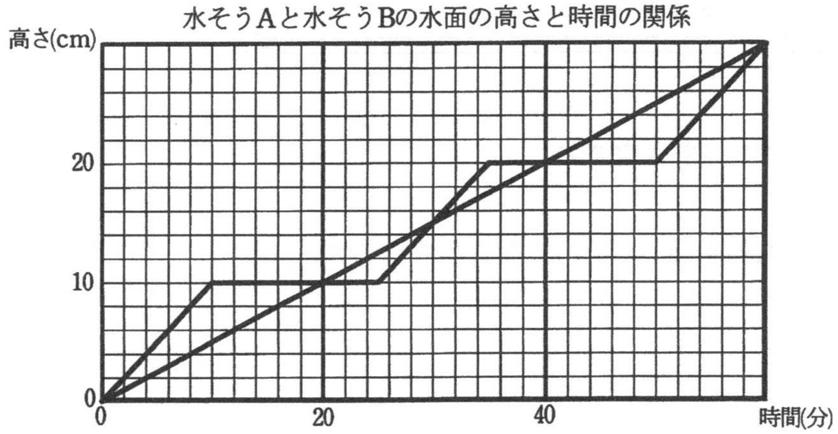


(1) 水そうBに流れ込む時の水の量は，水そうAに流れ込む水の量の何倍か求めなさい。

(2) 水そうAと水そうBの水面の高さを分数で表したときに，$\dfrac{\text{水そうAの水面の高さ}}{\text{水そうBの水面の高さ}}$ の値が最も大きくなるのは，水を入れ始めてから何分後と何分後か，求めなさい。

(3) 水そうCに流れ込む水の量は，水そうAに流れ込む水の量の4倍です。水そうCが初めて水でいっぱいになったときに，水そうCの底に穴を空け，水を一定の量で排出していったところ，3つの水そうはある瞬間《しゅんかん》で同じ高さになりました。その後，水そうAと水そうBが水でいっぱいになったところで穴をふさぎ，水の流れをすべて止めました。このとき，水そうCの水面の高さは何cmか求めなさい。ただし，水そうCの水がなくなることはありませんでした。

# 二〇二一年度大阪女学院中学校後期入学試験問題　国語　解答用紙

一

小計

問一，三．２点×11　問四．４点×２　他．３点×10

問一　a　b　c　さ　d　e　f　g　たさ

問二

問三　A　B　C　D

問四　信用は　30　もの。

信頼は　30　もの。

問五

問六

問七　X　Y

問八　Ⅰ　Ⅱ

問九　こと。

問十

問十一

二

小計

問一～三，八．２点×14　他．１点×12

問一　1　a　つ　b　つ　2　a　b　3　a　b

問二　1　2　3

問三　1　2　3

問四　1　2　3

問五　1　2　3

問六　1　2　3

問七　1　2　3

問八　1　2　3　4　5

受験番号

氏名

得点

※100点満点

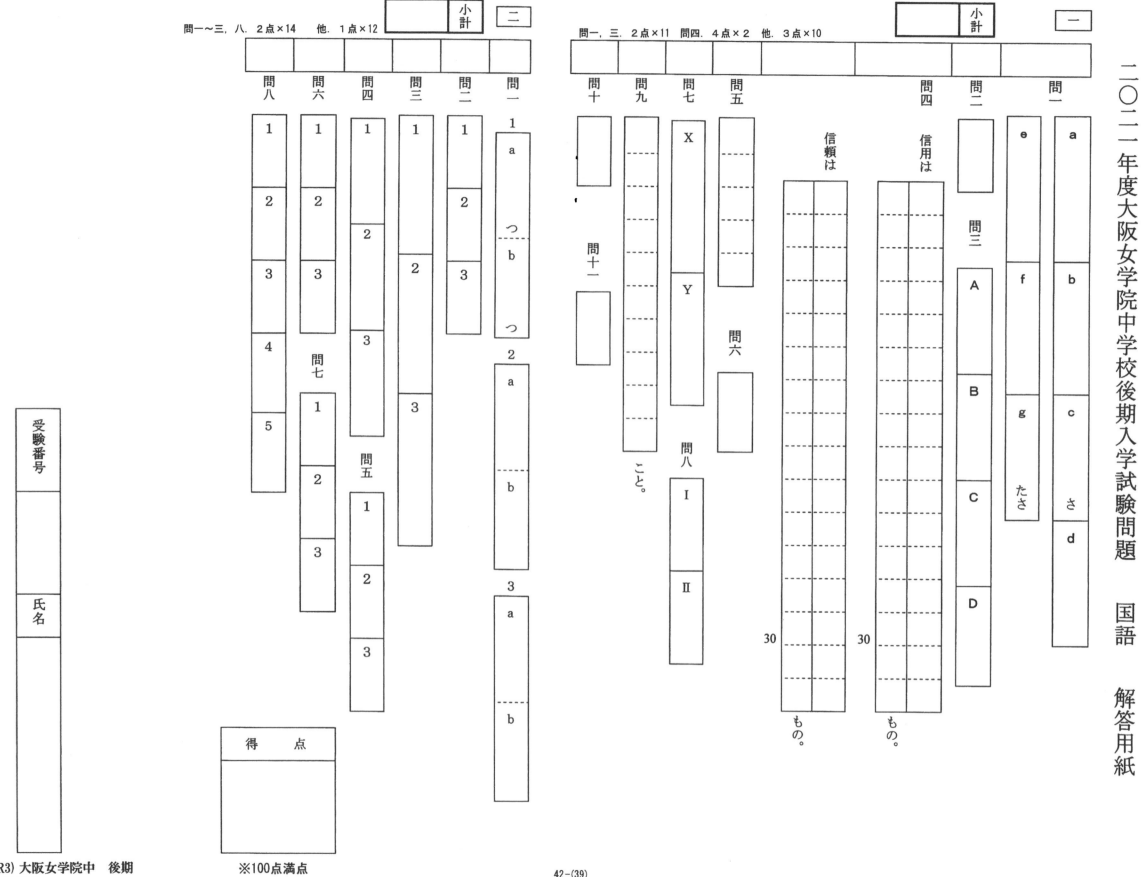

# 2021年度　大阪女学院中学校　後期入学試験解答用紙
「算　数」

（解答用紙には答えのみを記入し，途中の計算や式は書かないこと。）

| 受験番号 | 名　前 |
|---|---|
| | |

中計

総得点

※100点満点

中計

1　（40点）　5点×8

| | 解答欄 | 得点 |
|---|---|---|
| (1) | | |
| (2) | | |
| (3) | | |
| (4) | | |
| (5) | | |
| (6) | | |
| (7) | 円 | |
| (8) | % | |

小計

2　（15点）　5点×3

| | | 解答欄 | 得点 |
|---|---|---|---|
| (1) | ① | cm | |
| | ② | 度 | |
| (2) | | km | |

小計

3　（14点）　(1)4点　(2)，(3)5点×2

| | 解答欄 | 得点 |
|---|---|---|
| (1) | g | |
| (2) | 本 | |
| (3) | 本 | |

小計

4　（13点）　(1)4点　(2)完答4点　(3)5点

| | 解答欄 | 得点 |
|---|---|---|
| (1) | 倍 | |
| (2) | 分後 | |
| | 分後 | |
| (3) | cm | |

小計

5　（18点）　(1)，(2)．4点×2　(3)．2点×5

| | | 解答欄 | 得点 |
|---|---|---|---|
| (1) | | | |
| (2) | | | |
| (3) | あ | | |
| | い | | |
| | う | | |
| | A | | |
| | B | | |

小計



2021(R3) 大阪女学院中　後期
K 教英出版

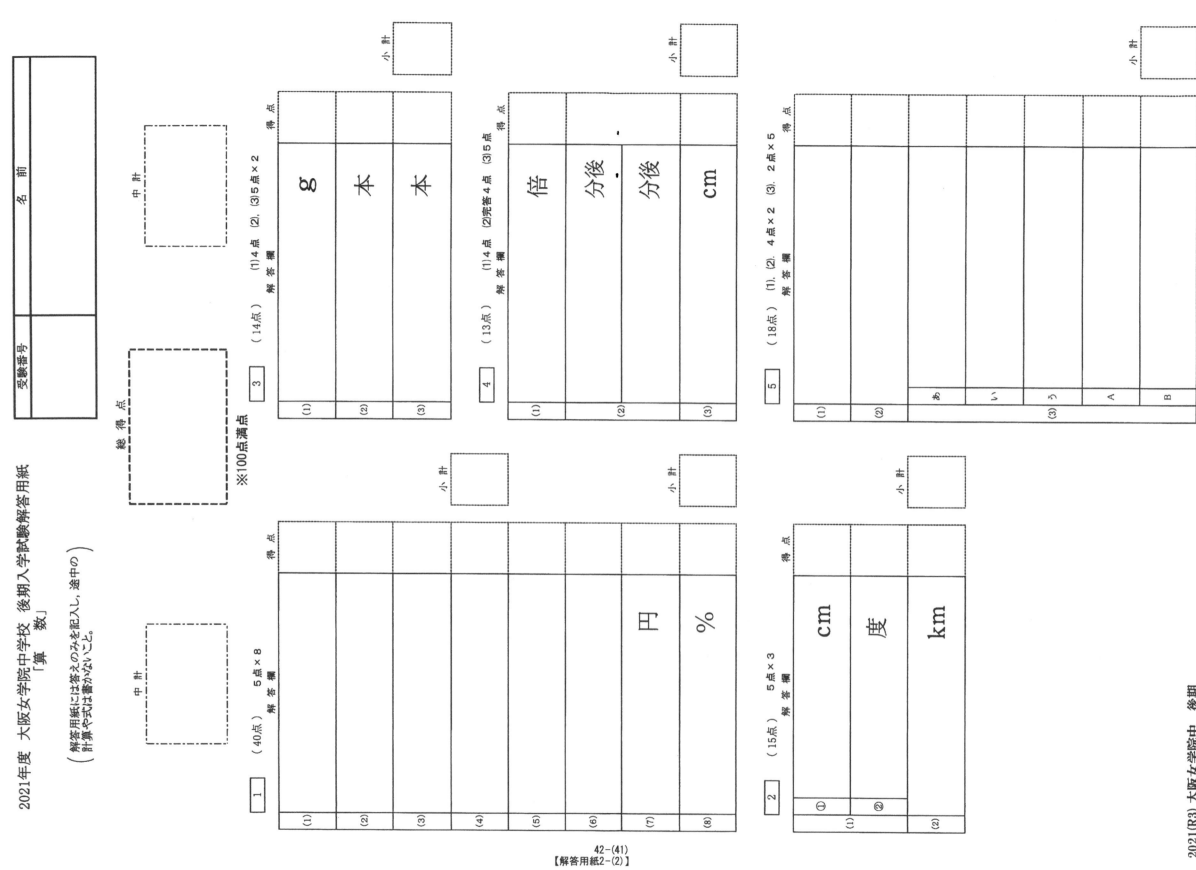

# 国語（50分）

※出題の都合上、本文の省略と表記の変更《へんこう》があります。
※字数制限のある問いはすべて、句読点等も一字とします。

## 一　次の文章を読んで、あとの問いに答えなさい。

**A**　夏休みの間、俺《おれ》は外にぶらりと出た時、五線譜《ごせんふ》を持って行き、聞こえた音を音符《おんぷ》にした。画家がスケッチをするようなものだけど、たぶん、そんな奴《やつ》は［1］いない。世界がどんな音で成り立っているのか――そりゃ大げさだ。身のまわりに、どんな音が鳴っているのか。実に雑多だ。絵のスケッチは、何を描《えが》いても、それなりに作品になるだろうが、①音のスケッチは、まあ、雑音だ。［2］バラバラ、ゴチャゴチャ、ガチャガチャ。

その雑音の中から、何か曲らしきものを作ろうとしてみる。何かは、できる。でも、元のスケッチした町の音と、曲らしきものは、ぜんぜん関係がなくなっている。曲らしきものは、俺がそれまでに聴《き》いたことのある何かのメロディに[a]ニている。才能ねえなと思う。でも、［3］、曲を作りたいってわけでもないんだ。自分の曲を。自己表現の欲求じゃないんだ。ただ、おおざっぱに世界を探《さぐ》っている感じ。探している感じ。

②俺は、本当に信じられるものがない。

こんなこと、馬鹿《ばか》らしくて誰《だれ》にも言えないけど。

たまに、気分が落ちこんだ時、すごく[b]ムカンカクになることがある。だって、本当に本当に本当に確かなことなんて、この世にあるのか？　こうして生きている俺、俺の肉体、俺の精神、俺が手を触《ふ》れられるもの、五感で感じ取れるもの、これら、すべてが、なぜ、確かに実在すると[c]ショウメイできる？

精子と卵子の結合は理解できても、生物の進化は認められても、そもそも、そもそもの始まりのことは、誰も知らない。[注1]素粒子《そりゅうし》レベルまで分解しても、宇宙の果てまで広げても、俺の頭は[d]カンタンに行き止まりだ。神がすべてを作ったのだと思わなければ、何もわからない。

今、俺は本当に生きているのか？　俺は誰かが見ている夢か何かじゃないのか？　俺の日々は、何かわけのわからない巨人《きょじん》族のボード・ゲームか何かじゃないのか？　何も信じられなくてあたりまえだ。でも、信じたフリをしないと、とりあえず生きていけない。夢でも、ゲームでも非現実でも嘘《うそ》でも冗談《じょうだん》でも、時は過ぎて明日が今日になって訪れるから、人間は活動しなければならない。

つまらないよな。面倒臭《めんどうくさ》いよな。どうでもよくないか？　すべてが――と時々思う。

何も信じられないのだが、信じたフリをできるものが一つだけある。

音――だ。

俺の耳に聞こえてくる音。その音を記号として定めたもの。長さと高さを定めたもの。五線譜に[e]記せるもの。そういう音を並べて作った音楽というもの。

ああ、なんて、うるさいんだ、この歩道橋の音は。

でも、俺は、これを音楽にしたいんだ。

この歩道橋の音を、曲にしたい。

毎回、違《ちが》うんだけどね、でも、共通項《こう》はあるような気がする。

**B**　五線譜をカバンから取り出そうとした時、ゴーンゴーンという鈍いゆっくりした音が耳についた。歩道橋を上ってくるおじいさんの杖《つえ》の音だ。年は、七十代くらいか。片手は手摺《てす》りに、片手は松葉杖に。足が悪いのだろうな。それも、半端《はんぱ》でなく悪そうだ。一段一段をまるで這《は》い上がるように、とてつもなくゆっくりと上ってくる。背中を丸め、顔に汗《あせ》がにじんでいる。もうしばらく歩くと横断歩道があるのに、なぜ、わざわざ、歩道橋をと俺は疑問に思った。知らないのかもしれない。教えたほうがいいかもしれない。降りるのだって大変そうだ。

急いで階段を降りて、老人に近づき、横断歩道のことを言った。その人は、[ア]まるで、イヤなものでも見るかのように俺を眺《なが》めた。そう、毛虫かゴキブリに遭遇《そうぐう》したかのように。そして、無視した。次の段にむかって、全身の力をふりしぼっていく。見ているほうも汗が出そうな苦しそうな[f]ドウサだ。

この人は耳が聞こえないのだろうか。それとも、この歩道橋の階段を上ることに、[g]コジン的に避《さ》けられない意味でもあるのか。

半袖《はんそで》のベージュのシャツ、グレーのズボン、痩《や》せて、いかにも筋肉のなさそうな身体、普通《ふつう》のじいさんだ。金持ちにも貧乏《びんぼう》にも[2]見えない……。

俺は、ただ、あきれて見ていた。すると、じいさんは、さっきより、さらに[イ]険悪な目で俺をにらんだ。

「面白《おもしろ》いのか？」

はっきりした高い声で尋《たず》ねた。

「（　　A　　）」

「面白くないですよ。だから、下から行くようにって言いに来たんでしょうが」

と俺は言い返した。

「（　　B　　）」

じいさんは怒鳴《どな》った。

「（　　C　　）」

「なんでわざわざ上るんです？」

俺は尋ねた。

「（　　D　　）」

じいさんは答えた。

確かに、関係ない。この人が、どんな人生を送ってきたのか、なぜ、足を悪くしたのか、なぜ、こんなにひねくれた[h]タイドをとるのか、なぜ、歩道橋を上るのか、何もわからないし、確かに関係ない。

関係はないのだけど、見ているのはつらかった。なぜ、つらいのだろう。放っておけばいい。こんなひねくれじじいは。膝《ひざ》を痛めているウチのばあさんのことでも思い出すのか。脳卒中《そっちゅう》で片足が麻痺《まひ》した教会の山口さんのことでも思い出すのか。

「なんで、見るんだ？」

じいさんにまた聞かれて、俺は[ウ]意地になってきた。

「リハビリですか？」

山口さんのことが頭に浮《う》かんだので聞いてみた。

じいさんは、相変わらず鋭《するど》い目でにらんでいる。そして、一言きっぱりと言った。

「挑戦《ちょうせん》だ」

その言葉は、なぜか、すっと頭に収まった。

③挑戦。

「わかりました」

俺は言った。

それが、なんであれ、この人が一人でやることで、やりたいことで、やらなければならないことだと理解ができた。この人の気が違っていようが、何が間違っていようが、行動が無意味であろうが、害であろうが。

俺はじいさんに背を向けると、早足で階段を上り、歩道橋を渡《わた》って降りて、駅まで走るように歩いた。

なぜか、すっきりした気分になっていた。

この世が、夢でも幻《まぼろし》でも砂漠《さばく》のように荒涼《こうりょう》として空《むな》しくても、あのじいさんはサボテンよろしくトゲをはやしてしぶとく実在している。あいつが実在する世界には、何か意味があるかもしれない。

クソじじいめ。

④俺も、あんなじいさんになってやる。

家に帰ってから、クソじじいの曲を作った。

足の悪い老人が、鈍い杖の音を響《ひび》かせて、這うように歩道橋の階段を上っていく――そんな音。なんて陰惨《いんさん》な音階。グロテスクなリズム。違う。もっと、勇猛《ゆうもう》であるべきだ。もっと、悲壮《ひそう》なのだ。もっと、滑稽《こっけい》でもある。どんな音符を並べれば、そんな曲になるんだ。

祖母が夕食だと呼びにきても、俺はまだピアノに向かって、曲作りをしていた。先に食べていて、終わったら行くから、そう言って、続けて、とにかく何かができた時は、もう日付が変わるような時間になっていた。

（佐藤《さとう》多佳子《たかこ》『聖夜』文春文庫刊）

注1　素粒子…　物質を作っている基礎《きそ》となる細かい粒子

A について

問一 ～～～a～eのカタカナを漢字に直し、漢字は読み方を答えなさい。

問二 ――①とありますが、「俺」は「音のスケッチ」によってどのようなことをしていると言っていますか。本文中から十五字以内でぬき出しなさい。

問三 本文の[　]1～3に入る適当なことばを次の中から選んで、それぞれ記号で答えなさい。

ア もっと　イ めったに　ウ 別に　エ てんで　オ やっと

問四 ――②とありますが、「俺」はどのようなことが信じられないと言っていますか。次の中から適当なものをすべて選んで、記号で答えなさい。

ア 俺の精神や肉体が実在すること　イ 精子と卵子の結合　ウ 生物のそもそもの始まり

エ 自分が生きているということ　オ 生物の進化　カ 五感で感じ取れるものすべての実在

問五 ――②のように考えている「俺」が「音のスケッチ」をするのはなぜですか。三十字以内で答えなさい。

問六 A の本文の表現の特徴《とくちょう》について述べた次の文章の、[　]I～Ⅳに入る適当なことばをあとから選んで、それぞれ記号で答えなさい。また、[★]には本文中から適当なことばを十字程度でぬき出して入れなさい。

ふだん使っているであろう[Ⅰ]を用いることで、「俺」の「生きる」ことへの[Ⅱ]的な問いを、深刻になり過ぎることなく、[Ⅲ]している。「バラバラ、ゴチャゴチャ、ガチャガチャ」などの[Ⅳ]や、[★]のような独特の比喩《ひゆ》は、「何も信じられない」という悩《なや》みを抱《かか》えつつも、明るくふるまおうとする思春期のただ中の「俺」の心情をユーモラスに表現している。

ア 書きことば　イ 話しことば　ウ 反復法　エ 擬態語《ぎたいご》　オ 科学　カ 音楽　キ 哲学《てつがく》

ク 提起　ケ 主張

B について

問七 ～～～f～hのカタカナを漢字に直しなさい。

問八 ＝＝アのことばを使うとき、呼応の関係から「一緒《いっしょ》に使われることば」はどれですか。次の文中からぬき出して答えなさい。

ア
まるで、イヤなものでも見るかのように俺を眺めた。

問九 ＝＝イ・ウの意味として最も適当なものを次の中から選んで、それぞれ番号で答えなさい。

イ 険悪な…　1 とげとげしい様子　2 苦しそうな様子　3 おどすような様子　4 よそよそしい様子

ウ 意地になってきた…　1 相手を困らせたくなってきた　2 相手の様子にいらだってきた

3 相手に負けたくなってきた　4 相手のまちがいを正したくなってきた

問十 （　）A～Dに入る会話文を次の中から選んで、それぞれ記号で答えなさい。

ア 面白くないなら、見るな　イ じゃあ、見るな　ウ あんたには関係のないことだ

エ こんなふうに上るのを見るのが、面白いのか？

問十一　――③とありますが、「俺」は「挑戦」をどのようなことと受け取ったのですか。本文中から三十五字以内でぬき出し、はじめとおわりの三字をそれぞれ答えなさい。

問十二　――④とありますが、「あんなじいさん」とはどんなじいさんのことですか。次の中から最も適当なものを選んで、記号で答えなさい。

ア　悲壮感が漂《ただよ》うほど自分の挑戦にこだわる、時代おくれのがんこなじいさん。
イ　世界が不確かでも、自分の生き方をつらぬいて、しぶとく実在しているじいさん。
ウ　人がどう思おうと、どんなに苦しかろうと挑戦をやめない、がまん強いじいさん。
エ　ひねくれているのに勇ましく、子どもが相手でも怒鳴ってくる滑稽なじいさん。

## 二

次の各問いに答えなさい。

問一　次のA・Bそれぞれに共通する漢字を入れて、四字熟語を完成させなさい。また、それぞれの意味として最も適当なものをあとから選んで、記号で答えなさい。

1　A差B別
2　A変B化
3　A客B来

ア　多くの客が次々とくること　イ　旅人として各地を巡《めぐ》ること　ウ　さまざまに違っていること
エ　さまざまに変わっていくさま　オ　自然界に起こる異変

問二　次の□に共通して入る体の一部を表す漢字を、それぞれ答えなさい。また、【　】の意味を持つものをア～ウから選んで、それぞれ記号で答えなさい。

1　ア　□が切れる　イ　□をひねる　ウ　□が下がる　【工夫《くふう》をめぐらす】
2　ア　□を回す　イ　□に余る　ウ　□を切る　【こっそり働きかける】
3　ア　□を決める　イ　□を割る　ウ　□が座る　【落ち着きがある】

問三　次の文の（　）に入る最も適当なことばをあとから選んで、それぞれ記号で答えなさい。

1　雨が降っている。（　　）、ぼくは出かけることにした。
2　彼《かれ》はダンスが得意だ。（　　）歌もうまい。
3　部屋をかたづけるべきか。（　　）宿題をやるべきか。
4　楽しい時間を過ごすことができた。（　　）友達が遊びに来たからだ。

ア　あるいは　イ　なぜなら　ウ　しかし　エ　しかも

問四　例にならって、中央の□に漢字を入れ、それぞれ四つの二字熟語を完成させなさい。

例

| | | |
|---|---|---|
| | 料 | |
| 無 | 理 | 科 |
| | 由 | |

1

| | | |
|---|---|---|
| | 正 | |
| 日 | | 接 |
| | 角 | |

2

| | | |
|---|---|---|
| | 実 | |
| 流 | | 動 |
| | 事 | |

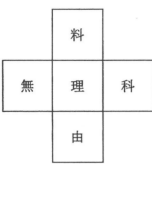

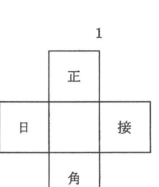

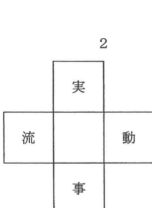

問五　次の——を（　　）内の字数制限にしたがって、ひらがなでそれぞれ正しい敬語に直しなさい。

1　（先生に向かって）母はすぐいらっしゃいます。　〈5〉

2　社長に自分の名前をおっしゃる。　〈6〉

3　当社はこの商品をお客様のもとへすぐお届けなさいます。　〈5〉

問六　次のことばの意味をあとから選んで、それぞれ記号で答えなさい。

1　プレゼンテーション

2　ダイバーシティー

3　モットー

ア　個人や組織の信念・美徳・行動指針などを、短く言い表したもの。

イ　多様であること。多様性。

ウ　計画や意見を提示し、説明、発表すること。

三　次の1～5の和歌の（　　）に入ることばとして最も適当なものをあとから選んで、それぞれ記号で答えなさい。

1　御垣守《みかきもり》　衛士《えじ》のたく火の　（　　）は燃え　昼は消えつつ　物をこそ思へ

御所《ごしょ》の門衛《もんえい》がたくかがり火のように

2　夜《よ》をこめて　（　　）の空音《そらね》は　はかるとも　よに逢坂《おうさか》の　関《せき》は許《ゆる》さじ

夜の明けないうちに

鳴きまねをしてだまそうとしても

3　八重《やえ》むぐら　しげれる宿の　さびしきに　人こそ見えね　（　　）は来にけり

訪れる人もいないが

4　君がため　春の野に出《い》でて　若菜摘《わかなつ》む　わが衣手《ころもで》に　（　　）は降《ふ》りつつ

5　（　　）の夜《よ》の　夢ばかりなる　手枕《たまくら》に　かひなく立たむ　名こそ惜《お》しけれ

悪い評判が立ったら残念なことだ

ア　春　　イ　秋　　ウ　露《つゆ》　　エ　雪　　オ　鳥　　カ　馬　　キ　朝　　ク　夜

# 2022年度

# 大阪女学院中学校
# 前期入学試験問題

# 「算　　数」

（50分）

1. 試験開始の合図があるまで，この問題冊子にふれてはいけません。
2. 問題は１ページ～ ８ページまで [1] ～ [6] の大問があります。
3. 解答はすべて解答用紙に記入しなさい。
4. 円周率は，3.14として答えなさい。
5. ホッチキスは，はずしてはいけません。
6. 試験中に問題冊子の印刷不鮮明，ページの落丁・乱丁及び解答用紙の汚れ等に気付いた場合は，手をあげて監督の先生に知らせなさい。

（このページは白紙です）

ルミ「ミナさんの図の続きにかきこんで考えてみよう。同時に２種類作れるから･･･

[ イ ]分がもっとも短い時間かな。」

ミナ「私がお手伝いして，３種類同時に作れるとしたら，何分かかるかな？」

ルミ「それだと，[ ウ ]分でできるね。」

ミナ「すごいね。今度，２人でいっしょに料理を作ろうよ！」

(1) [ ア ]～[ ウ ]にあてはまる数を求めなさい。

(2) 別の日に，ルミさんとミナさんの２人は，ルミさんの家のキッチンで以下のこんだてメモの料理を作ることにしました。２人で作るので，３種類まで同時に調理できます。コンロを使う時間は，最短で何分か求めなさい。

| 料理の名前 | 同時に使うコンロの数 | コンロを使う時間 |
|---|---|---|
| うどん | 2 | 10分 |
| 焼き魚 | 2 | 10分 |
| 温野菜 | 1 | 18分 |
| ゆで卵 | 1 | 12分 |
| 照り焼きチキン | 1 | 15分 |
| ほうれん草おひたし | 1 | 7分 |

6 ルミさんの家のキッチンにはコンロが3つあります。ある日，ルミさんは6種類の料理を作りました。ルミさんは，2種類までなら同時に調理することができるので，コンロを使った時間は45分間でした。下のメモは，その日ルミさんが料理をするときに使ったものです。

こんだてメモ

| 料理の名前 | 同時に使うコンロの数 | コンロを使う時間 |
|---|---|---|
| 卵焼き | 1 | 5分 |
| スパゲッティ | 2 | 10分 |
| プリン | 1 | 10分 |
| ハンバーグ | 2 | 15分 |
| ゆでブロッコリー | 1 | 5分 |
| スープ | 1 | 20分 |

次のルミさんと友達のミナさんの会話文を読み，問いに答えなさい。ただし，コンロは3つまで同時に使えるものとし，一度作り始めた料理は，その料理が完成するまでコンロから動かさないものとします。

ミナ「ルミさん，これで45分間しかコンロを使わないなんてすごいね！私は1種類ずつしか料理を作れないから，［ア］分かかるよ。」
ルミ「私は同時に2種類までなら料理を作れるんだけど，もう少し工夫したらコンロを使う時間をもっと短くできるかもしれないなあ。」
ミナ「こんな風にコンロの使い方を図にして，考えてみたらどうかな？」

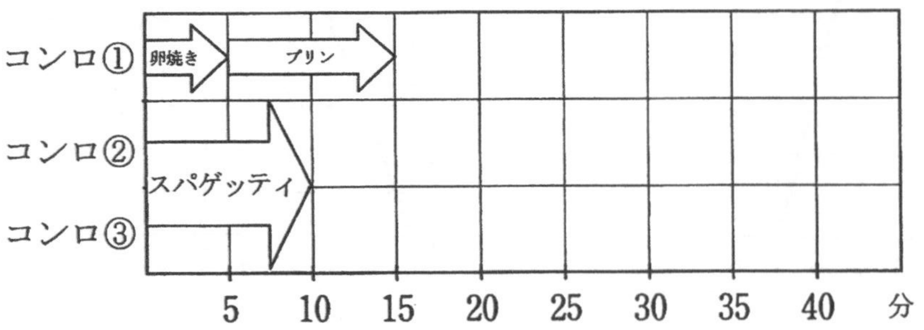


(このページは白紙です)

1 次の$\square$にあてはまる数を答えなさい。

(1) $24 \div 8 \times 3 + 1 = \square$

(2) $12 \times 8 + (101 - 92 \div 4) \div 3 = \square$

(3) $\left(\frac{1}{2} - \frac{1}{3} + \frac{1}{4}\right) \div \left(\frac{1}{2} + \frac{1}{3} - \frac{1}{4}\right) = \square$

(4) $24 \div 0.06 - 3000 \times 0.07 = \square$

(5) $\frac{3}{2} \times \left(\square \times \frac{3}{4} + \frac{1}{3}\right) = \frac{19}{20}$

(6) $\left(0.12 \times \frac{4}{3} + \frac{1}{4}\right) \div 3\frac{1}{3} = \square$

(7) 子どもたちに，ある日の勉強時間についてアンケートを行いました。その結果，0分が$\square$人，20分が4人，30分が7人，50分が10人，60分が4人，90分が2人，110分が1人で，平均は44分でした。

(8) かばんとペンケースとくつを買ったところ，代金はそれぞれ持っていたお金の$\frac{1}{4}$，$\frac{1}{10}$，$\frac{1}{2}$で，残金は450円でした。このとき，かばんの代金は$\square$円です。



(3) 動き始めてから8秒後までの関係を表すグラフを，次の①～⑥の中から選びなさい。

①
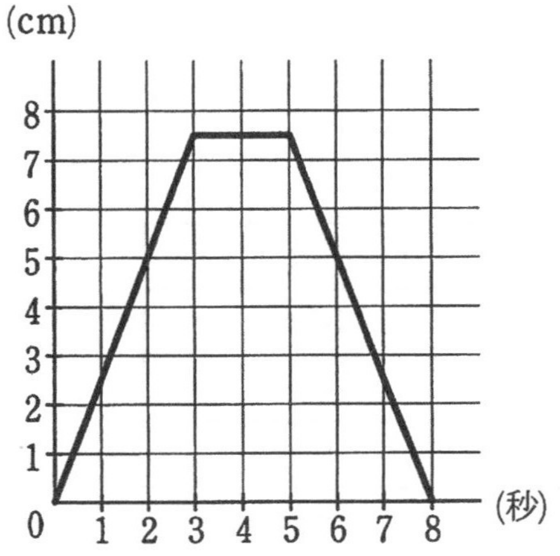


②
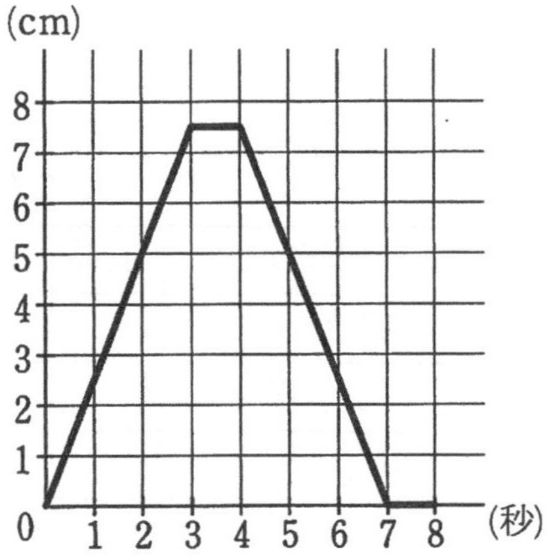


③
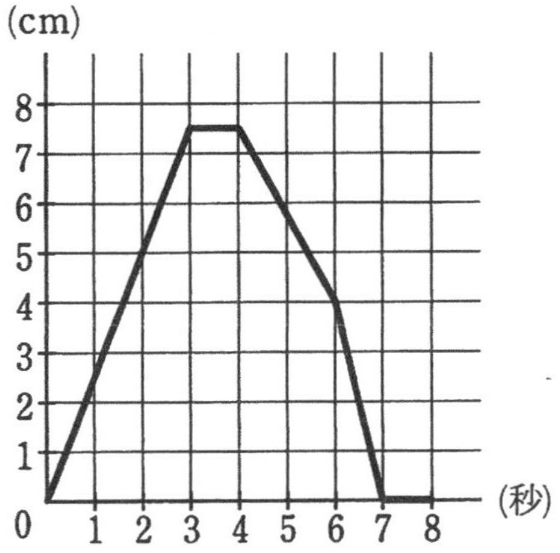


④
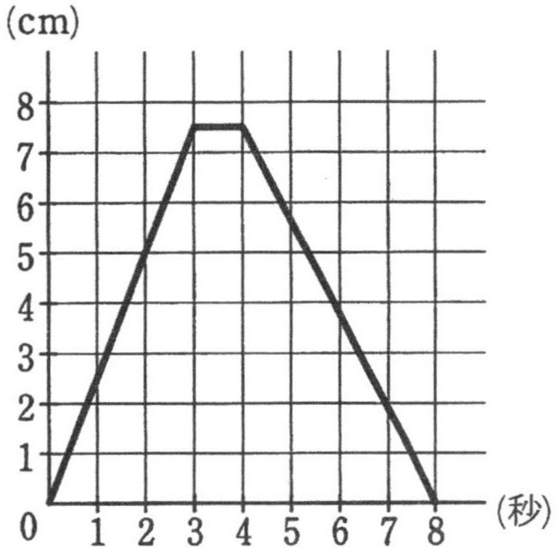


⑤
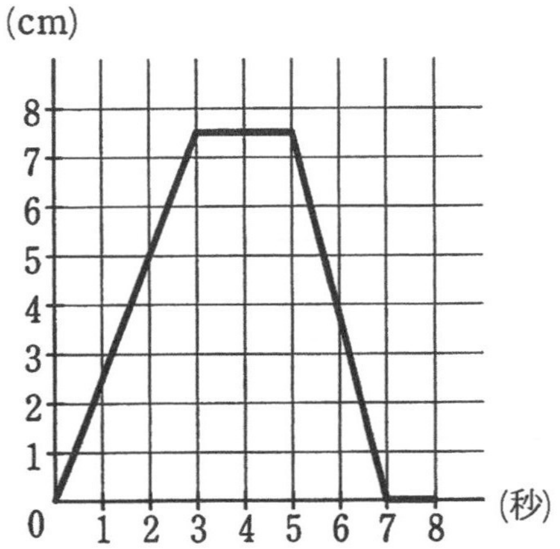


⑥
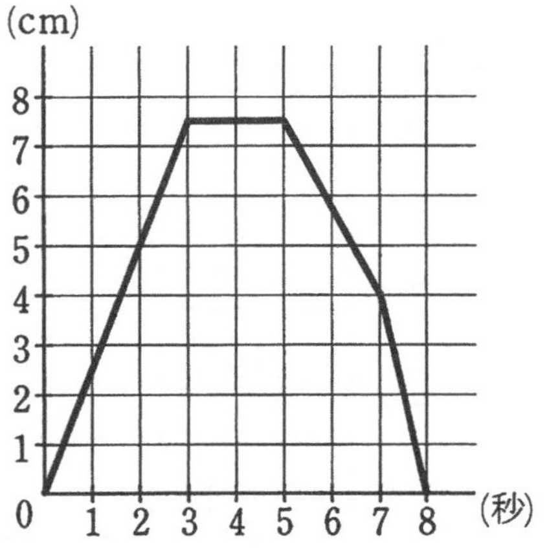

5 図のような正方形と直角三角形があります。いま，正方形が図の位置から右の方向へ一定の速さで動き始めました。グラフは，動き始めてから4秒後までの，辺ABが正方形と重なる部分の長さと時間の関係を表したものです。次の問いに答えなさい。

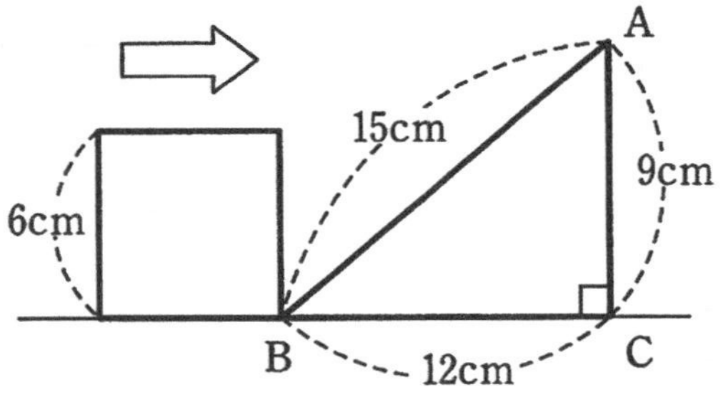


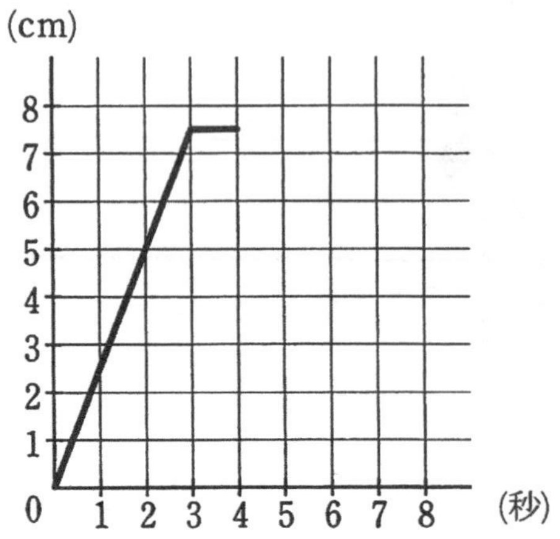


(1) 正方形の動く速さは毎秒何cmか求めなさい。

(2) 正方形が動き始めてから3秒後に，正方形と直角三角形が重なっている部分の面積は何$cm^2$か求めなさい。

2 次の問いに答えなさい。

(1) ①と②にあてはまるものを，それぞれ下のア～オからすべて選びなさい。

① 辺の長さがすべて等しい四角形

② 2本の対角線の長さが等しい四角形

ア 正方形　　イ 長方形　　ウ 平行四辺形　　エ ひし形　　オ 台形

(2) 下の図形は直線と円の一部分を組み合わせたものです。太線の部分の長さは何cmか求めなさい。

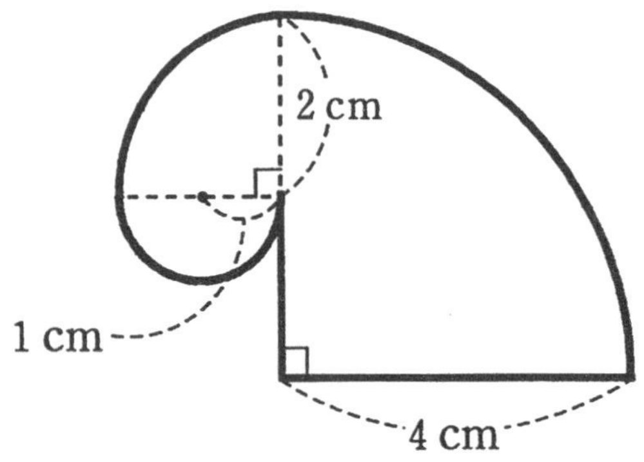

3 えんぴつ8本と，クレヨン3本が同じ重さです。次の問いに答えなさい。

(1) 重さが $\frac{2}{5}$ になるまで使ったえんぴつが何本あれば，クレヨン3本と同じ重さになるか求めなさい。

(2) クレヨン1本をどこまで使えば，えんぴつ1本と同じ重さになるか求め，分数で答えなさい。

(3) えんぴつとクレヨンが合わせて22本あり，すべてのえんぴつの重さの和と，すべてのクレヨンの重さの和は同じです。このとき，えんぴつは何本あるか求めなさい。

4 下の図のような水そうがあり，水を入れるための水道管A，Bと，水をぬくための水道管Cがあります。最初，すべての水道管は閉じています。空の水そうに水道管Aを開いて水を入れ始め，5分後に水道管Cも開いて水をぬき始めました。グラフはそのときの，時間と水面の高さの関係を表したものです。次の問いに答えなさい。

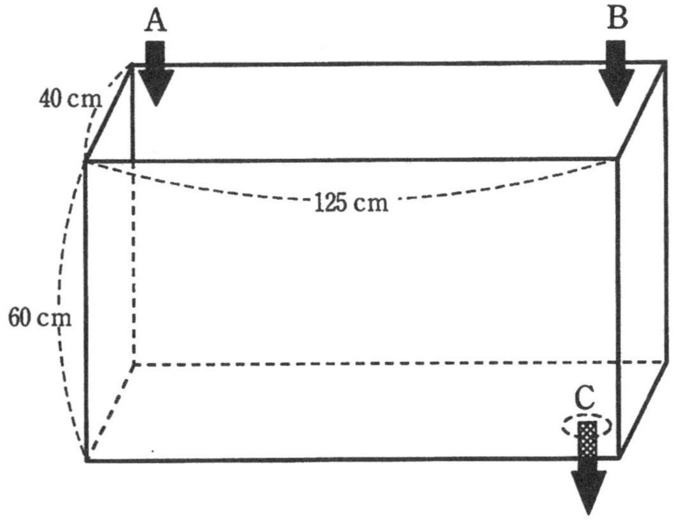


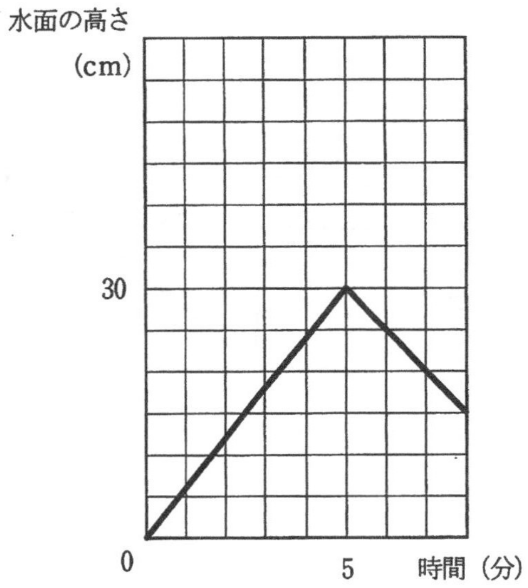


(1) この水そうの容積は何Lか求めなさい。

(2) 水道管Aから1分間に入る水の量は何Lか求めなさい。

(3) 水道管Cから1分間にぬける水の量は何Lか求めなさい。

(4) 水を入れ始めてから8分後に水道管Cを閉じて，同時に水道管Bを開いて，2つの水道管から水を入れました。水道管Bからは1分間に24 Lの割合で水が入ります。この水そうが水でいっぱいになるのは，水を入れ始めてから何分何秒後か求めなさい。

# ２０２２年度　大阪女学院中学校　入学試験問題　「理　科」

＊答えはすべて解答用紙に記入しなさい。

(40分)

## １．次の各問いに答えなさい。

（問１）図のような糸電話を作りました。Ａさんから E さんだけに音が伝わるようにするためには①～⑦のどの部分を手でつかめばよいですか。次の組み合わせの中から正しいものを選び、記号で答えなさい。

（あ）①と②と⑤　（い）①と②と⑥　（う）①と③と⑥　（え）①と④と⑥

（お）②と④と⑥　（か）②と⑤と⑥　（き）③と⑤と⑥　（く）④と⑤と⑦

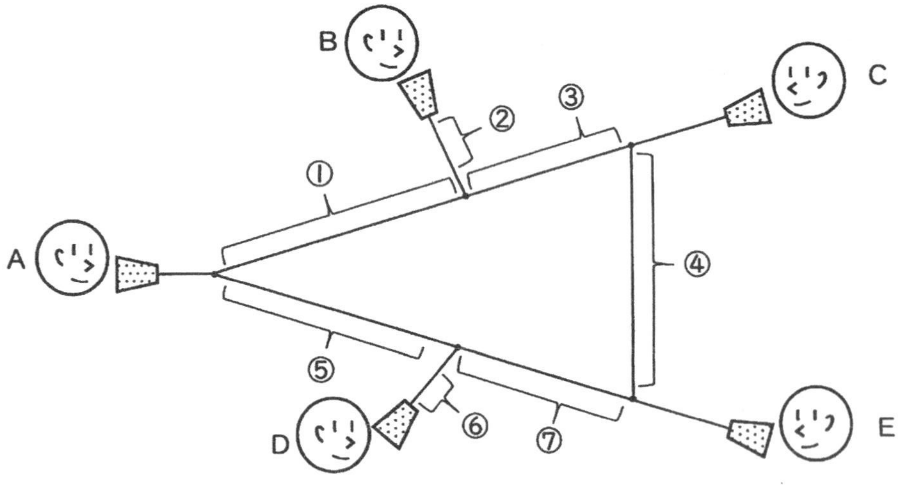


図

（問２）向かいの山に向かって出した大きな声が、向かいの山で反射して返ってくる現象をやまびこといいます。自分が声を出しはじめてから３秒後にやまびこが聞こえたとき、向かいの山までのきょりを求めなさい。ただし、音の速さは秒速 340m とします。

（問３）船の上からでも海中の魚群（魚の群れ）までのきょりが分かる魚群探知機という機械があります。魚群探知機は船底から音を出し、出した音は何もなければ海底で反射して船に返ってきます。しかし、魚群があると音は海底に届く前に、魚群で反射して船に返ってきます。魚群探知機を使って魚群までのきょりを知るためには、何が分かればよいですか。最も適当なものを次の中から選び、記号で答えなさい。

（あ）空気中を伝わる音の速さと、出した音が海底で反射してもどってくるまでの時間

（い）空気中を伝わる音の速さと、出した音が魚群で反射してもどってくるまでの時間

（う）海中を伝わる音の速さと、出した音が海底で反射してもどってくるまでの時間

（え）海中を伝わる音の速さと、出した音が魚群で反射してもどってくるまでの時間

## ２．メダカとヒトのたんじょうについて調べ、表にまとめました。次の各問いに答えなさい。

表

| | 卵の大きさ | うまれる(ふ化)前 | うまれた(ふ化)後 | うまれた(ふ化)後の呼吸 |
|---|---|---|---|---|
| ヒト | ① | ③から養分を得る | ⑤から養分を得る | ⑦で呼吸する |
| メダカ | ② | ④の養分を使う | ⑥の養分を使う | ⑧で呼吸する |

（問１）表の①、②のうち大きさが約 1mm であるのはどちらですか。

（問２）表の③～⑥にあてはまるものをそれぞれ次の中から選び、記号で答えなさい。

（あ）母乳

（い）腹のふくろ

（う）卵の中

（え）羊水

（お）たいばん

（問３）表の⑦、⑧にあてはまるからだのつくりを答えなさい。

（問４）卵に精子が結び付くことを何といいますか。

（問５）（問４）をした後の卵を何といいますか。

（問６）メダカがふ化するまでの変化を正しい順に並べ、記号で答えなさい。

（あ）心ぞうが動き始める

（い）卵のまくが破れる

（う）目の部分が黒くなり始める

（え）卵の中で動き回る

（問７）呼吸について書かれた文として正しいものを次の中から選び、記号で答えなさい。

（あ）ふ化した直後のメダカは呼吸をしない

（い）呼吸ではき出した空気に酸素は含まれていない

（う）呼吸で取り込まれた酸素は血液によって運ばれる

（え）ヒトもメダカも呼吸によって空気を吸い込む

（問８）母親の体内にいるときのヒトについて正しくないものを次の中からすべて選び、記号で答えなさい。

（あ）何も食べない

（い）体内には２８週間いる

（う）空気を吸って呼吸する

（え）心臓は動いている

**３．** 次の各問いに答えなさい。

（問１）図１は階段の照明の回路のようすを表したものです。この照明は、１階のスイッチと２階のスイッチのどちらを押しても、点灯と消灯が切りかわる仕組みになっています。このような仕組みにするためには、図１の［　　　］内をどのようにつなげばよいですか。正しいものを次の中から選び、記号で答えなさい。ただし、図２で表されるスイッチは「切りかえスイッチ」といい、必ずどちらか一方のたん子に接続されます。

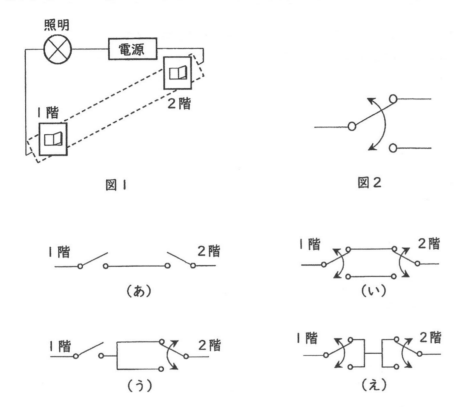

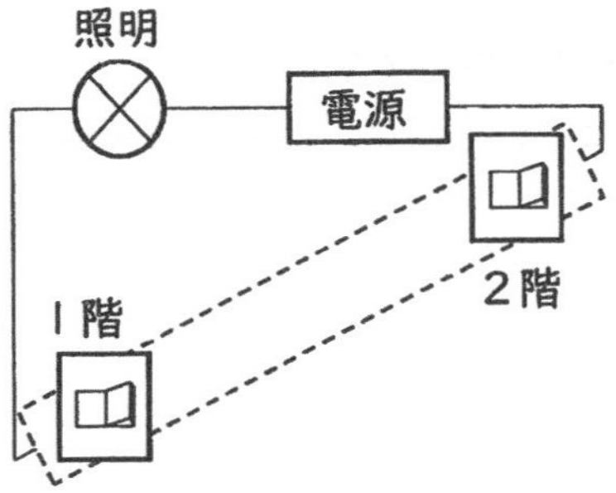


図１

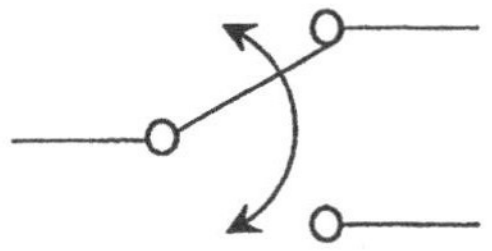

図２

（あ）

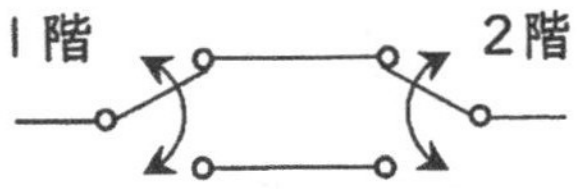


（い）

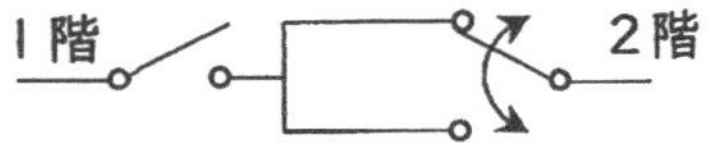


（う）

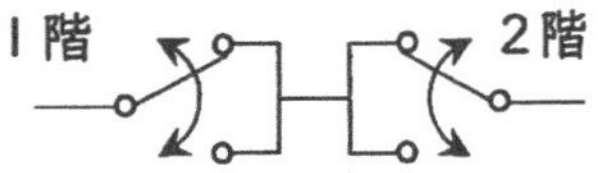


（え）

発光ダイオード（以下、ＬＥＤとします）には、図３のように「長いたん子」と「短いたん子」がついています。図４のように、「長いたん子」を電池の＋極側に、「短いたん子」を電池の－極側につなぐと、電流が流れてＬＥＤは光りましたが、図５のように逆につなぐと、電流が流れずＬＥＤは光りませんでした。図３のＬＥＤ、電池とスイッチを用いて、図６のような回路を作りました。

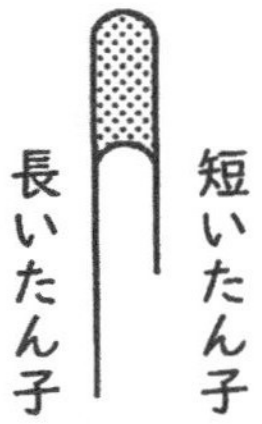


図３

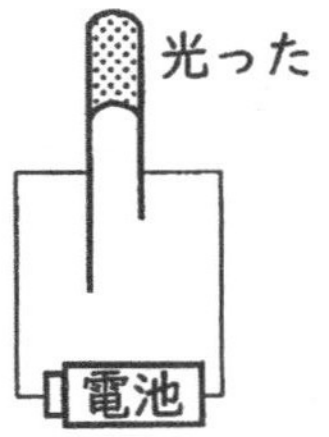


図４

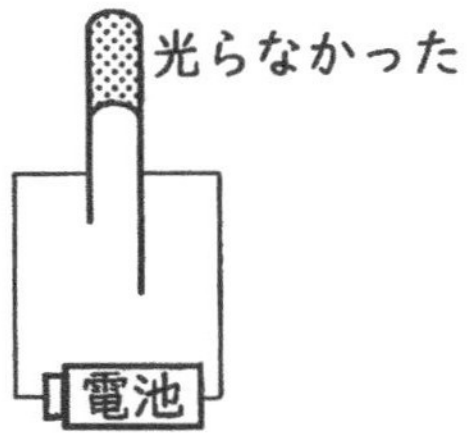


図５

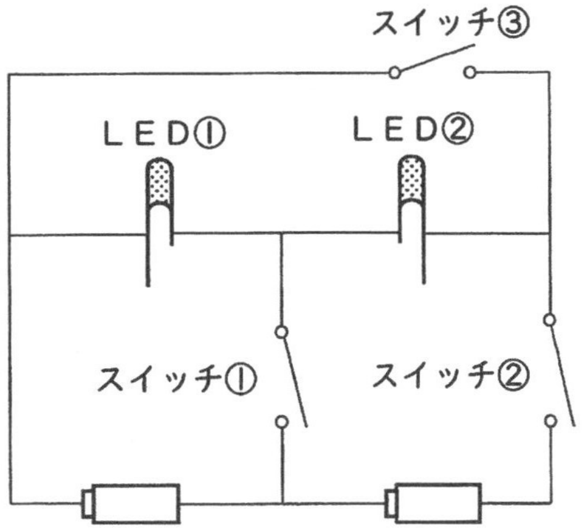


図６

（問２）ＬＥＤ①のみを点灯させるためには、どのスイッチを入れればよいですか。正しいものを次の中から選び、記号で答えなさい。

（あ）スイッチ①
（い）スイッチ②
（う）スイッチ③

（問３）ＬＥＤ①、ＬＥＤ②の両方を点灯させるためには、どのスイッチを入れればよいですか。正しいものを次の中から選び、記号で答えなさい。

（あ）スイッチ①　　（い）スイッチ②
（う）スイッチ③　　（え）スイッチ①と②
（お）スイッチ①と③　　（か）スイッチ②と③
（き）スイッチ①と②と③

（問４）（問３）のＬＥＤ①の明るさは（問２）のＬＥＤ①の明るさと比べてどうなりますか。正しいものを次の中から選び、記号で答えなさい。

（あ）（問２）のときと（問３）のときの明るさは同じになる。
（い）（問２）のときの方が明るい。
（う）（問３）のときの方が明るい。

４．この写真は、火山島である伊豆大島の道路沿いにあるがけの写真です。次の各問いに答えなさい。

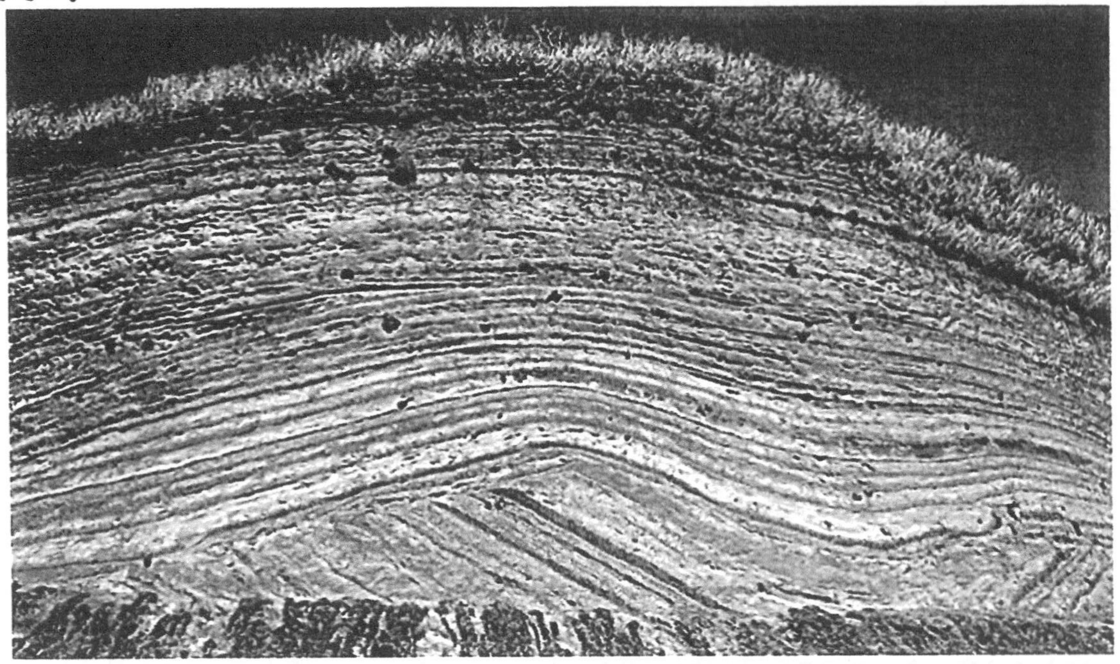

（問１）一般的にがけに見られるしま模様は、れき・砂・どろや火山灰が積み重なってできています。そのような層の重なりを何といいますか。

（問２）このがけの近くで、しま模様がどのようになっているかを知るために機械で地面の下の土をほり出して調査をしました。この調査を何といいますか。

（問３）写真のしま模様の中には火山灰の層が100層あります。この中で最も古い層はおよそ何年前のものだと考えられますか。ただし、伊豆大島の火山は約150年周期で大規模なふん火をくり返しています。

（問４）写真のしま模様の特ちょうとして、適当なものを次の中からすべて選び、記号で答えなさい。

（あ）ゴツゴツとした角ばった石や小さなあながたくさんあいた石が混ざっている。
（い）川原でみられるような角のとれた丸みを帯びたれきがふくまれている。
（う）火山灰の層から採取した土を水でよく洗って、そう眼実体けんび鏡で観察すると、角ばったつぶが見られる。
（え）火山灰の層から採取した土を水でよく洗って、そう眼実体けんび鏡で観察すると、丸いつぶが見られる。
（お）写真のしま模様はおくにも横にも広がっている。

（問５）よう岩がふき出すことで起こる大地の変化として、適当なものを次の中からすべて選び、記号で答えなさい。

（あ）大地に横ずれができる
（い）新しい大地ができる
（う）山ができる
（え）液状化現象が起こる
（お）海底がもちあげられ陸地になる

（問６）日本にはたくさんの火山があり、ときにふん火をして災害を起こすことがあります。その一方で私たちは火山のめぐみを受けています。火山のめぐみを２つ答えなさい。

（問７）生物のからだが火山灰などにうもれ、長い年月をかけて残ったものを何といいますか。

（問８）ヒマラヤ山脈の山頂付近で、海にすむ生物の（問７）が発くつされることがあります。このことからわかることを答えなさい。

５．次の文章を読み、各問いに答えなさい。

空気の体積は、温めると（　①　）くなり、冷やすと（　②　）くなります。温度による体積変化は、液体の水に比べると空気の方が（　③　）くなっています。また、金属の体積は温めると（　④　）くなり、冷やすと（　⑤　）くなります。温度による体積の変化は、空気と比べると金属の方が（　⑥　）くなっています。

液体の水は、温めて水蒸気になるときと、冷やして氷になるときのどちらも体積が（　⑦　）くなるというのが、他のものと違うところです。液体の水が水蒸気になるときと氷になるときでは、水蒸気になるときの方が体積の変化は（　⑧　）いです。

（問１）上の文章の（①）～（⑧）にあてはまるものをそれぞれ次の中から選び、記号で答えなさい。

（あ）大き　（い）小さ

（問２）温められた空気は上昇しますか、下降しますか。

（問３）密閉された容器に入った飲み物などに、容器のままこおらせないでくださいと書いてあるのはなぜですか。

**６．** 植物について次の各問いに答えなさい。

校庭のプランターにヘチマとアサガオを植えました。ヘチマの花を観察すると図１と図２のような２種類の花が見られました。また、アサガオの花を調べると、図３のようなつくりをしていました。

次に、開花する直前の図１～３の花に、図４のようにビニールの袋をかぶせて実ができるかどうか調べました。(1)その結果、図１～図３の花のうち１つだけが実をつけました。(2)実をつけた花の花粉をけんび鏡で観察すると、(3)図５のようなとげのあるつくりをしていました。

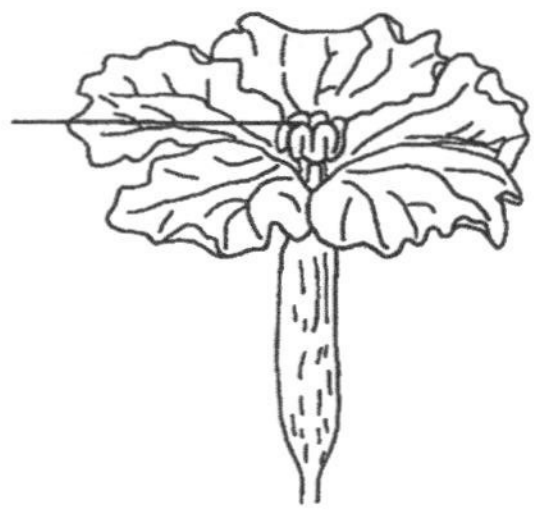


図１

図２

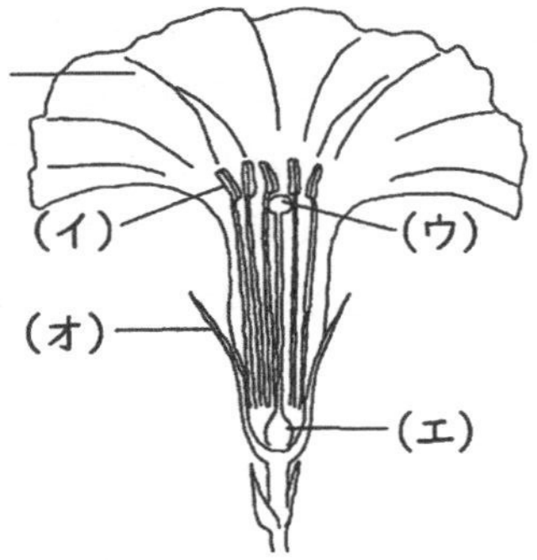


図３

図４

図５

(問１) 図１の花は、め花かお花のどちらですか。また、その理由を花の形の特ちょうから説明しなさい。

(問２) 図１のＡは図３の(ア)～(オ)のどの部分と同じはたらきをしますか。

(問３) 下線部（１）について、次の各問いに答えなさい。

① 図１～図３の花のうち、実をつけたのはどれですか。

② １つだけ実をつけた理由を説明しなさい。

(問４) 下線部（２）で花粉は図６のように見えました。中央に見えるように花粉を右下に動かすには、プレパラートをどの方向に動かせばよいですか。次の中から選び、記号で答えなさい。

(あ) 右上　　(い) 右下　　(う) 左上　　(え) 左下

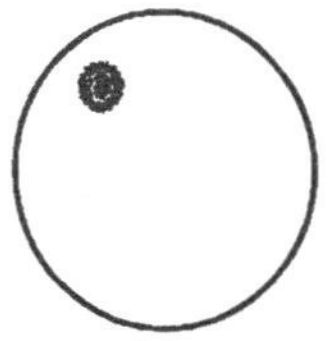

図６

(問５) 下線部（３）について、図５のようなつくりは花粉が運ばれるときどのように役立つか説明しなさい。

(問６) トウモロコシの花粉をけんび鏡で観察すると、表面は図７のようにとげのないつくりをしていました。このことからトウモロコシの花粉は何によって運ばれると考えられますか。

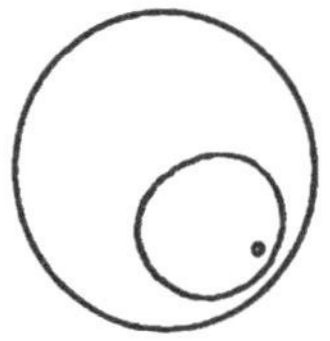

図７

**７．** 食塩水とたまごを用いて、［１］～［３］を調べました。次の各問いに答えなさい。

［１］飽和食塩水 100g にとけている食塩の重さが、温度によりどのように変化するかを調べると表１のようになりました。

表１

| 0℃ | 20℃ | 40℃ | 60℃ | 80℃ | 100℃ |
|---|---|---|---|---|---|
| 26.3g | 26.4g | 26.7g | 27.1g | 27.5g | 28.2g |

［２］20℃、100cm³ の食塩水ののう度を変えて重さをはかると表２のようになりました。

表２

| 濃度(%) | 2 | 4 | 6 | 8 | 10 | 12 | 14 | 16 | 18 | 20 | 22 | 24 | 26 |
|---|---|---|---|---|---|---|---|---|---|---|---|---|---|
| 質量(g) | 101 | 103 | 104 | 106 | 107 | 108 | 110 | 112 | 113 | 115 | 116 | 118 | 120 |

［３］たまごの体積と重さをはかると、体積は 55cm³、重さは 60g でした。

(問１) 20℃の水 100 g に食塩は最大何 g とけるかを答えなさい。割り切れない場合は、小数第１位を四捨五入し、整数で答えなさい。

(問２) このとき使用したたまごは体積 100cm³ あたり何 g ですか。割り切れない場合は、小数第１位を四捨五入し、整数で答えなさい。

(問３) のう度の違う 20℃の食塩水にたまごを入れたとき、たまごのうきしずみについて正しいものを次の中から選び、記号で答えなさい。

(あ) 10%の食塩水でも 20%の食塩水でもたまごはうく

(い) 10%の食塩水でたまごはうくが、20%の食塩水でたまごはしずむ

(う) 20%の食塩水でたまごはうくが、10%の食塩水でたまごはしずむ

(え) 10%の食塩水でも 20%の食塩水でもたまごはしずむ

(問４) 4%の食塩水 160g と 16%の食塩水 40g を混ぜたあと、食塩水を温めて水を 50g 蒸発させました。この食塩水ののう度は何%ですか。割り切れない場合は、小数第２位を四捨五入し、小数第１位まで答えなさい。

# 2022年度　大阪女学院中学校入学試験問題　社会

解答はすべて解答用紙に記入しなさい。

(40分)

**1**　地図を参考にして，近畿地方に関する各問いに答えなさい。

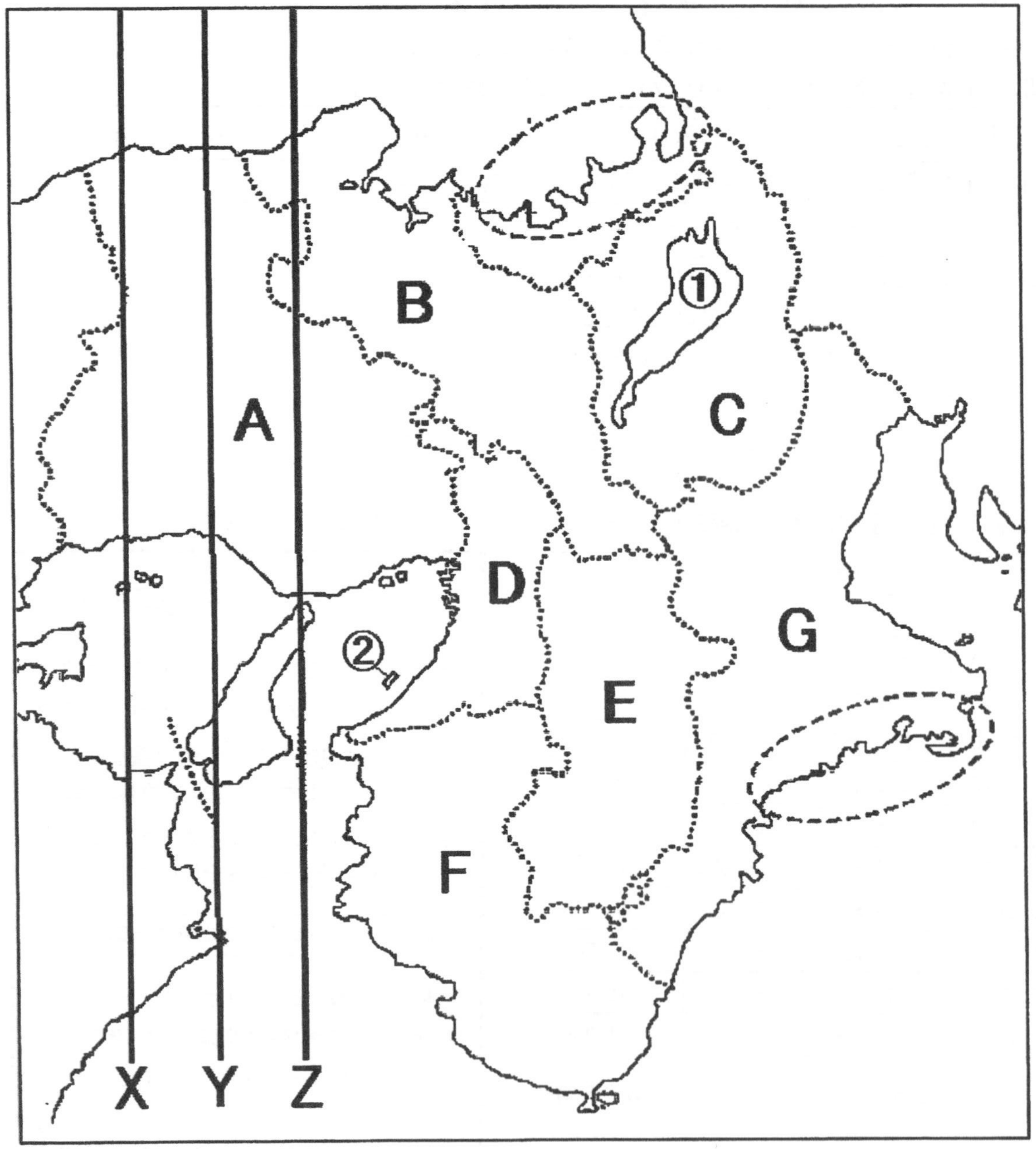


問１．日本の標準時子午線として正しいものを地図中Ｘ～Ｚから選び，記号で答えなさい。

問２．地図中の点線で囲まれた２つの場所について，下の問いに答えなさい。

（１）これらの場所に共通する海岸地形名を答えなさい。

（２）この地形ができる理由として正しいものを下から選び，記号で答えなさい。

ア．氷河にけずられてできた。
イ．波と海流にけずられてできた。
ウ．河川から流れてきた土砂が積もってできた。
エ．山地が海にしずんでできた。

問３．地図中Ｅの県には日本最大の金魚産地があります。その自治体として正しいものを下から選び，記号で答えなさい。

| | | | |
|---|---|---|---|
| ア．生駒《いこま》市 | イ．大和郡山《やまとこおりやま》市 | ウ．明日香《あすか》村 | エ．吉野《よしの》町 |

問４．地図中①は日本で最も面積の広い湖です。下の問いに答えなさい。

（１）この湖の名前をひらがなで答えなさい。

（２）この湖は水鳥をはじめ多くの生物が生息する国際的にも重要な場所の一つです。このような場所を保護していくことを目的とする条約として正しいものを下から選び，記号で答えなさい。

| | | | |
|---|---|---|---|
| ア．ウィーン条約 | イ．ワシントン条約 | ウ．ラムサール条約 | エ．パリ条約 |

（３）この湖を水源とし大阪湾に流れる河川として正しいものを下から選び，記号で答えなさい。

| | | | |
|---|---|---|---|
| ア．淀川《よどがわ》 | イ．加古川《かこがわ》 | ウ．武庫川《むこがわ》 | エ．熊野川《くまのがわ》 |

問５．地図中②は関西国際空港を示しています。この空港が海上に建設された理由と，海上に建設されたことでうまれた長所を説明しなさい。

問６．次のⅠ・Ⅱは地図中Ａ～Ｇのいずれかの府県の主な産業の説明です。府県名をそれぞれ答え，その位置をＡ～Ｇから一つずつ選びなさい。

Ⅰ　日本三景の一つである天橋立《あまのはしだて》や，造船業で有名な舞鶴《まいづる》市がある。
Ⅱ　真珠《しんじゅ》の養殖《ようしょく》に世界で初めて成功した地域があり，北部は石油化学工業が発達している。

2 日本には，その地域に根付いた産物や独自の調理法で作られた伝統的な郷土料理が多数あります。信子さんが夏休みにまとめた次の表を参考にして，問いに答えなさい。

| 地域 | 料理 | 料理の内容・調べて分かったこと |
|---|---|---|
| **山梨県<br>全域** | **【 あ 】** | ・山間部が多いこの地域では古くから米作りが難しく，蚕《かいこ》を飼って絹糸を作ることで生計を立てる人が多かった。蚕のエサとなる（　※　）を育て，その裏作として麦を栽培《さいばい》した。<br>・麦を太くて短い麺《めん》にして野菜と一緒に味噌《みそ》で煮込《にこ》んで食べたのが【 あ 】の始まり。<br>・現在，（ ※ ）は栽培されておらず，この地域の［ ① ］という気候を活かして果樹栽培がさかんに行われている。 |
| **鹿児島県<br>全域** | **かるかん** | ・すり下ろした山芋《いも》に水，砂糖，かるかん粉を加えてあんを包み，30分ほど蒸したこの地域の伝統的なお菓《か》子。<br>・この地域は［ ② ］ので米の栽培には向いておらず，自生していた山芋を利用して江戸時代にかるかんが生み出された。<br>・材料の一つである①黒砂糖も薩摩《さつま》藩が琉球《りゅうきゅう》王国を支配していたため，奄美《あまみ》群島などから入手しやすかった。 |
| **岩手県<br>大船渡《おおふなと》市<br>釜石《かまいし》市<br>周辺** | **【 い 】の<br>すり身汁** | ・【 い 】のすり身を丸めたものと秋野菜を煮たもの。<br>・【 い 】は北太平洋に広く分布し，12～18℃の低水温を好む。黒潮周辺の海で産まれ，成長と共にエサのプランクトンを求めて北上し，親潮水域に移動していく。脂肪《しぼう》をつけ，8月頃から親潮の動きに沿って千島《ちしま》列島の沖合を南西方向に移動し，さらに南の産卵場を目指す。この地域では9～11月頃が【 い 】の水揚《あ》げのピークとなる。<br>・②近年は【 い 】が値上がりしている。 |

問１．（ ※ ）にあてはまる植物を下から選び，記号で答えなさい。

ア．茶　　イ．麻《あさ》　　ウ．藍《あい》　　エ．桑《くわ》

問２．［ ① ］・［ ② ］にあてはまる文章としてふさわしいものをそれぞれ下から選び，記号で答えなさい。

ア．石灰岩が雨水や地下水によって侵食されたカルスト地形が広がっている
イ．年間の日照時間が日本最長であり，年間の降水量が少ない
ウ．火山灰が降り積もったシラス台地が広がっている
エ．山間部で一年を通して雨が多く，昼夜の気温差も大きい

問３．【 あ 】にあてはまる料理を下から選び，記号で答えなさい。

ア．おやき　　イ．信州《しんしゅう》そば　　ウ．ほうとう　　エ．せんべい汁

問４．【 い 】にあてはまる魚を下から選び，記号で答えなさい。

ア．カツオ　　イ．サンマ　　ウ．タイ　　エ．サケ

問５．下線部①について，この原料となる作物は何ですか。

問６．下線部②について，下の問いに答えなさい。

（1）日本で【 い 】が値上がりしているのはなぜですか。

（2）（1）の理由として考えられることは何ですか。
次の資料Ⅰ・Ⅱを参考にした上で，理由を二つ答えなさい。

資料Ⅰ「【 い 】の漁獲量の推移（一部抜粋）」

| （単位：トン） | | | |
|---|---|---|---|
| 年 | 日本 | 台湾 | 中国 |
| 1995 | 273,510 | 13,772 | 0 |
| 2005 | 234,451 | 111,491 | 0 |
| 2010 | 207,488 | 165,692 | 0 |
| 2012 | 221,470 | 161,514 | 2,014 |
| 2014 | 228,647 | 229,937 | 76,129 |
| 2016 | 113,828 | 146,025 | 63,016 |
| 2017 | 83,803 | 104,405 | 48,458 |
| 2018 | 128,929 | 180,466 | 90,365 |
| 2019 | 45,778 | 83,061 | 51,404 |
| 2020 | 29,700 | 55,332 | 44,006 |

（国立研究開発法人 水産研究・教育機構）

資料Ⅱ「信子さんの調べメモ」

**令和３年２月15日気象庁発表(一部抜粋)**

年平均海面水温（(注) 全球平均）は、数年から数十年の時間のスケールの海洋・大気の変動や地球温暖化等の影響《えいきょう》が重なり合って変化しています。長期的な傾向は100年あたり0.56℃の上昇《じょうしょう》となっています。

（注）全球…地球全体のこと。

**令和３年３月10日 気象庁発表(一部抜粋)**

日本近海における、2020年までのおよそ100年間にわたる海域平均海面水温（年平均）の上昇率は，＋1.16℃/100年です。

（気象庁）

3　次の①～⑧について各問いに答えなさい。

① 1925年，納税額に関係なく（　あ　）歳以上の男子に選挙権があたえられた。

② 天皇や公家の政治的権力を制限するための法令を定め，さらに監視《かんし》するために（　い　）をおいた。

③ 幕府は（　う　）を取りしまるために，城の修理や結婚《けっこん》を制限した。

④ 秀吉《ひでよし》は，はじめはキリスト教を保護していたが，（　え　）が教会領になっていることなどを知って，宣教師たちを国外に追放した。

⑤ 51か条からなり，守護《しゅご》・（　お　）の仕事の内容や，武士の土地に関する裁判の基準などをさだめた。

⑥ 公正な裁判をおこなうため，（　か　）の大岡忠相《おおおかただすけ》に命じて裁判の基準をさだめた。

⑦ 農民が持っている刀・やり・弓・鉄砲などを取り上げて，（　き　）を起こさせないようにした。

⑧ 天皇が主権者で，国民の権利はある程度は認められていたが，（　く　）で制限するという例外規定があり，不十分であった。

問1．（あ）～（く）にあてはまることばを下から選び，記号で答えなさい。

| | | | |
|---|---|---|---|
| ア．大名 | イ．堺《さかい》 | ウ．長崎《ながさき》 | エ．20 |
| オ．一揆《いっき》 | カ．地頭《じとう》 | キ．京都所司代《きょうとしょしだい》 | ク．30 |
| ケ．町奉行《まちぶぎょう》 | コ．法律 | サ．18 | シ．25 |

問2．①～⑧の文に最も関係が深いことばを下から選び，記号で答えなさい。

| | | | |
|---|---|---|---|
| ア．武家諸法度《ぶけしょはっと》 | イ．刀狩令《かたながりれい》 | ウ．三世一身法《さんぜいっしんほう》 | エ．禁中《きんちゅう》並《ならびに》公家諸法度《くげしょはっと》 |
| オ．五箇条《ごかじょう》の御誓文《ごせいもん》 | カ．日本国憲法 | キ．御成敗式目《ごせいばいしきもく》 | ク．公事方御定書《くじかたおさだめがき》 |
| ケ．大日本帝国憲法 | コ．バテレン追放《ついほう》令 | サ．墾田永年私財法《こんでんえいねんしざいほう》 | シ．普通選挙法 |

問3．（う）について，下の問いに答えなさい。

（1）関ケ原の戦い以後に徳川氏の家臣となった（う）を何といいますか，答えなさい。

（2）幕府は（1）の配置についてどのような工夫をしましたか，説明しなさい。

4　次の文章を読んで，各問いに答えなさい。

江戸時代の中ごろ，将軍（　1　）がキリスト教に関係のない漢訳洋書の輸入を許してから，ヨーロッパの学問を研究する蘭学《らんがく》が発達しました。

前野良沢《まえのりょうたく》，杉田玄白《すぎたげんぱく》らは，①オランダ語の人体解剖《かいぼう》書を翻訳《ほんやく》して，『解体新書《かいたいしんしょ》』を出版しました。彼らの努力は後に続く人達を刺激《しげき》し，蘭学発展に結びつきました。その後長崎に来たドイツ人医師（　2　）は，長崎に鳴滝塾《なるたきじゅく》を開いて多くの弟子を育て，やがて江戸や②大阪にも蘭学塾が開かれました。（2）に蘭学を学んだ（　3　）は，同志の渡辺崋山《わたなべかざん》と共に③幕府の外国への対応を批判したためにとらえられました。

一方，50代になって④天文学や測量術を学んだ（　4　）は，幕府の命令で全国の沿岸を測量し，現在とほとんど変わらない正確な日本地図の作成にあたりました。また，（　5　）は日本で初めて寒暖計や発電機を作りました。

明治時代になると，政府は欧米《おうべい》の近代文化を取り入れるため，技術者や⑤科学者を招き，多くの⑥留学生を派遣《はけん》しました。こうして明治の中ごろからは，日本人の手による本格的な研究が始められるようになりました。医学の分野では，（　6　）を発見した志賀潔《しがきよし》，破傷風《はしょうふう》の治療法《ちりょうほう》を発見した（　7　），黄熱病《おうねつびょう》の病原体を研究した（　8　）らが活躍《かつやく》し，伝染病の予防・治療に役立てました。

問1．（1）～（8）にあてはまることばを下から選び，記号で答えなさい。

| | | | |
|---|---|---|---|
| ア．平賀源内《ひらがげんない》 | イ．ペスト菌 | ウ．野口英世《のぐちひでよ》 | エ．橋本左内《はしもとさない》 |
| オ．シーボルト | カ．間宮林蔵《まみやりんぞう》 | キ．徳川吉宗《とくがわよしむね》 | ク．ヘボン |
| ケ．北里柴三郎《きたざとしばさぶろう》 | コ．高峰譲吉《たかみねじょうきち》 | サ．高野長英《たかのちょうえい》 | シ．徳川家斉《とくがわいえなり》 |
| ス．赤痢菌《せきりきん》 | セ．クラーク | ソ．伊能忠敬《いのうただたか》 | |

問2．下線部①について，この人体解剖書のタイトルを，カタカナで答えなさい。

問3．下線部②について，緒方洪庵《おがたこうあん》が大阪に開いた蘭学塾を，漢字で答えなさい。

問4．下線部③について，（3）や渡辺崋山らが批判した幕府の考えや対応はどのようなものですか，それぞれ説明しなさい。

問5．下線部④について，1872年に日本が採用した暦《こよみ》を，漢字3字で答えなさい。

問6．下線部⑤について，1877年に招かれたアメリカの動物学者モースが発見した貝塚《かいづか》の名前を，漢字で答えなさい。

問7．下線部⑥について，最初の女子留学生の一人で，2024年発行予定の新五千円札の肖像《しょうぞう》に選ばれた人の名前を，漢字で答えなさい。

5 次の文章を読んで各問いに答えなさい。

（　あ　）が終わったのち成立した国際連合は６つの主要機関と各委員会，専門機関から成り立っています。最高機関は総会であり毎年１回，９月に行われます。また①国際平和と安全を守る機関である（　い　）は，アメリカ合衆国・イギリス・フランス・ロシア・中国の（　う　）とそれ以外の10カ国から成っています。

また，国際連合は世界の様々な問題の解決に取り組んでいます。1972年の②国連人間環境《かんきょう》会議では，「かけがえのない地球」をテーマに環境問題を議論しました。1992年には地球サミットがブラジルで開催《かいさい》されました。さらに2015年には2030年までに解決したい17の目標を，③ＳＤＧｓとして採択《さいたく》しました。

問１．（ あ ）にあてはまることばを下から選び，記号で答えなさい。

| ア．第一次世界大戦 | イ．第二次世界大戦 | ウ．朝鮮戦争 | エ．湾岸戦争 |
|---|---|---|---|

問２．下線部①について，1992年以降，自衛隊などが参加している国際連合の活動は何ですか。

問３．下線部②の会議が開かれたころ，次の（１）～（３）のような環境問題が世界で起こり始めました。それぞれの説明として正しいものを下から選び，記号で答えなさい。

＜環境問題＞

（１）酸性雨　　（２）地球温暖化　　（３）オゾン層の破壊

＜説明＞

ア．冷蔵庫やエアコンに使われていたフロンにより，引き起こされた問題である。

イ．北極や南極などの氷が溶けて海面が上がり，海抜《かいばつ》の低い地域が沈むことが心配されている。

ウ．川や湖で生物がすめなくなる，森林が枯《か》れるなどの被害が起こる。

エ．生活排水《はいすい》や工場排水の影響《えいきょう》で湖沼《こしょう》や海においての富栄養化から多くの被害が起こっている。

問４．（ い ）にあてはまる機関の名前を答えなさい。

問５．（ う ）について，下の問いに答えなさい。

（１）（ う ）にあてはまることばを漢字５字で答えなさい。

（２）（ い ）では（ う ）の国のうち，１カ国でも反対すれば議案が成立しません。この権限を何といいますか。

問６．下線部③について，達成目標７は「エネルギーをみんなに，そしてクリーンに」です。

日本の電源構成（発電に使う資源の割合）について下の表を見て分かることを，2011年の日本の出来事をふまえて答えなさい。

また今後，あなたは日本の電源構成をどのようにすべきだと考えますか，表を参考にして答えなさい。

『電源別発受電電力量の推移』

（構成比）

| （年） | 1960 | 1980 | 2000 | 2010 | 2012 | 2014 | 2016 | 2018 |
|---|---|---|---|---|---|---|---|---|
| 地熱及び新エネルギー | 0.0% | 0.2% | 0.6% | 2.2% | 2.9% | 4.6% | 7.0% | 9.2% |
| 水力 | 52.1% | 16.6% | 8.3% | 7.3% | 7.1% | 7.9% | 7.6% | 7.7% |
| 石油等 | 18.6% | 45.6% | 10.7% | 8.6% | 17.5% | 11.0% | 9.5% | 7.0% |
| 石炭 | 29.3% | 4.5% | 18.4% | 27.8% | 31.0% | 33.5% | 32.8% | 31.6% |
| 天然ガス | 0.0% | 15.4% | 26.4% | 29.0% | 40.1% | 43.0% | 41.4% | 38.3% |
| 原子力 | 0.0% | 16.9% | 34.3% | 25.1% | 1.5% | 0.0% | 1.7% | 6.2% |

出典：経済産業省 資源エネルギー庁『エネルギー白書2021』より作成

# 二〇二二年度大阪女学院中学校入学試験問題 前期日程 国語 解答用紙

## 一

小計

問一 a b c d e せる

問二

問三 1 2 3

問四

問五

問六 Ⅰ Ⅱ Ⅲ Ⅳ

★

問七 f g h

問八

問九 イ ウ

問十 A B C D

問十一 〜

問十二

問一. 2点×5
問二. 4点
問三. 3点×3
問四. 完答4点
問五. 4点
問六. Ⅰ〜Ⅳ. 2点×4
★. 4点
問七. 2点×3
問八. 3点
問九. 3点×2
問十. 完答4点
問十一. 4点
問十二. 4点

## 二

小計

問一 漢字 A B
意味 1 2 3

問二 1 漢字 記号
2 漢字 記号
3 漢字 記号

問三 1 2 3 4

問四 1 2

問五 1 2 3

問六 1 2 3

問一. 漢字…完答4点
意味…2点×3
問二. 完答2点×3
問三. 2点×4
問四. 2点×2
問五. 2点×3
問六. 2点×3

## 三

小計

1 2 3 4 5

2点×5

受験番号

氏名

得 点

※120点満点

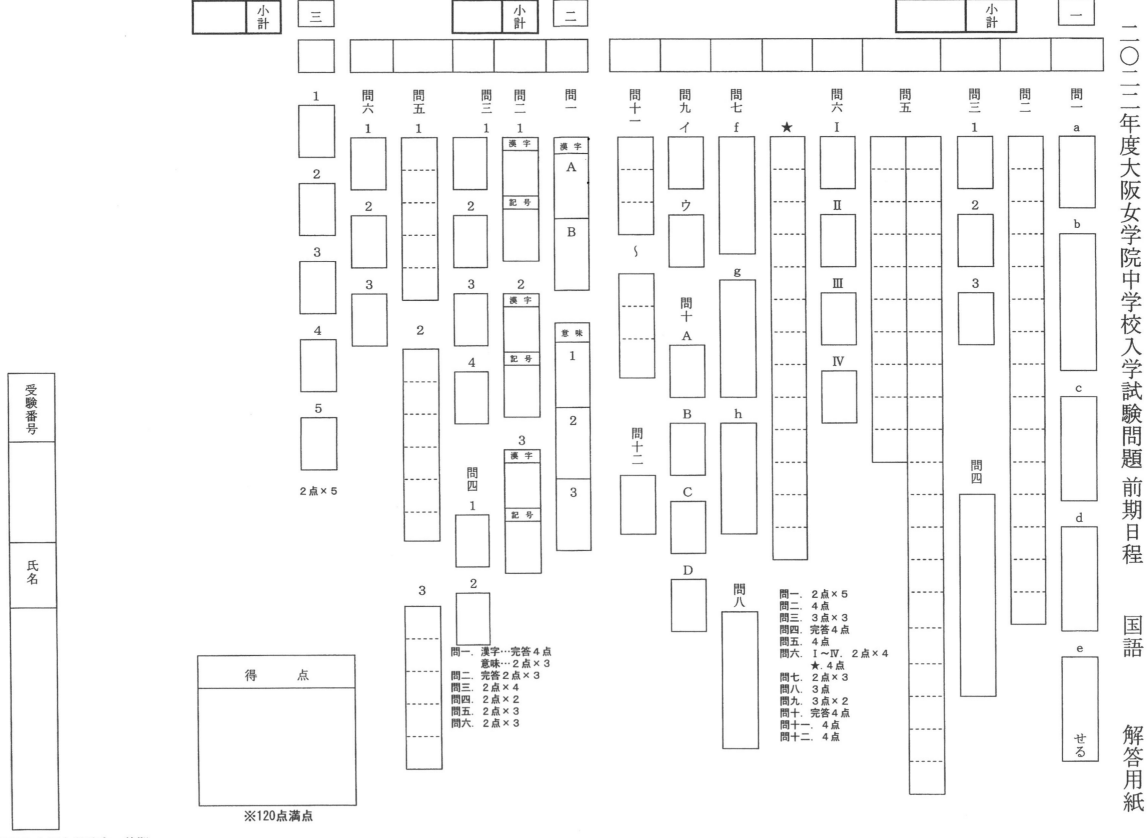

2022年度 大阪女学院中学校 前期入学試験解答用紙
「算 数」

（解答用紙には答えのみを記入し，途中の計算や式は書かないこと。）

| 受験番号 | 名 前 |
|---|---|
| | |

中計

総得点

※120点満点

中計

1 （40点） 5点×8

| | 解答欄 | 得点 |
|---|---|---|
| (1) | | |
| (2) | | |
| (3) | | |
| (4) | | |
| (5) | | |
| (6) | | |
| (7) | 人 | |
| (8) | 円 | |

小計

小計

2 （15点） 5点×3

| | | 解答欄 | 得点 |
|---|---|---|---|
| (1) | ① | | |
| | ② | | |
| (2) | | cm | |

小計

3 （15点） 5点×3

| | 解答欄 | 得点 |
|---|---|---|
| (1) | 本 | |
| (2) | | |
| (3) | 本 | |

小計

4 （20点） 5点×4

| | 解答欄 | 得点 |
|---|---|---|
| (1) | L | |
| (2) | L | |
| (3) | L | |
| (4) | 分 秒後 | |

小計

5 （14点） (1)5点 (2)5点 (3)4点

| | 解答欄 | 得点 |
|---|---|---|
| (1) | 毎秒 cm | |
| (2) | $cm^2$ | |
| (3) | | |

小計

6 （16点） (1)ア．3点 イ．4点 ウ．4点 (2)5点

| | | 解答欄 | 得点 |
|---|---|---|---|
| (1) | ア | 分 | |
| | イ | 分 | |
| | ウ | 分 | |
| (2) | | 分 | |

小計

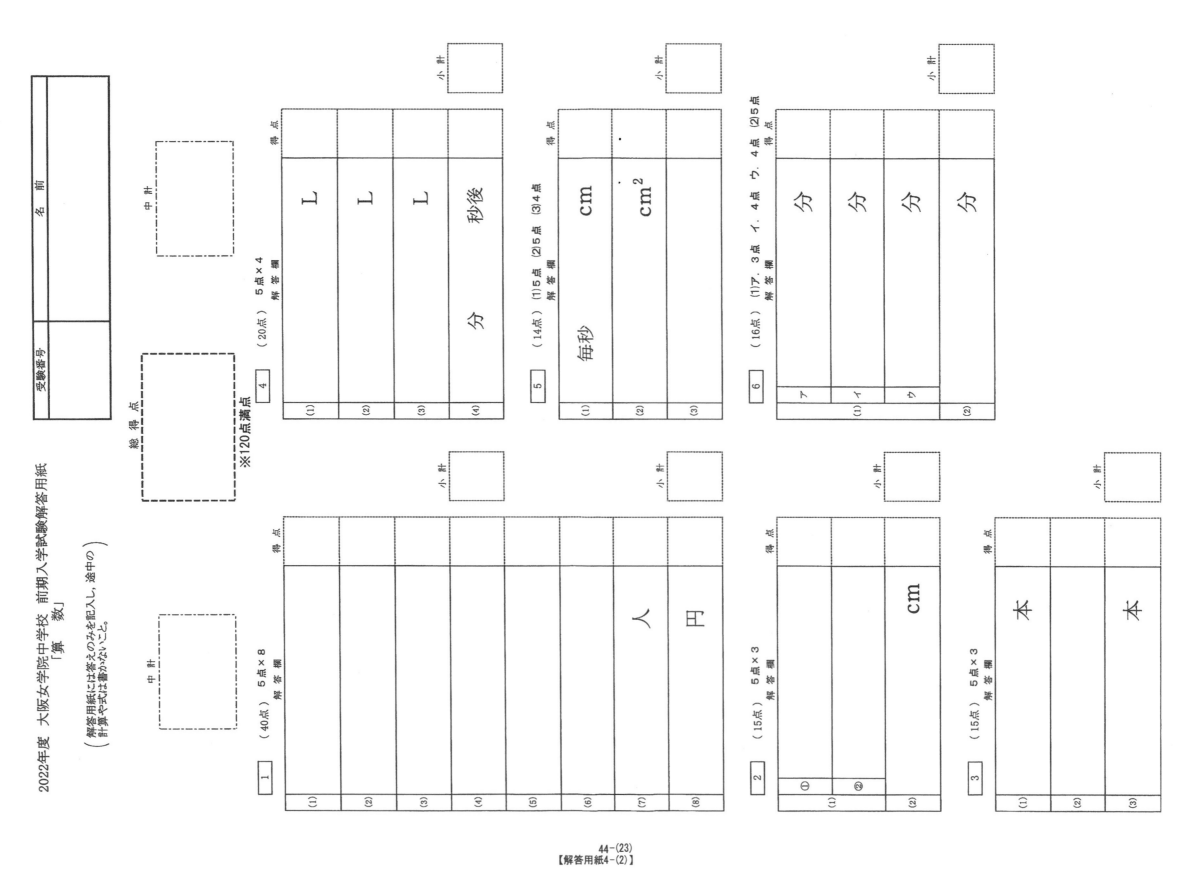

# ２０２２年度大阪女学院中学校
# 入学試験解答用紙
# 「　理　科　」

| 受験番号 | 氏　　名 |
|---|---|
| | |

| 総計 |
|---|
| |

※80点満点

1．（問１）　（問２）　　m　（問３）

小計１　9点

2．（問１）　（問２）③　④　⑤　⑥

（問３）⑦　⑧　（問４）　（問５）

（問６）　→　→　→　（問７）　（問８）

小計２　15点

3．（問１）　（問２）　（問３）　（問４）

小計３　8点

4．（問１）　（問２）　　調査　（問３）約　　年前

中計１

中計２

（問４）　（問５）

（問６）　（問７）

（問８）

小計４　15点

5．（問１）①　②　③　④　⑤　⑥　⑦　⑧

（問２）

（問３）

小計５　11点

6．（問１）名前　特ちょう　（問２）

（問３）①図　②

（問４）

（問５）

（問６）

小計６　10点

7．（問１）　　g　（問２）　　g　（問３）　（問４）　　%

小計７　12点

44-(25)
【解答用紙4-(3)】

2022年度大阪女学院中学校入学試験解答用紙

# 「社会」(本試験)

| 受験番号 | 氏　名 |
|---|---|
| | |

※80点満点

| 合計 | |
|---|---|

1 問1．1点
問2．1点×2
問3．1点
問4．1点×3
問5．2点×2
問6．1点×2

2 問1．1点
問2．1点×2
問3．1点
問4．1点
問5．1点
問6．(1)2点　(2)2点×2

3 問1．1点×8
問2．1点×8
問3．2点×2

4 問1．1点×8
問2．1点
問3．1点
問4．2点×2
問5．2点
問6．2点
問7．2点

5 問1．1点
問2．1点
問3．1点×3
問4．2点
問5．2点×2
問6．2点×2

## 1

| | | | | | | | | |
|---|---|---|---|---|---|---|---|---|
| 問1 | | 問2 | (1) | | (2) | | 問3 | |
| 問4 | (1) | | (2) | | (3) | | | |
| 問5 | 理由 | | | | | | | |
| | 長所 | | | | | | | |
| 問6 | Ⅰ 府県名 | | 位置 | | Ⅱ 府県名 | | 位置 | |

| 小計 | 中計 |
|---|---|
| | |

## 2

| | | | | | | | | |
|---|---|---|---|---|---|---|---|---|
| 問1 | | 問2 | ① | | ② | | 問3 | | 
| 問4 | | | | | | | | |
| 問5 | | | | | | | | |
| 問6 | (1) | | | | | | | |
| | (2) | | | | | | | |

| 小計 | 中計 |
|---|---|
| | |

## 3

| | | | | | | | | | | | | |
|---|---|---|---|---|---|---|---|---|---|---|---|---|
| 問1 | (あ) | | (い) | | (う) | | (え) | | (お) | | (か) | |
| | (き) | | (く) | | | | | | | | | |
| 問2 | ① | | ② | | ③ | | ④ | | ⑤ | | ⑥ | |
| | ⑦ | | ⑧ | | | | | | | | | |
| 問3 | (1) | | (2) | | | | | | | | | |

| 小計 | 中計 |
|---|---|
| | |

## 4

| | | | | | | | | | | | | |
|---|---|---|---|---|---|---|---|---|---|---|---|---|
| 問1 | (1) | | (2) | | (3) | | (4) | | (5) | | (6) | |
| | (7) | | (8) | | 問2 | | 問3 | 塾 | | | | |
| 問4 | 考え | | | | | | | | | | | |
| | 対応 | | | | | | | | | | | |
| 問5 | | | | 問6 | 貝塚 | 問7 | | | | | | |

| 小計 | 中計 |
|---|---|
| | |

## 5

| | | | | | | | | |
|---|---|---|---|---|---|---|---|---|
| 問1 | | 問2 | | 問3 | (1) | | (2) | | 
| | | | | | | | (3) | |
| 問4 | | | | | | | | |
| 問5 | (1) | | | | | (2) | 権 | |
| 問6 | 2011年の出来事をふまえて分かること | | | | | | | |
| | 今後の電源構成についてのあなたの考え | | | | | | | |

| 小計 | 中計 |
|---|---|
| | |

# 二〇二二年度　大阪女学院中学校入学試験問題　後期日程

## 国語（50分）

＊出題の都合上、本文の省略と、表記の変更《へんこう》があります。
＊字数制限のある問いはすべて、句読点等も一字とします。

一　次の文章を読んで、あとの問いに答えなさい。

本を読んでもらうのは楽しい。こうした楽しみは、幼い頃《ころ》でも味わうことができる。生後一年に満たない幼児でも、絵本を繰《く》り返し読んでもらうことを喜ぶ。文章がリズミカルに耳に響《ひび》いてくるのは、まだ歩くことのできない子どもでも楽しいものなのだ。子どもは繰り返しをいやがらない。好きなものであれば、何度でも繰り返し読んでもらいたがる。そのうち文章を覚えてしまう。

言葉を読んでもらい、自分で覚えてしまう。これは幼い子どもたちにとって、不自然なことではない。絵本を［A］選んで読んでやれば、「もっと読んで」という子どもの欲求がどんどん高まってくる。①ふだん話されている話し言葉を聞くのとは違《ちが》う喜びが、子どもの方にはある。絵本には非常に優《すぐ》れたものも数多くある。大人が見ていても飽《あ》きない素晴《すば》らしい絵や素晴らしいストーリーのものがたくさん出ている。読書の喜びは、こうした絵本を読んで聞かせてもらうところからはじまる。

『クシュラの奇跡《きせき》――一四〇冊の絵本との日々』（ドロシー・バトラー著・百々佑利子《ももゆりこ》訳、のら書店）という本がある。生後直後から[a]フクザツで重い障害を持って生まれたクシュラという女の子が、母親の絵本の読み聞かせを通して、[1]顕著《けんちょ》な発達を見せ、外界へ意識を広げていった記録だ。

生後まもなく［B］異常が発見されたクシュラは、昼となく夜となく目を覚ましていた。その長い時間をどうにかしてもたせる必要に迫《せま》られた母親は、生後四か月の時に、本を読み聞かせるということを思いついた。クシュラは重い障害にもかかわらず、本を読もうとする意思を示し、全身を耳にして聞いた。母親の方も本を読んでやっているときには、建設的なことをしているのだという明るい気分になることができた。

クシュラが外界の人物と関わるためには、必ず大人が付き添《そ》って助けてあげる必要があった。一対一の本の読み聞かせを通して、②クシュラは外界の事物と交渉《こうしょう》する通路をもつことになった。クシュラが気に入った本は、何百回も読まされることになった。睡眠《すいみん》パターンが[b]フキソクだったので、長い時間の夜を過ごすのに繰り返し絵本を読んだ。大量の本の読み聞かせを通して、クシュラは絵本の世界の人々と友達になった。本の中の住人が、絶え間ない苦痛と不安にさいなまれていたクシュラの心の友となったのだ。この読み聞かせは、クシュラの気持ちを明るくさせただけでなく、知力を向上させ、身体の発育にさえも好影響《えいきょう》を与《あた》えた。

三歳《さい》八か月のときにクシュラ自らがこう言っている。「さあこれで、ルービー・ルー[注1]に、ほんをよんであげられるわ。だって、このこ、つかれていて、かなしいんだから、だっこして、ミルクをのませて、ほんをよんでやらなくてはね。」

大量の読み聞かせをしてもらったおかげで、クシュラは心の中に豊かな世界をもつことができるようになった。③これは、障害のあるなしにかかわらず、どの子どもにも有効な教育方法だろう。子どもと一緒《いっしょ》にいる長い時間をもたせるために、クシュラの母親が[2]せっぱ詰《つ》まって読み聞かせをしたというのもおもしろい。子どもと［C］一緒にいることは、時に苦痛にもなる。親自身が楽しめる絵本を選んで一緒に読むというのは、いい時間の過ごし方だ。

④私自身が子どもに読み聞かせをした経験の中でお薦《すす》めしたいと思う絵本[注2]は、『ギルガメシュ王ものがたり』『ギルガメシュ王のたたかい』『ギルガメシュ王さいごの旅』（岩波書店）の三部作だ。これは、メソポタミアの世界最古の神話の一つ、ギルガメシュ王の物語を絵本にしたものだ。楔形《くさびがた》文字で粘土《ねんど》板に記されたギルガメシュの物語は、ノアの方舟《はこぶね》の原型とも言える話を含《ふく》み込んだ壮大《そうだい》なものである。神話を構成する重要な要素に満ちている。友情と恋愛《れんあい》、英雄《えいゆう》物語、生と死の物語、悪との戦い、旅など、物語の原型がほとんどと言っていいほど入っている。絵も素晴らしく、一枚一枚が壁画《へきが》のようだ。色使いも美しい。ただ単にうまいというのではなく、神話の重みが伝わってくる荘厳《そうごん》さがある。一方で、疲《つか》れたライオンを[c]背負って歩く絵柄《えがら》など、ところどころユーモアも感じられる。原文の物語化もうまく、無駄《むだ》がない上に、抽象《ちゅうしょう》的になりすぎていない。訳文も、文語体の迫力《はくりょく》をところどころに生かし

ていて、申し分ない。［D］凄《すご》いのは、第三巻の『ギルガメシュ王さいごの旅』だ。人生の問題が凝縮《ぎょうしゅく》されていて、大人でも十分味わうことができる名作となっている。

私はこの三冊を子どもに読み聞かせながら、自分自身がその世界にはまっていった。⑤子どもに読み聞かせをするのは、あまりに過剰《かじょう》になれば親としても辛《つら》いものがある。それだけに、親自身が何度読んでも飽きないものにしたくなる。この三冊は、絵、物語とも優れているので、子どもも親も楽しめる。こうした物語の原型を幼いうちに心に刻みつけることは、人類の文化史を凝縮してdデンショウしている気がして格別な味わいがある。⑥人類の古代を個人において繰り返している感がある。

私がこの本をとくに採り上げたのは、このシリーズの売り上げ部数を聞いて驚《おどろ》いたからだ。多いからではない。少なすぎるのだ。現在では大きな書店でないと、なかなか見ることもできなくなっている。これほど素晴らしく、しかも読みやすい本が数千部しか売れていないというのは、ショックであった。本の価値に対して、あまりにも部数が少なすぎる。このままではやがて品切れ状態になってもおかしくはない。これほどの文化的価値の高い本が品切れになるとすれば、⑦その国の読書文化は貧困《ひんこん》だ。いい絵本は世に他にもたくさんあるが、世界最古の神話の一つということもあり、とくにお薦めしておきたい。一冊だいたい千八百円だが、作品の質からすれば、非常に安い値段だと考える。書物にもっとお金を出すeシュウカンを持つべきだ。

子どもに本を読んでやるのは、幼児にばかりとは限らない。本を読んでもらうのは小学生になっても嫌《きら》いではない。たとえば、男の子向けかもしれないが、江戸川乱歩の「怪人《かいじん》二十面相」シリーズは、小学生に読んでやるのに楽しい本だ。現代の作家に比べると、文語体の時代がかったセリフが多いのも楽しい。たとえば、「ああ、読者諸君、これは一体どうしたことでしょう」といった文章が次々に出てきて、紙芝居《しばい》を見ているようなおもしろさがある。時代は相当経《た》っているのに、なぜか子どもには人気があり続けている不思議なシリーズだ。推理の謎《なぞ》解きというだけではなく、かつての日本が持っていたf風情が、文章のそこここから感じられる。そうした効用も、このシリーズにはある。

この他、読み聞かせに向いているシリーズとしては、たとえば「ドリトル先生」シリーズがある。これも長いシリーズだ。夜寝《ね》る前に読んでいると、どこから始めてどこで終わってもいいような気楽さがある。井伏鱒二《いぶせますじ》訳が出ているので、日本語の文章としてもこなれていて、声に出して読みやすい。

長い物語を目で追わずに、耳からだけ聞いているという経験も、なかなか3イマジネーションを喚起《かんき》するおもしろい経験だ。耳から入ってきた言葉で、頭の中に映像を思い描《えが》いていく。目で読んで頭に思い浮《う》かべるよりも負担が少なく、寝るg間際の頭にはちょうどいい。自分で勝手なイメージを思い描きながら夢うつつの境を彷徨《さまよ》うのは、至福の時だ。本の良さは、イマジネーションを育てるところにもある。単に知識を得るだけではない。言葉から映像や音、匂《にお》いなどを想像する力は、優れて人間的だ。この極《きわ》めて人間的なイメージ化能力を、読書は鍛《きた》えてくれる。

最近は、アニメ映画の優れた作品が数多く生み出されている。これは、文化としては非常に高度な技術が駆使《くし》されたものである。作品としての出来もいい。しかし、惜《お》しむらくは、作品をつくる側の想像力があまりにも発揮されてしまっていて、⑧見る子どもの方が、その想像力を享受するだけでお腹《なか》いっぱいになってしまうということだ。

本のように言葉しか手がかりがなければ、色から絵柄、そして登場人物の声質まで、すべて読者側が想像することになる。よく本やマンガで知っているキャラクターがテレビのアニメになったときに、「声が違う」と感じることがある。これは想像上で自分の声を何となくつくり上げて読んでいるということだ。実際の声優の声がイメージとずれていると感じる力は、イメージ化能力があることを示している。初めからアニメ作品として出会ってしまうと、⑨その「ズレ」を感じることはできにくくなる。

作り手側の想像力が駆使された映像作品は、作品としての完成度が高まれば高まるほど、子どもの想像力を鍛えるトレーニングメニューにはなりにくい。アニメ作品に慣れきった人たちの中に、本をほとんど読まない人も多い。言葉だけからさまざまなイメージをつくり出すことのできる、⑩このイメージ化能力は、優れた映像作品が溢《あふ》れている現代において、むしろ弱まる傾向《けいこう》にあるのではないだろうか。

（齋藤《さいとう》孝《たかし》『読書力』岩波新書）

注1 ルー・ビー・ルー…… クシュラが気に入っている本の登場人物。
注2 メソポタミア…… 中東地域、現代のイラク周辺で、世界最古の文明が生まれた場所の一つである。

問一 ～～～ a～gのカタカナを漢字に直し、漢字は読み方を答えなさい。

問二 ═══ 1～3のことばの本文中における意味として最も適当なものを次の中から選んで、それぞれ記号で答えなさい。

1「顕著な」 ア 段階的な イ 明らかな ウ 急速な エ ささいな
2「せっぱ詰まって」 ア 追いつめられて イ いかって ウ 飽きて エ 張り切って
3「イマジネーション」 ア 思考力 イ 想像力 ウ 判断力 エ 集中力

問三 □ A～Dに入ることばとして最も適当なものを次の中から選んで、それぞれ記号で答えなさい。(同じ記号は二度使わない)

ア きちんと イ とりわけ ウ きっと エ ずっと オ 次々と

問四 ─── ①とありますが、具体的にはどのようなことが違うのですか。(　　)にあてはまることばを本文中から十字以内でぬき出して答えなさい。

(　　)に聞こえるということ。

問五 ─── ②とありますが、これはどういうことですか。最も適当なものを次の中から選んで、記号で答えなさい。

ア 自分のやりたいことを自由に伝えられるようになったということ。
イ 自分が世界の中でどういう状況に置かれているのかがわかったということ。
ウ 自分をとりまく世界にも意識を広げられるようになったということ。
エ 自分で本を選んで読むことができるようになったということ。

問六 ─── ③が指す内容を本文中から八字でぬき出して答えなさい。

問七 ─── ④とありますが、筆者が読み聞かせのために薦める本の説明としてまちがっているものを次の中から選んで、記号で答えなさい。

ア 物語の原型が多く含まれ、絵や文から神話の重みだけでなくユーモアも伝わってくる本。
イ 子どもだけでなく大人も物語の内容を十分に楽しみ、その世界にはまることができる本。
ウ 時代がかったセリフが紙芝居のようでおもしろく、小学生に読み聞かせても楽しめる本。
エ 長いシリーズであるが、文語体で書かれているため寝る前に気楽に読むことができる本。

問八 ─── ⑤とありますが、それはなぜですか。「大人」「何度も」ということばを使い、二十五字以内で答えなさい。

問九 ─── ⑥とありますが、これはどういうことですか。最も適当なものを次の中から選んで、記号で答えなさい。

ア 色使いの美しい壮大な物語を読むことで、自身がそこにいるような気分になるということ。
イ 古い時代のユーモアにふれることで、自分の教養を以前より深いものにしていくということ。
ウ 子どもに繰り返し読み聞かせることで、親自身が歴史への興味を深められるということ。
エ 親が子に読み聞かせをすることで、凝縮された歴史が伝わっていくということ。

問十 ─── ⑦とありますが、「その国」を表しているものとして最も適当なものを次の中から選んで、記号で答えなさい。

ア 価値の高い本が売れずに、入手もしづらい国。 イ どんなに価値ある本でも非常に値段が安い国。
ウ 国民が貧しくて本を買うことすらできない国。 エ 良い本に限って品切れ状態となってしまう国。

問十一 ─── ⑧とありますが、これはどういうことですか。最も適当なものを次の中から選んで、記号で答えなさい。

ア アニメ制作者の技術が高度すぎて、子どもたちがストーリーを理解できなくなっているということ。
イ アニメ自体が独創的すぎて、子どもたちの想像力がおよばないものになっているということ。
ウ アニメ制作者の技術が高すぎるために、子どもたちが想像力を働かせる余地がないということ。
エ アニメの声優が上手に演じるので、子どもたちはその人自身にしか興味を持てないでいるということ。

問十二 ――⑨を説明した次の文の（　　）にあてはまることばを、（Ａ）は本文中から五字以内でぬき出し、（Ｂ）は本文中のことばを使って十字以内で答えなさい。

アニメの（　Ａ　）と、本やマンガから（　Ｂ　）とのズレ。

問十三 ――⑩とありますが、それはなぜですか。最も適当なものを次の中から選んで、記号で答えなさい。

ア 読者自身が想像する要素の多い本と違い、アニメ作品などは作り手側があらかじめ決定する要素が多くなっているから。

イ 優れた映像作品ならともかく、そうでないものも多いので、子どもには選んで見せなければならなくなっているから。

ウ 原作を先に読み、その後にアニメを見た方がその世界観を存分に味わうことができるようにアニメ作品は作られているから。

エ 優れた本が作られなくなってしまう一方、高度な技術が使われた映像作品が多くつくられるようになってきているから。

## 二

次の各問いに答えなさい。

問一 次の1～3の各組の空らんに共通してあてはまる漢字一字を、それぞれ答えなさい。

1 あげ□をとる。　□を洗う。　□を引っ張る。

2 □に余る。　□を粉にする。　□もふたもない。

3 □を探る。　片□痛い。　□が立つ。

問二 次の1～3の熟語の正しい読み方をそれぞれ選んで、記号で答えなさい。

1 生糸【ア なまいと　イ きいと　ウ せいし】

2 知己【ア ちこ　イ ちき　ウ しこ】

3 素人【ア すじん　イ そひと　ウ しろうと】

問三 次の1～3の各文の――の語に送りがなをつけて、それぞれ文を完成させなさい。

1 ア 湖から流（　　）出る川。

イ 今までのことは水に流（　　）ましょう。

2 ア くるみを割（　　）ための道具がほしい。

イ 先生が私のために時間を割（　　）てくれた。

3 ア 無茶《むちゃ》な相談は断（　　）べきだ。

イ 悪い人間関係は断（　　）べきだ。

問四 次の1～3のことばの反対語を、それぞれ漢字で答えなさい。

1 敗北　2 短縮　3 支出

問五 次の1～3の空らんに適当な漢字を一字入れて、下の意味になる四字熟語を完成させなさい。

1 異（　）同音……多くの人が口をそろえて同じことを言うこと。

2 無我《むが》（　）中……何かある事に熱中して我を忘れること。

3 （　）刀乱麻《らんま》……こじれた物事を鮮《あざ》やかに解決すること。

問六 次のア～キのことわざのうち、反対の意味を持つものの組み合わせを三つ作り、それぞれ記号で答えなさい。

ア うりのつるになすびはならぬ

イ 渡《わた》る世間《せけん》に鬼《おに》はない

ウ 立つ鳥跡《あと》を濁《にご》さず

エ 人を見たら泥棒《どろぼう》と思え

オ とびがたかを生む

カ きじも鳴かずば打たれまい

キ 後は野となれ山となれ

問七　次の1〜5の（　　）に入ることばとして最も適当なものをあとから選んで、それぞれ記号で答えなさい。

1　田子《たご》の浦《うら》に　うち出《い》でて見れば　白妙《たえ》の　富士の高嶺《たかね》に　（　　）は降りつつ

2　（　　）の色は　移りにけりな　いたづらに　わが身世にふる　ながめせし間に

すっかり色あせてしまった。長雨が降り、むなしくもの思いにふけって日を過ごす間に

3　ちはやぶる　神代《かみよ》もきかず　竜田川《たつたがわ》　からくれないに　（　　）くくるとは

神のいた時代にも聞いたことがない。竜田川であざやかな紅色に　染めるとは

4　夏の夜は　まだ宵《よい》ながら　明けぬるを　雲のいづこに　（　　）宿るらむ

まだ夜のうちと思っている間に明けてしまったが、　宿っているのだろう

5　由良《ゆら》の門《と》を　渡る舟人《ふなびと》　かぢを絶え　行方《ゆくえ》も知らぬ　（　　）の道かな

由良海峡《かいきょう》を　かじをなくして（ただようように）

ア　水　　イ　雪　　ウ　恋《こい》　　エ　月　　オ　花　　カ　雨

# 2022年度

# 大阪女学院中学校
# 後期入学試験問題

## 「算　　数」

(50分)

1. 試験開始の合図があるまで，この問題冊子にふれてはいけません。
2. 問題は1ページ～ 8ページまで [1] ～ [6] の大問があります。
3. 解答はすべて解答用紙に記入しなさい。
4. ホッチキスは，はずしてはいけません。
5. 試験中に問題冊子の印刷不鮮明，ページの落丁・乱丁及び解答用紙の汚れ等に気付いた場合は，手をあげて監督の先生に知らせなさい。

光　「えーっ，そうなんだね。9よりもっと小さい数字が入っている場合もあるのかな？
だとしたら，入っている可能性がある数字の中で1番小さいものって何だろう？」

恵　「わかった。［え］だ！これよりも小さい数字が入っていると，合計が115になるのは不可能だよ。」

光　「本当だね，恵さん。それが正解だよ。」

恵　「トランプって楽しいね。」

（会話文は以上です）

（このページは白紙です）

6 光さんと恵さんは，トランプを1組持って会話しています。会話文を読んで，［あ］～［え］にあてはまる数を求めなさい。

光　「私たちが今持ってるトランプは，ハート，ダイヤ，スペード，クラブの4種類のマークがあって，マークごとにそれぞれ1～13の数字のカードがあるよ。」

恵　「全部で［あ］枚あるんだね。光さん，トランプで数字あてゲームをしようよ。」

光　「いいよ。」

恵　「私は今，10枚のカードを持っています。数字を合計すると18です。1番大きい数字は何でしょう？」

光　「10枚のカードの数字の合計が18って，ずいぶん小さいね。･･･わかった！恵さんが持ってるカードの中で，1番大きい数字は［い］だね！」

恵　「正解！」

光　「次は私の番だよ。今私が持ってる10枚のカードは，すべてハートマークです。そして数字を合計すると56です。1番大きい数字は何でしょう？」

恵　「すべてハートってことは，1つの数字は1枚ずつしかないんだね。」

光　「そうだね。」

恵　「そうなると･･･1番大きい数字は［う］だね。」

光　「正解！」

恵　「今度は私の番だね。今，私が持っている10枚のカードの合計は115です。1番小さい数字は何でしょう？」

光　「えっ･･･ちょっと待って。数字を書いて考えてみるね。えーっと･･･あ，できた。

| | | | | | | | | | |
|---|---|---|---|---|---|---|---|---|---|
| 10 | 11 | 11 | 11 | 11 | 12 | 12 | 12 | 12 | 13 |

恵さん，こんなカードを持ってるんじゃない？1番小さい数字は10でしょ？」

恵　「残念でした，ちがいます。私が持ってるカードは

| | | | | | | | | | |
|---|---|---|---|---|---|---|---|---|---|
| 9 | 10 | 10 | 10 | 12 | 12 | 13 | 13 | 13 | 13 |

この10枚でした。だから，1番小さい数字は9だよ。」



(このページは白紙です)

1 次の□にあてはまる数を答えなさい。

(1) $13+12\times 19-167=\square$

(2) $\left(\frac{1}{4}\times\frac{1}{2}-\frac{2}{3}\times\frac{1}{6}\right)\div\frac{10}{9}=\square$

(3) $\frac{7}{15}-0.25\times\frac{2}{5}\div\frac{3}{8}=\square$

(4) $\left(3\frac{2}{3}-\square\right)\times\frac{3}{2}-2=1$

(5) $4.1\times 2.3+(6.3-2.47)\div 0.4=\square$

(6) $\frac{432}{\square}=\frac{27}{31}$

(7) 長さ12cmのテープを30本つなげて1本の長いテープをつくります。つなぎ目は1.5cmずつ重ねてのりづけすると，□cmのテープができます。

(8) かみ合っている2つの歯車があります。歯車Aの歯数は48で，歯車Bの歯数は72です。歯車Aが12回転するとき，歯車Bは□回転します。

(3) ろうそくBが燃えている間に，ろうそくAとろうそくBの長さが等しくなるのは，同時に火をつけてから何分後か求めなさい。

(4) ろうそくの1本に火をつけ，そのろうそくの火が消えると同時に次のろうそくに火をつけます。このようにして，ろうそくAを12本使うときと，ろうそくBを22本使うときを比べると，どちらの方が何分何秒長く使えるか求めなさい。

5 火をつけてから一定の割合で短くなる2種類のろうそくAとろうそくBがあります。2つのろうそくに同時に火をつけ，ろうそくBの火を一度消し，しばらくしてから火をつけなおしたところ，ろうそくAとろうそくBは同時に燃えつきました。下のグラフは，このときの時間とろうそくの長さの関係を表したものです。このとき，次の問いに答えなさい。

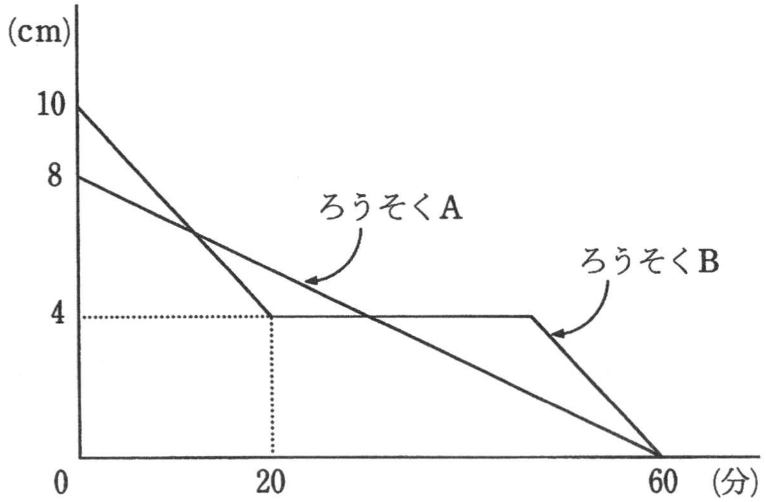


(1) ろうそくAは1分間に何cm短くなるか求め，分数で答えなさい。

(2) ろうそくBの火を消していた時間は何分何秒間か求めなさい。

2 次の問いに答えなさい。

(1) 学校の図書館で1か月に貸し出された本の数を調べると全部で250冊でした。これらの本の割合を種類ごとに分けて円グラフで表すと以下のようになりました。

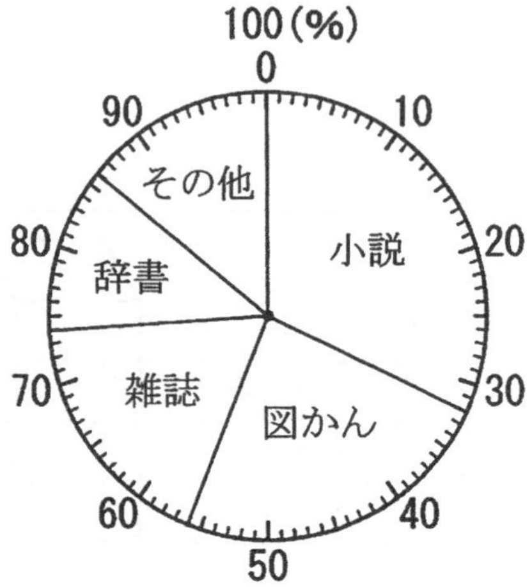


① 雑誌の割合は何%か求めなさい。

② 小説は何冊貸し出されたか求めなさい。

③ 辞書は図かんの何倍貸し出されたか求めなさい。

(2) ある規則にしたがって，左から順に次のように数字を並べました。

1，2，3，4，3，2，1，2，3，4，3，2，1，2，3，……

① 左から25番目の数字は何か求めなさい。

② 左から25番目までの数字をたすといくつになるか求めなさい。

3　1辺の長さが2cmの立方体がたくさんあります。この立方体を使って，図のような規則にしたがって立体を作っていきます。作った立体を図のように机の上に置き，外から見える面には色をぬります。ただし，机に置かれた面には色をぬりません。このとき，次の問いに答えなさい。

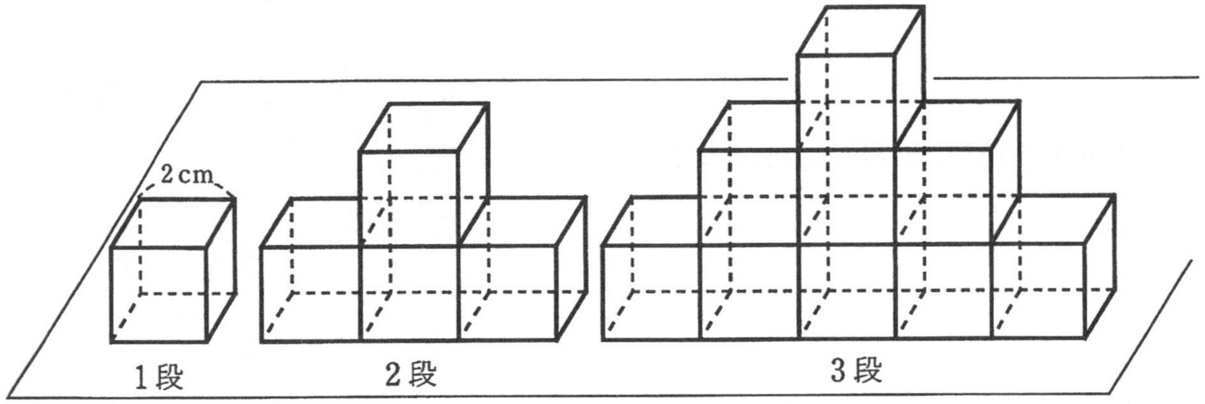


(1)　1段の立体で，色をぬった面積は何$cm^2$か求めなさい。

(2)　3段の立体で，色をぬった面積は何$cm^2$か求めなさい。

(3)　この規則にしたがって5段の立体を1つ作るとき，色をぬる面積は何$cm^2$か求めなさい。

4　直方体の水そうが水でいっぱいになっています。1辺10cmの立方体1個を水そうの中に完全に沈《しず》めると水がこぼれ，立方体を取り出すと水面の高さが2.5cm下がっていました。このとき，次の問いに答えなさい。ただし，沈めたものを取り出すときに水はこぼれないものとします。

(1)　水そうの底面積は何$cm^2$か求めなさい。

(2)　水でいっぱいになっている水そうに，5kgの物体を完全に沈めて取り出すと，水面の高さが1.5cm下がっていました。この物体の1$cm^3$あたりの重さは何gか，小数第2位を四捨五入して答えなさい。

(3)　1$cm^3$あたりの重さが9gの物質Aと，1$cm^3$あたりの重さが6gの物質Bがあわせて4.2kgあります。この物質Aと物質Bを水でいっぱいになっている水そうに完全に沈めて取り出すと，水面の高さが1.25cm下がっていました。このとき，物質Aと物質Bの体積の比を求め，最も簡単な整数の比で答えなさい。

# 二〇二二年度大阪女学院中学校入学試験問題　後期日程　国語　解答用紙

## 一

小計

問一　a　b　c　って　d　e　f　g

問二　1　2　3

問三　A　B　C　D

問四

問五

問六

問七

問八

問九

問十

問十一

問十二　A　B

問十三

問一．２点×７
問二．２点×３
問三．２点×４
問四．３点
問五．３点
問六．３点
問七．３点
問八．４点
問九．３点
問十．３点
問十一．３点
問十二．２点×２
問十三．３点

## 二

小計

問一　1　2　3

問二　1　2　3

問三　1　ア　イ　2　ア　イ　3　ア　イ

問四　1　2　3

問五　1　2　3

問六　・　・　・

問七　1　2　3　4　5

問一．１点×３
問二．１点×３
問三．完答２点×３
問四．２点×３
問五．２点×３
問六．完答２点×３
問七．２点×５

受験番号

氏名

得点

※100点満点

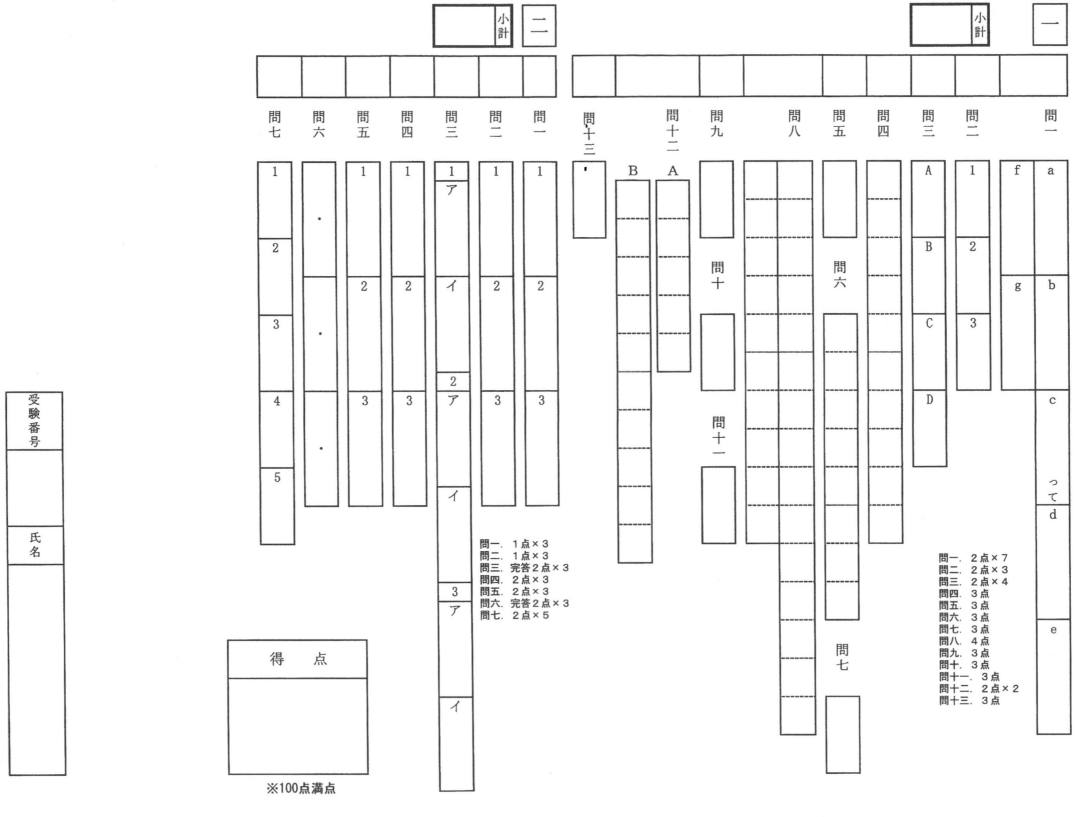

2022年度　大阪女学院中学校　後期入学試験解答用紙
「算　数」

（解答用紙には答えのみを記入し，途中の計算や式は書かないこと。）

| 受験番号 | 名　前 |
| --- | --- |
| | |

中計

総得点

※100点満点

中計

1　（32点）　4点×8

| | 解答欄 | 得点 |
| --- | --- | --- |
| (1) | | |
| (2) | | |
| (3) | | |
| (4) | | |
| (5) | | |
| (6) | | |
| (7) | cm | |
| (8) | 回転 | |

小計　小計

2　（17点）　(1)①2点　②4点　③4点　(2)①3点　②4点

| | | 解答欄 | 得点 |
| --- | --- | --- | --- |
| (1) | ① | % | |
| | ② | 冊 | |
| | ③ | 倍 | |
| (2) | ① | | |
| | ② | | |

小計

3　（10点）　(1)2点　(2)4点　(3)4点

| | 解答欄 | 得点 |
| --- | --- | --- |
| (1) | $cm^2$ | |
| (2) | $cm^2$ | |
| (3) | $cm^2$ | |

小計

4　（12点）　4点×3

| | 解答欄 | 得点 |
| --- | --- | --- |
| (1) | $cm^2$ | |
| (2) | g | |
| (3) | | |

小計

5　（15点）　(1)3点　(2)4点　(3)4点　(4)4点

| | 解答欄 | 得点 |
| --- | --- | --- |
| (1) | cm | |
| (2) | 分　秒間 | |
| (3) | 分後 | |
| (4) | 長く使える方　　分　秒 | |

小計

6　（14点）　あ．2点　い．4点　う．4点　え．4点

| | 解答欄 | | | 得点 |
| --- | --- | --- | --- | --- |
| あ | | い | | |
| う | | え | | |

小計



2022(R4) 大阪女学院中　後期
教英出版

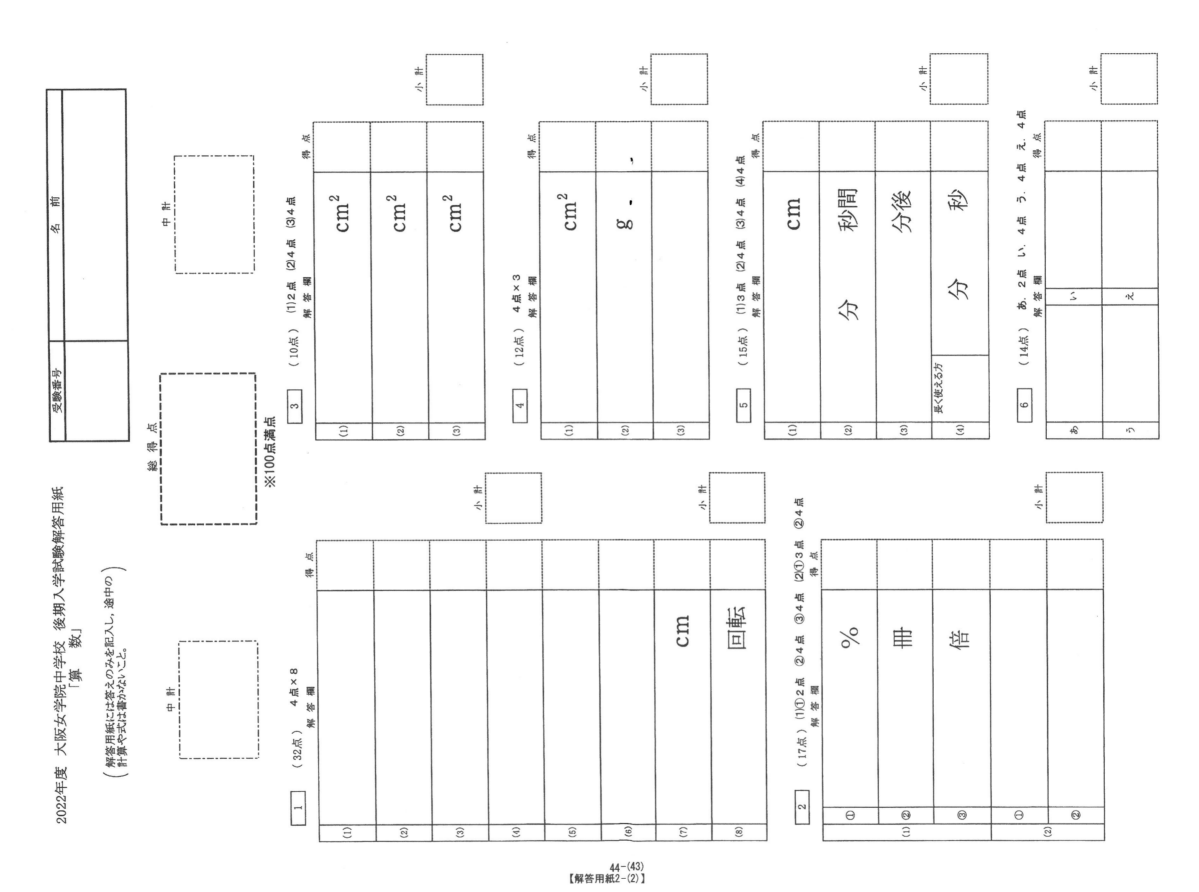

# 二〇二三年度大阪女学院中学校入学試験問題　前期日程

## 国　語（50分）

※出題の都合上、本文の省略と表記の変更《へんこう》があります。
※字数制限のある問いはすべて、句読点等も一字とします。

一　次の文章を読んで、あとの問いに答えなさい。

バーナード・リーチは、ロンドンの美術学校で日本から来た彫刻家《ちょうこくか》（後に高名な詩人となる）高村光太郎《こうたろう》と出会い、日本の美術にあこがれ、「日本とイギリスの架《か》け橋《はし》」になろうと日本への渡航《とこう》を果たす。リーチは日本語も話せないまま、単身来日して最初に訪《おとず》れた高村家で亀乃介《かめのすけ》と出会う。英語の話せる亀乃介はリーチの助手となり、日本での活動を支えながら、彼《かれ》から美術を学ぶことになった。やがて、リーチはイギリスから妻となるミュリエルを呼び寄せる。

こうして、リーチとミュリエルの幸せな新婚《しんこん》生活が始まった。

ミュリエルは、明るく、おだやかで、やさしい女性だった。

長いあいだお互《たが》いに思いを通わせて、愛する人と［Ⅰ］一緒《いっしょ》になることができたリーチは、新妻《にいづま》をとても大切にした。

一方で、日本の文化や習慣にaイッコクも早くなじんでもらいたいとも思っていたので、積極的に彼女《かのじょ》を外へ連れ出し、色々な人に会わせた。

ミュリエルは、最初のうちこそ、イギリスと［Ⅱ］違《ちが》う日本の文化や習慣に戸惑《とまど》っていたが、やがて打ち解けて、さまざまな事物に興味を持ち、自分から話しかけたり、試したりするようになった。

そして、リーチが来日した直後と同じように、「コレハ、ナンデスカ?」と、亀乃介に頻繁《ひんぱん》に質問して、日本語を習得するべくbツトめもした。

ミュリエルは、家事や料理は[注1]からきしだめだったが、ときにはイギリスから持ってきた料理本と[注2]くびっ引きで、何やらよくわからないものを作ったりもした。そんなときは亀乃介を食卓《しょくたく》へ呼んで、「サア、コレヲタベテクダサイ」と、Aたどたどしい日本語でうれしそうに言うのだった。

新築まもない上野のリーチ邸《てい》へ吹《ふ》き込《こ》んだ春風がミュリエルだとすれば、彼女がやってくるのとほぼ同じcジキにアトリエに到《とう》着《ちゃく》した[注3]エッチングの印刷機は、まさに[注4]台風の目であった。

それまで横浜港のdソウコに留め置いていた印刷機は、馬車の荷台に載《の》せて運ばれ、[注5]人夫が四人がかりで綱《つな》をかけ、箱から出されて、どうにかアトリエの床に設置された。（中略）

さっそく、リーチが試し刷りをした。入《い》り江《え》に帆船《はんせん》が浮《う》かぶ風景画を銅板に彫《ほ》り、日本橋で仕入れてきた和紙に刷り上げた。やわらかなe風合いの和紙にくっきりと黒い線が浮かび上がり、なんとも言えぬ風合いの風景版画が完成した。こんな大きな機械から繊細《せんさい》な版画が生み出されることに、亀乃介はB目を見張った。

亀乃介は、最初から、刷りの要《かなめ》であるハンドルを回すf大役を仰《おお》せつかった。緊張《きんちょう》したが、「大丈夫《だいじょうぶ》、大丈夫。ゆっくり回せばいいから」と、リーチに声をかけられ、ゆっくり、ゆっくり、ていねいに回した。結果はとてもいい仕上がりだった。

リーチは出来映《できば》えに［Ⅲ］気をよくして、次々に新しい風景版画を刷った。エッチングという新しい手法に魅了《みりょう》された亀乃介の胸には、自分の絵で印刷したいという気持ちが湧《わ》き上がってきた。しかし、銅板や紙やインクなどの高価な材料を無駄《むだ》にはしたくなかったので、やらせてください、とは言えずにいた。

ところが、数日後、C唐突《とうとつ》にリーチが言った。

「カメちゃん。君も、エッチングを一枚、自分で創ってみたまえ」

亀乃介は驚《おどろ》いた。

エッチングの材料は、貴重なものであり、先生の作品を創るためのものだから、たった一枚でも、自分は無駄にすることはできない。先生のお手伝いをさせていただくだけでも十分です。そう言って、①亀乃介は、リーチの申し出を辞退した。

リーチはしばしば考え込む様子になったが、［Ⅳ］顔を上げると、亀乃介の目を見て言った。

「②そういうところが、君のよくないところだ」

君たち日本人は、何につけても相手を思いやり、相手を立てようとする。それは日本人のg美徳であるのだと、自分はいつも感激する。

けれど、一方で、自分のことを[注6]卑下《ひげ》し、なんでも遠慮《えんりょ》して、こちらの好意を受け取ろうとしない。そうすることが美徳であ

ると、子供の頃《ころ》からしつけられているのかもしれない。でも、それは大きな間違いだ。
もしも君が、本気で芸術家になろうと考えているのだったら、まず、自分を卑下することをやめなさい。芸術家とは、誇《ほこ》り高き存在だ。お金も家も、なんにもなくても、誇りだけはある。それが芸術家というものだ。
君がエッチングであれ、なんであれ、私がやることにいつも興味を持って接してくれていることは、わかっている。③ハンドルを回す君の目は輝《かがや》いていたじゃないか。だから私は、いつも待っていたんだよ。僕《ぼく》にもやらせてください、と君が言い出すのを。
リーチの言葉に、亀乃介は、④平手打ちをされたような気持ちになった。
――そうだ。先生の言う通りだ。
自分はいつも、自分の中でどんどん大きくなる気持ちに……やってみたい、描《か》いてみたい、創ってみたいという思いに、一生懸命《いっしょうけんめい》ふたをしてきた。
先生がやっていることを真似《まね》て、僕もやってみたいと申し出るなんて、とんでもない、と戒《いまし》めていた。
でもそれは、自分に自信がないことの裏返しだったんじゃないか。先生のことを、ただただ、うらやましく思って、いじけていただけかもしれない。
亀乃介は、いままで自分の心があまりにも小さく縮こまっていたことに、⑤ようやく気づいた。D上気した顔を上げて、リーチの目を見ると、思い切って言った。
「先生。僕は、ほんとうは、エッチングを創ってみたいと思っていました」
先生の作品が出来上がるのを見て、とてもうれしかったし、感心したのもほんとうです。
黒のインク一色なのに、海の風景には青を感じるし、山を描いたものには緑を感じました。そのどちらにも風が吹いていました。先生の描かれるものは、全部生き生きして見える。すごいなあ、と。
もしも自分が描いたら、どんなふうになるだろうか。先生のようには描けないに決まってるけど、それでも、描いてみたい、やってみたい。
そんな気持ちで、なんだか、うずうずしていました――と、亀乃介は、思いの丈《たけ》を正直に語った。
「もし、できることなら、僕にも一枚、創らせてください」
お願いしますと頭を下げた。
リーチは、笑顔になって、
「そう。それでいいんだよ、カメちゃん」
とやさしく言った。
「画家で詩人のウィリアム・ブレイクというイギリス人がいる。彼が、とても興味深いことを言っているよ。それはね、こういう言葉だ。――『欲望が、創造を生む』。わかるかい？」
リーチの言葉、いや、初めてその名を聞いたブレイクという芸術家の言葉が、⑥亀乃介の心に触《ふ》れた。両手で包み込むようにして。
――欲望が、創造を生む。
リーチは、続けて言った。
「この世界じゅうの美しい風景を描いてみたい、愛する人の姿を絵に残したい、新しい表現をみつけたい。そんなふうに、『やってみたい』と欲する心こそが、私たちを創造に向かわせるんだ。芸術家が何かを創り出す【　X　】は、『欲望』なんだよ」

（原田マハ『リーチ先生』集英社文庫）

注1　からきし　まるっきり。まったく。
注2　くびっ引き　離《はな》さないでいつも頼《たよ》りにすること。
注3　エッチング　銅版画の代表的技法。
注4　台風の目　物事に大きな影響《えいきょう》を与《あた》えるもとになるもの。
注5　人夫　力仕事をする労働者。
注6　卑下　自分を他人より劣《おと》ったものとしていやしめること。

問一　～～～a～gのカタカナを漢字に直し、漢字は読み方を答えなさい。

問二　□Ⅰ～Ⅳに入ることばとして最も適当なものを次から選んで、それぞれ記号で答えなさい。（同じ記号は二度使わない。）
ア　まったく　イ　やがて　ウ　ようやく　エ　やっぱり　オ　すっかり

問三 ═══ A～Dのことばの文中における意味として最も適当なものを選んで、それぞれ記号で答えなさい。

A「たどたどしい」ア はっきりしない　イ 不得意な　ウ おぼつかない　エ 不器用な

B「目を見張った」ア あきれ果てた　イ 予想していなかった　ウ 驚いて感心した　エ 受け入れられなかった

C「唐突に」ア ためらいなく　イ あわただしく　ウ 思いがけず偶然《ぐうぜん》に　エ 前触《まえぶ》れなく不意に

D「上気した」ア 恥《は》ずかしそうな　イ のぼせてほてった　ウ 怒《いか》りに満ちた　エ はりつめた

問四 ――①とありますが、それはなぜですか。その理由を説明している最も適当な一文のはじめの六字を答えなさい。

問五 ――②とありますが、それはどのようなところですか。本文中から最も適当な部分を解答らんに続くように三十五字以内でぬき出し、はじめとおわりの五字を答えなさい。

問六 ――③のリーチのことばからどのようなことがわかりますか。それについて説明した次の文の空らんに入る最も適当な部分を、――③より前の本文中から十六字でぬき出しなさい。

**リーチは亀乃介の（　十六字　）に気づいていたということ。**

問七 ――④とありますが、どういうことですか。最も適当なものを次から選んで、記号で答えなさい。

ア リーチが日本のしつけの方法を知っているということに驚かされたということ。

イ 自分の気持ちが全く通じていないことを悲しみ、悔《くや》しく思ったということ。

ウ 尊敬《そんけい》しているリーチから欠点をはっきりと指摘《してき》され、傷《きず》ついたということ。

エ 今までのふるまいは芸術家としては間違っていると気づかされたということ。

問八 ――⑤とありますが、亀乃介が気づいたこととしてふさわしくないものを次から一つ選んで、記号で答えなさい。

ア エッチングを創ってみたいという気持ちを無理に抑《おさ》え込んでいたということ。

イ やってみたいと言えなかったのは自分に自信がなかったからだということ。

ウ 印刷機はリーチのものだから自分のような他人は使ってはいけないということ。

エ 手伝えるだけで十分だと思う一方でリーチをうらやむ気持ちがあったということ。

問九 ――⑥を解説した次の文章の空らんに入る適当なことばをあとから選んで、それぞれ記号で答えなさい。（同じ記号は二度使わない）

**亀乃介は早くに両親を亡《な》くし、引き取られた横浜の食堂で働くうちに自然と英語を覚えた。そこで彼は高村光太郎と出会い、英語力と絵の才能を認められ、高村家に住み込んで芸術の道を志すことになった。**

**リーチの元で絵を学ぶようになっても、その生《お》い立ちから自分を（　A　）することに慣れ、（　B　）ばかりする癖《くせ》が抜《ぬ》けなかった亀乃介であったが、ブレイクの言葉を通して「やってみたい」と欲する思いを抑え込んでいては（　C　）として何も生み出せないのだと知り、お金や家がなくても（　D　）を持てというリーチの教えと温かい心による愛情や優《やさ》しさを受けて、彼の心が解き放たれた瞬間《しゅんかん》を表している。**

ア 誇り　イ 卑下　ウ 遠慮　エ 人間　オ 芸術家

問十 【　X　】に入る最も適当なことばを次から選んで、記号で答えなさい。

ア 原動力　イ 不思議　ウ 可能性　エ 好奇心《こうきしん》

問十一 本文の説明としてふさわしくないものを次から一つ選んで、記号で答えなさい。

ア リーチの妻ミュリエルは春風に例えられるように軽《かろ》やかで行動的な人物で、亀乃介とは対比的に描《えが》かれている。

イ 初めから印刷機のハンドルを回す役目を与《あた》えているところから、リーチが亀乃介を深く信頼《しんらい》していることが読み取れる。

ウ 亀乃介がそれまでの思いをすべて打ち明ける部分には「　」が使われておらず、興奮して話し続ける様子がうかがえる。

エ エッチングを日本で広めようとするリーチからは、イギリスの文化が一番すばらしいという誇りを感じ取ることができる。

二　次の各問いに答えなさい。

問一　次の1～3の例文の空らんに当てはまることばとして最も適当なものを後から選んで、それぞれ記号で答えなさい。

1　意味：心のつかえがとれて、さわやかになる。
例文：彼の逆転ホームランのおかげで連敗を脱《だつ》することができ、（　　　　）ような思いだ。

2　意味：あわててとりみだす。
例文：嘘《うそ》をついたことがばれてしまい、どうしたらいいのかわからず（　　　　）。

3　意味：離れるものに心が引かれて、別れるのがつらい気持ち。
例文：この街を離れるのは（　　　　）が、新しい生活のためにやらなければならないことがたくさんある。

ア　ためらう　　イ　胸がすく　　ウ　もどかしい　　エ　なごりおしい　　オ　うろたえる

問二　次の1～3の□のことばがかかっている部分を選んで、それぞれ記号で答えなさい。

1　母の　日課は　毎朝　花だんの　ア赤い　イ花に　ウ水やりを　エする　オことだ。

2　僕の　ア隣《となり》の　イ席の　ウ田中君は　エいつも　オさわやかな　カ笑顔で　キ挨拶《あいさつ》を　クする。

3　来週の　土曜日は　ア神社で　イ年に　ウ一度の　エ夏祭りが　オ開催《かいさい》される　カ日だ。

問三　次の1～3の――部のカタカナを、漢字と送りがなの形にそれぞれ直しなさい。

1　ココロヨイ風が吹いている。

2　勉強に時間をツイヤス。

3　祖父と畑をタガヤス。

問四　次の1～3のことばのあとに続くものとして、最も適当なものを次から選んで、それぞれ記号で答えなさい。

1　相づちを
ア　たたく　　イ　とばす　　ウ　打つ　　エ　入れる

2　怒りを
ア　売る　　イ　覚える　　ウ　考える　　エ　立てる

3　恩に
ア　着る　　イ　切る　　ウ　返す　　エ　期す

問五　次の1～3の――部の表現が不適当な場合は正しい表現に書き直し、適当である場合は○を書きなさい。

1　算数の問題が理解できなかったが、授業を聞いて目からうろこが取れた。

2　「出るくいは打たれる」といわれるから、目立つ行動はひかえておこう。

3　あの彼が生徒会長に選ばれたと聞いて、みんな頭をかしげていた。

問六　次の1～4の（　　）に入ることばを後から選んで漢字に直し、それぞれの類義語または対義語を完成させなさい。

【類義語】　1　重宝　＝　（　　）　　2　有名　＝　（　　）
【対義語】　3　収入　⟷　（　　）　　4　自然　⟷　（　　）

| |
|---|
| ジンコウ　ベンリ　シシュツ　ジュウヨウ　チョメイ　トカイ |

問七　次の1・2は空らんに同じ漢字が入る四字熟語である。それぞれの空らんに入る最も適当な漢字を答えなさい。

1　□信□疑
2　□心□意

問八　次の1～5の（　　）に入ることばとして最も適当なものを後から選んで、それぞれ記号で答えなさい。

さあ、人の心はわからないが
1　人はいさ　心も知らず　ふるさとは　（　　）ぞ昔の　香《か》ににほひける

思いなげき悲しんでも　死にもせず命はあるものなのに　こらえられないのは
2　思ひわび　さても命は　あるものを　憂《う》きにたへぬは　（　　）なりけり

とぎれとぎれに　姿を現してくる
3　（　　）ぼらけ　宇治《うじ》の川霧《かわぎり》　たえだえに　あらはれわたる　瀬々《せぜ》の網代《あじろ》木

切れ間から　もれ出てきた　光のなんとすがすがしいことか
4　秋風に　たなびく雲の　絶え間より　もれいづる（　　）の　影《かげ》のさやけさ

来たらしい　白い衣をほすという
5　春すぎて　（　　）来にけらし　白妙《しろたえ》の　衣《ころも》ほすてふ　天の香具山《かぐやま》

ア　涙《なみだ》　イ　心　ウ　朝　エ　月　オ　秋　カ　花　キ　風　ク　夏

# 2023 年度

# 大阪女学院中学校
# 前期入学試験問題

# 「算　　数」

（50分）

1. 試験開始の合図があるまで，この問題冊子にふれてはいけません。
2. 問題は 1 ページ～ 8 ページまで 1 ～ 6 の大問があります。
3. 解答はすべて解答用紙に記入しなさい。
4. 円周率は，3.14 として答えなさい。
5. ホッチキスは，はずしてはいけません。
6. 試験中に問題冊子の印刷不鮮明，ページの落丁・乱丁及び解答用紙の汚れ等に気付いた場合は，手をあげて監督の先生に知らせなさい。

(このページは白紙です)

ミ　ナ「そうだね。同じように考えれば，プリントを 4 枚はる場合は，画びょうは少なくとも［あ］本必要だよ。」

ウィル「本当だね！今，画びょうを 36 本しか持っていないのだけど，何枚のプリントをはることができるかなぁ…。」

ミ　ナ「36 本の画びょうではることができるプリントは，［い］枚までだね。」

ウィル「そうかぁ。それなら，このプリントをすべてはるには画びょうが足りないや。先生にお願いして画びょうをもらってくるよ。」

ウィル「おまたせ。新しく画びょうを 34 本もらってきたよ！」

ミ　ナ「ありがとう！すべてのプリントをはることができるかな？今，持っているすべての画びょうではることのできるプリントは一番多くて何枚だろう？」

ウィル「うーん。けい示板の大きさは考えないことにすると，［う］枚までだね。」

ミ　ナ「よし，じゃあさっそくはっていこうよ！」

ウィル「まってね。けい示板にうまく並べられるかな。けい示板の大きさを測ってからの方がいいんじゃない？」

ミ　ナ「なるほど。わかった，任せて！縦が 102 cm，横が 240 cmだね。」

ウィル「ということは，このけい示板には，プリントは［え］枚までなら並べられるはずだよ。」

ミ　ナ「本当だね。プリントは何枚持っているの？」

ウィル「プリントは全部で 50 枚あるんだ。後は画びょうが足りるかどうかだね…。」

ミ　ナ「うーん，まってね，考えてみるよ。大丈夫！うまく並べて，できるだけ少ない本数の画びょうではれば，画びょうは最大で［お］本あまるよ！」

ウィル「本当だ！すごい！これで，安心してはることができるね。」

(会話文は以上です)

6 縦 26 cm，横 18 cm の長方形のプリントがたくさんあります。ウィルさんとミナさんは，次のようにして学校のけい示板にはることにしました。

① プリントはすべて縦向きにはる。
② プリントは必ず画びょうで四すみを留める。
③ プリントが 2 枚以上ある場合は，はしを 1 cm だけ重ね，その上を画びょうで留める。

次のウィルさんとミナさんの会話文を読み，あ ～ お に当てはまる数を求めなさい。

ミ　ナ「この留め方なら，少ない画びょうでしっかりとプリントをはることができそうだね。実際に，どのくらいの画びょうが必要か考えてみようよ。」
ウィル「プリントを 2 枚はる場合は，縦に並べても横に並べても，6 本の画びょうが必要だね。」

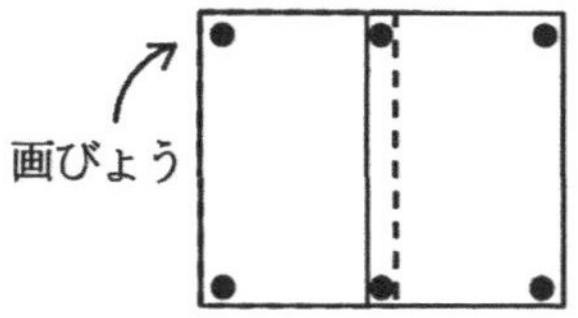


ミ　ナ「そうだね。プリントが 3 枚の場合はどうだろう。色々な並べ方が考えられるよ。簡単に絵をかくと，例えばこんな風になるね。」

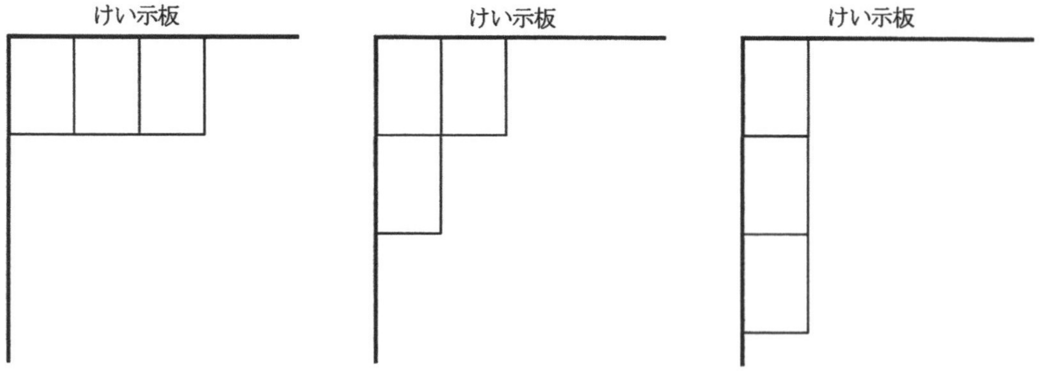


ウィル「うーん。少ない本数の画びょうで，たくさんのプリントをはることを考えると，並べ方も考えないといけないのかな？」



(このページは白紙です)

1 次の □ にあてはまる数を答えなさい。

(1) $15-4\times6\div3=$ □

(2) $9+36\div(17-11)=$ □

(3) $10.6\div2+(13-4.5)\times4=$ □

(4) $\frac{20}{31}\times\left(\frac{1}{6}+\frac{3}{4}-\frac{2}{5}\right)=$ □

(5) $\frac{4}{7}\div\left(1.4-\frac{5}{7}\right)-0.75=$ □

(6) □ $\times\frac{1}{4}-\frac{1}{6}\div\frac{2}{7}=\frac{1}{3}$

(7) ある本を1日目は全体の $\frac{3}{5}$ を読み，2日目は1日目に読んだ量の $\frac{1}{2}$ を読み，3日目は2日目に読んだ量の □ を読むと，ちょうど読み終わります。

(8) くりを子どもたちに配ります。1人に10個ずつ配ると42個不足し，1人に7個ずつ配ると12個不足します。このとき，くりは □ 個あります。

(4) このメリーゴーランドは，大きな円形のフェンスで囲われています。図2のようにCさんがこのフェンス沿いを，メリーゴーランドの回転の速さと同じ速さで走りましたが，40秒で走るのをやめました。Cさんの走った道のりは何mか求めなさい。

図2

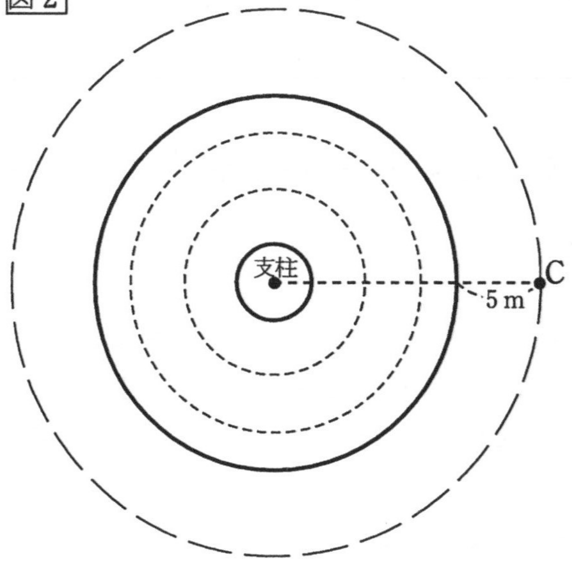

5　ある遊園地のメリーゴーランドの馬が，円形の土台に固定されていて，1 周するのにちょうど 30 秒かかります。下の図 1 は，土台部分を上から見たものです。支柱の周りの長さを測ると 12.56 mでした。このメリーゴーランドで，Aさんは内側の馬，Bさんは外側の馬に乗りました。次の問いに答えなさい。

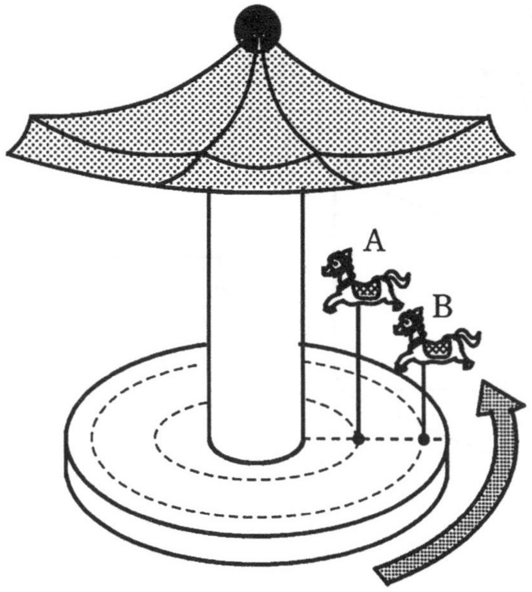


図 1

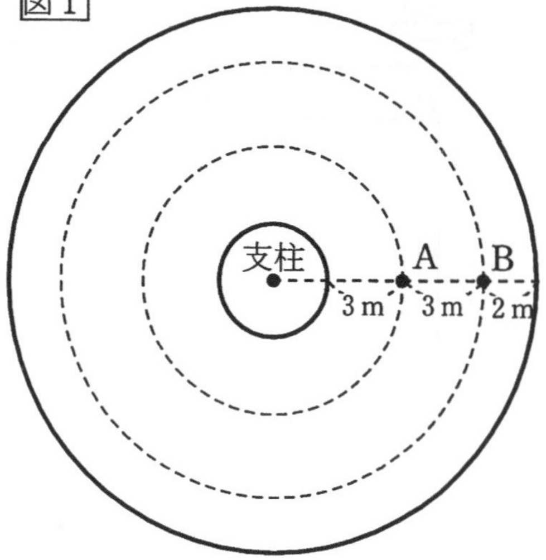


(1)　支柱の半径は何mか求めなさい。

(2)　Aさんが乗った馬が動く速さは，分速何mか求めなさい。

(3)　Bさんが乗った馬が動く速さは，Aさんが乗った馬が動く速さの何倍か求めなさい。

2　次の問いに答えなさい。

(1)　以下のように 2 つの図形を重ねたとき，周の長さは何cmか求めなさい。

①　長方形と円

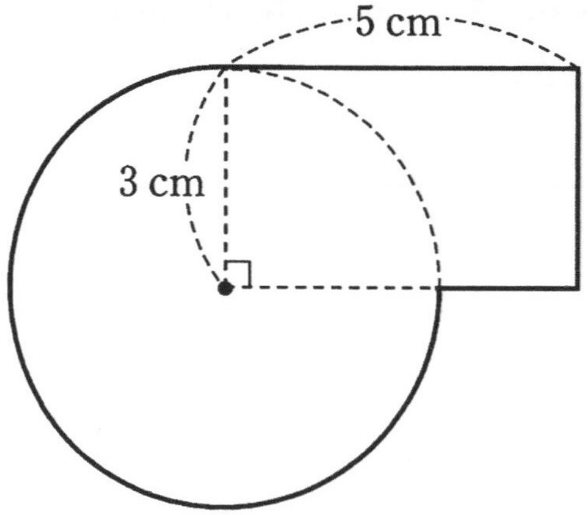


②　2 つの長方形

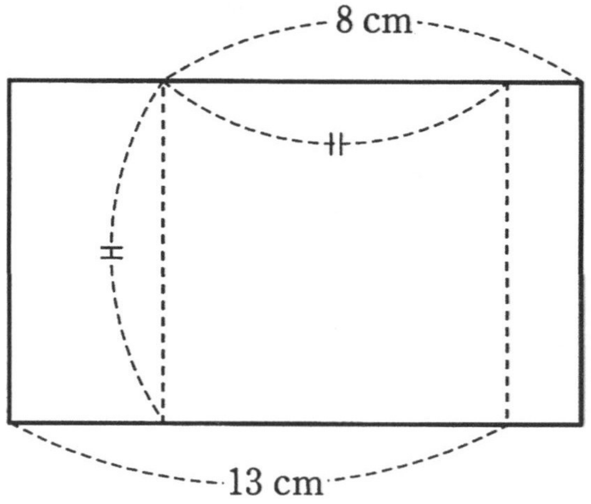


(2)　四角形ABCDは平行四辺形です。角アの大きさは何度か求めなさい。

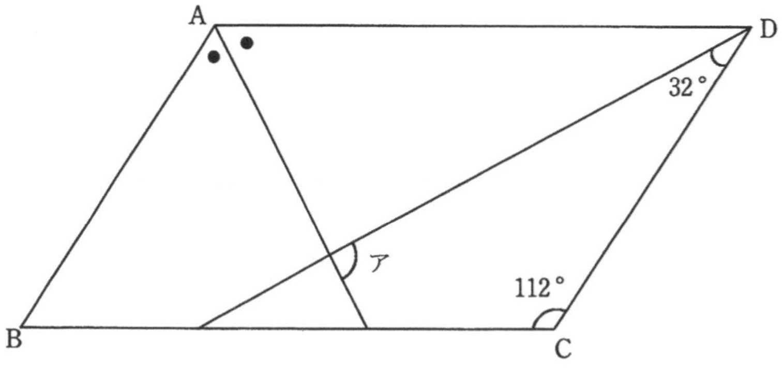

③ 愛子さんと花子さんが同時にA市を出発し，B市まで自転車で行きました。下のグラフは２人の時間と進んだ道のりの関係を表したものです。ただし，愛子さんは途中《とちゅう》，それまでの速さの2.5倍の速さで進み，最後の40分間はもとの速さで進みました。このとき，次の問いに答えなさい。

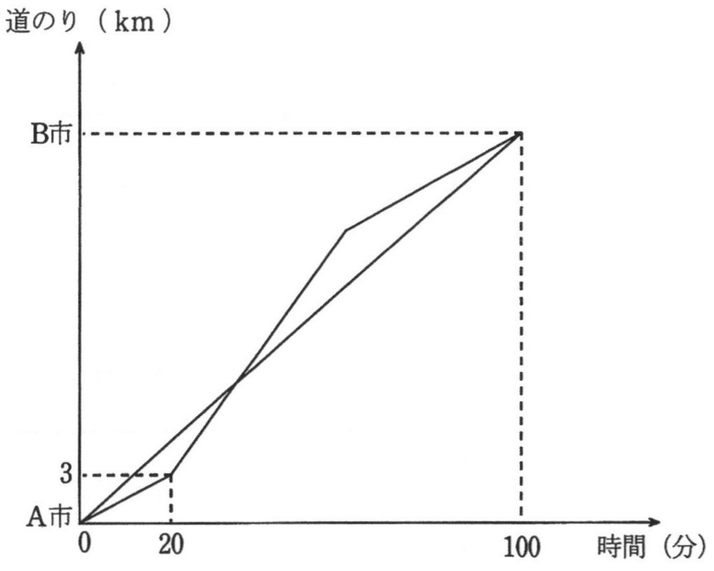


(1)　A市からB市までの道のりは何kmか求めなさい。

(2)　愛子さんが花子さんに追いついたのは，出発してから何分何秒後か求めなさい。

(3)　2人が最もはなれたときの道のりの差は何kmか求めなさい。

④ 直方体の容器Aと三角柱の容器Bがあります。容器Aはふたがなく，上から水を入れることができます。容器Bはふた付きで，①のように置くとふたを開けて上から水を入れることができます。ふたを閉めると②のように置くこともできます。容器Aに水面の高さが18 cmになるところまで水を入れ，それを容器Bに移すと，容器Bはちょうどいっぱいになります。次の問いに答えなさい。

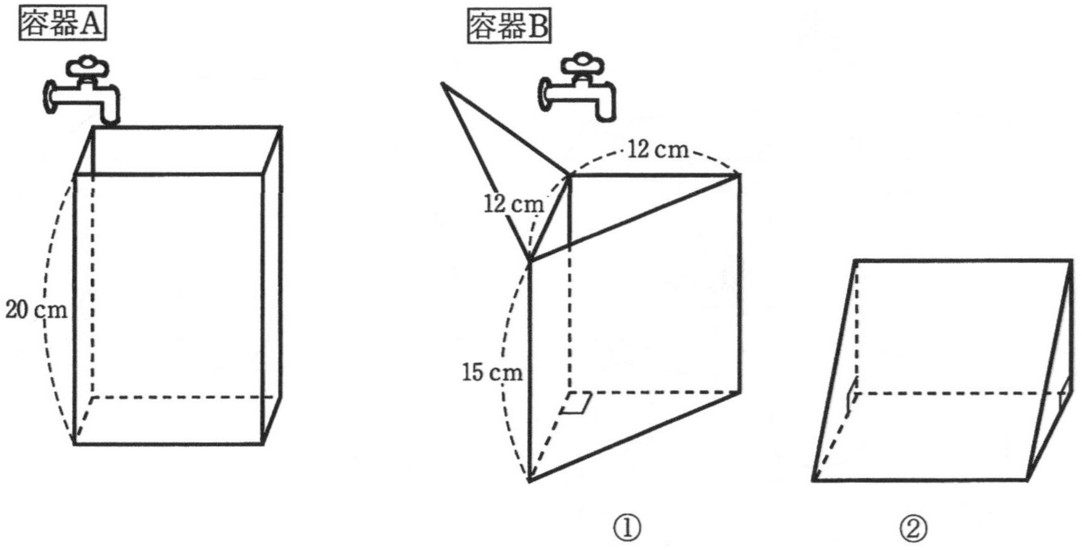


(1)　２つの容器A，Bの容積はそれぞれ何$cm^3$か求めなさい。

(2)　水の入った容器Bを②のように置くと，水面の高さは4 cmになりました。この容器を①のように置くと，水面の高さは何cmになるか求めなさい。

(3)　水の入った容器Bを②のように置くと，水面の高さが6 cmになりました。この容器Bの水を空の容器Aに移したところ，水をこぼしました。容器Aの水面の高さが8 cmだったとき，こぼした水の体積は何$cm^3$か求めなさい。

# ２０２３年度　大阪女学院中学校　入学試験問題　「理　科」

＊答えはすべて解答用紙に記入しなさい。

(40分)

１．図１と図２はヘチマのお花またはめ花を示しています。次の各問いに答えなさい。

図１

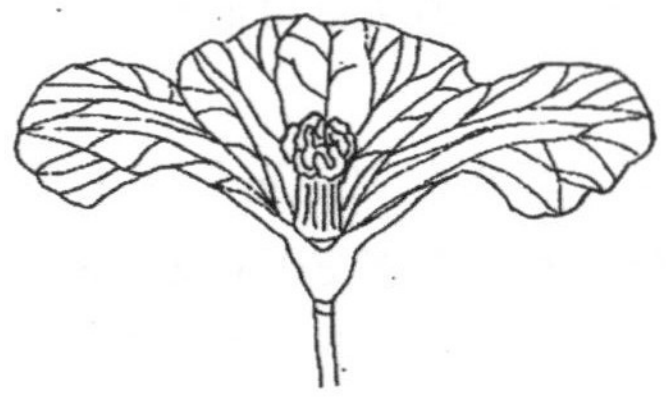

図２

（問１）お花は図１と図２のどちらですか。

（問２）図１の花のがくの付き方として正しいものを次の中から選び、記号で答えなさい。

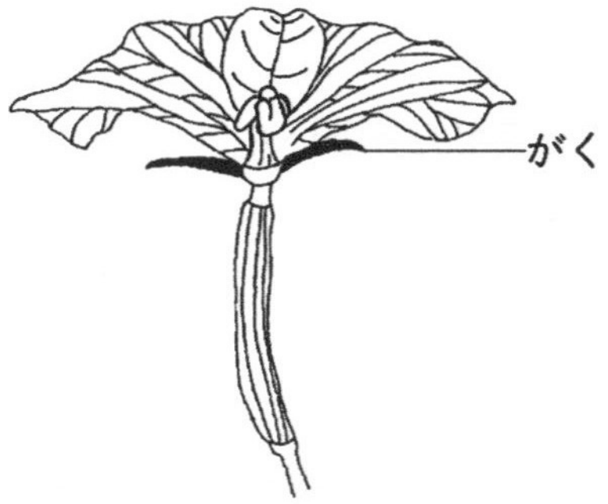


（あ）

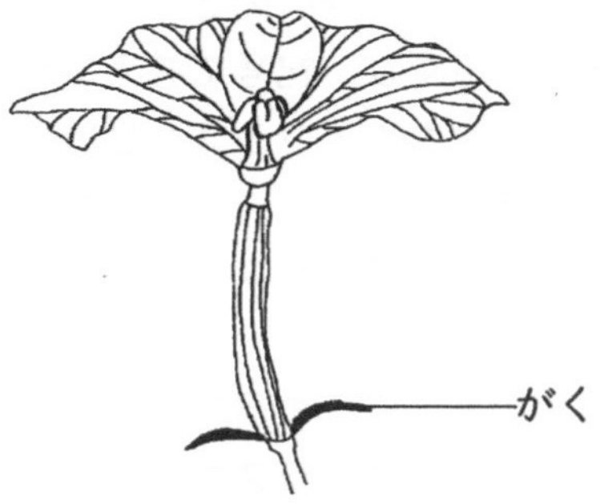


（い）

（問３）ヘチマと同じように、お花とめ花が分かれてさくものを次の中から選び、記号で答えなさい。

（あ）アブラナ　（い）アサガオ　（う）イネ　（え）カボチャ　（お）ヒマワリ

（問４）ヘチマの花粉はどれですか。次の中から選び、記号で答えなさい。

（あ）

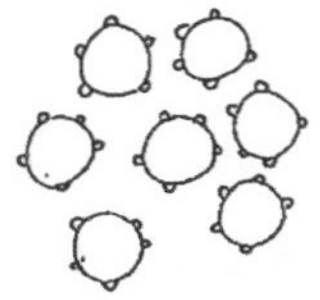

（い）

（う）

（え）

（お）

（問５）果樹園ではハチの巣箱を置くことで多くの実がつくようにしています。なぜ実が多くつくのか説明しなさい。

２．花子さんは、夏休みの自由研究で浮《ふ》力について研究し、浮力（水が物体を上向きに押す力）は物体が押しのけた水の重さの分だけはたらくことを知りました。また、物体が水に浮《う》かんでいるとき、物体のおもさと浮力の大きさが同じであることも知りました。実際に上皿ばかりと 100g のコップ、あふれた水がたまる受け皿、10g のプラスチックの立方体、1g で 1cm 伸びるばねを用意し、実験１から実験４を行いました。ただし、プラスチックの立方体はコップよりも小さく、浮かべることができます。次の各問いに答えなさい。

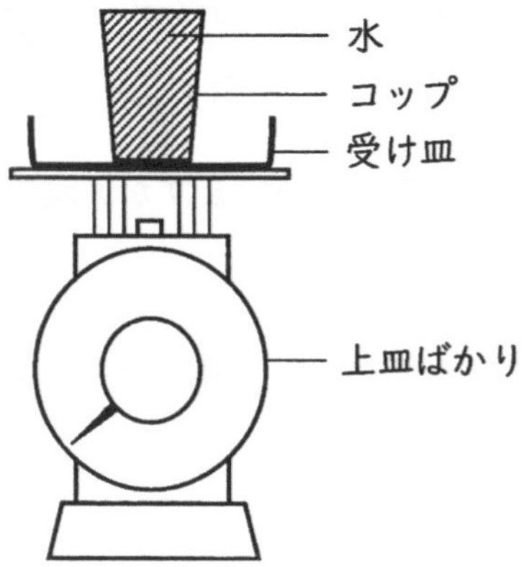


図１

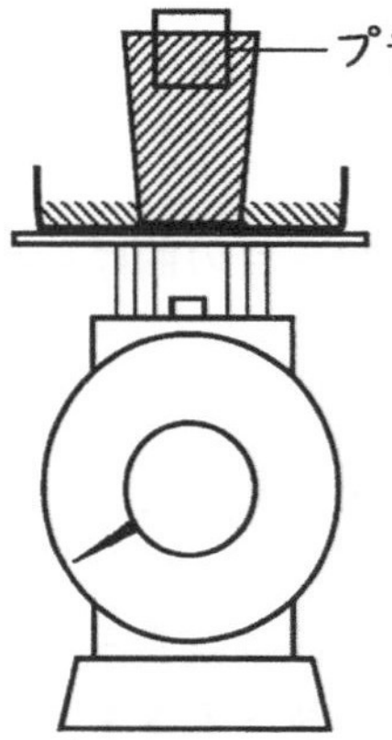


図２

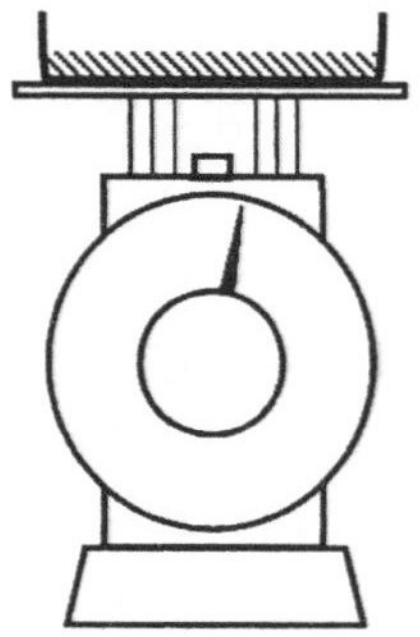

図３

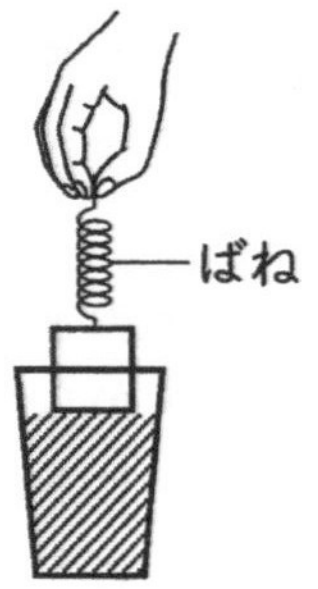


図４

【実験１】　上皿ばかりに受け皿をのせ、めもりを 0g に合わせました。この受け皿の上にコップをのせ、水をこのコップのふちまで入れ、めもりを読み取りました（図１）。

【実験２】　水面にプラスチックの立方体を静かに浮かべると、押しのけられた分だけ水があふれ受け皿にたまりました。そして、めもりを読み取りました（図２）。

【実験３】　プラスチックの立方体と水の入ったコップを静かに取り除き、めもりを読み取りました（図３）。

【実験４】　ばねでこの立方体を静かに引き上げました。水面から立方体が完全に出た状態で静止しているときのばねののびをはかりました（図４）。

（問１）実験２で読み取った値は 240g でした。実験１で読み取った値は何 g ですか。

（問２）実験１でコップに入れた水は何 g ですか。

（問３）実験３で読み取った値は何 g ですか。

（問４）実験４ではかったばねののびは何 cm ですか。

**3．** 骨と筋肉について、次の各問いに答えなさい。

（問１）図１はヒトの骨のつくりを表しています。Ａの部分はどこの骨を示していますか。最も適当なものを次の中から選び、記号で答えなさい。

（あ）胸の骨
（い）腹の骨
（う）背中の骨
（え）腰の骨（骨ばん）

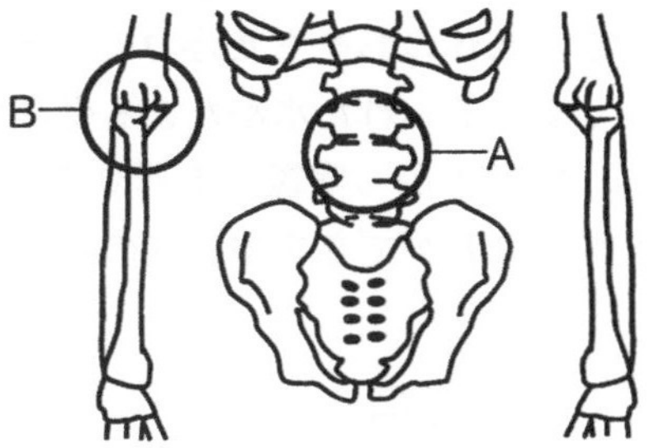

図１

（問２）図１のＢのように、骨と骨のつなぎ目の曲げられるところを何といいますか。漢字で答えなさい。

（問３）ヒトの手が、はさみなどの道具をうまく使うことができる理由として適当なものを次の中から選び、記号で答えなさい。

（あ）ヒトの手は、同じ長さの骨が数本集まってできているから
（い）ヒトの手は、同じ長さの骨が数十本集まってできているから
（う）ヒトの手は、異なる長さの骨が数本集まってできているから
（え）ヒトの手は、異なる長さの骨が数十本集まってできているから

（問４）フナ、カエル、ヘビ、ハト、ヒトの体のつくりで、共通してあるものを次の中からすべて選び、記号で答えなさい。

（あ）頭の骨
（い）うでの骨
（う）腹の骨
（え）背中の骨
（お）ももの骨

（問５）図２はヒトのあしのつくりを示しています。Ｃ、Ｄはつま先を上げたり下げたりするときに使う筋肉です。ただし、Ｃの筋肉の下の部分は省略しています。

① Ｃの筋肉の下の部分はどこにつながっていますか。（あ）～（う）から選び、記号で答えなさい。

② つま先をあげるときに縮む筋肉はＣとＤのどちらですか。

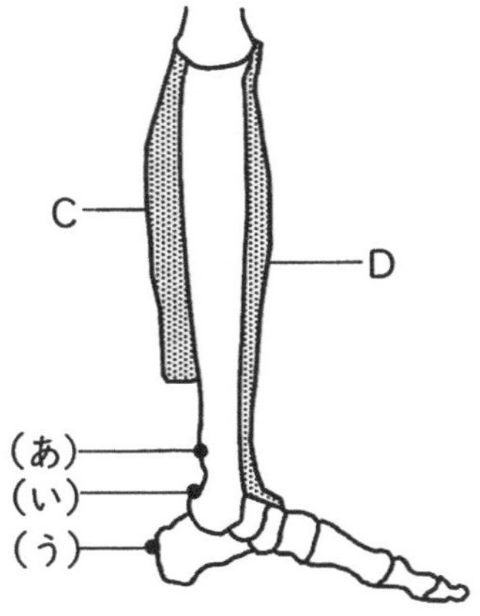

図２

**4．** 次の各問いに答えなさい。

（問１）浮いている気球の中の空気の温度は外の空気よりも70℃くらい高くなっています。気球の中の空気をさらに温めたときの変化として正しいものを次の中から選び、記号で答えなさい。

（あ）気球の中の空気はぼう張して気球全体は重くなり、気球は高度を下げる
（い）気球の中の空気はぼう張して気球全体は軽くなり、気球は高度を上げる
（う）気球の中の空気は収縮して気球全体は重くなり、気球は高度を下げる
（え）気球の中の空気は収縮して気球全体は軽くなり、気球は高度を上げる

20℃の部屋で、容積が1000mLの丸底フラスコを２つ用意しました。20℃の水800gを入れたフラスコＡと20℃の水200gを入れたフラスコＢをお湯の中に入れてフラスコ内の水と空気の温度を80℃まで温めました。フラスコは図のようにゴムせん、コック、ピストンをつけてふたをしています。コックは閉めてあります。

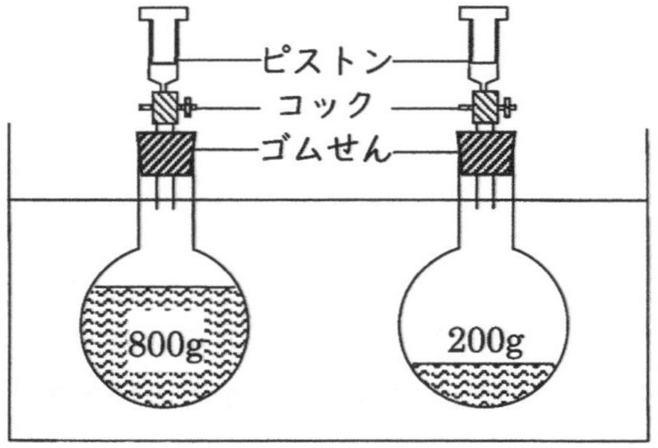

図

（問２）温めた状態でコックを開くとピストンが動きました。ピストンの動きとして正しいものを次の中から選び、記号で答えなさい。

（あ）フラスコＡとフラスコＢのピストンは同じだけ動いた
（い）フラスコＡのピストンの方が大きく動いた
（う）フラスコＢのピストンの方が大きく動いた

フラスコＢ内の水と空気の温度を20℃にもどしてからコックを閉め、ピストンをはずして重さをはかりました。次にフラスコＢをお湯に入れて80℃まで温めました。温めた状態でコックを開くと音がして空気の出入りがあったことがわかりました。また、コックの先から湯気が出ているのが見えました。コックを閉じ、お湯から出してフラスコ内の水と空気の温度を20℃に戻してからもう一度コックを開くと音がして空気の出入りがあったことがわかりました。コックを閉じてからフラスコＢの重さをはかりました。

（問３）このときのフラスコの重さについて正しいものを次の中から選び、記号で答えなさい。

（あ）お湯に入れる前と出したあとで重さは変わらない
（い）お湯に入れる前の方が軽い
（う）お湯から出したあとの方が軽い

（問４）水の代わりに20℃のアンモニア水200gを入れて、80℃まで温めてコックを開くとにおいがしました。コックを閉じて20℃に戻してから再度コックを開くとにおいがしましたが、80℃のときの方がアンモニアのにおいが強かったです。アンモニアの水へのとけ方について正しいものを次の中から選び、記号で答えなさい。

（あ）アンモニアは高温の水に多くとける
（い）アンモニアは低温の水に多くとける
（う）アンモニアのとけ方は水温には関係しない

**５．** 台風は非常に発達した雲の集まりであり、日本に様々な被害をもたらしてきました。そのため、その進路を予想し、様々な対策がなされています。次の各問いに答えなさい。

（問１）台風の中心には「台風の目」があり、雲がほとんどなく、雨風も非常に弱くなっています。図１のように地域を区分けし、台風が上陸した日に時間を追って風速を計測しました。その結果、風速は図２、図３、図４のように変化しました。例えば、図２の[A,ア]の風速は秒速 15m です。次の各問いに答えなさい。

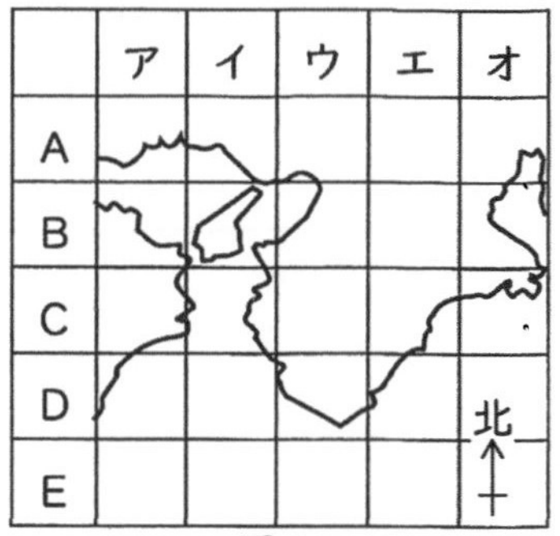

図１

| | ア | イ | ウ | エ | オ |
|---|---|---|---|---|---|
| A | 15 | 18 | 22 | 20 | 17 |
| B | 17 | 21 | 25 | 21 | 19 |
| C | 20 | 23 | 28 | 23 | 20 |
| D | 21 | 9 | 28 | 24 | 22 |
| E | 24 | 28 | 30 | 27 | 26 |

図２

| | ア | イ | ウ | エ | オ |
|---|---|---|---|---|---|
| A | 14 | 15 | 19 | 24 | 19 |
| B | 16 | 18 | 21 | 26 | 21 |
| C | 17 | 19 | 7 | 26 | 22 |
| D | 18 | 22 | 26 | 28 | 25 |
| E | 22 | 24 | 24 | 25 | 24 |

図３

| | ア | イ | ウ | エ | オ |
|---|---|---|---|---|---|
| A | 14 | 15 | 17 | 19 | 25 |
| B | 13 | 16 | 18 | 6 | 25 |
| C | 14 | 17 | 21 | 25 | 27 |
| D | 15 | 17 | 21 | 23 | 24 |
| E | 12 | 14 | 16 | 18 | 20 |

図４

① 図２で台風の目はどこですか。[A,ア]という形で答えなさい。

② この台風が図２、図３、図４の間に進んだ方向として正しいものを次の中から選び、記号で答えなさい。

（あ）東　　（い）西
（う）南　　（え）北
（お）南東　（か）南西
（き）北東　（く）北西

③ 図５は台風の中心付近の風向きを表したものです。図５の○で囲まれた部分の風向きとして適当なものを次の中から選び、記号で答えなさい。

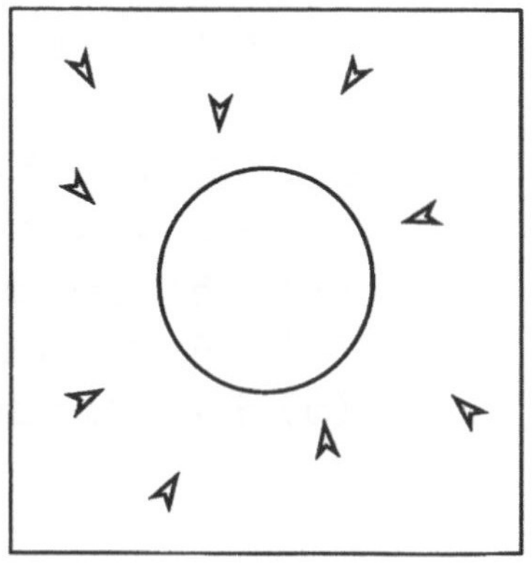
図５

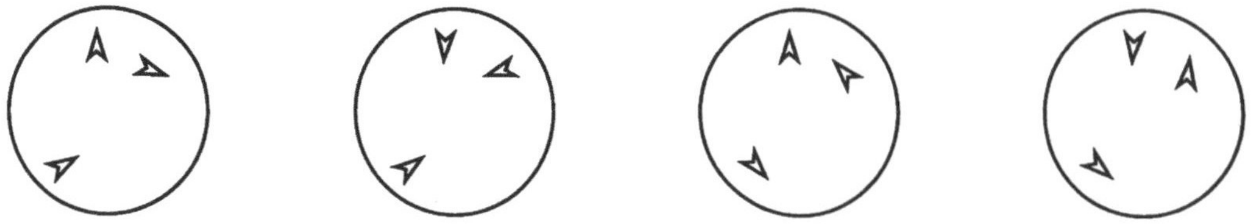
（あ）　（い）　（う）　（え）

（問２）台風のもたらす被害として適当でないものを次の中から選び、記号で答えなさい。

（あ）川があふれる　（い）津波が起きる
（う）山がくずれる　（え）木が倒れる

（問３）天気予報では図６のような台風の進路予想図が使われています。図６の予報円が大きくなることが示すこととして最も適当なものを次の中から選び、記号で答えなさい。

（あ）台風の雲の範囲が大きくなる
（い）台風の勢いが強くなる
（う）台風の中心が進む可能性のある範囲が広くなる
（え）強い風のふく範囲が広くなる

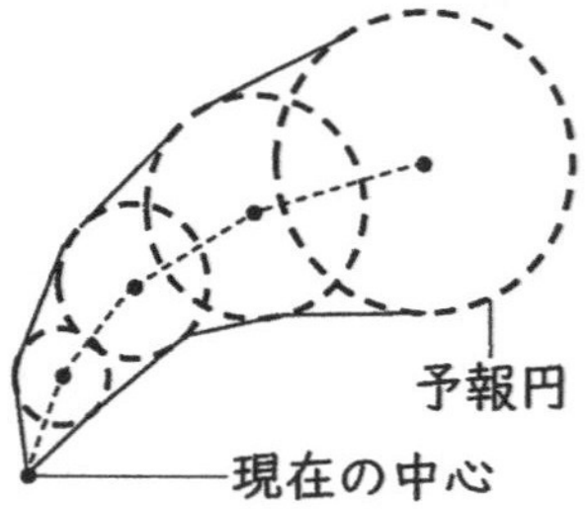

図６

（問４）台風への対策について述べたものとして適当でないものを次の中から選び、記号で答えなさい。

（あ）台風が来る前に地域のひ難場所を確認する
（い）台風のときに外に出て雨風の強さを体験しておく
（う）風で飛ばされやすいものを家の中に入れておく
（え）ハザードマップを見て、危険な場所を確認しておく

６．体を流れる血液について、次の各問いに答えなさい。

血液は、必要な養分や酸素を全身へ運びます。図１はヒトの心臓を示しています。心臓は血液を全身に送り出すポンプのようなはたらきをしており、アの部分を通って全身に向かって血液が送り出されます。また、図２は血液が流れる様子を示しています。

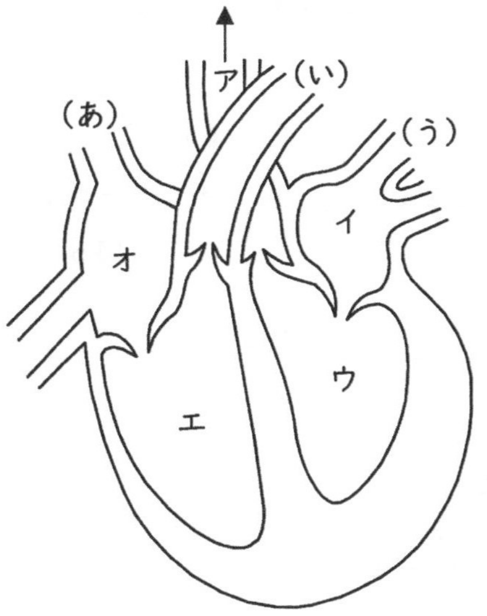


図１

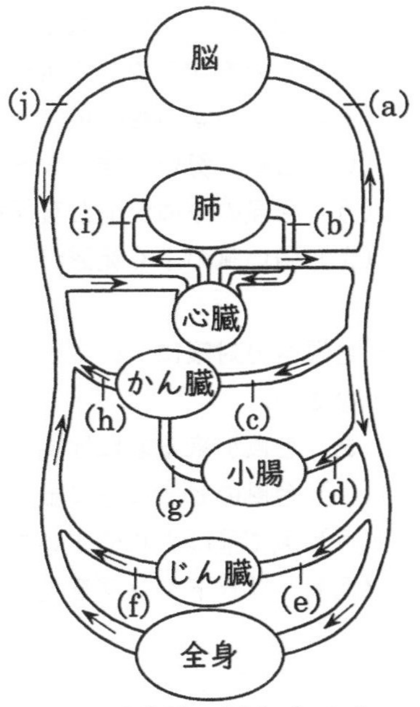


→は血液の流れを示す

図２

（問１）肺に向かう血液が流れている血管は図１の（あ）～（う）のどれですか。記号で答えなさい。

（問２）図１の心臓で、酸素を多くふくむ血液が流れているのはイ～オのうちどの部分ですか。あてはまるものをすべて選び、記号で答えなさい。

（問３）最も養分を多くふくむ血液が流れている血管は図２の（a）～（j）のどれですか。最も適当なものを選び、記号で答えなさい。

（問４）次のはたらきをする臓器を図２の中から選び、名前を答えなさい。

① 体内でできた不要なものを水とともにこし出す

② 吸った空気から酸素を取り入れる

（問５）次の図３はカエルの心臓を示しています。図３の各記号は図１の記号と対応しており、はたらきも共通しています。

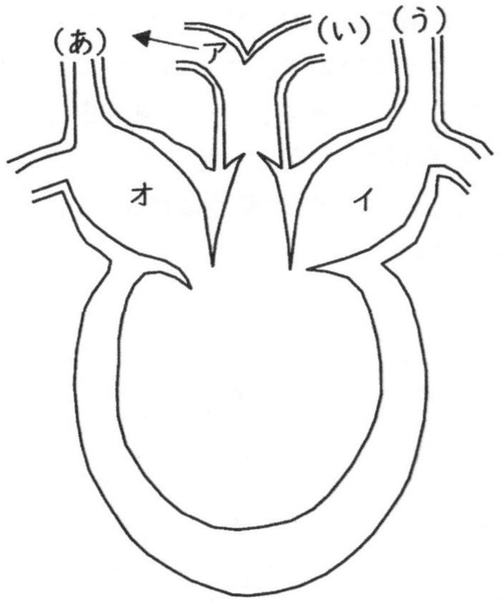


図３

① カエルの血液の流れについて、この心臓のつくりからわかることは何ですか。次の中から選び、記号で答えなさい。

（あ）酸素が多い血液だけが全身に送られる

（い）二酸化炭素が多い血液だけが全身に送られる

（う）酸素が多い血液と二酸化炭素が多い血液がまざりあって全身に送られる

② ヒトの心臓が大きさは変わらず、図３のようなつくりであった場合、運動を続けるときの様子はどのようになりますか。正しいものを次の中から選び、記号で答えなさい。

（あ）全身に向かう血液中の酸素の量が多いため、より活発な運動ができる

（い）全身に向かう血液中の酸素の量が少ないため、活発な運動ができない

（う）全身に向かう血液中の酸素の量は変わらないため、運動の活発さは変わらない

**７．** 図１のようにコイルを巻き付けたつつに鉄のしんを入れて棒磁石のＮ極を近づけて置きました。アの向きに電流を流すと棒磁石は反発し、コイルからはなれました。次の各問いに答えなさい。

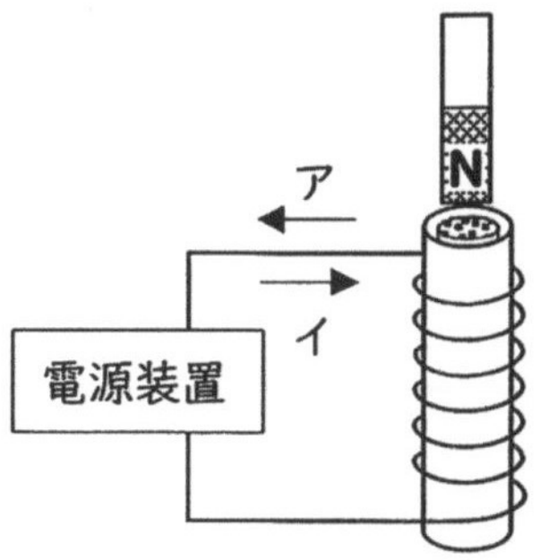


図１

（問１）電流の流れる向きをイの向きにして電流を流すと棒磁石はどうなりますか。正しいものを次の中から選び、記号で答えなさい。
（あ）コイルに引かれる向きに動く
（い）コイルと反発する向きに動く
（う）動かない

（問２）棒磁石の向きを反対にし、電流をアの向きに流すと棒磁石はどうなりますか。（問１）の（あ）～（う）の中から正しいものを選び、記号で答えなさい。

電源装置を検流計（電流の向きを調べるもの）に変えて、次のような実験を行いました。

【実験１】　図２のようにＮ極を下向きにしてコイルの上から近づけると、検流計の針がふれ、アの向きに電流が流れたことがわかりました。

【実験２】　図３のようにＳ極を下向きにしてコイルの上から近づけると、検流計の針がふれ、イの向きに電流が流れたことがわかりました。

【実験３】　図４のようにＮ極を下向きにしてコイルの上から遠ざけると、検流計の針がふれ、イの向きに電流が流れたことがわかりました。

【実験４】　図５のようにＮ極を上向きにしてコイルの下から近づけると、検流計の針がふれ、イの向きに電流が流れたことがわかりました。

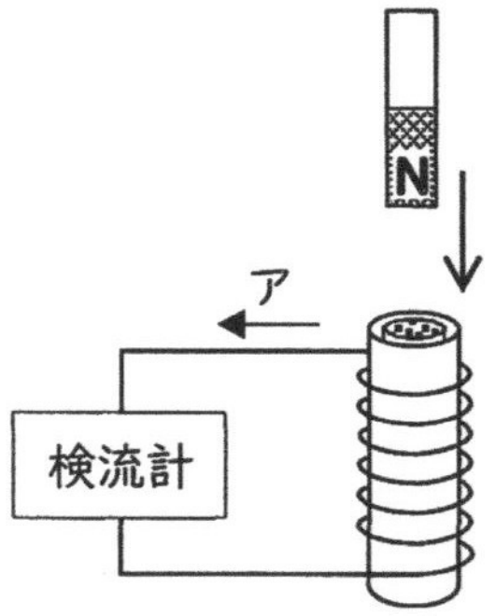


図２

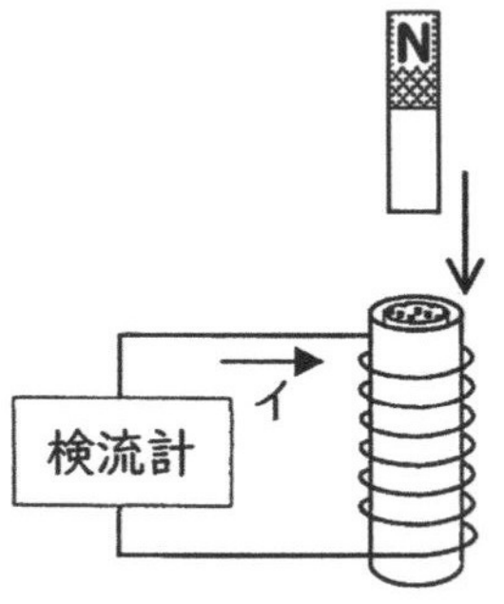


図３

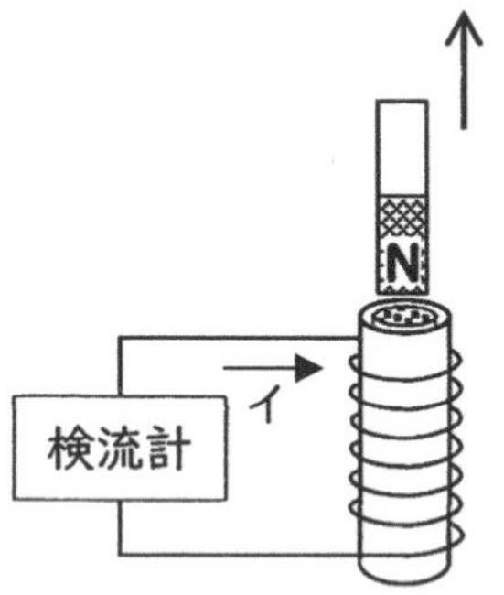


図４

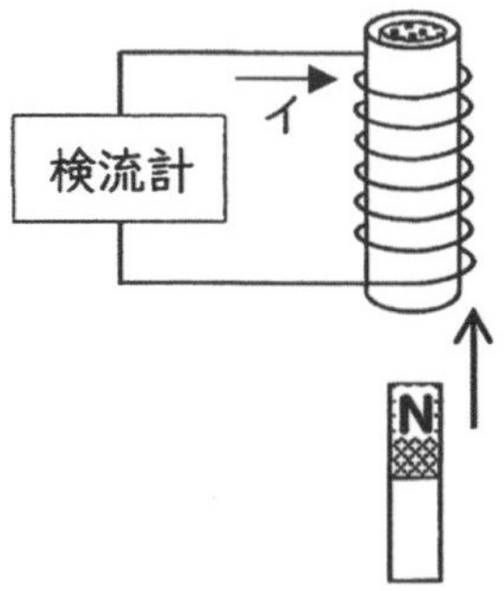


図５

（問３）電流がイの向きに流れるものを次の中から選び、記号で答えなさい。
（あ）Ｓ極を下向きにして、コイルの上から棒磁石を遠ざける
（い）Ｎ極を上向きにして、コイルの下から棒磁石を遠ざける
（う）Ｓ極を上向きにして、コイルの下から棒磁石を近づける
（え）Ｓ極を上向きにして、コイルの下から棒磁石を遠ざける

**８．** 表は、実験を行った部屋の温度での水 100g にとかすことのできる砂糖と食塩の最大の重さを表しています。次の各問いに答えなさい。

表

| 物質 | 砂糖 | 食塩 |
|---|---|---|
| 水 100g にとかすことのできる最大の重さ | 198g | 36g |

（問１）水 100g にそれ以上とけなくなるまでとかした砂糖水と食塩水ののう度は、それぞれ何％ですか。割り切れない場合は、小数第１位を四捨五入し、整数で答えなさい。

次のような実験を行い、砂糖と食塩をまぜたものから食塩を取り出しました。

【実験】
操作１　ビーカーＡ～Ｄに水 100g を入れました。
操作２　図のようにビーカーＡ、Ｂには砂糖を、ビーカーＣ、Ｄには食塩をそれ以上とけなくなるまでとかしました。
操作３　ビーカー（　ア　）に砂糖と食塩をまぜたもの 10g を加え、よくかきまぜました。
操作４　操作３でかきまぜたものをろ過しました。
操作５　ろ紙に残った固体を食塩だけにするために、ビーカー（　イ　）の液体をろうとに注ぎました。
操作６　ろ紙に残った食塩をかわかしました。

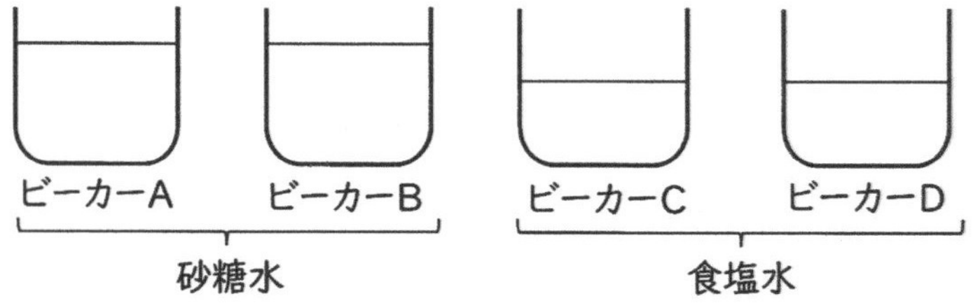


図

（問２）この実験で食塩だけを取り出すために、操作３の（　ア　）と操作５の（　イ　）の組み合わせとして正しいものを次の中から選び、記号で答えなさい。
（あ）　ア．Ａ　　イ．Ｂ　　　（い）　ア．Ａ　　イ．Ｃ
（う）　ア．Ｃ　　イ．Ｄ　　　（え）　ア．Ｃ　　イ．Ａ

（問３）操作６の食塩の重さをはかったところ 5.4g でした。この食塩をすべて使って 10％の食塩水を作るために必要な水の重さは何 g ですか。割り切れない場合は、小数第２位を四捨五入し、小数第１位まで答えなさい。

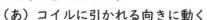

# 2023年度　大阪女学院中学校入学試験問題　社会(本試験)

(40分)

**解答はすべて解答用紙に記入しなさい。**

**1** 下の地図を見て，中国・四国地方に関する各問いに答えなさい。

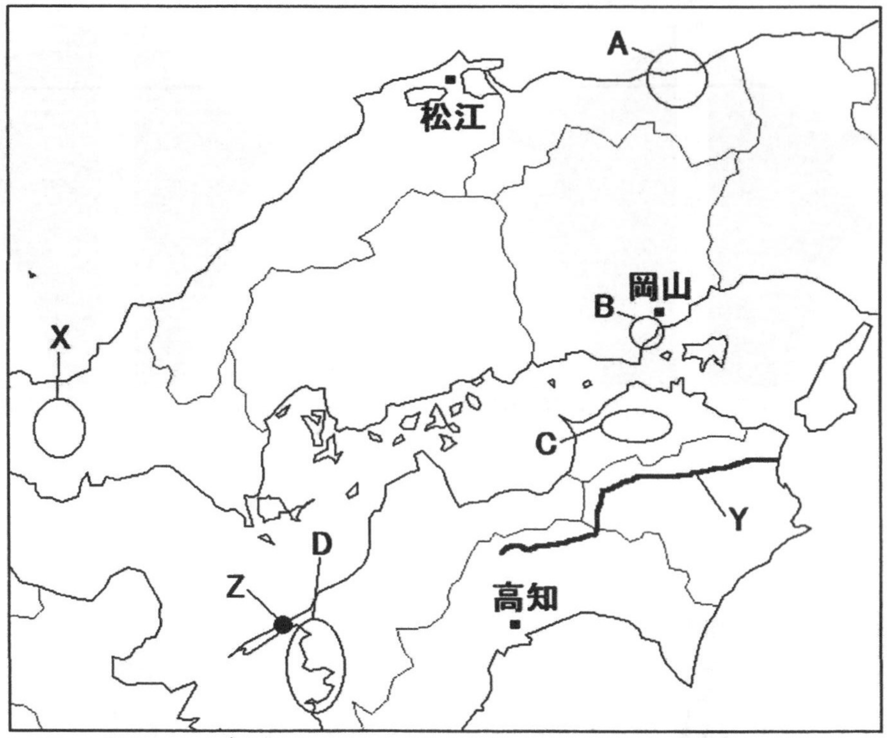


問１．下の表は地図中３都市（松江《まつえ》・岡山・高知）の月平均気温と月降水量を示しています。あてはまるものをそれぞれ選び，記号で答えなさい。

| | 1月 | 2月 | 3月 | 4月 | 5月 | 6月 | 7月 | 8月 | 9月 | 10月 | 11月 | 12月 | 全年 |
|---|---|---|---|---|---|---|---|---|---|---|---|---|---|
| ア | 4.6 | 5.2 | 8.7 | 14.1 | 19.1 | 22.7 | 27.0 | 28.1 | 23.9 | 18.0 | 11.6 | 6.6 | 15.8 |
| | 36.2 | 45.4 | 82.5 | 90.0 | 112.6 | 169.3 | 177.4 | 97.2 | 142.2 | 95.4 | 53.3 | 41.5 | 1143.1 |
| イ | 6.7 | 7.8 | 11.2 | 15.8 | 20.0 | 23.1 | 27.0 | 27.9 | 25.0 | 19.9 | 14.2 | 8.8 | 17.3 |
| | 59.1 | 107.8 | 174.8 | 225.3 | 280.4 | 359.5 | 357.3 | 284.1 | 398.1 | 207.5 | 129.6 | 83.1 | 2666.4 |
| ウ | 4.6 | 5.0 | 8.0 | 13.1 | 18.0 | 21.7 | 25.8 | 27.1 | 22.9 | 17.4 | 12.0 | 7.0 | 15.2 |
| | 153.3 | 118.4 | 134.0 | 113.0 | 130.3 | 173.0 | 234.1 | 129.6 | 204.1 | 126.1 | 121.6 | 154.5 | 1791.9 |

上段…月平均気温（℃）　下段…月降水量（㎜）　　（気象庁資料より 1991年～2020年の平年値）

問２．地図中X付近に見られる地形の説明として正しいものを下から選び，記号で答えなさい。

ア．噴火《ふんか》活動が活発な火山がある。
イ．石灰岩が水にとけてできた鍾乳洞《しょうにゅうどう》がある。
ウ．氷河にけずられてできた険しい山がある。
エ．河川の中流域に連なる３つの盆地《ぼんち》がある。

問３．地図中Yの河川として正しいものを下から選び，記号で答えなさい。

| | | | |
|---|---|---|---|
| ア．利根《とね》川 | イ．筑後《ちくご》川 | ウ．熊野《くまの》川 | エ．吉野《よしの》川 |

問４．地図中A～Dの地域の農業の説明として誤っているものを下から選び，記号で答えなさい。

ア．Aの地域は，スプリンクラーによるかんがいでらっきょうの生産がさかんである。
イ．Bの地域は，昔から遠浅の海を干拓《かんたく》することで農地を広げてきた。
ウ．Cの地域は，降水量が比較《ひかく》的少ないため昔からため池を利用している。
エ．Dの地域は，温暖な気候を利用したさとうきびの生産がさかんである。

問５．日本の漁業の種類（遠洋漁業・沖合漁業・沿岸漁業・海面養殖《ようしょく》業）別漁獲《ぎょかく》量を表している下のグラフで，瀬戸内海《せとないかい》でさかんな海面養殖業にあたるものを下から選び，記号で答えなさい。

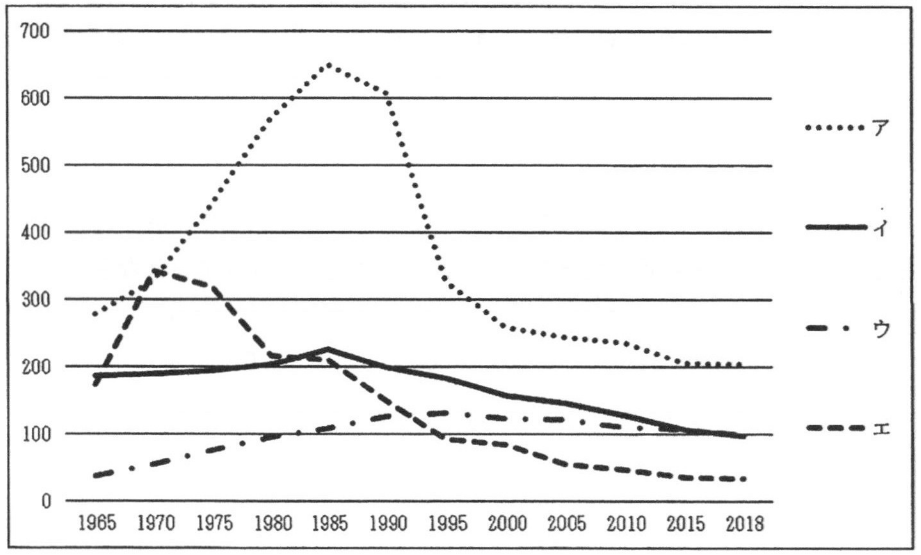


（単位：万t）　　（2019年度水産庁資料より）

問６．瀬戸内《せとうち》工業地域の代表的な工業都市について述べた文として誤っているものを下から選び，記号で答えなさい。

ア．広島県広島市は中国地方最大の都市で，自動車工業がさかんである。
イ．山口県周南《しゅうなん》市は石油化学コンビナートが発展している。
ウ．愛媛県今治《いまばり》市はしまなみ海道によって広島県と結ばれ，タオル生産がさかんある。
エ．岡山県倉敷《くらしき》市は明石海峡大橋《あかしかいきょうおおはし》によって香川県と結ばれ，重化学工業がさかんである。

問７．地図中Zは四国地方で唯一《ゆいいつ》の原子力発電所である伊方《いかた》発電所を示している。原子力発電にはどのような長所と短所があるか，それぞれ書きなさい。ただし，資源・環境《かんきょう》・安全の面から説明すること。

**2** 次の文章を読んで，各問いに答えなさい。

日本の人口は，2023年現在，約（　①　）人で，世界第11位の人口大国です。しかし，2008年をピークに毎年人口が減り続けています。急速に高齢化《こうれいか》と少子化が進んでいるため，さまざまな問題が発生しています。特に東北地方や中国・四国地方など②高齢者の割合が多い地域では，人口の減少と経済活動の衰退《すいたい》によって，地域社会を維持《いじ》することが困難になっているところもみられます。また，③女性が生涯《しょうがい》に産む子どもの数も少なくなっています。人口構成の変化を見るには，人口を男女別，年齢別に表した④人口ピラミッドが使われています。

問1．空欄①に入る最も適当な数字をア～エから１つ選び，記号で答えなさい。

| | | | |
|---|---|---|---|
| ア．１億 300万 | イ．１億2300万 | ウ．１億4300万 | エ．１億6300万 |

問2．世界の人口は2023年現在で約何億人ですか，ア～エから１つ選び，記号で答えなさい。

| | | | |
|---|---|---|---|
| ア．40億 | イ．60億 | ウ．80億 | エ．100億 |

問3．下線部②について，このような状態を何といいますか，漢字２字で答えなさい。

問4．下線部③について，最も近い数値をア～エから１つ選び，記号で答えなさい。

| | | | |
|---|---|---|---|
| ア．0.98 | イ．1.34 | ウ．2.06 | エ．2.62 |

問5．下線部④について，次のア～エの図は，1930年，1960年，2020年，2050年（推定）の人口ピラミッドです。ア～エを古い順に並びかえなさい。

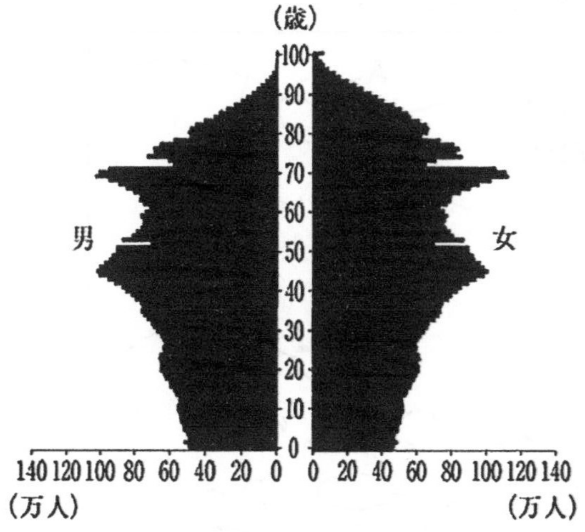


ア

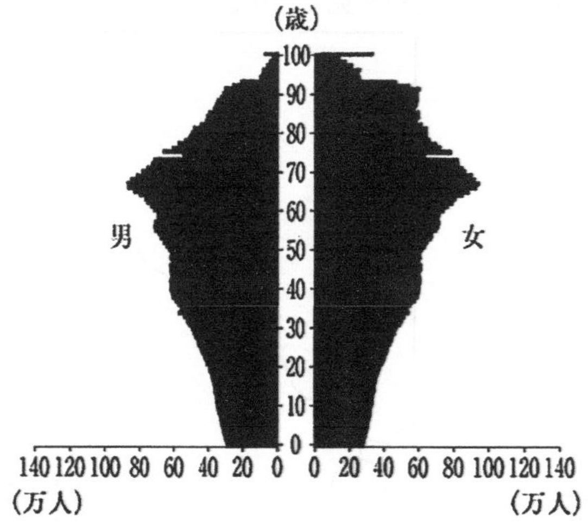


イ

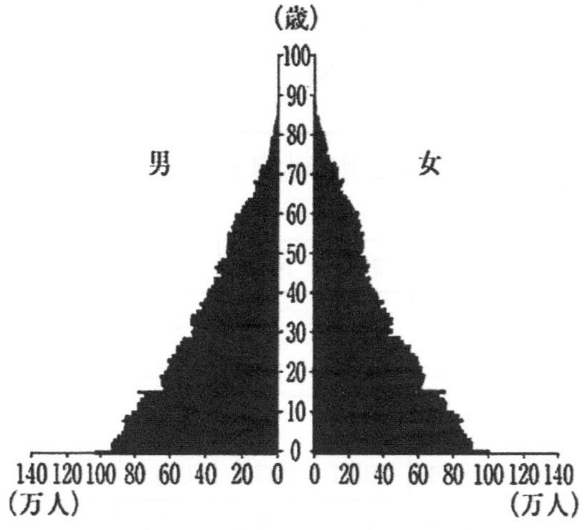


ウ

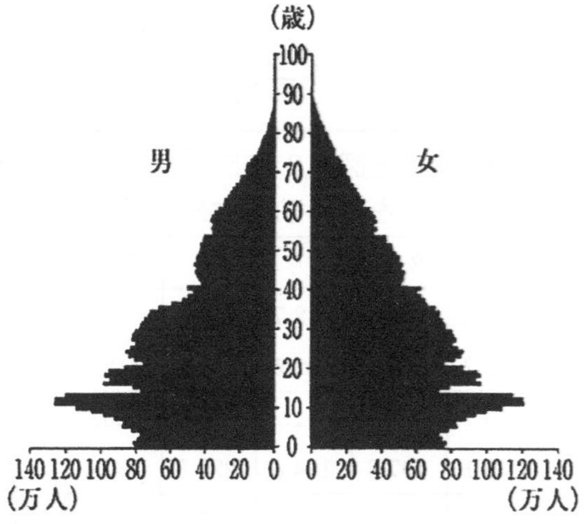


エ

問6．１人の女性が生涯に産むことが見込《みこ》まれる子どもの数を示す指標を何といいますか。当てはまる語句を入れなさい。

問7．日本がこのまま人口が減少し続けることで，どのような不具合が将来予想されると思われますか，経済と社会保障の２つの面から具体的に書きなさい。

**3** 次の４つの資料を見て，以下の各問いに答えなさい。



〔資料１〕

一に曰《いわ》く，和を以《もっ》て貴《たっと》しとし，さからふること無きを宗《むね》とせよ。(後略)
二に曰く，篤《あつ》く三宝を敬《うやま》え。三宝とは仏《ほとけ》・法《のり》・僧《ほうし》なり。
三に曰く，詔《みことのり》を承《うけたまわ》りては必ず謹《つつし》め。
君をば天《あめ》とす，臣をば地《つち》とす。
四に曰く，群卿《まえつきみたち》百寮《つかさつかさ》，礼を以て本《もと》とせよ。(後略)

※群卿百寮：官庁の役人たち
(『十七条の憲法』　書き下し文より抜粋)

〔資料２〕

(『源氏物語絵巻《げんじものがたりえまき》』より抜粋)

〔資料３〕

(『蒙古襲来絵詞《もうこしゅうらいえことば》』より抜粋)

〔資料４〕

一．百姓《ひゃくしょう》が，刀・弓・やり・鉄砲《てっぽう》などの武器をもつことを禁止する。武器をたくわえ，（　１　）を出ししぶり，（　２　）をくわだてる者は厳《きび》しく罰《ばっ》する。
一．取り上げた武器は，（　３　）をつくるためのくぎやかすがいに使うから，仏のめぐみでこの世だけでなく，あの世までも百姓はすくわれることになるだろう

(『刀狩令《かたながりれい》』　現代語訳より抜粋《ばっすい》)

問１．資料１は，飛鳥時代に制定された『十七条の憲法』の一部です。次のことがらのうち，聖徳太子《しょうとくたいし》(厩戸皇子《うまやどのおうじ》)の政策でないものを１つ選び，記号で答えなさい。

ア．能力のある人を高い位につける道を開くため，冠位《かんい》十二階を定めた。
イ．公地公民制により土地や人民が国のものになった。
ウ．小野妹子《おののいもこ》を遣隋使《けんずいし》として隋に送った。
エ．世界最古の木造建築物である法隆寺《ほうりゅうじ》を建立した。

問２．資料１は，聖徳太子(厩戸皇子)が役人の心がまえを記《しる》したものです。役人に守らせようとしたことを，「争い」「仏教」「天皇」「公正」のうち２語を用いて説明しなさい。

問３．資料２は，平安時代に描かれた『源氏物語絵巻』の一部です。このような絵を何と言いますか，漢字３字で答えなさい。

問４．資料２の時代の貴族の屋敷の建築様式を何と言いますか，下から選び記号で答えなさい。

ア．寝殿造《しんでんづくり》　イ．書院造《しょいんづくり》　ウ．校倉造《あぜくらづくり》　エ．唐様《からよう》

問５．資料２の時代に最盛期を迎えた藤原《ふじわら》氏が行っていた政治を何と言いますか，下から選び記号で答えなさい。

ア．院政　イ．神権政治　ウ．摂関《せっかん》政治　エ．律令《りつりょう》政治

問６．資料３は，鎌倉時代に起きた元寇《げんこう》を描《えが》いた『蒙古襲来絵詞』の一部です。この時の執権《しっけん》は誰ですか，下から選び記号で答えなさい。

ア．北条義時《ほうじょうよしとき》　イ．北条時頼《ほうじょうときより》　ウ．北条時宗《ほうじょうときむね》　エ．北条政子《ほうじょうまさこ》

問７．資料３は，第１回目の元寇を表しています。これを何と言いますか，下から選び記号で答えなさい。

ア．文禄《ぶんろく》の役　イ．文永《ぶんえい》の役　ウ．慶長《けいちょう》の役　エ．弘安《こうあん》の役

問８．資料３の左側に描かれている元軍は，どのような戦法や武器を使っていますか，それぞれ答なさい。

問９．資料４は，安土桃山時代に出された『刀狩令』の一部です。（　　）にあてはまる語句を下から選び，記号で答えなさい。

ア．屋敷《やしき》　イ．一揆《いっき》　ウ．租《そ》　エ．大仏　オ．打ちこわし　カ．年貢《ねんぐ》

問10．資料４と同じ頃，豊臣秀吉《とよとみひでよし》が全国の土地の調査を行ったが，これを何と言いますか，漢字２字で答えなさい。

問11．資料４と同じ頃，長崎が教会領に寄進されていることを知った豊臣秀吉は，キリスト教が全国統一のさまたげになると考えて，何という命令《めいれい》を出しましたか。

**4** 次のＡさんとＢさんの会話文を読んで，各問いに答えなさい。



Ａさん：今日は幕末から明治にかけての日本の外交について，残されている絵や風刺画《ふうしが》をもとに見ていこう。

Ｂさん：この図１は何の様子を表しているの？

Ａさん：これは 1877 年におこった西南戦争の後，①言論によって政府を批判する動きが強まったころの演説会の様子だね。

Ｂさん：なるほど。こうやって日本は国会を開く動きが強まっていったんだね。では，図２の二人が魚つりをしているような絵は何を表しているのかな？

Ａさん：これは 1894 年に起こった②日清戦争前の東アジアの状況《じょうきょう》をえがいた風刺画だね。

Ｂさん：これって下の方にいる魚もどこかの国として表されているよね？

Ａさん：そうだよ。よく気づいたね。

Ｂさん：そして，③日清戦争後，日本は④三国干渉《さんごくかんしょう》を受け，しばらくしてロシアとも戦争することになるんだよね。

Ａさん：その通り。ただしその前に図３を見てほしい。この風刺画では日本が自分でロシアに戦いをいどんだというより，⑤他国に背中をおされて戦争を始めたようにえがかれているんだ。

Ｂさん：色んな国が関わっているんだね。このロシアとの戦争は 1905 年に⑥条約を結んで，終結するんだよね。このことによって日本には何か良いことがあったの？

Ａさん：もちろんあるさ。日本は幕末に⑦不平等条約を結んだんだ。【 あ：条約改正との関係 】。それもあって，その後，⑧関税自主権の回復の成功へとつながっていくんだよ。

Ｂさん：この条約改正を目標に，日本は色々な困難を乗りこえていったんだね。でも，⑨今もニュースになったりするけど，やっぱり戦争はやめてほしいなあ。

Ａさん：本当にその通りだね。いくら国のためといってもそのぎせいになる人たちがいることを忘れてはいけないね。

図１

図２

図３

問１．下線部①について，この動きを何運動といいますか。漢字４字で答えなさい。

問２．下線部②について，図２を参考に，日清戦争へとつながった流れを日本のうごきとそれに対する清の考えを入れて，答えなさい。

問３．下線部③について，日本と清との間で条約を結んだ都市名を下から選び，記号で答えなさい。

| ア．函館《はこだて》 | イ．下関 | ウ．下田 | エ．横浜《よこはま》 |
|---|---|---|---|

問４．下線部④を受け，日本が清に返した領土を下から選び，記号で答えなさい。

| ア．台湾《たいわん》 | イ．韓国《かんこく》 | ウ．遼東《りょうとう》（リアオトン）半島 | エ．山東（シャントン）省 |
|---|---|---|---|

問５．下線部⑤について，以下の説明をヒントに図３のＡ・Ｂの国名を，それぞれ下から選び，記号で答えなさい。

Ａ：アジアでの勢力をロシアにうばわれることを警戒《けいかい》し，日本と 1902 年に同盟を結んだ。

Ｂ：日露戦争《にちろせんそう》の講和会議を仲立ちした。

| ア．イギリス | イ．ドイツ | ウ．フランス | エ．アメリカ |
|---|---|---|---|

問６．下線部⑥について，この条約を結んだ都市名を，カタカナで答えなさい。

問７．下線部⑦について，この条約の名前を，漢字６字で答えなさい。

問８．文中の【 あ：条約改正との関係 】にあてはまる文章を下から選び，記号で答えなさい。

ア．戦争の後，ロシアが各国と交渉《こうしょう》して，協力してくれたんだ。

イ．日本の日比谷という場所で，不平等条約を改正するよう，暴動が起きたんだ。

ウ．大国ロシアとの戦争に勝利したことが，日本の国際的地位を向上させたんだ。

エ．与謝野晶子《よさのあきこ》さんらが，戦争の勝利が交渉に有利になると，世間にはたらきかけたんだ。

問９．下線部⑧について，次の問題に答えなさい。

（１）この時の外務大臣の名前を，漢字で答えなさい。

（２）これ以前の条約の改正では，どのような不平等な内容が改められましたか。

問10．下線部⑨について，2022 年２月 24 日，ロシアの特別軍事作戦により攻め込まれた国名を答えなさい。

5　次の文章を読んで各問いに答えなさい。

国際社会はおたがいの主権を重んじて，協調することが大切です。けれども歴史をふりかえると，世界をまきこんだ大きな戦争が 20 世紀に２回起こりました。

1914 年に起き，おもにヨーロッパを戦場とした（　１　）と，1939 年にヨーロッパで起き，日本も 1941 年（　２　）に参戦した（　３　）です。

（３）の末期にはアメリカが開発した（　４　）が日本の広島と長崎に投下され，大きな被害をもたらしました。

（４）は終戦後にいくつもの国が開発し，世界はソ連（当時）とアメリカを筆頭とする２つの陣営《じんえい》に分かれ，1989 年まで 44 年間対立しました。これを「東西の（　５　）」といいます。

1945 年に発足した国際連合は「国際平和」をかかげていますが，安全保障理事会《あんぜんほしょうりじかい》の常任理事国《じょうにんりじこく》のあいだで意見が対立し，戦争や紛争《ふんそう》の解決がむずかしいことがあります。

問１．（１）～（５）に当てはまる語句を答えなさい。なお，（２）はあてはまる日付（日本時間の月日）を答えなさい。

問２．下線部の５つの国に共通することがらを，本文と関係する内容で一つ答えなさい。

問３．国際社会では国と国の対立や紛争はどのようにして解決すればよいでしょうか。日本国憲法第９条のことばや内容をふまえて答えなさい。

# 二〇二三年度大阪女学院中学校前期入学試験問題　国語　解答用紙

## 一

小計

問一
a
b　め
c
d
e　い
f
g

問二
Ⅰ
Ⅱ
Ⅲ
Ⅳ

問三
A
B
C
D

問四

問五
〜
ところ。

問六

問七

問八

問九
A
B
C
D

問十

問十一

問一．２点×７
問二．２点×４
問三．２点×４
問四．４点
問五．４点
問六．４点
問七．４点
問八．４点
問九．３点×４
問十．４点
問十一．４点

## 二

小計

問一
1
2
3

問二
1
2
3

問三
1
2
3

問四
1
2
3

問五
1
2
3

問六
1
2
3
4

問七
1
2

問八
1
2
3
4
5

問一．２点×３
問二．２点×３
問三．２点×３
問四．２点×３
問五．２点×３
問六．２点×４
問七．１点×２
問八．２点×５

受験番号

氏名

得点

※120点満点

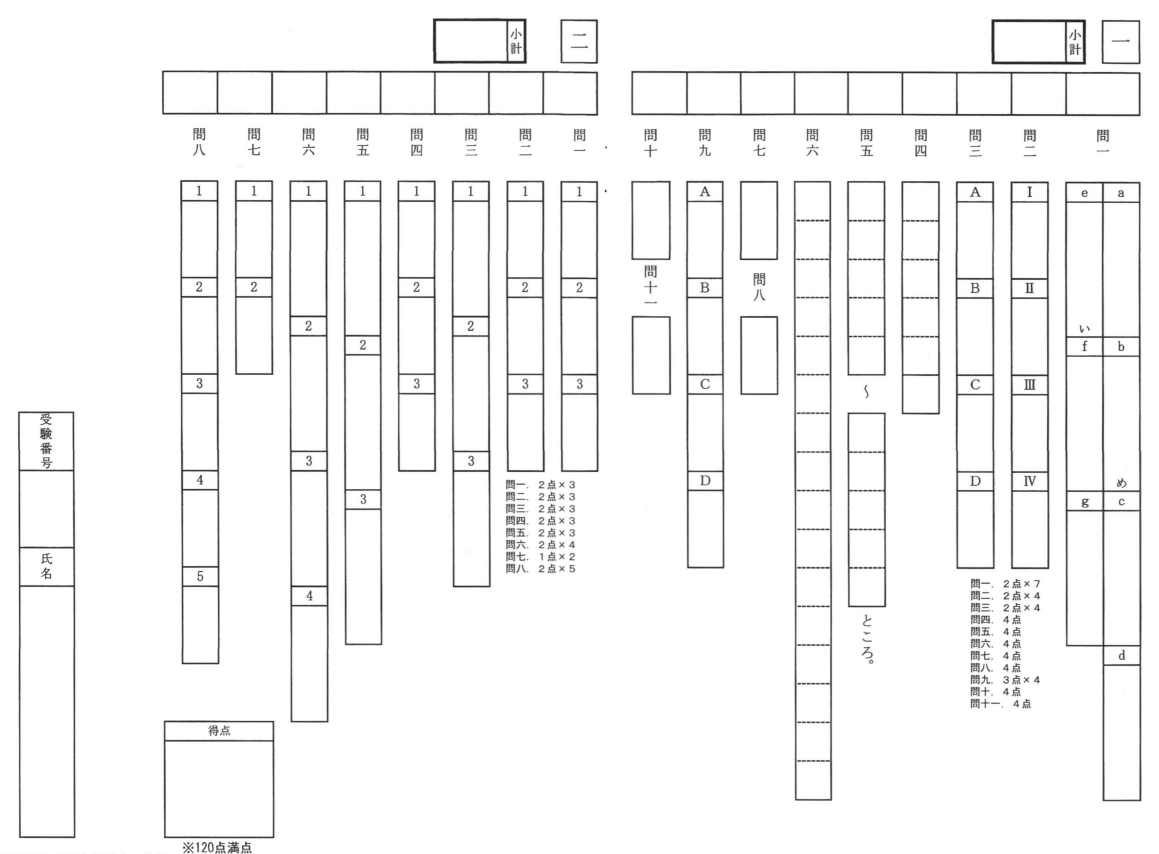

2023年度　大阪女学院中学校　前期入学試験解答用紙
「算　数」

（解答用紙には答えのみを記入し，途中の計算や式は書かないこと。）

| 受験番号 | 名　前 |
| --- | --- |
| | |

中計

総得点

※120点満点

中計

1　（40点）　5点×8

| | 解答欄 | 得点 |
| --- | --- | --- |
| (1) | | |
| (2) | | |
| (3) | | |
| (4) | | |
| (5) | | |
| (6) | | |
| (7) | | |
| (8) | 個 | |

小計

2　（14点）　(1)5点×2　(2)4点

| | | 解答欄 | 得点 |
| --- | --- | --- | --- |
| (1) | ① | cm | |
| | ② | cm | |
| (2) | | 度 | |

小計

3　（14点）　(1)4点　(2)5点　(3)5点

| | 解答欄 | 得点 |
| --- | --- | --- |
| (1) | km | |
| (2) | 分　秒後 | |
| (3) | km | |

小計

4　（15点）　(1)3点×2　(2)4点　(3)5点

| | | 解答欄 | 得点 |
| --- | --- | --- | --- |
| (1) | 容器A | $cm^3$ | |
| | 容器B | $cm^3$ | |
| (2) | | cm | |
| (3) | | $cm^3$ | |

小計

5　（17点）　(1)4点　(2)4点　(3)4点　(4)5点

| | 解答欄 | 得点 |
| --- | --- | --- |
| (1) | m | |
| (2) | 分速　m | |
| (3) | 倍 | |
| (4) | m | |

小計

6　（20点）　(1)あ．3点　い．3点　う．4点　え．5点　お．5点

| | 解答欄 | 得点 |
| --- | --- | --- |
| あ | 本 | |
| い | 枚 | |
| う | 枚 | |
| え | 枚 | |
| お | 本 | |

小計

2023年度大阪女学院中学校
入学試験解答用紙
「 理 科 」

| 受 験 番 号 | 氏 名 |
| --- | --- |
| | |

総 計

※80点満点

1. （問1）図 （問2） （問3） （問4）

（問5）

小計1 10点

2. （問1） g （問2） g （問3） g （問4） cm

小計2 11点

3. （問1） （問2） （問3）

（問4） （問5）① ②

小計3 8点

【解答用紙4-(3)】 48-(29)

4. （問1） （問2） （問3） （問4）

小計4 10点

中計1

5. （問1）① [ , ] ② ③

中計2

（問2） （問3） （問4）

小計5 12点

6. （問1） （問2） （問3）

（問4）① ② （問5）① ②

小計6 10点

7. （問1） （問2） （問3）

小計7 9点

8. （問1）砂糖水 % 食塩水 %

（問2） （問3） g

小計8 10点

2023年度大阪女学院中学校入学試験

# 社会

| 受験番号 | 氏　名 |
|---|---|
| | |

1 問1．1点×3　問2．1点　問3．1点　問4．1点　問5．1点　問6．1点　問7．2点×2

2 問1．1点　問2．1点　問3．2点　問4．1点　問5．2点　問6．2点　問7．2点×2

3 問1．1点　問2．4点　問3．2点　問4．1点　問5．1点　問6．1点　問7．1点　問8．1点×2　問9．1点×3　問10．2点　問11．2点

4 問1．2点　問2．2点×2　問3．1点　問4．1点　問5．1点×2　問6．1点　問7．2点　問8．1点　問9．2点×2　問10．2点

5 問1．2点×5　問2．2点　問3．3点

※80点満点

| 総計 | |
|---|---|

| 小計 | 中計 |
|---|---|

## 1

| | | | | | | | | | | | |
|---|---|---|---|---|---|---|---|---|---|---|---|
| 問1 | 松江 | | 岡山 | | 高知 | | 問2 | | 問3 | | 問4 |
| 問5 | | 問6 | | | | | | | | | |
| 問7 | 長所 | | | | | | | | | | |
| | 短所 | | | | | | | | | | |

## 2

| | | | | | | | | | |
|---|---|---|---|---|---|---|---|---|---|
| 問1 | | 問2 | | 問3 | | | 問4 | | 問5 → → → |
| 問6 | 合 | 計 | 特 | 殊 | | | 率 | | |
| 問7 | 経済 | | | | | | | | |
| | 社会保障 | | | | | | | | |

## 3

| | | | | | | | | | | |
|---|---|---|---|---|---|---|---|---|---|---|
| 問1 | | 問2 | | | | | | | | |
| 問3 | | | | 問4 | | 問5 | | 問6 | | 問7 |
| 問8 | 戦法 | | | 武器 | | 問9 | (1) | | (2) | |
| 問9 | (3) | | 問10 | | | 問11 | | | | |

## 4

| | | | | | | | | | | |
|---|---|---|---|---|---|---|---|---|---|---|
| 問1 | | | | | 運 | 動 | | | | |
| 問2 | | | | | | | | | | |
| 問3 | | 問4 | | 問5 | A | | B | | 問6 | |
| 問7 | | | | | | | 条 | 約 | 問8 | |
| 問9 | (1) | | (2) | | 問10 | | | | | |

## 5

| | | | | | | |
|---|---|---|---|---|---|---|
| 問1 | (1) | | (2) | 月　日 | (3) | |
| | (4) | | (5) | | | |
| 問2 | | | | | | |
| 問3 | | | | | | |



2023(R5) 大阪女学院中　前期
教英出版

# 二〇二三年度　大阪女学院中学校入学試験問題　後期

## 国語 (50分)

※出題の都合上、本文の省略と表記の変更《へんこう》があります。
※字数制限のある問いはすべて、句読点等も一字とします。

一　次の文章は女優黒柳徹子《くろやなぎてつこ》の女学生時代を描いたものである。読んであとの問いに答えなさい。

戦争中、私は青森県三戸《さんのへ》郡諏訪《すわ》ノ平《たいら》、という所注1に疎開《そかい》していた。戦争が終り、注2復員《ふくいん》の兵隊さんが、どんどん帰って来ても、私の父は帰って来なかった。そのうち、シベリアで注3捕虜《ほりょ》になっている、という事が新聞にのった。それでも、その後、死んだのか生きているのか、まったくa消息がわからなかった。母は、復員の人が乗っている汽車《きしゃ》が諏訪ノ平の駅に止まるたびに、プラットホームを走りながら、窓に頭をつっこんで、

「この中で、黒柳守綱《くろやなぎもりつな》って、シベリアでお逢《あ》いになった方は、いらっしゃいませんか?」

と、叫《さけ》んでいた。誰《だれ》も逢った人は、いなかった。私は女学生になり、隣《とな》りの町の三戸の女学校に汽車で通っていた。その頃《ころ》は、復員の人と、たべものの買い出しの人と、注4闇屋《やみや》と、行方《ゆくえ》不明の家族を探そうとしている人などで、汽車は、いつも満員で、切符《きっぷ》は、（　1　）買えなかった。それでも、学生は、一ヶ月毎《げつごと》注5の定期が買えた。でも、失くすと一ヶ月は手に入らないので貴重だった。母は、私がよく物を失くすから心配だといって、毛糸で編んだ紐《ひも》を定期入れに通し、私の首から定期を下げるようにしてくれた。

私たちが乗るのは、たった一駅だったけれど、この汽車通学が、結構、大変だった。そうそう都合のいい時間の汽車がある訳じゃないので、その日の学校の授業や当番によって、走って走って、とび乗る時もあれば、折角《せっかく》走って来たのに、駅で、ずーっと待たされる事もあった。だから、私がいま、物を食べるのが早いのは、①この時の習慣が抜《ぬ》けないからで、ゆっくりお弁当を食べてると、みんなに置いていかれるので、必死で、いつも食べていたから、こんなになってしまった。そして、そのお弁当も、母が注6カツギ屋になったり、知らない農家の人の結婚式《けっこんしき》にA一丁羅《いっちょうら》の着物を着て行って、歌を歌ったりして、手に入れた、おみやげの引き出ものだったりした。お米で作った鯛《たい》に赤い色をつけた、一見して引き出もの、というのを、いつもお弁当にしているのを、たまには恥《はず》かしく思ったこともあったけど。

ある日、私たちは、駅で待ちくたびれて、退屈《たいくつ》していた。その時、（　2　）、同じ諏訪ノ平から通ってる友達と、アヤトリしたいね、という話になった。紐…紐…と探してるうちに、私の首から下げてる定期の紐が、丁度いい長さだ、という事になり、私は首から紐をはずし、定期入れの穴から抜いた。定期はb厳重にランドセルにしまった。私たちは、アヤトリにcネッチュウした。私たちは、カエルだの鉄橋だの、いろんな難かしいのが出来た。頭には、シラミが、たかっていたし、洋服も、従姉《いとこ》から貰《もら》ったセーラー服に、母が東京の家から、どういう訳か疎開する時、風呂敷《ふろしき》がわりに持って来た茶色注7のゴブラン織りのカーテンで作ってくれたゴワゴワのズボンを、はいていた。それ一揃《ひとそろ》いしか、私は洋服というものを、持っていなかった。それでも、アヤトリをしている時は楽しかった。（　3　）汽車が来た。改札の所で定期を出した私は、一駅のことだからと、定期入れを口にくわえて、揺《ゆ》れる汽車の中で、アヤトリをした。一駅、といっても、東北線の一駅だから、かなり、アヤトリは、出来た。私たちは諏訪ノ平で降りた。私は改札口で定期を見せ、手に持って、その友達と話しながら歩いた。私の家の、ちょっと先に橋があり、その友達は、橋を渡《わた》って、もう少し奥《おく》のほうに行くのだった。私は家に行く小道の所で別れようと思ったけど、なんとなく別れにくい気持になり、橋の所まで、一緒《いっしょ》に歩いて行った。その、橋のたもとの所で、私たちは、さよならを、いった。

「アヤトリ、楽しかったね。じゃ、また明日《あした》!」

私は手を振《ふ》った。友達も、橋の途中《とちゅう》で振《ふ》り返《かえ》って手を振った。私は、前より、もっと大きく手を振った。その時、私の手から、ハラハラと何かが落ちて飛び、川の中に落ちた。はじめは、

「なんだべ?」

という感じだったけど、すぐ、それは定期だった、と私に分かった。私は必死に走って、川べりに行った。私の定期入れは、川の表面にチラリと見えたけど、瞬間的《しゅんかんてき》に川の流れの中に、もぐってしまった。大きい川の流れは早かった。少しずつ、辺りは暗くなり始めていて、どんなに追いかけても、（　4　）無駄《むだ》、と、すぐ分かった。洪水《こうずい》の時、大きな材木が、あっという間に姿を消して流れて行ったのを見た事があった私は、川の恐《おそ》ろしさを、知っていた。

私は、母が編んでくれた紐を、出して見た。どんなに後悔《こうかい》しても、もう遅《おそ》かった。

(お母様に、何といおう……)

その時の②私たちの家は、家といっても、リンゴ畠《ばたけ》の真中《まんなか》にある、小さな見張り小屋のようなものだった。水は近くにポンプの井戸があったけれど、電気は無くてランプだったし、御飯《ごはん》の支度《したく》は、私たちが拾って来たタキギだった。それでも、私たちにとっ

ては、楽しい我《わ》が家《や》だった。その家に、私は、どうやって帰ったか、ほとんど憶《おぼ》えていないくらいユーウツになって帰った。

私の母は、そういう時、絶対に、グズグズいうタイプの人では、なかった。「だから、いったじゃないの！」と、私をdセめる事も、しなかった。

「失くしちゃったんだもの、仕方ないじゃない」と、いっただけだった。だから私は、余計に、自分の馬鹿さ加減を思い知るのだった。

次の朝、母は駅の人と交渉《こうしょう》してくれた。でも、「どんなことがあっても再発行はしない」という規則になっていたので、その月は、もう、私は定期なしに、学校に通うことに、なった。運が悪いことに、それが月初《はじ》めの事だったので、次の月の定期が買える日まで、一ヶ月近くあった。

結局、母には叱《しか》られなくても、私は自分の不注意から、一緒に通う友達より、二時間近く早く家を出て、歩いて、隣りの三戸の駅まで行くことになったのだった。

普通《ふつう》の道を歩いて行くと大回りで、何時間かかるか分からないので、線路の上を歩いて行くことにした。それだと一時間半くらいで行ける、という駅の人の話だったので、私は、そうする事にした。

次の日から私は、まだ暗いうちに家を出た。ひとつだけ運が良かったのは、寒い季節じゃない、という事だった。その頃、私たちは、みんな履《は》きものが無く、やっと分けて貰った下駄《げた》をはいて、学校に通っていた。枕木《まくらぎ》の上を、カランコロンと音をさせながら、私は急いだ。とにかく、友達の乗っている（つまり、いつもなら私も乗っているはずの）汽車の着く前に、三戸の駅に着いていよう。そこで待っていて、一緒に学校まで、行くんだ。学校までは、バスと歩きで、かなりの距離《きょり》だったから、汽車通学の生徒は、一緒に行動することに、なっていた。行きは、それでも、B一気呵成《いっきかせい》に家を出て来るので良かったけど、つらいのは、帰りだった。学校から駅まで、みんなと行くと、みんなは、汽車に乗る。

「じゃ、また明日！」

と、元気を出して、みんなを見送ってから、一人で、カランコロンと、枕木の上を、飛びはねながら、汽車の通って行った後を、歩いて行くのだった。③この時は、少し寂《さび》しかった。

帰りは、途中まで行くと、日が暮れかかって来た。線路のまわりは、だいたい田圃《たんぼ》とか、リンゴ畠だけど、こわい、という事は、なかった。むしろ、普段《ふだん》、見たことのない風景が見られて、結構、面白《おもしろ》かった。

でも、一度だけ恐ろしいことが、あった。

毎日、そうやって歩いていると、どの辺りまで歩いた時に、「下り」が一回通り……とか、いうように、汽車のスケジュールが、私にも、はっきり分かって来た。汽車が通過する時は、線路から外に出て、土手に立って過させてから、また④呑気《のんき》に、枕木の上を歩いて行った。

ところが、ある日、諏訪ノ平の手前で、私が鉄橋の上を歩いている時に、前の岩陰《いわかげ》から、突然《とつぜん》、ボーッ!! と汽車が姿をe現した。これは、スケジュールにないfリンジの、ものだった。その鉄橋は、うんと流れの激しい川の上にあった。しかも、その時、線路工事の人なんかが汽車をよけるための柵《さく》のついた出っぱりが、壊《こわ》れていたため、取りはずして、あった。うしろに戻《もど》るには、もう遅すぎた。前からは汽車、川に飛びこむには、鉄橋が高すぎる。私は、C立往生の形になった。私は、枕木の間から下を見た。川は音をたてていた。でも、それしか、なかった。私は、ランドセルを背負ったまま、枕木に、ぶら下った。その途端《とたん》、頭の上を汽車が通り始めた。リンジの汽車だから、一体、何輌《りょう》くらいあるのか、私には、分からなかった。よほど長い連結らしく、いつまでも、いつまでも、頭の上を、音をたてて、のんびりと走って行く。私は鉄棒は上手ではなかったけれど、小学生の時、自分で考えた「牛肉さがり」という、いつまでも片手で鉄棒にぶら下って、お肉になっている、というのが得意だったのが、よかったのかも知れない。とにかく私は、汽車が全部、走り去った音を確かめてから、上にあがろうとした。この時が、一番、こわかった。ぶら下っている時は、なんとか持ちこたえたけれど、体を持ち上げる力が、もう、なかった。ランドセルも邪魔《じゃま》だった。でも、私は、ガムシャラに、足を使ったり、アゴを使ったりして、とうとう、枕木の上に、あがった。

しばらくは、ふるえていて歩けなかった。

やっと定期が買える時が来て、母が買ってくれた。私は、いそいで、紐を通して、しっかりと首にかけた。

私はいま、いろんな□を持っている。でも、あの母の作ってくれた、混り毛糸で編んだ茶色の紐ほど、思い出深いものは、ない。

（黒柳徹子『トットの欠落帖』新潮社刊）

注1　疎開…戦時に空襲（航空機からの爆弾投下）の被害をのがれるため、都市の住民が地方に移り住んだこと。
　2　復員…戦争から戻ること。
　3　捕虜…戦場で敵にとらえられた者。

4 闇屋…国によって売り買いが禁じられたり、価格が決められたりしている商品をかくれて売り買いする人。
5 定期…定期（乗車）券のこと。
6 カツギ屋…産地から直接、米や野菜などの食品を運んできて売る人。
7 ゴブラン織り…15世紀のフランスで作られ始めた厚手の織物。

問一 〰〰 a～f のカタカナを漢字に直し、漢字は読み方を答えなさい。

問二 ═══ A～C の本文中での意味として最も適当なものを次の中から選んで、それぞれ記号で答えなさい。

A 「一丁羅」 ア 所有しているただ一つの服　イ 持っている中で特別な服
ウ サイズが合った服　エ 人からの借りものの服

B 「一気呵成」 ア 勢いよく一息に　イ ゆったりと
ウ 何も考えず　エ わけもわからず

C 「立往生」 ア 途中で動きがとれなくなった状態　イ 相手のじゃまになっている状態
ウ 行ったり来たりしている状態　エ 死ぬ直前に過去を振り返っている状態

問三 （ １ ）～（ ４ ）に入ることばとして最も適当なものを次の中から選んで、それぞれ記号で答えなさい。

ア もう　イ なかなか　ウ ふと　エ やっと

問四 ──①とありますが、この部分を説明した次の文の I ・ II に当てはまるよう I は六字、 II は三字で本文中から適当な語句をぬき出しなさい。

通学で使う汽車に乗るために急ぐみんなに I ないよう、いつもあわてて II を食べていたこと。

問五 ──②とありますが、これを説明したものとして適当でないものを次の中から選んで、記号で答えなさい。

ア 孤立《こりつ》した家　イ 粗末《そまつ》な家　ウ 高台の家　エ 不便な家

問六 ──③とありますが、その理由として最も適当なものを次の中から選んで、記号で答えなさい。

ア 日の暮れた周りに何もない線路を、一人で歩くのが嫌《いや》だと思っていたから。
イ みんなは汽車で帰るのに、定期を失くした自分だけは歩いて帰らなくてはならないから。
ウ 友人と別れ線路の上を歩いていると、定期を失くした自分のまぬけさが思い出されるから。
エ 履いている下駄が枕木を打つ音が、ただでも寂しい夕方の景色を一層引き立てるから。

問七 ──④とありますが、筆者はなぜこのような態度で歩いているのですか。本文中のことばを使って三十字以内で答えなさい。

問八 □ に入ることばとして最も適当なものを次の中から選んで、記号で答えなさい。

ア 宝石　イ 指輪　ウ ネックレス　エ ブレスレット

問九 本文全体を四つの部分に分けるとすると、二番目と四番目はどこからになりますか。それぞれ最初の五字をぬき出しなさい。

問十 本文の内容として最も適当なものを次の中から選んで、記号で答えなさい。

ア 筆者の母親は、非常時にはとりみだしてしまうことが多く、気が短い人だった。
イ 筆者の友達は、筆者が長い道のりを歩いて帰ることに同情を示さない人たちだった。
ウ 筆者の父親は戦地に行く前、よく物を失くす筆者のことを心配する優しい人だった。
エ 筆者は予想外の事件にも対応することができる、何事にも物おじしない人だった。

二　次の各問いに答えなさい。

問一　次の1～4は熟語の成り立ちを説明したものです。その説明にあてはまる熟語をあとの語群から二つずつ選んで、それぞれ記号で答えなさい。

1　上の字が下の字の意味を説明しているもの
2　同じような意味の漢字を組み合わせたもの
3　下の字から上の字へ返って読むと意味がよく分かるもの
4　反対の意味の漢字を組み合わせたもの

語群
ア　思考　イ　善悪　ウ　老人　エ　寒暖
オ　調整　カ　最短　キ　閉店　ク　送信

問二　次のア～エのうち、送りがなの使い方が誤っているものを記号で選んで、その漢字を正しい送りがなとともに答えなさい。

ア　営なむ　イ　分ける　ウ　交わる　エ　積もる

問三　次の1～4の季語が表す季節をそれぞれ漢字で答えなさい。

1　こがらし　2　新緑　3　夕立ち　4　七夕

問四　次の1～3の文に用いられている表現技法をあとから選んで、それぞれ記号で答えなさい。

1　春のあたたかな風がやさしくほおをなでる。
2　あれ、ここに置いてあった私の消しゴムは。
3　帯に短し、たすきに長し。

ア　直喩《ちょくゆ》　イ　擬人法《ぎじんほう》　ウ　倒置法《とうちほう》　エ　省略法　オ　対句法《ついくほう》

問五　次の1～3の外来語はどのような意味ですか。最も適当なものをあとから選んで、それぞれ記号で答えなさい。

1　エコロジー　2　グローバル　3　ダイバーシティ

ア　地球全体の　イ　国際的な交流　ウ　自然保護活動
エ　持続可能な　オ　多様性

問六　次の1～3の慣用句の（　）には、それぞれ共通した語が入ります。それぞれ漢字で答えなさい。

1（　）をこまねく　（　）の内をあかす　（　）にする
2（　）の句がつげない　（　）の足を踏《ふ》む　（　）つ返事
3（　）を運ぶ　（　）がつく　（　）が遠のく

問七　――①・②が主語・述語の関係になっているものを次の中から二つ選んで、記号で答えなさい。

ア　①セールでは　②売らない。
イ　①彼《かれ》こそ　②功労者である。
ウ　①ゴミが散らかった　②わたしの部屋。
エ　①小説が　②好きだ。
オ　①わたしも　②受験します。

問八　次の文のことわざ・慣用句の使い方が正しいものには○を、誤っているものには✕を答えなさい。

1　まだ経験の浅い君にとって、この仕事は役不足だ。
2　出会ってしばらく経《た》つけれど、彼とはまだ気が置けない仲である。
3　老人を助けたら表彰《ひょうしょう》されたよ。まさに情けは人のためならずだね。
4　すぐには上達しないけれど、急がば回れと言うし、基本練習をしっかりやろう。
5　母は立て板に水のごとく、せっせと仕事をした。

問九　次の1～5の和歌の下の句を□から選んで、それぞれ記号で答えなさい。

1　恋《こい》すてふ《恋しているという》　わが名はまだき《もう》　立ちにけり
2　君がため　惜しからざりし《惜しいとは思わなかった》　命さへ
3　わが袖《そで》は　潮干《しほひ》に見えぬ　沖の石の
4　いにしへの《昔の》　ならの都の　八重桜
5　よもすがら《夜通し》　物思ふころは　明けやらぬ

ア　長くもがなと《長くありたいと》　おもひけるかな
イ　人こそ知らね《人は知らないけれど》　かわく間もなし
ウ　閨《ねや》のひまさへ《寝室のすき間までも》　つれなかりけり
エ　人知れずこそ　思ひ初めしか
オ　けふ《今日》九重に《宮中に》　にほひぬるかな

## 2023年度

# 大阪女学院中学校
# 後期入学試験問題

## 「算　　　数」

(50分)

1. 試験開始の合図があるまで，この問題冊子にふれてはいけません。
2. 問題は１ページ～７ページまで 1 ～ 6 の大問があります。
3. 解答はすべて解答用紙に記入しなさい。
4. 円周率は，3.14として答えなさい。
5. ホッチキスは，はずしてはいけません。
6. 試験中に問題冊子の印刷不鮮明，ページの落丁・乱丁及び解答用紙の汚れ等に気付いた場合は，手をあげて監督の先生に知らせなさい。

（このページは白紙です）

(1) 会話文の中の空らん［あ］～［お］にあてはまる数を求めなさい。

(2) 以下の文は，真さんが考えた階段のような図形について述べたものです。空らん［か］にあてはまる数の中で，もっとも大きい数はいくつか答えなさい。

この図形は，段数が大きくなると面積が小さくなっていきます。しかし，どんなに段数が大きくなっても，面積は必ず［か］$cm^2$ より大きくなります。

6 1辺の長さが100 cmの大きな正方形があります。実さんと真さんの会話文を読んで，次の問いに答えなさい。

真　「この大きな正方形から，小さな正方形をいくつか切り取って，階段のような図形を作ることを考えてみよう。ただし，縦の長さも横の長さも段の数だけ等分されているような，きれいな階段にするんだよ。」

実　「階段のような図形かぁ，くわしく教えてよ。」

真　「じゃあ，図をかきながら説明するから，見て。」

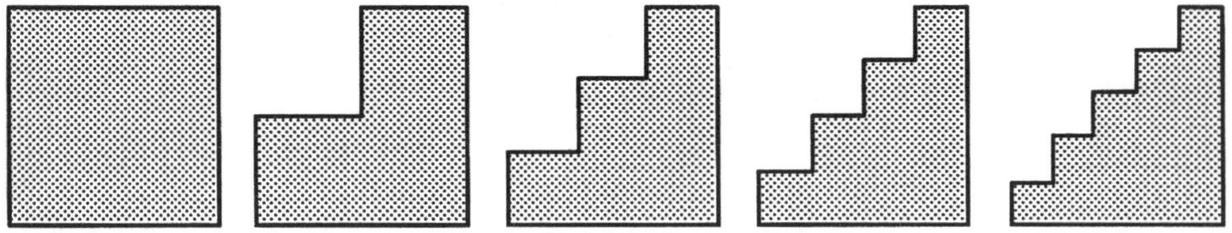

大きな正方形　　2段　　3段　　4段　　5段

真　「もとの大きな正方形から，縦の長さも横の長さも2等分になっている正方形を1つ切り取ると2段の図形になるんだ。」

実　「1辺の長さが [あ] cmの正方形を1つ切り取るんだね。この，2段の図形の面積は [い] $cm^2$ だね。」

真　「そうだね。そしてもとの大きな正方形から，縦の長さも横の長さも3等分になっている正方形を3つ切り取ると3段の図形になるんだ。」

実　「なるほど，わかってきたよ。4段の図形の面積は [う] $cm^2$ になるんじゃない？」

真　「実さん，その通り！じゃあ，5段の図形の面積は何 $cm^2$ かな？」

実　「[え] $cm^2$！」

真　「正解！それじゃあ，10段の図形の面積は何 $cm^2$ になるかな？」

実　「え～っと，[お] $cm^2$ かな。」

真　「その通り！実さん，すごいね！」

(このページは白紙です)

（このページは白紙です）

5 いろいろな分数に対して，次のA～Dの操作を行います。

操作A　分母と分子を入れかえる。
操作B　1を加える。
操作C　2をかける。
操作D　3で割る。

たとえば，$\frac{5}{6}$に対して，A，B，Aの順に3回の操作を行うと，$\frac{5}{6} \to \frac{6}{5} \to \frac{11}{5} \to \frac{5}{11}$と変化し，$\frac{5}{11}$ができます。次の問いに答えなさい。

(1)　$\frac{2}{9}$に対して，A，B，C，Dの順に4回の操作を行うとき，できる分数を求めなさい。

(2)　ある分数に対して，C，A，D，C，Bの順に5回の操作を行うと$\frac{34}{21}$ができるとき，もとの分数を求めなさい。

(3)　5回の操作で，$\frac{5}{7}$を整数にするには，どのように操作を行えばよいか，順番に書きなさい。また，できる整数を求めなさい。

4 駅と遊園地は6 kmはなれていて，その間を1台のバスが折り返し運行しています。下のグラフは，駅からの道のりと時刻の関係を表したものです。

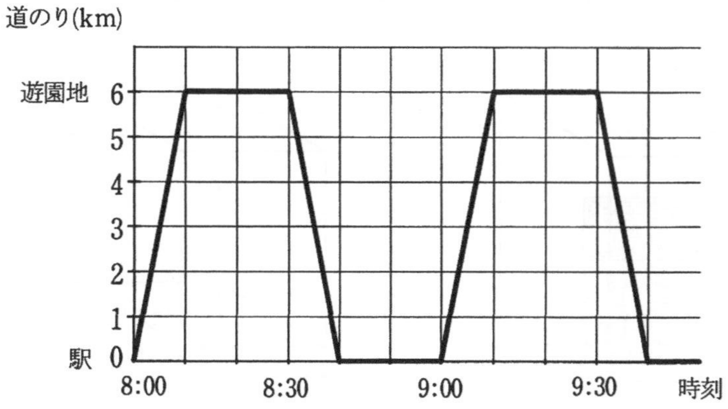


駅から遊園地まで，光さんは分速75 mで歩いて，愛さんは9:00発のバスに乗って行くことにしました。すると遊園地には，愛さんの方が30分早く着きました。次の問いに答えなさい。

(1) バスの速さは時速何kmか求めなさい。

(2) 光さんが駅を出発した時刻は何時何分か求めなさい。

(3) 光さんが遊園地に着くまでに，バスと出会った回数は何回か求めなさい。

(4) 愛さんが乗ったバスが，歩いている光さんを追いぬくのは，駅から何kmはなれた地点か求めなさい。



1 次の □ にあてはまる数を答えなさい。

(1) $12\times34-56\div7-89=$ □

(2) $\frac{1}{2}+\frac{1}{3}+\frac{1}{4}-\frac{1}{5}=$ □

(3) $3.12\times1\frac{1}{4}+2\frac{1}{2}\times2.6=$ □

(4) $\left(2\frac{3}{5}-1\frac{1}{3}\right)\times$ □ $=1$

(5) $7\frac{2}{5}-2.7\div3\frac{3}{8}\times8\frac{1}{2}=$ □

(6) $11\frac{2}{3}-\left(3\frac{1}{9}\div\frac{4}{7}-2\frac{1}{4}\right)\times3.6=$ □

(7) 6 %の食塩水150 gに4 %の食塩水250 gを加えて，さらにそこに □ %の食塩水100 gを加えると5 %の食塩水になります。

(8) 125円のジュースの □ %引きは，100円になります。

2　次の問いに答えなさい。

(1)　斜線《しゃせん》部分の面積は何cm$^2$か求めなさい。

①　正方形の紙を折ったもの

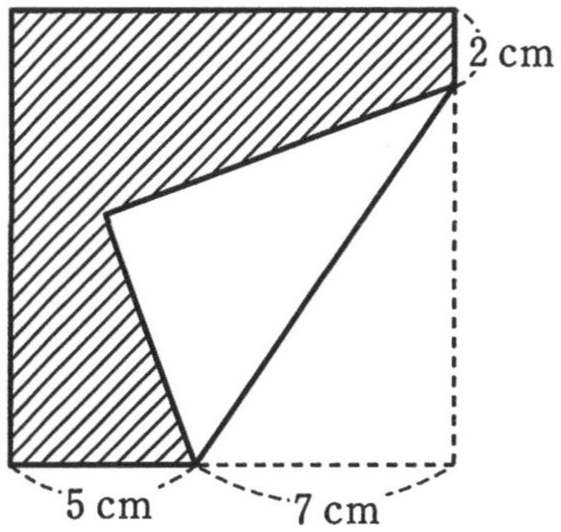


②　2つの半円を重ねたもの

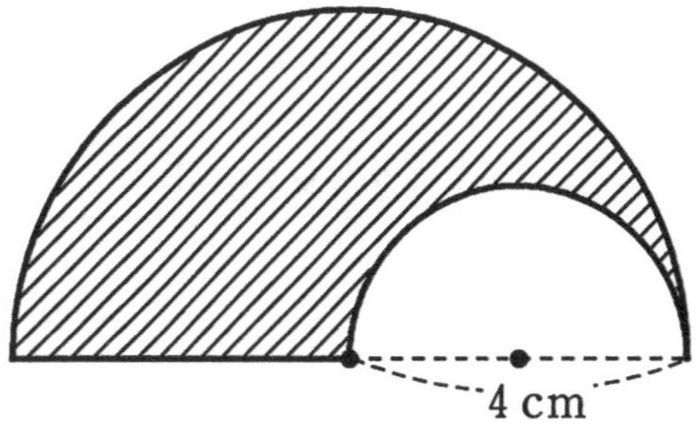


③　直角三角形と円の一部を重ねたもの

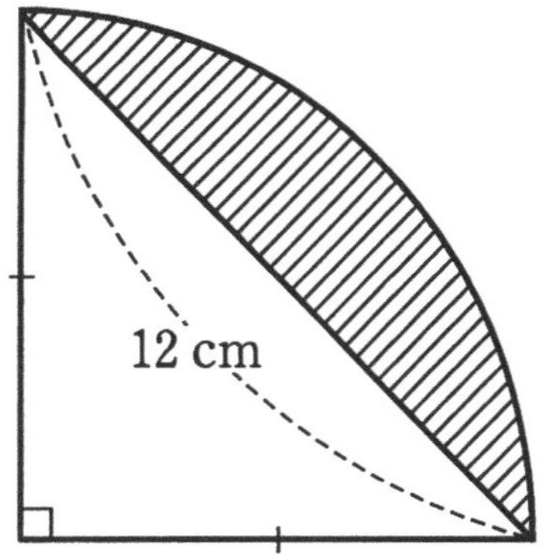


(2)　1本の木から，たき火用のまきを272 kg作ることができます。甲子園《こうしえん》球場の土地の面積は38500 m$^2$です。10000 m$^2$あたり1500本の木が生えているとします。キャンプ1回でたき火用のまき15 kgを使うとするとき，甲子園球場と同じ面積の土地に生えている木から作られるたき火用のまきで，キャンプが何回できるか求めなさい。



3　次の図のように，縦40 cm，横30 cm，高さ50 cmの直方体の形をした水そうA，Bがあります。水そうAには，底面が1辺20 cmの正方形である金属製の直方体が入っています。また，水そうBには，高さ8.2 cmのところまで水が入っています。

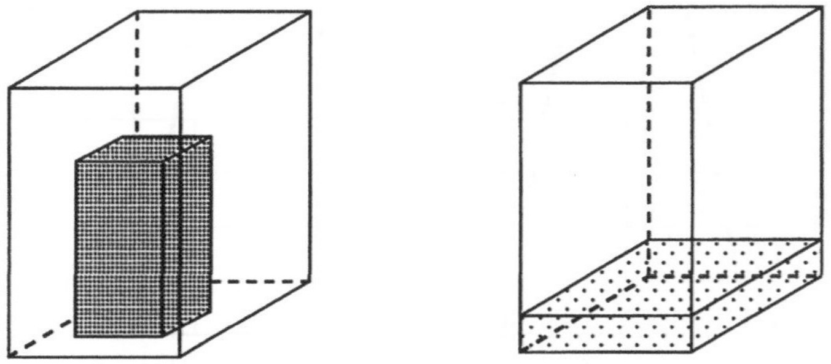

水そうA　　水そうB

水そうAには毎分2400 cm$^3$の割合で，水そうBにはある一定の割合で，同時に水を入れ始めたところ，19分後にどちらの水そうもいっぱいになりました。右のグラフは，水そうに水を入れ始めてからの時間と水面の高さの関係を表しています。次の問いに答えなさい。

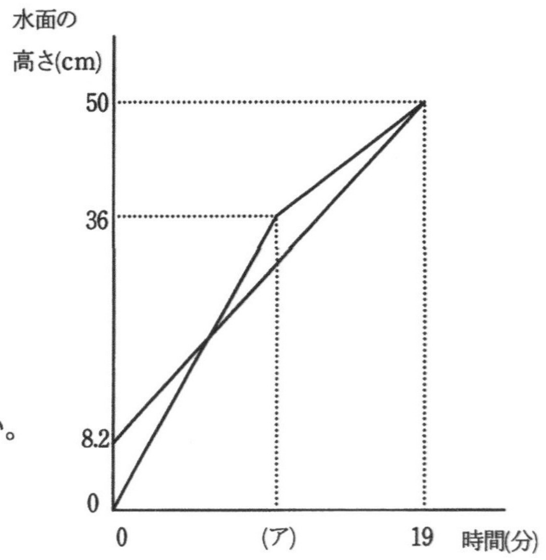


(1)　金属製の直方体の高さは何cmか求めなさい。

(2)　グラフの（ア）にあてはまる数を求めなさい。

(3)　水そうBには毎分何cm$^3$の割合で水を入れているか求めなさい。

(4)　途中《とちゅう》で水そうAと水そうBの水面の高さが等しくなるのは，水を入れ始めてから何分何秒後か求めなさい。

# 二〇二三年度 大阪女学院中学校入学試験問題 後期 国語 解答用紙

## 一

小計

問一 a b c d e f
e した
d める

問二 A B C

問三 1 2 3 4

問四 Ⅰ Ⅱ

問五

問六

問七

30

問八

問九 二番目 四番目

問十

問一．２点×６
問二．３点×３
問三．３点×４
問四．３点×２
問五．３点
問六．３点
問七．５点
問八．３点
問九．２点×２
問十．３点

## 二

小計

問一 1 2 3 4

問二 記号 漢字

問三 1 2 3 4

問四 1 2 3

問五 1 2 3

問六 1 2 3

問七

問八 1 2 3 4 5

問九 1 2 3 4 5

問一．完答２点×４
問二．完答２点
問三．１点×４
問四．１点×３
問五．１点×３
問六．１点×３
問七．完答２点
問八．１点×５
問九．２点×５

受験番号

氏名

得点

※100点満点

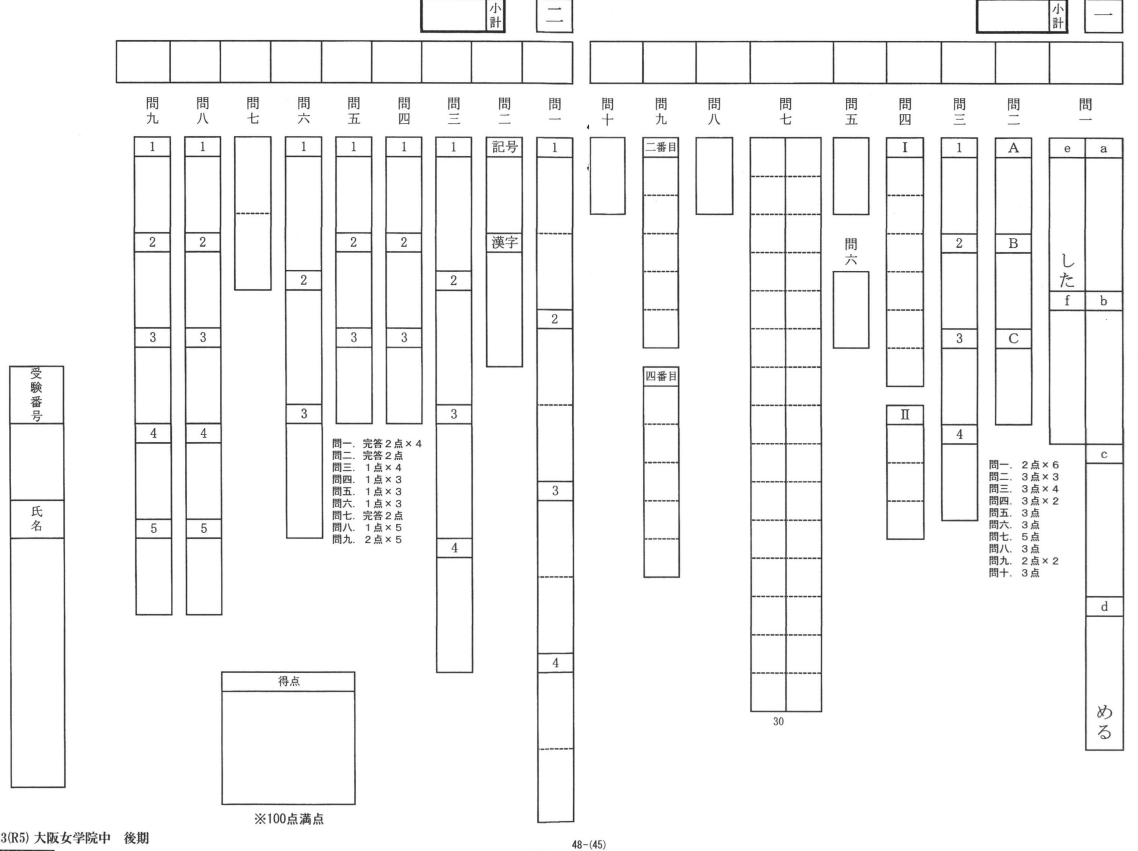

2023年度　大阪女学院中学校　後期入学試験解答用紙
「算　数」

（解答用紙には答えのみを記入し，途中の計算や式は書かないこと。）

| 受験番号 | 名　前 |
|---|---|
| | |

中 計

総 得 点

※100点満点

中 計

1　（32点）　4点×8

| | 解答欄 | 得点 |
|---|---|---|
| (1) | | |
| (2) | | |
| (3) | | |
| (4) | | |
| (5) | | |
| (6) | | |
| (7) | % | |
| (8) | % | |

小 計

小 計

2　（15点）　(1)①3点　②4点　③4点　(2)4点

| | | 解答欄 | 得点 |
|---|---|---|---|
| (1) | ① | $cm^2$ | |
| | ② | $cm^2$ | |
| | ③ | $cm^2$ | |
| (2) | | 回 | |

小 計

3　（13点）　(1)2点　(2)3点　(3)4点　(4)4点

| | 解答欄 | 得点 |
|---|---|---|
| (1) | cm | |
| (2) | | |
| (3) | $cm^3$ | |
| (4) | 分　秒後 | |

小 計

4　（14点）　(1)3点　(2)4点　(3)3点　(4)4点

| | 解答欄 | 得点 |
|---|---|---|
| (1) | 時速　km | |
| (2) | 時　分 | |
| (3) | 回 | |
| (4) | km | |

小 計

5　（11点）　(1)3点　(2)4点　(3)4点

| | | 解答欄 | 得点 |
|---|---|---|---|
| (1) | | | |
| (2) | | ～ | |
| (3) | 操作 | | |
| | 整数 | | |

小 計

6　（15点）　(1)あ. 2点　い. 2点　う. 2点　え. 2点　お. 4点　(2)3点

| | | 解答欄 | 得点 |
|---|---|---|---|
| (1) | あ | cm | |
| | い | $cm^2$ | |
| | う | $cm^2$ | |
| | え | $cm^2$ | |
| | お | $cm^2$ | |
| (2) | か | $cm^2$ | |

小 計

# 二〇二四年度大阪女学院中学校入学試験問題　前期日程

## 国　語　(50分)

※出題の都合上、本文の省略と表記の変更《へんこう》があります。
※字数制限のある問いはすべて、句読点等も一字とします。

一　次の文章を読んで、あとの問いに答えなさい。

北見眼科医院に視能訓練士として勤めている僕《ぼく》（野宮）は失敗続きで広瀬先輩《ひろせせんぱい》に叱《しか》られてばかりであった。ある日、とも子ちゃんという6歳《さい》の女の子がお母さんと一緒《いっしょ》に来院した。僕が検査をすると、ほとんどまわりが見えていない程《ほど》の視力であるという結果になった。しかし、とも子ちゃんとの会話の中で病状に違和感《いわかん》を抱《いだ》いた僕は、北見先生と広瀬先輩に相談した。すると、広瀬先輩は心因性視覚障害ではないかという推測を立てた。

「[注1]オートレフから、[注2]心因性視覚障害と[a]ケントウをつけたら、視力検査でやっておいた方がいいことがもう一つある。それを今から見せてあげるよ。ついてきて」

そう言うと暗室を出て、視力検査をするための椅子《いす》がある場所までやってきた。僕がとも子ちゃんを呼びに行き、その椅子に座《すわ》らせると、広瀬先輩は、

「もう一回だけ検査をしよ」と言った。

とも子ちゃんは広瀬先輩の明るい様子につられて頷《うなず》いた。[注3]裸眼《らがん》での視力を計測した後、[注4]検眼枠《わく》をかけて[注5]矯正《きょうせい》視力を[b]ハカった。結果は先ほどとあまり変わらなかった。広瀬先輩は、とも子ちゃんの前にしゃがみ込《こ》んで、語りかけた。

「いま銀色の枠のレンズを入れたでしょ。見える？」

広瀬先輩はとも子ちゃんの左目の枠に入っていたレンズを一度右手で取り出して確認させた。その後素早《すばや》くレンズを、メガネに戻《もど》した。

「このレンズでは見えにくいみたいだから、魔法《まほう》のレンズを入れてあげるね。よく見ててね」

広瀬先輩は、右手を握《にぎ》ったまま二回振《ふ》って、とも子ちゃんの目の前で、掌《てのひら》に隠《かく》していたレンズを二枚パッと広げた。手品のように手の中からレンズが現れ、とも子ちゃんは目を丸くして驚《おどろ》いていた。僕も驚いた。広瀬先輩は、本当に器用だ。

「この金色のレンズは、さっきよりもよく見える魔法のレンズ。これで検査をさせてね。いい？」

とも子ちゃんは目を輝《かがや》かせて頷いた。カチッという音が鳴った後、先輩は視力検査を始めた。すると、さっきまでは、ほとんど出なかった矯正視力がグングンあがり、ついには1・0まで見えた。まさに魔法のレンズだ。検査終了《しゅうりょう》後、広瀬先輩はとも子ちゃんに、

「すごく、よく見えたでしょ？」

と声を掛《か》けた。とも子ちゃんも笑顔《えがお》で頷いた。[A]僕がきょとんとして見ていると、先輩はニヤニヤしながら近づいてきた。

「子供じゃないんだから、そんな[c]フシギそうな顔しない。あれくらいの手品、誰《だれ》だってできるよ」

「手品もすごいですけど、どうやって矯正視力出したんですか？　どれくらいの度数のレンズを入れたんですか」

「あれ。そっちか。[①]気付いていなかったの。あれ、ゼロだよ」

「ゼロ？」

「そう。なにも入っていない状態にしたの。要は、とも子ちゃんの裸眼視力そのまま。マイナス5のレンズにプラス5のレンズを入れて打ち消したの。トリック法だよ」

傍《そば》から見ていた僕も特殊《とくしゅ》なレンズを入れたのだと信じてしまった。

[②]「魔法のレンズのせいで見えると思い込ませたんですね」

「学校の授業、思い出した？　心因性視覚障害の子の視力を出すための検査方法。心因性視覚障害を持っている子は、見たいと望むものは、しっかりと見えていることが多い。[B]逆もまたしかり。苦手な授業だと黒板の文字は見えないけど、読みたい漫画《まんが》は読めるとかね。とも子ちゃんは、野宮君の名前を見たいと思ったからネームプレートが読めた。患者《かんじゃ》さんと、ちゃんとコミュニケーションを取っていると、思わぬヒントをもらえるときもある」

僕は何度も頷いた。本当に手品まで使ってトリック法を行うとは思わなかったけれど、とも子ちゃんは、魔法のレンズを信じたから視力が出たのだ。不可能を可能にしたという意味では、本当に魔法なのかもしれない。

「さて、じゃあ、北見先生の診断《しんだん》を聞きに行きましょう」

広瀬先輩は微笑《ほほえ》むと検査の結果を渡《わた》した。僕は、コクリと頷き、北見先生のもとに向かった。僕は自分の胸が小さく高鳴って

いることに気がついた。その記載《きさい》された数字と図形の中に、③本物の視能訓練士の技量を感じていた。

とも子ちゃんはお母さんと一緒に診察室《しんさつしつ》に入り、北見先生の説明は始まった。お母さんは、濃《こ》い疲労《ひろう》の色を浮《う》かべて、（　Ⅰ　）色も青白くなっていた。北見先生の次の言葉に信じられないというくらい驚いた。北見先生は、

「問題ないです」

と、言った。お母さんの目に熱がこもっていくのが分かった。それは怒《いか》りなのか困惑《こんわく》なのか安堵《あんど》なのか分からない。もしかするとその全部かもしれない。先生は、説明を続けた。

「目、そのものに器質的[注6]な問題はありません。心因性視覚障害という病気なのですが、大丈夫《だいじょうぶ》、ちゃんとｄナオりますよ」

と、北見先生は二人に穏《おだ》やかな声を掛けた。お母さんは、北見先生の方に（　Ⅱ　）を乗り出して詰《つ》め寄《よ》った。

「何が原因でこんな状態になるのでしょうか。娘《むすめ》の目は見えにくいんですよ。問題ないってどういうことなのでしょうか」

北見先生は穏やかに首を振った。

「原因は分かりません。なぜこんなことが起こるのかというメカニズムも、はっきりとは分かっていません。ただ心因性視覚障害で失明する子はいません。気付くと自然とナオっていることがほとんどです。見えないと嘘《うそ》を言っているわけでもありません。本人は本当に見えないと思っているのです。慌《あわ》てず様子を見て、いつも通り接してあげてください。ふとしたことがきっかけでナオることがあります」

北見先生がそう言うと、お母さんは暗い表情で話し始めた。

「なにか私に問題があるのですか。私の仕事のことを訊《たず》ねられましたけど。私がとも子にストレスを与《あた》えているとか。とも子にとって良くないことをしてしまっていたのかもと……。私のせいで心因性視覚障害を患《わずら》ってしまったのでしょうか？　私が厳しくするのが原因なのでしょうか」

④お母さんは声を詰まらせながら言った。言葉そのものが痛々しく自分を責めているようだった。北見先生は、お母さんを落ち着かせるように首を振った。

⑤「そうではないと思いますよ」

北見先生はそう言うと、とも子ちゃんを見て、顔を近づけて、

「とも子ちゃん、先生のメガネどうかな」と、訊ねた。

とも子ちゃんは、じっと先生の丸いメガネを見て、首を横に振った。

「じゃあ、お母さんのメガネは？」

とも子ちゃんは目を輝かせた。質問そのものが、嬉《うれ》しそうだった。

「どうしたのかな。先生に教えてくれるかな？」

とも子ちゃんは、お母さんの方をチラッと見た。それから大きなｅヒミツを打ち明けるときのように、

「先生、あのね」

と、北見先生の方へ近づき、小さな手で可愛《かわい》い輪を作り（　Ⅲ　）打ちをしようとした。北見先生は、とも子ちゃんの方へ耳を近づけた。とも子ちゃんがなにかを呟《つぶや》くと、先生は、微笑んだ。

「なるほどね」と「やっぱりね」が混じった嬉しそうな顔だった。

なにが起こっているのか、遠目で見ている僕らには分からなかった。お母さんも心配そうに二人を見た。とも子ちゃんと北見先生だけが微笑んでいる。北見先生は説明を始めた。

「お母さん、とも子ちゃんが教えてくれましたよ」

「どういうことですか」

「とも子ちゃんは、お母さんと同じようなお洒落《しゃれ》なメガネが掛けたいそうです。仕事ができるお母さんのようになって、早くお母さんを助けてあげたいそうです。これが原因じゃないかな？　大丈夫。きっと良くなります。心配は［　Ｘ　］。明るく接してあげてくださいね」

と言った。それからとも子ちゃんの頭を撫《な》でた。ポカンとしているお母さんに、北見先生はもう一度視線を合わせて、

「大丈夫」

と、はっきりと言った。お母さんはハッとしたように、とも子ちゃんを見た。瞳《ひとみ》はこれまでで一番熱くなり、頬《ほお》も耳たぶも真っ赤にｆソまっている。とも子ちゃんは照れくさそうで、それでいて、とても満足そうな顔をしていた。

お母さんと、とも子ちゃんの目が合ったとき、⑥ついにお母さんの瞳から涙《なみだ》が零《こぼ》れた。「良かった」それは小さな言葉だったけれど、彼女《かのじょ》の本当の声だった。強気をｇ装って頑張《がんば》りすぎている女性の声ではなくて、とも子ちゃんを想《おも》う優しい声だった。

お母さんは、ハンカチで涙を拭《ふ》いた後、とも子ちゃんを撫で、深々と頭を下げた。⑦僕は「大丈夫」という言葉の力を感じていた。

診察室は、いつもより白く明るく見えた。

僕は広瀬先輩を見た。先輩もこちらを見て微笑んでくれた。こんな笑顔を見たのは、初めてかもしれない。

「良かったね。ホッとしたでしょ」

広瀬先輩は僕に訊ねた。本当にその通りだ。僕は北見先生の診断を聞いて嬉しくなった。

「メガネって、こういうことだったんですね」

「メガネを掛けたいから、視力が出なくなるっていうのは、この症例《しょうれい》では、よくあることなんだよ。大人からするとなんでもないことのようだけれど、小さな子にとっては大切なことなんだろうね。頑張っているお母さんを助けてあげたいという気持ちと、大好きなお母さんと一緒がいいって想いが、心因性視覚障害を作り出した……のかもしれない。この病気は心の問題だから、原因ははっきりとはしないけどね。でも、注7メガネの話やネームプレートのことは、よくやったね」

「注8GPもできなかったですし、全然、実感がないですが」

「北見先生もhサンコウにしたと思うよ。だからすぐにGPの指示を出した。野宮君の言葉が先生の判断を助けたんだよ。検査器具を正確に使えることも大事だけれど、私たちの仕事はそれだけじゃない。患者さんのことをちゃんと見て仕事してたってこと。それもすごく大事だよ」

僕は照《て》れ隠しに、少し遠くにいるとも子ちゃんの方を見た。とも子ちゃんの瞳は輝いていた。瞳の内側にある光が眩《まぶ》しかった。完璧《かんぺき》には程遠い。でもなにかが自分にもできたのではないかと、少しだけ思えた。

「不器用だけれど、患者さん想いで優しいっていうのは、野宮君のいいところだね。これからも頑張ってね」

と言って、検査室の奥《おく》に消えた。僕はその後ろ姿をじっと見つめていた。剛田《ごうだ》さんの言うように、見とれちゃっているのかもしれない。

⑧頑張ろうと素直に思った。僕にもここで、できることがあるのかもしれない。

（砥上裕将《とがみひろまさ》『7・5グラムの奇跡《きせき》』講談社）

注1　オートレフ　オートレフラクトメーターという目の屈折《くっせつ》度を計測する機械のこと。とも子ちゃんの場合は、数値が安定していないという結果が出た。

注2　心因性視覚障害　心理的・精神的な問題によって引き起こされる視機能の異常。

注3　裸眼　眼鏡やコンタクトレンズを使わないでものを見るときの目。

注4　検眼枠　視力検査の際に使用するレンズの入っていない眼鏡の枠。

注5　矯正視力　眼鏡やコンタクトレンズを使って屈折異常を矯正して測定した視力。

注6　器質的な問題　眼球そのものに炎症《えんしょう》や癌《がん》などの異常が発生していること。

注7　メガネの話　最初に視力検査をしたときに、とも子ちゃんが検眼枠を見て「このメガネはあんまり好きじゃない」と言ったこと。それを聞いた僕は北見先生と広瀬先輩に報告した。

注8　GP　見えている範囲《はんい》と感度を測定する検査。

問一　〰〰〰 a～hのカタカナは漢字に直し、漢字は読み方を答えなさい。

問二　═══ A・Bの本文中における意味として最も適当なものを次の中から選んで、それぞれ記号で答えなさい。

A「きょとんとして」
ア　かしこまって　イ　わくわくして　ウ　興奮して　エ　あっけにとられて

B「逆もまたしかり」
ア　逆のことはありえない　イ　逆もしっかりとしている
ウ　逆も同じようなことが言える　エ　逆もそうであるべきだ

問三　―― ①とありますが、「僕」は何に気付いていなかったのですか。最も適当なものを次の中から選んで、記号で答えなさい。

ア　「魔法のレンズ」を入れるということは、度数の入っていない状態を作るための操作であったということ。
イ　「魔法のレンズ」はどんな患者でも矯正視力を上げることができる特殊なレンズであったということ。
ウ　「魔法のレンズ」は心因性視覚障害の患者の検査をするために開発された特別なレンズであったということ。
エ　「魔法のレンズ」の手品は練習すれば誰にでもできる簡単なもので、「僕」にも同じことができるということ。

問四 ――――②とありますが、そのために広瀬先輩がした工夫として適当でないものを次の中から一つ選んで、記号で答えなさい。

ア とも子ちゃんを検査用の椅子に座らせてから、検査を始めたこと。
イ 銀色の枠のレンズを確認させた後に、金色のレンズに変えたこと。
ウ 手品のように、手の中に隠していたレンズを出して見せたこと。
エ 魔法のレンズを使えば、「さっきよりもよく見える」と言ったこと。

問五 ――――③とありますが、「僕」はどのようなところにその技量を感じたのですか。最も適当なものを次の中から選んで、記号で答えなさい。

ア コミュニケーションを何よりも大切にし、心に寄り添った診療によって患者の満足度を上げたところ。
イ 多方面からの情報を元に予測を立てて検査を行い、医師の診断を支える正確なデータを導き出したところ。
ウ 学生時代に学んだとおりの精密な検査方法によって得られた結果を患者の治療《ちりょう》に役立てたところ。
エ 患者の視力回復のために、最新の検査器具を用いた独自の方法で検査を行ったところ。

問六（　　）Ⅰ～Ⅲに入ることばとして最も適当なものを次の中から選んで、それぞれ記号で答えなさい。（同じ記号は二度使わない。）

ア 顔　イ 耳　ウ 口　エ 身　オ 手

問七 ――――④とありますが、このときお母さんはどのような気持ちであったと考えられますか。本文中のことばを使って解答らんに続くような形で答えなさい。

問八 ――――⑤とありますが、北見先生がこのように言ったのはなぜですか。最も適当なものを次の中から選んで、記号で答えなさい。

ア 目が見えなくなった原因がはっきりしないため、お母さんの勝手な推測による混乱を避けようとしているから。
イ お互いにきちんと向き合おうとしていない親子関係にこそ、問題があることを冷静に伝えようとしているから。
ウ 大好きなお母さんのメガネにあこがれを抱いていることで、目が見えなくなっていると予想しているから。
エ とも子ちゃんは見えなくなった理由をわかっているのに、それをお母さんに隠していることを見抜いているから。

問九 [X] に入ることばとして最も適当なものを次の中から選んで、記号で答えなさい。

ア 無益　イ 無効　ウ 無害　エ 無用

問十 ――――⑥とありますが、その理由として適当なものを次の中から二つ選んで、記号で答えなさい。

ア とも子ちゃんの病気を自分のせいにされないように、強がっていたことが恥《は》ずかしかったから。
イ とも子ちゃんが自分のことを思いやってくれていたことがわかり、うれしくなったから。
ウ とも子ちゃんが先生にだけ原因を話したので、信頼《しんらい》されていないと感じて悲しくなったから。
エ とも子ちゃんの病気が思いのほか重大なものではなかったので、拍子抜《ひょうしぬ》けしたから。
オ とも子ちゃんの病気がちゃんと良くなるということがわかって、安心したから。

問十一 ――――⑦とありますが、その理由として最も適当なものを次の中から選んで、記号で答えなさい。

ア 北見先生の言葉には、医師としてとも子ちゃんの視力を絶対に回復させるという力強い気持ちが込められており、その言葉によってお母さんがはげまされたから。
イ 北見先生の言葉には、状況を理解していないお母さんに対してもう一度丁寧に説明しようとする気持ちが込められており、その言葉によってお母さんが心から納得したから。
ウ 北見先生の言葉には、お母さんを責めるような言い方をしてしまったことを謝りたいという気持ちが込められており、その言葉によってお母さんが本当の気持ちを言えたから。
エ 北見先生の言葉には、お母さんを安心させ、親子の思いを優しく包もうとする気持ちが込められており、その言葉によってお母さんが自身を責める気持ちから解放されたから。

問十二 ――⑧とありますが、この時の「僕」の気持ちを説明したものとして最も適当なものを次の中から選んで、記号で答えなさい。

ア 患者の様子を観察することだけでも診断の役に立つことを知り、病気の原因を解明するだけではない医療の仕事の奥深さを感じている。

イ 北見先生がとも子ちゃんの病気の原因をはっきりさせたことに感動し、北見先生のような医師を目指して努力しようと思っている。

ウ 検査を正確に行うのは不器用な自分には難しいが、患者のことをよく見るのは自分だけにしかできない役割だと気づき、手応えを感じている。

エ 自分だけが心因性視覚障害であるという予測を立てることができなかったので、あこがれている広瀬先輩に失望されないように頑張ろうと思っている。

問十三 この文章を読んだ生徒が次のような会話をしました。本文の内容として適当でないことを言っている生徒を次の中から一人選んで、A～Eの記号で答えなさい。

生徒A 広瀬先輩が魔法のレンズのトリック法を使ってとも子ちゃんに「見たい」「見える」と思わせたから、診断の確証を得ることができた。視能訓練士の役割は、単に検査をすることだけじゃないんだね。

生徒B 広瀬先輩の検査の技術を目《ま》の当《あ》たりにして、「僕」は強く感動していたね。視能訓練士としては未熟な「僕」にとって、自分ひとりでは手に負えなかったことを簡単にやってのけた広瀬先輩は憧れの存在なんだろうね。

生徒C 結末部では、視力低下の原因がはっきりわかってみんなホッとしていたね。特にお母さんは仕事が忙しかったから、仕事量を減らしてとも子ちゃんと一緒に治療を頑張ろうと決意していたね。

生徒D とも子ちゃんはまだ幼い子どもだから、自分から思っていることをはっきりと伝えるのが難しかったのかもしれないね。とも子ちゃんなりに頑張りすぎているお母さんのことを心配して、支えたいと思っていたのかな。

生徒E 北見先生の患者に寄《よ》り添《そ》う心があったからこそ、とも子ちゃんはメガネのことを話すことができたんじゃないかな。先生は機械やデータに頼ってばかりではなく、患者とのコミュニケーションも大切にしているんだね。

二 次の各問いに答えなさい。

問一 次の①～③の（　　）に入ることばをあとから選んで、それぞれ記号で答えなさい。

① 誰かに遠くから呼ばれた。（　　）暗いこともあって誰かは分からなかった。

② 彼《かれ》の質問に私は答えられなかった。（　　）私は何も知らなかったからだ。

③ 私はとてもおなかがすいていた。（　　）テーブルの上のおかしを勝手に食べてしまった。

ア なぜなら　　イ だから　　ウ もしくは　　エ しかし

問二 次の①～④の四字熟語の□に共通して入る漢字を答え、その意味をあとから選んで、それぞれ記号で答えなさい。

① □長□短

② □人□色

③ □材□所

④ □知□能

ア 才能に合う仕事や地位を与えること。

イ 人はそれぞれ好みや考え方が異なるということ。

ウ すべてを知り、何でもできる力のこと。

エ 良いところも悪いところもあるということ。

オ 必要なものを自分で作ること。

問三　次の①～④のことわざの□に入る漢字一字を答え、その意味をあとから選んで、それぞれ記号で答えなさい。

①□に短したすきに長し
②□の上にも三年
③類は□を呼ぶ
④縁《えん》の□の力持ち

ア　悪事や欠点の一部をかくしたつもりになっている様子。
イ　中途半端《ちゅうとはんぱ》で役に立たないこと。
ウ　気の合う者が、自然と寄り集まる様子。
エ　じっとしんぼうしていれば、必ず成功するということ。
オ　目立たないところで人のためにつくすこと。

問四　次の①～③の各文の――部のうち、ことばのはたらきが他と異なるものを一つ選んで、それぞれ記号で答えなさい。

①ア　辞書を引きながら小説を書く。
イ　びくびくしながら職員室に入る。
ウ　昔ながらの町なみを歩く。
エ　歩きながら本を読むのは危ない。

②ア　先生に名前を呼ばれる。
イ　やっと外に出られる。
ウ　兄におんぶされる。
エ　弟が救急隊員に助けられる。

③ア　山のふもとにたどり着いた。
イ　母のワンピースを着る。
ウ　明日の天気は晴れだ。
エ　負けるのはとてもくやしい。

問五　次の①～③の各文には一字ずつ漢字の誤りがある。誤っている漢字をぬき出し、正しく書き改めなさい。

①銀行の通長を新しく発行してもらう。
②居間にある置き時計の電地をかえる。
③学校のプールを市民に解放する。

問六　次の①～③の部首をもつ漢字をあとの語群から選んで、それぞれ記号で答えなさい。

①まだれ　②うかんむり　③ころもへん

【語群】　ア空　イ安　ウ原　エ広　オ複　カ礼

## 三

次の1～5の（　　）に入ることばとして最も適当なものをあとから選んで、それぞれ記号で答えなさい。

1　筑波嶺《つくばね》の　峰《みね》より落つる　男女川《みなのがは》　（　　）ぞつもりて　淵《ふち》となりぬる《淵のように深くなってしまった》

2　ひさかたの　光のどけき　春の日に　しづ心なく　（　　）の散るらむ《散っているのだろうか》

3　心にも　あらで憂《う》き世に《つらいことが多いこの世を》　ながらへば《生き長らえたら》　恋《こひ》しかるべき　夜半《よは》の（　　）かな

4　君がため　惜《を》しからざりし　（　　）さへ　長くもがなと《長くあってほしい》　思ひけるかな

5　嘆《なげ》けとて　月やは物を　思はする《月が物思いにふけらせるのか》　かこち顔なる《月のせいにする》　わが（　　）かな

ア　鳥　　イ　花　　ウ　朝　　エ　月　　オ　命　　カ　世　　キ　恋　　ク　涙

# 2024年度

# 大阪女学院中学校
# 前期入学試験問題

## 「算　　数」

（50分）

1. 試験開始の合図があるまで，この問題冊子にふれてはいけません。
2. 問題は1ページ～ 8ページまで 1 ～ 6 の大問があります。
3. 解答はすべて解答用紙に記入しなさい。
4. 円周率は，3.14として答えなさい。
5. ホッチキスは，はずしてはいけません。
6. 試験中に問題冊子の印刷不鮮明，ページの落丁・乱丁及び解答用紙の汚れ等に気付いた場合は，手をあげて監督の先生に知らせなさい。

（このページは白紙です）

ルミさん「でも，[オ]は299を割り切れないよ」

ミナさん「299と[オ]で[ウ]すると[カ]になるよ」

ルミさん「[カ]は2けたの数字に初めてなったけど，299は割り切れないね。でも，
[カ]の約数で299を割り切れるものがあるよ」

ミナさん「本当だね。それが299と2024の最大公約数か確かめよう」

（会話文はここまでです）

(1) [　]や[　]にあてはまる数や言葉を答えなさい。
ただし，ウにあてはまるものは次の中から選んで答えなさい。

たし算，　ひき算，　かけ算，　わり算

(2) 299と2024の最大公約数を求めなさい。

6 ルミさんとミナさんが最大公約数について考えています。以下の会話文を読み，次の問いに答えなさい。

ルミさん「12 と 18 の最大公約数は ア だよね」

ミナさん「そうだね」

ルミさん「121 と 132 の最大公約数は イ だよね」

ミナさん「その通りだね。どうしたの？」

ルミさん「簡単に最大公約数を見つけられる方法がないかな，と思って」

ミナさん「今はどういう方法で見つけたの？」

ルミさん「1 つずつ計算して確かめたんだけど，時間がかかってしまって」

ミナさん「うーん，最大公約数は 2 つの数字の ウ の答えにもなっているけど，これって使えないかな」

ルミさん「2002 と 2024 で試してみると エ になるけど，大丈夫かな」

ミナさん「確かめてみたけど，最大公約数だったよ」

ルミさん「299 と 2024 の最大公約数を求めたいけど，1 回 ウ しただけだと，299 より大きいままだよ」

ミナさん「299 より小さくなるまで ウ をくり返すと， オ になるよ」

（このページは白紙です）

1 次の□にあてはまる数を答えなさい。

(1) $17+18\div2\times3=$□

(2) $24-(11-4)-(2+3\times2)=$□

(3) $2\frac{1}{4}\times\frac{8}{15}-\frac{3}{10}\div\frac{3}{4}=$□

(4) $(5-3.74)\times(5.27+2.23)=$□

(5) $1\frac{2}{3}\times\frac{1}{4}\div(1-0.8)-1.75=$□

(6) $4.92+12.23=7\times7\times$□

(7) □円の商品を2割引で買ったら，712円でした。

(8) 8％の食塩水300 gと4％の食塩水500 gを混ぜ合わせたあと，食塩を10 g加えて溶かしました。この食塩水から120 g取り出したとき，食塩は□gふくまれています。



(2) CさんがAさんに追いつくのは，学校から何kmはなれた地点か求めなさい。

(3) CさんがBさんに出会うのは，引き返し始めてから何分何秒後か求めなさい。

(4) Cさんがこの公園に着くのは，Aさんが学校を出発してから何分後か求めなさい。

5　Aさんは学校を出発し，12 kmはなれた公園まで，一定の速さで歩き続けました。Bさんは Aさんが出発して 20 分後に学校を出発し，公園まで時速 4 kmで歩き続けました。Cさんは Bさんが出発して 10 分後に学校を出発し，一定の速さで走って 2 人を追いかけました。Cさんは Aさんに追いついて，すぐ来た道を同じ速さで引き返し，また Bさんに出会いました。Cさんは Bさんに出会って，すぐまた同じ速さで公園に向かって走り始めました。グラフは，Aさん，Bさん，Cさんの学校からの道のりと時間の関係を表しています。このとき，次の問いに答えなさい。

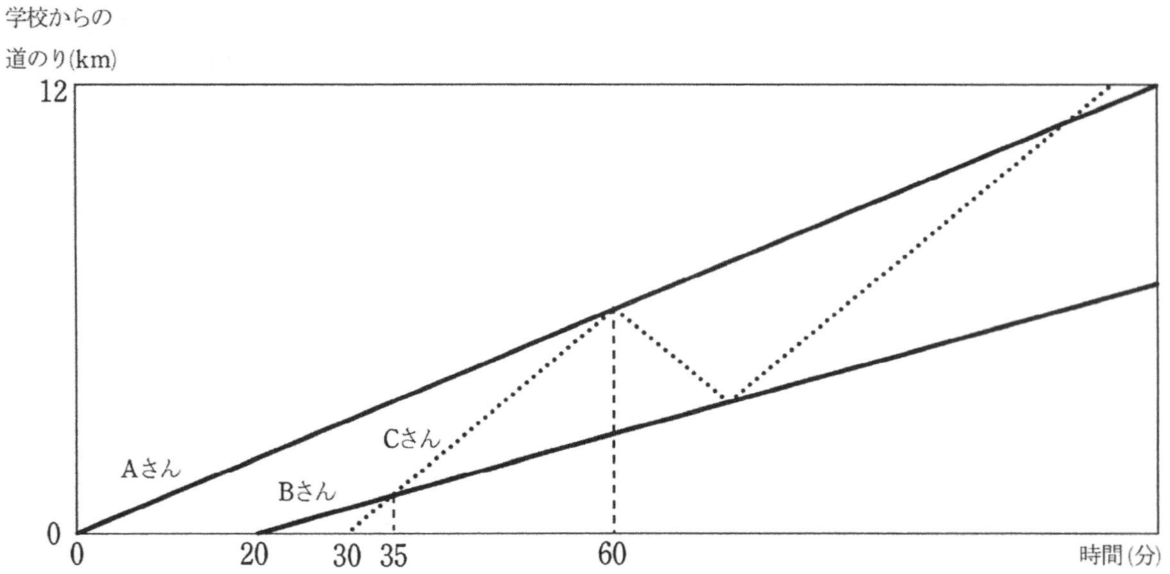


(1)　Cさんが Bさんに追いついたのは，学校から何kmはなれた地点か求めなさい。

2　次の問いに答えなさい。

(1)　500 人の児童のうち，カレーが好きな人が 72 %，ハンバーグが好きな人が 86 %，ハンバーグもカレーも好きではない人が 11 %いました。カレーもハンバーグも好きな人は何人いるか求めなさい。

(2)　下のような高さが 8 cmの台形があり，内側に各頂点を中心に半径 2 cmの円の一部をかいた図形です。斜線《しゃせん》部の面積は何cm$^2$か求めなさい。

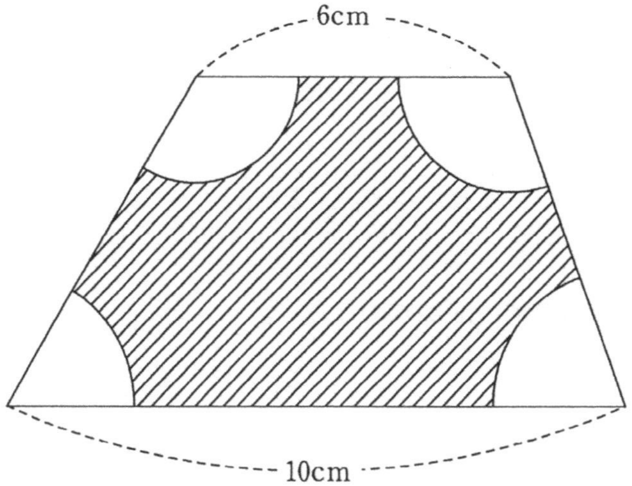


(3)　正方形の外側に円がぴったりとくっついています。斜線部の面積は何cm$^2$か求めなさい。

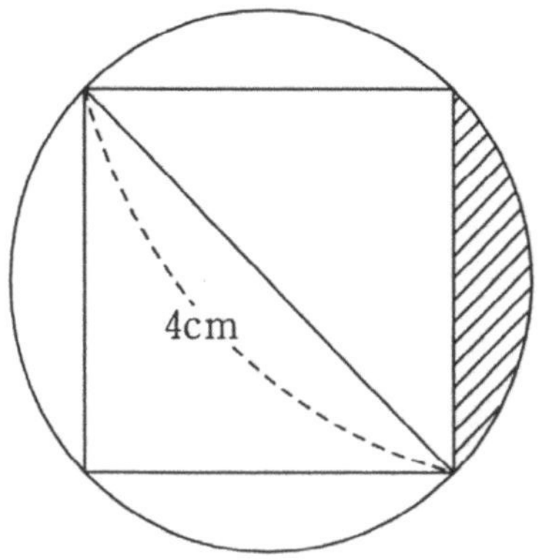

3　2つのブロック①と②があります。この2つのブロックの体積は同じです。

水が入った直方体の水そうに，ブロック①を入れると，ブロックは完全にしずみ，水そうの水面の高さが0.4 cm上がりました。次の問いに答えなさい。

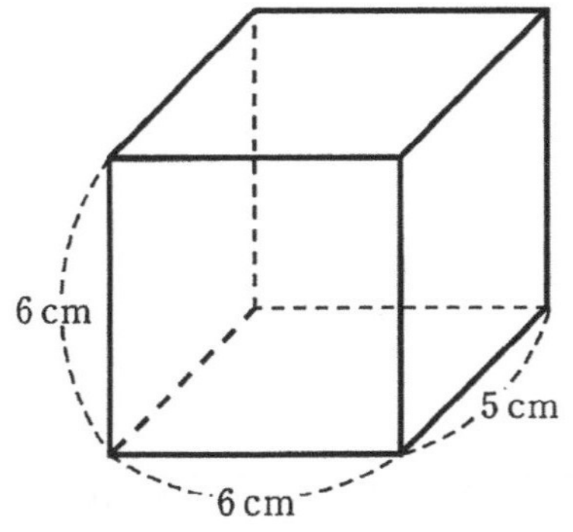

ブロック①

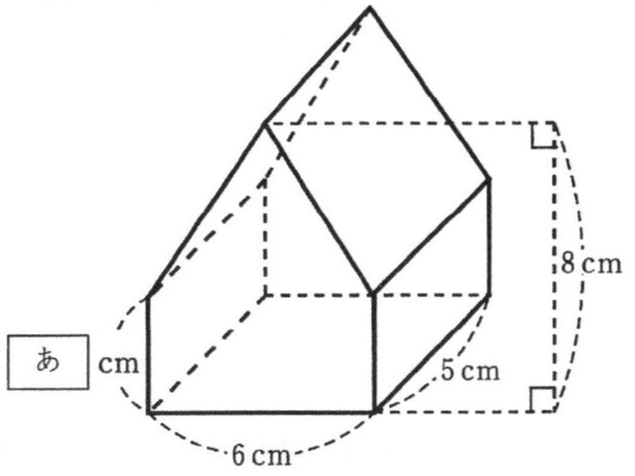

ブロック②

(1)　ブロック②の あ の部分の長さは何cmか求めなさい。

(2)　水そうの底面の面積は何$cm^2$か求めなさい。

(3)　下の図のように，ブロック①，②を積み重ねて水そうに入れると，ブロック②の先だけ2 cmはみ出しました。水そうに入っている水の体積は何$cm^3$か求めなさい。

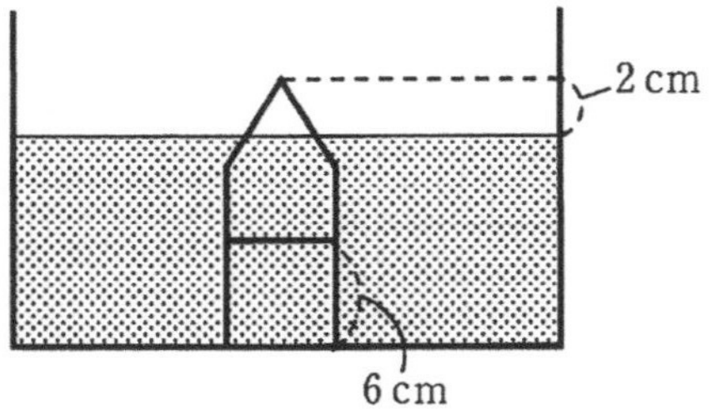


4　右の図のように「ア」，「イ」，「ウ」とかかれた直方体があり，向かい合う面にはそれぞれ同じ文字がかかれています。

この直方体を同じ文字の面どうしでいくつかつなぎ合わせていくとき，次の問いに答えなさい。

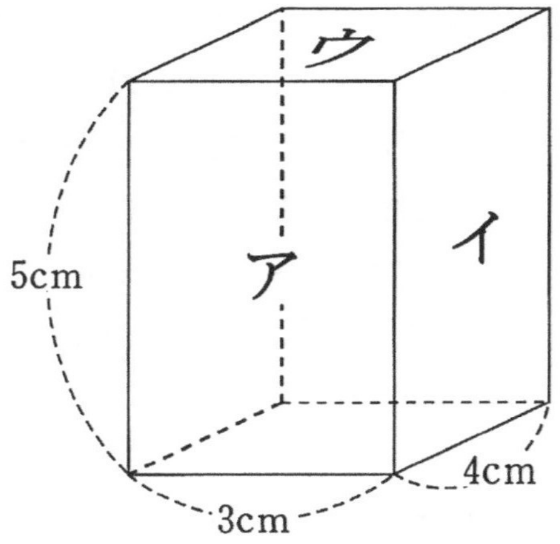


(1)　この直方体の表面積は何$cm^2$か求めなさい。

(2)　この直方体を2つつなぎ合わせて，立体を作ります。その立体の表面積がいちばん小さくなるようにつなぎ合わせるとき，その表面積は何$cm^2$か求めなさい。

(3)　この直方体を3つつなぎ合わせて，立体を作ります。その立体の表面積がいちばん小さくなるようにつなぎ合わせるとき，その表面積は何$cm^2$か求めなさい。

(4)　この直方体を4つつなぎ合わせて，立体を作ります。その立体の表面積がいちばん小さくなるようにつなぎ合わせるとき，その表面積は何$cm^2$か求めなさい。

# ２０２４年度　大阪女学院中学校　入学試験問題　「理　科」

＊答えはすべて解答用紙に記入しなさい。

(40分)

１．観察や実験について次の各問いに答えなさい。

（問１）自然の観察の仕方として正しい文を次の中からすべて選び、記号で答えなさい。

（あ）つかまえた生き物は、観察が終わったらもとの場所に返す。
（い）小さいものを大きくして観察するためには虫眼鏡を使う。
（う）草むらに行くときは、長そで長ズボンの服を着る。
（え）野外観察に行くときは、ぼうしはかぶらない。
（お）発見した生き物は、何でも直接さわる。
（か）生き物を見つけた場所の特ちょうを記録する。
（き）大きな石を動かしたときは、元にもどさない。

図

（問２）図のような人が実験をするときには、服装やかみの毛について気をつけなければならないことがいくつかあります。そのうちの１つを簡単に説明しなさい。

（問３）火を使う実験の準備について書かれた次の文の（　①　）～（　④　）にあてはまる語句を下の（あ）～（け）から選び、それぞれ記号で答えなさい。

＊実験用ガスコンロの近くに、（　①　）を置いておく。
＊（　②　）を片付け、万が一のときに素早い対応をするため（　③　）作業をする。
＊実験用ガスコンロは机の（　④　）に置いて実験する。

（あ）はし　（い）中央　（う）座って　（え）立って　（お）いす
（か）かわいたぞうきん　（き）ぬらしたぞうきん　（く）かんきせん　（け）電気

（問４）保護眼鏡をかけて実験を行う理由を答えなさい。

（問５）試験管に入れる薬品の量として最も適当なものを次の中から選び、記号で答えなさい。

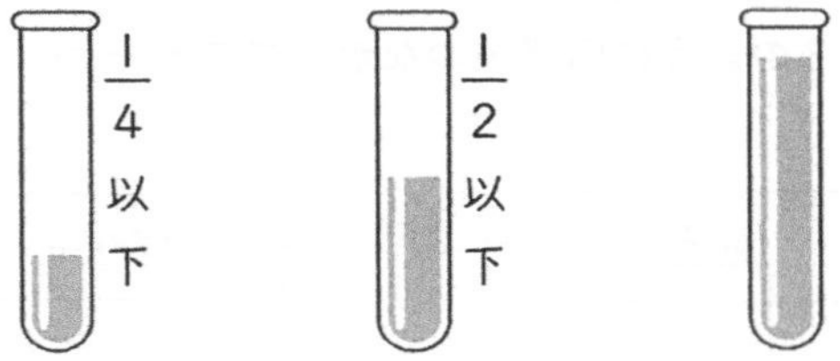

（あ）　（い）　（う）

（問６）薬品のにおいの調べ方について、正しいものを次の中から選び、記号で答えなさい。

（あ）鼻を近づけて確かめる
（い）手であおいで確かめる
（う）薬品を手につけて、鼻に近づけて確かめる

（問７）ピペットの使い方を正しい順番に並べ、記号で答えなさい。

① ゴム球をおした指をそっとゆるめながら、水よう液をゆっくり吸い上げる。
② ゴム球を軽くおしつぶす。
③ ピペットの先を水よう液にいれる。
④ ゴム球を軽くおして水よう液を別の容器に注ぐ。

２．水よう液Ａ～Ｅがあります。これらが何であるかを調べることにしました。次の各問いに答えなさい。

【操作１】水よう液Ａ～Ｅは食塩水、石灰水、うすい塩酸、アンモニア水、炭酸水のいずれかです。それぞれの水よう液をリトマス紙につけると表のようになりました。

表

| 水よう液 | Ａ・Ｂ | Ｃ・Ｄ | Ｅ |
|---|---|---|---|
| 青色リトマス紙 | 赤色に変化 | 変化しない | 変化しない |
| 赤色リトマス紙 | 変化しない | 青色に変化 | 変化しない |

【操作２】Ａ、Ｂを区別するために、それぞれの水よう液を加熱してにおいをかぎました。するとＡの水よう液からにおいがしました。

（問１）水よう液Ａは何ですか。正しいものを次の中から選び、記号で答えなさい。

（あ）食塩水　（い）石灰水　（う）うすい塩酸
（え）アンモニア水　（お）炭酸水

（問２）他の操作でも水よう液Ａ、Ｂを区別することができます。そのための操作として正しいものを次の中から選び、記号で答えなさい。また、その操作をしたときのＢの結果を答えなさい。

（あ）蒸発皿に少しとり、水よう液をすべて蒸発させたあとのようすをくらべる
（い）ＢＴＢよう液を加えて色の変化をくらべる
（う）加熱して出てきた気体を集めて、石灰水に通したときのようすをくらべる

【操作３】Ｃ、Ｄを区別するために、それぞれの水よう液を加熱してにおいをかぎました。するとＣの水よう液からにおいがしました。

（問３）水よう液Ｃは何ですか。正しいものを次の中から選び、記号で答えなさい。

（あ）食塩水　（い）石灰水　（う）うすい塩酸
（え）アンモニア水　（お）炭酸水

（問４）他の操作でも水よう液Ｃ、Ｄを区別することができます。そのための操作として正しいものを次の中から選び、記号で答えなさい。また、その操作をしたときのＤの結果を答えなさい。

（あ）蒸発皿に少しとり、水よう液をすべて蒸発させたあとのようすをくらべる
（い）ＢＴＢよう液を加えて色の変化をくらべる
（う）加熱して出てきた気体を集めて、色をくらべる

（問５）水よう液Ｅを25gとり、加熱して蒸発させたところ1gの白い固体だけが残りました。水溶液Ｅのこさは何％ですか。

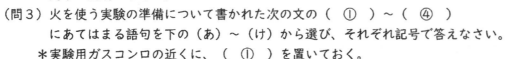

３． 大阪でみられる生物のようすが季節によってどのように変わっていくのかを調べ、表にまとめました。表を見て次の各問いに答えなさい。

表

| | オオカマキリ | カブトムシ | サクラ | ツバメ |
|---|---|---|---|---|
| 春 | ・卵から幼虫が<br>かえる | ・（　　　） | ・（　　　） | ・巣をつくる<br>・卵を産む<br>・卵からひなが<br>かえる |
| 夏 | ・（　①　） | ・（　　　）<br>・卵を産む<br>・卵から幼虫が<br>かえる | ・（　③　） | ・親鳥がひなに<br>こん虫を与える<br>・ひなが成長する |
| 秋 | ・卵を産む | ・（　②　） | ・葉が赤くなる | ・巣からいなくなる |
| 冬 | ・卵のうの中で<br>卵としてすごす | ・（　②　） | ・葉が落ちる<br>・芽が大きくなる | — |

（問１）表の中の（　　　）には次に示すいずれかのようすがあてはまります。（　①　）～（　③　）にあてはまるものをそれぞれ次の中から選び、記号で答えなさい。ただし、２つの（　②　）には同じ記号があてはまります。

（あ）葉がしげり、実をつける　　（い）花がさき、葉が出始める
（う）幼虫の状態で土の中ですごす　　（え）幼虫から成虫になる
（お）幼虫からさなぎになる　　（か）さなぎから成虫になる

（問２）オオカマキリとカブトムシの共通するつくりについて、次の各問いに答えなさい。

（Ａ）あしの本数は何本ですか。
（Ｂ）はねが生えている部分の名前を答えなさい。

（問３）多くの生物は夏の間盛んに活動し、冬になると活動がにぶくなります。活動がにぶくなる理由を考えるため、気温と体温の関係を調べグラフにしました。すると、――のように気温が変化すると体温が変化する（ア）のグループと--------のように気温が変化しても体温が変わらない（イ）のグループとに分かれることがわかりました。オオカマキリやカブトムシなど多くの生物は（ア）のグループに属し、ヒトやツバメなど一部の生物は（イ）のグループに属します。次の各問いに答えなさい。

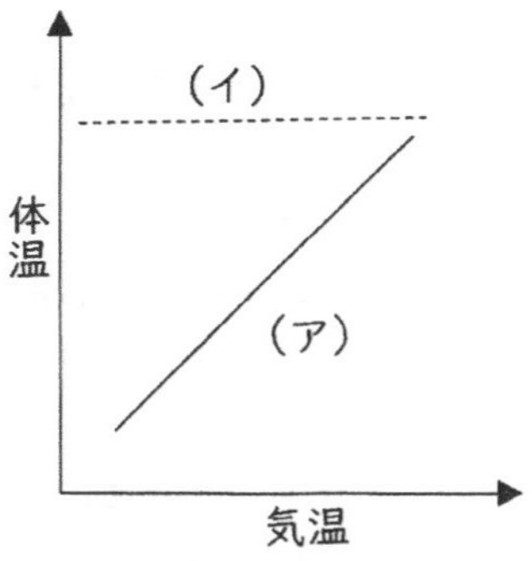


（Ａ）冬になると多くの生物の活動がにぶくなるのはなぜですか。次の中から選び、記号で答えなさい。

（あ）冬になると気温が上がり、体温が上がるため
（い）冬になると気温が上がり、体温が下がるため
（う）冬になると気温が下がり、体温が上がるため
（え）冬になると気温が下がり、体温が下がるため

（Ｂ）ヒトは気温が変化しても体温が変わらないため、季節によって活動のようすがあまり変化しません。しかし、ツバメは体温が変わらないにも関わらず、秋になると暖かい南の方へと移動します。ツバメはなぜ日本を離れ、南の方へ移動する必要があるのか説明しなさい。

４． 表は、0℃の金属棒を加熱したとき、その長さがどのように変化するかをまとめたものです。100 cm の金属棒の温度を 1℃上昇させるごとに、表に示した分だけ長さが変化します。次の各問いに答えなさい。

表

| 金属の種類 | 100 cm の金属棒の温度を 1℃上昇させたときの長さの変化［mm］ |
|---|---|
| 亜鉛 | 0.040 |
| アルミニウム | 0.023 |
| 銅 | （ア） |
| 鉄 | 0.012 |

（問１）200 cm のアルミニウムの棒の温度を 0℃から 20℃に上昇させたとき、アルミニウムの棒の長さは何 mm 変化しますか。

（問２）50 cm の銅の棒の温度を 0℃から 40℃に上昇させたところ、長さが 0.34 mm 変化しました。表の（ア）にあてはまる数字を答えなさい。

図１の「バイメタル」という材料は、加熱したときに変化する長さが違う２種類の金属Ａと金属Ｂをすきまがないようにはり合わせたものです。図２は、熱を感知してはたらく火災報知器のしくみを簡単に表したものです。火災報知器に熱が加わるとバイメタルが変形して曲がり、図３のように回路がつながってブザーが鳴ります。

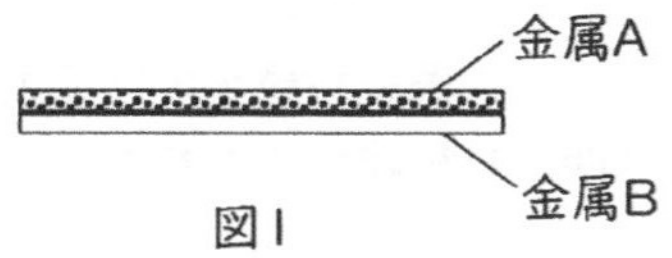


図１

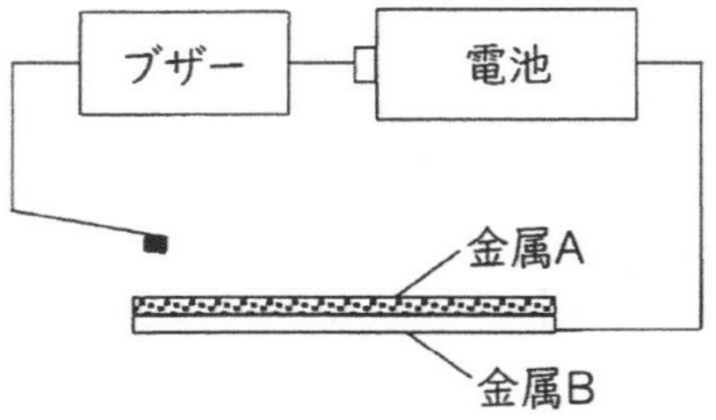


図2

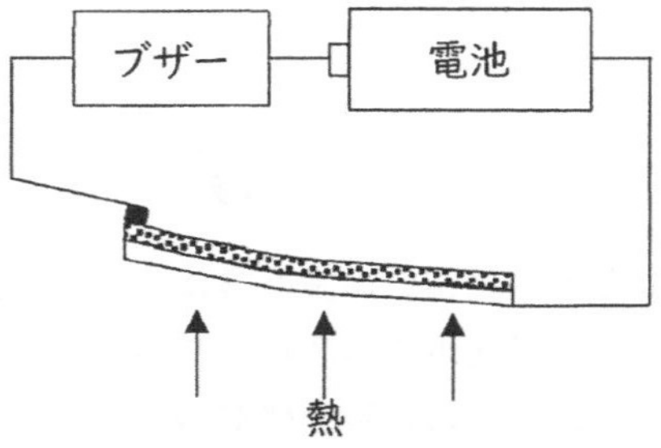


図3

（問３）アルミニウムと鉄を使って火災報知器のバイメタルを作るとき、図２の金属Ａとして使われるのはアルミニウムと鉄のどちらですか。

（問４）アルミニウムと鉄を使ったバイメタル①と、亜鉛と鉄を使ったバイメタル②があります。より低い温度で図２の火災報知器をはたらかせるためには、バイメタル①と②のどちらを使えばよいですか。

**5．** 次の文章を読み、各問いに答えなさい。

くきの中での水の運ばれ方についてＡさんとＢさんは次のような予想をしました。

【予想】

Ａさん「くきの真ん中にストローのような１本の管があって、そこを通って水が運ばれる」

Ｂさん「くき全体に水がしみこみ運ばれる」

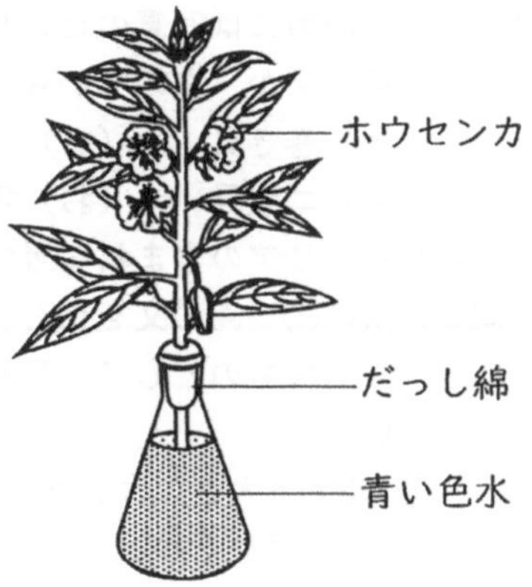


図1

くきの中での水の運ばれ方を調べるために次のような手順で実験を行いました。

【手順】

［1］白い花のさいたホウセンカを根ごとほり出しました。

［2］根を水でよく洗い、土を落としました。

［3］図1のように青い色水の入ったガラスのビンにホウセンカを入れ、根を色水にひたしました。

［4］ビンの口にだっし綿を付けました。

［5］ビンの水面の位置に印を付けました。

［6］1日後、水面の高さを確認しました。

［7］図２のようにくきを縦に切って中のようすを観察しました。

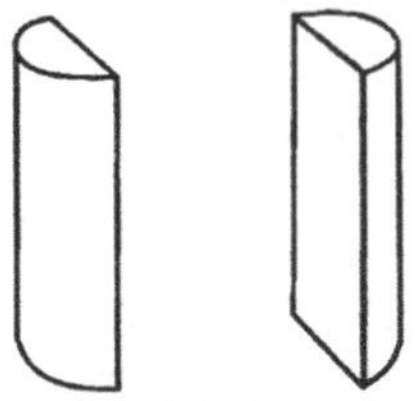

図2

（問１）【手順】［６］で水面は［５］とくらべて下がっていました。水面の下がった理由として、最も適当なものを次の中から選び、記号で答えなさい。

（あ）ビンから水がしみ出したから

（い）ホウセンカが水を吸い上げたから

（う）ビンの中にある水が蒸発したから

（問２）【手順】［６］の後、花の色を観察しました。次の各問いに答えなさい。

① 花の色はどうなりますか。次の中から正しいものを選び、記号で答えなさい。

（あ）白色のまま変わらない　　（い）青色に変わる

② ①のように答えた理由を答えなさい。

（問３）Ａさんの予想では、くきの染まり方はどうなると考えられますか。最も適当なものを次の中から選び、記号で答えなさい。ただし、（あ）～（え）の▨は、染まっている部分を表しています。

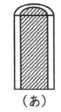

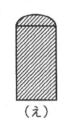

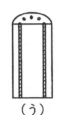

（あ）　（い）　（う）　（え）

（問４）Ｂさんの予想では、くきの染まり方はどうなると考えられますか。最も適当なものを（問３）の選択しの中から選び、記号で答えなさい。

（問５）【手順】［７］の結果は図３のようになりました。［７］の結果からわかることとして正しいものを次の中から選び、記号で答えなさい。

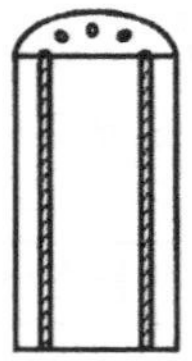

図３

（あ）水はくき全体にしみこんで運ばれる

（い）水はくきの真ん中にある１本の管を通って運ばれる

（う）水はくきの中にある複数の管を通って運ばれる

（え）水は葉から水が出ていくことで吸い上げられる

（お）水は葉を取ると吸い上げられる量が減る

**6．** 豆電球と電池を導線で図１～図４のようにつないだ回路があります。ただし、豆電球と電池はすべて同じ性質のものとします。①～⑤を読み、次の各問いに答えなさい。

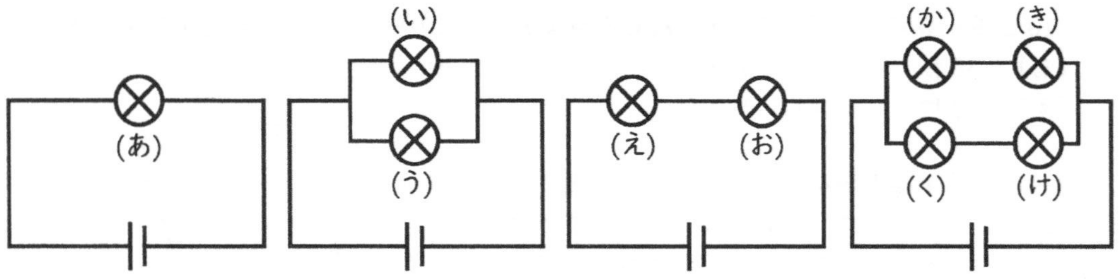


図1　図2　図3　図4

① 図１の豆電球に流れる電流の大きさを１とします。

② 図２では並列につながれた２つの豆電球の明るさが図１の豆電球と同じになりました。このことから２つの豆電球に流れる電流の大きさが同じになることがわかりました。このとき豆電球（い）に流れた電流の大きさを１とします。

③ 図３では直列につながれた２つの豆電球の明るさが同じになりました。このことから２つの豆電球に流れる電流の大きさが同じになることがわかりました。このとき豆電球（え）に流れた電流の大きさを0.5とします。

④ 図２、図３の４つの豆電球の明るさをくらべると、図２の２つの豆電球のほうが明るくなりました。

⑤ 実験の後で図１、図２、図３の電池の温度を調べると、図２、図１、図３の順に電池の温度が高くなっていました。このことから図２、図１、図３の順に電池に流れる電流が大きくなっていくことがわかりました。このとき図１の電池に流れた電流の大きさを１とし、図２の電池に流れた電流の大きさを２とし、図３の電池に流れた電流の大きさを0.5とします。

（問１）図１の豆電球（あ）と同じ明るさの豆電球を図２～図３の（い）～（お）の中からすべて選び、記号で答えなさい。

（問２）図３の豆電球（え）と同じ明るさの豆電球を図１～図４の（あ）～（う）、（お）～（け）の中からすべて選び、記号で答えなさい。

（問３）図３の電池に流れた電流と、図４の電池に流れた電流をくらべると、大きい電流が流れた電池は、図３、図４のどちらですか。

（問４）図４の電池に流れる電流の大きさを答えなさい。

**7．** 次の各問いに答えなさい。

ふりこの糸の長さやおもりの重さを変えて 10 往復する時間をはかると表のようになりました。

表

| 長さ(cm) | 10 | 20 | 40 | 40 | 60 | 160 | 160 | 200 | 250 | 250 | 360 |
|---|---|---|---|---|---|---|---|---|---|---|---|
| 重さ(g) | 100 | 50 | 100 | 200 | 50 | 50 | 100 | 50 | 100 | 200 | 100 |
| 時間(秒) | 6.35 | 8.98 | 12.7 | 12.7 | 15.4 | 25.4 | 25.4 | 28.4 | 31.7 | 31.7 | 38.1 |

（問１）ふりこの長さを 90cm、おもりの重さを 50g にしたときの 10 往復する時間は何秒ですか。最も適当なものを次の中から選び、記号で答えなさい。

（あ）18.4 秒　　（い）18.8 秒　　（う）19.1 秒

（問２）ふりこの長さを 40cm、おもりの重さを 200g、ふれ幅を２倍にして実験をしました。10 往復する時間は何秒ですか。最も適当なものを次の中から選び、記号で答えなさい。

（あ）6.35 秒　　（い）8.98 秒　　（う）12.7 秒

（え）15.4 秒　　（お）25.4 秒

メトロノームは楽器の演奏をするときに曲の速さを正確に示すための道具です。メトロノームのふりこには支点の上下におもりがついています。下のおもりは固定されていて、上のおもりでふりこのふれる速さを調節することができます。

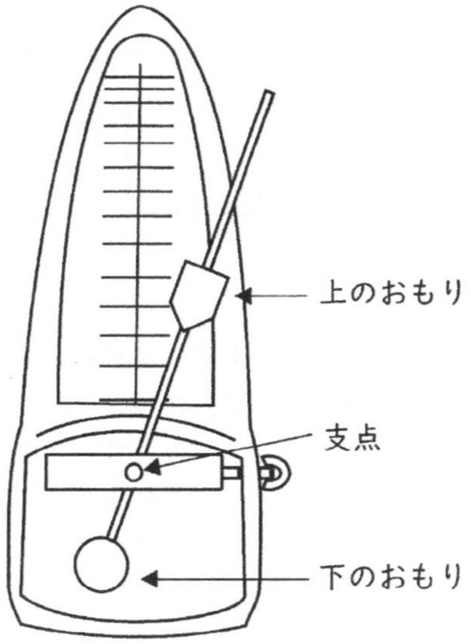


（問３）上のおもりの位置を支点に近付くように動かしました。このとき、メトロノームのふりこのふれる速さはどのようになりますか。最も適当なものを次の中から選び、記号で答えなさい。

（あ）はやくなる

（い）おそくなる

（う）おもりを動かす前と変わらない

**8．** 図はがけに見られるしま模様のようすを表したものです。次の各問いに答えなさい。

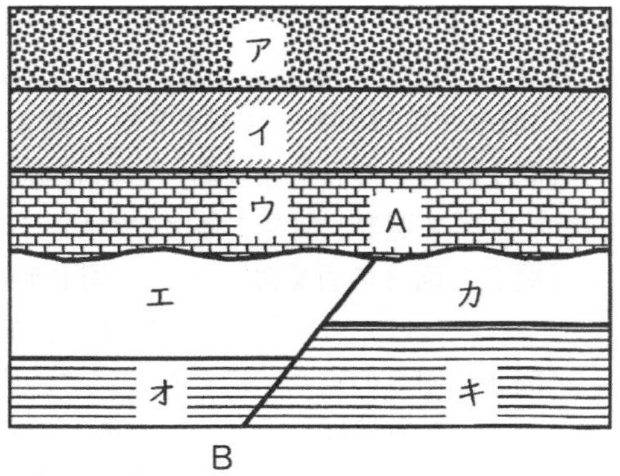


図

（問１）がけのしま模様になっているところをよく見ると、れき、砂、どろなどが固まった岩石が、それぞれ層になって重なっていました。このような層の重なりを何といいますか。

（問２）イの層は主に砂が固まってできた岩石でできていました。この岩石の名前を何といいますか。

（問３）イの層には写真のビカリアの化石がふくまれていました。ビカリアとは何ですか。次の中から選び、記号で答えなさい。

（あ）巻き貝　　（い）サンゴ　　（う）恐竜の歯

（え）二枚貝　　（お）魚の背骨　　（か）木の葉

写真

（問４）ビカリアの含まれる層がたい積した場所のようすを答えなさい。

（問５）次の①～④の文を化石ができ、陸上で見られるようになるまでの順にならべたものとして、最も適当なものを次の中から選び、記号で答えなさい。

① 地下で大きな力がはたらいて層が陸上におし上げられる

② たい積がくり返されて層ができる

③ 砂や泥が海底にたい積するときに生物のからだがいっしょにうもれる

④ できた層の重なりの中で長い年月をかけて化石になる

（あ）③→④→①→②　　（い）③→①→②→④　　（う）③→②→④→①

（問６）図のＡ－Ｂは、大昔に大きな力が大地にはたらいて、層がずれたものです。このずれのことを何といいますか。

（問７）図のＡ－Ｂのずれの方向として正しいものを選び、記号で答えなさい。

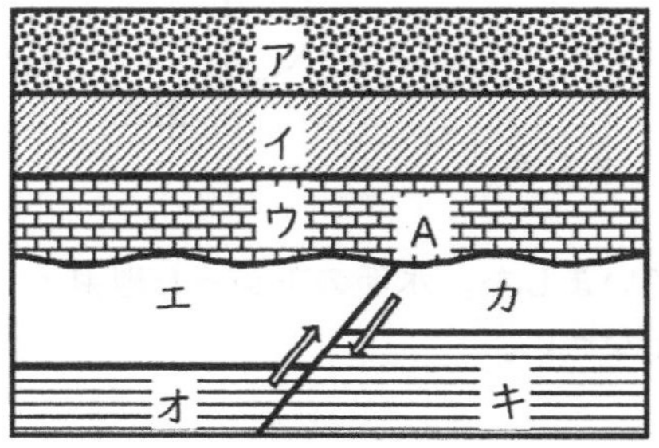


B（あ）

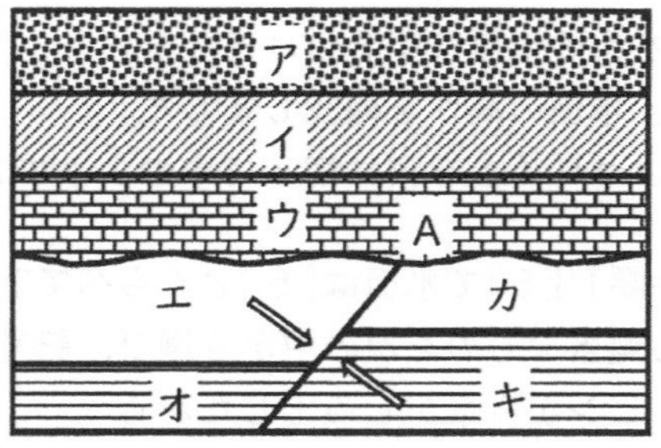


B（い）

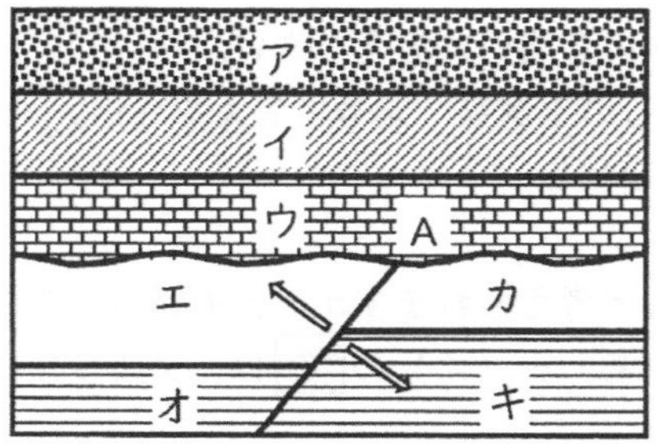


B（う）

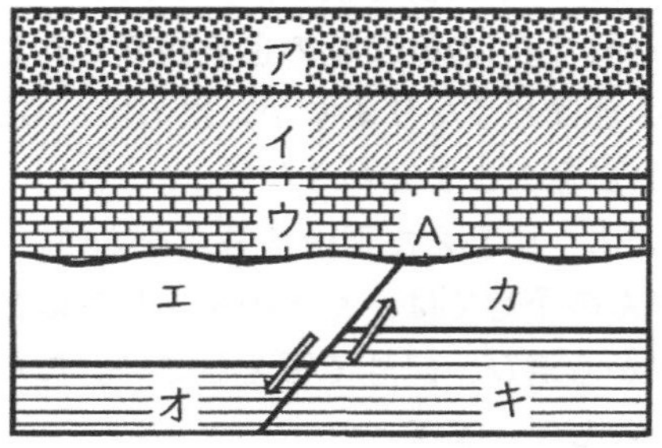


B（え）

（問８）次の①～⑧を図のしま模様ができた順に並べかえ、下の（例）のように答えなさい。ただし、同じ時期にできた場合、横に並べて答えること。

（例）　①③→　②　→　⑤　→　④⑦　→　⑥　→　⑧

①アのたい積　　②イのたい積　　③ウのたい積　　④エのたい積

⑤オのたい積　　⑥カのたい積　　⑦キのたい積　　⑧Ａ－Ｂ面のずれ

# 2024年度　大阪女学院中学校入学試験問題　社会(本試験)

(40分)

解答はすべて解答用紙に記入しなさい。

**1**　次の文章を読み，各問いに答えなさい。

先　生　授業のはじめにみなさんに質問です。今日，朝ご飯に何を食べましたか。

Aさん　①おにぎりとたまご焼きを食べました。あと牛乳を飲みました。

Bさん　私は焼いたウインナーと，チーズ②トースト。あとコーンスープです。

先　生　おいしそうですね。それでは，今日食べた朝ご飯の中に，日本で生産された食べ物はどれくらいあったのでしょうか。それが今日学ぶ③「食料自給率」です。つまり，日本に暮らす人びとが食べる食べ物のうち，日本で生産されているものがどれくらいあるかという指標です。

Bさん　なんだかイメージしづらいです。先生，わかりやすいたとえはないですか。

先　生　そうですね，たとえば「カロリー」というものさしで日本の食料自給率を測ってみると，2020年度の農林水産省データでは37%という数字が出てきます。たとえば100m走をすると，日本の食べ物だけだと37mしか走れず，残りの63mを走りきるために外国の食べ物に頼《たよ》っているということになります。

Aさん　半分以上，外国の食べ物に頼っている現状があるのですね。

先　生　私たちが食べるお米や野菜，果物だけではありません。たとえば④家畜《かちく》が食べているえさは，ほとんどが外国から輸入されているものです。

Bさん　今日家に帰ったら，⑤できるだけ日本で生産された食べ物も買って食べようって家族に話してみるよ。他にも何かあるかな。

Aさん　うーん。あ，⑥食べ物を無駄《むだ》にしないとか…。

Bさん　たしかにそうだね～，好き嫌いせずに食べられるように頑張《がんば》ってみるよ。

先　生　日本の食料自給率が低いということは，⑦日本の農家を取り巻く環境にも変化が起こっているはずですから，これからその問題についても議論してみましょうか。

問１．下線部①について，1970年代以降，日本政府は農家に休耕や転作などをすすめ，米の作付面積を減らす政策を実施《じっし》しました。2018年に廃止《はいし》されたこの政策を何といいますか。

問２．下線部②について，日本の小麦の主な輸入先として誤っているものを下から一つ選び，記号で答えなさい。

ア．アメリカ合衆国《がっしゅうこく》　イ．ベトナム　ウ．カナダ　エ．オーストラリア

問３．下線部③について，下の食料自給率の移り変わりの表中A～Cにあてはまる農畜産物を，ヒントを参考にしてそれぞれ下から選び，記号で答えなさい。

| 年 | 米 | 小麦 | A | B | C |
|---|---|---|---|---|---|
| 1965 | 95 | 28 | 90 | 100 | 93 |
| 1985 | 107 | 14 | 77 | 95 | 81 |
| 2005 | 95 | 14 | 41 | 79 | 54 |
| 2021 | 98 | 17 | 39 | 79 | 53 |

（単位：%　2021年度農林水産省統計データより）

ヒント
・大豆の2021年度の自給率は小麦より低い。
・長らく自給率100%だった野菜は1980年代から主に中国やアメリカ合衆国などからの輸入が増加し始めた。
・果物は1970年代から輸入が増加し，1996年には自給率が50%を下回り，そのまま現在に至る。

ア．大豆　イ．肉類　ウ．野菜　エ．果物

問４．下線部④について，日本の畜産業について述べた文として誤っているものを下から一つ選び，記号で答えなさい。

ア．安価な輸入畜産物に対抗《たいこう》し，高級品種の生産や経営規模の拡大の努力が行われています。
イ．卵や豚《ぶた》肉は自給率が比較的《ひかくてき》高いですが，輸入飼料を多用しているため，実質的な自給率は低いといえます。
ウ．乳牛の飼育頭数は北海道がきわめて多いですが，栃木や群馬などの大都市近郊《きんこう》も多いです。
エ．肉牛の脳の病気が見つかった2003年以降，日本はアメリカ合衆国からの牛肉を輸入していません。

問５．下線部⑤について，地元でとれた食料を地元で消費することを何といいますか，漢字4字で答えなさい。

問６．下線部⑥について，特に先進国では，まだ食べられる食品が大量に処分されることがあります。この問題を何といいますか。

問７．下線部⑦について，日本の農業の問題点としてどんなことが考えられますか。下の表１，２を参考にして書きなさい。

| 年 | 耕地面積の総計（千ha） | 農業従事者の総計（人） |
|---|---|---|
| 1960 | 6,071 | 11,749,834 |
| 1980 | 5,461 | 4,128,446 |
| 2000 | 4,830 | 2,399,579 |
| 2020 | 4,372 | 1,363,038 |

表１　（『日本国勢図会 2022/2023』／2020年度農林水産省統計データより）

主に農業を仕事としている人の年齢《れい》別割合

（2021年度）

| 年齢 | 割合 |
|---|---|
| 15～49歳《さい》 | 8.4% |
| 50～59歳 | 29.6% |
| 60～69歳 | 22.4% |
| 70～79歳 | 26.2% |
| 80歳以上 | 13.4% |

表２　（『日本国勢図会 2022/2023』より）

**2**　次の地図を見て，各問いに答えなさい。

問1．地図中の①～③は「越前和紙《えちぜんわし》」・「輪島塗《わじまぬり》」・「瀬戸焼《せとやき》」のいずれかの産地を示しています。
①　～③に当てはまる産地の正しい組み合わせをア～カから一つ選び，記号で答えなさい。

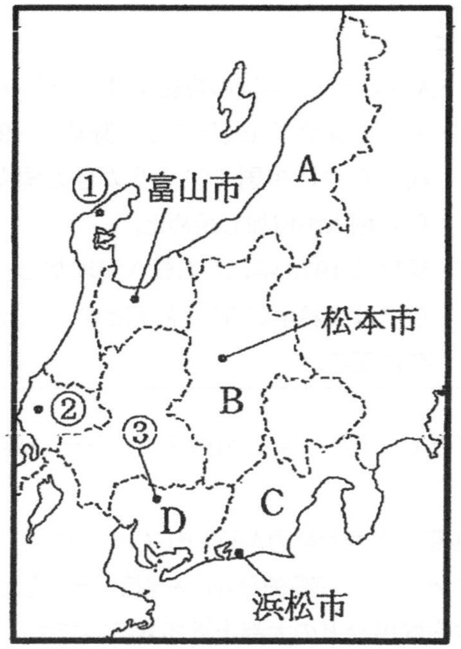


ア．①越前和紙　②輪島塗　③瀬戸焼
イ．①越前和紙　②瀬戸焼　③輪島塗
ウ．①瀬戸焼　②越前和紙　③輪島塗
エ．①瀬戸焼　②輪島塗　③越前和紙
オ．①輪島塗　②瀬戸焼　③越前和紙
カ．①輪島塗　②越前和紙　③瀬戸焼

問2．問1のように地域特有の技術や材料を生かした工芸品を生産する工業を何といいますか，漢字4字で答えなさい。

問3．次の表は6種類の農産物について，生産量の上位5位までを，都道府県別に表したものです。以下の問いに答えなさい。

（1）地図中のA・B・Cの県は，表中のア～ウのいずれかです。ア～ウに当てはまる県をA～Cから選び，記号で答えなさい。

| | 米 | 茶 | レタス | すいか | みかん | □ |
|---|---|---|---|---|---|---|
| 1位 | ア | イ | ウ | 熊　本 | 和歌山 | 青　森 |
| 2位 | 北海道 | 鹿児島 | 茨　城 | 千　葉 | 愛　媛 | ウ |
| 3位 | 秋　田 | 三　重 | 群　馬 | 山　形 | イ | 岩　手 |
| 4位 | 山　形 | 宮　崎 | 長　崎 | ア | 熊　本 | 山　形 |
| 5位 | 宮　城 | 京　都 | 兵　庫 | 愛　知 | 長　崎 | 福　島 |

（『日本のすがた2023』より）

（2）表中の□にあてはまる農産物の名前を答えなさい。

問4．地図中のD県を説明した文を次のア～エから1つ選び，記号で答えなさい。

ア．日本有数の工業地帯があり，自動車などの重工業がさかんです。
イ．県の南部を中心として陶磁器《とうじき》の生産が盛んで，歴史的には関ヶ原の戦いの舞台となりました。
ウ．諏訪湖《すわこ》周辺では，時計やカメラなどの精密機械や半導体を製造する工業が発達しています。
エ．神通川《じんずうがわ》流域ではかつて公害が発生しましたが，現在では化学肥料，アルミニウムなどの工業が発達しています。

問5．次の表は地図中の浜松《はままつ》市・松本《まつもと》市・富山《とやま》市における気温と降水量を示しています。

（1）富山市にあたるものはどれですか，ア～ウから選び，記号で答えなさい。

（2）（1）の解答の理由を「季節風」という言葉を必ず用いて説明しなさい。

| | 1月 | 2月 | 3月 | 4月 | 5月 | 6月 | 7月 | 8月 | 9月 | 10月 | 11月 | 12月 |
|---|---|---|---|---|---|---|---|---|---|---|---|---|
| ア | −0.3 | 0.6 | 4.6 | 10.8 | 16.5 | 20.2 | 24.2 | 25.1 | 20.4 | 13.9 | 7.8 | 2.5 |
| | 39.8 | 38.5 | 78.0 | 81.1 | 94.5 | 114.9 | 131.3 | 101.6 | 148.0 | 128.3 | 56.3 | 32.7 |
| イ | 3.0 | 3.4 | 6.9 | 12.3 | 17.5 | 21.4 | 25.5 | 26.9 | 22.8 | 17.0 | 11.2 | 5.7 |
| | 259.0 | 171.7 | 164.6 | 134.5 | 122.8 | 172.6 | 245.6 | 207.0 | 218.1 | 171.9 | 224.8 | 281.6 |
| ウ | 6.3 | 6.8 | 10.3 | 15.0 | 19.3 | 22.6 | 26.3 | 27.8 | 24.9 | 19.6 | 14.2 | 8.8 |
| | 59.2 | 76.8 | 147.1 | 179.2 | 191.9 | 224.5 | 209.3 | 126.8 | 246.1 | 207.1 | 112.6 | 62.7 |

上段…月平均気温（ ℃ ）　下段…月降水量（mm）

（『データブック オブ ザワールド　2023』より）

問6．次の地図の黒い印は水力発電所の位置を示しています。なぜ中部地方に水力発電所が多いと思いますか，説明しなさい。

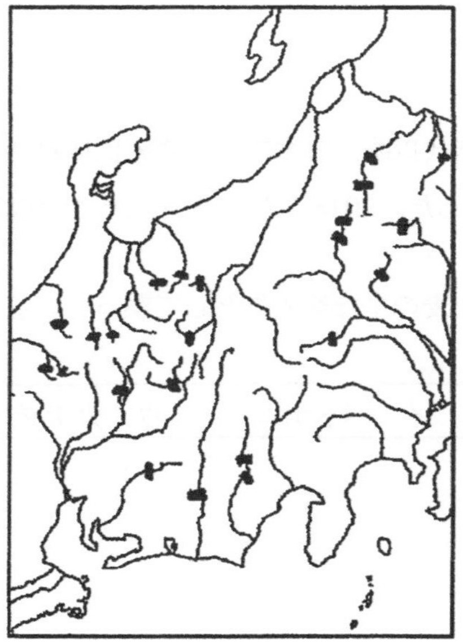

**3** 次の1～6の文を読んで，各問いに答えなさい。

1．私は3世紀ごろに倭《わ》（日本）に30ほどあった「くに」をまとめた女王で，まじないや予言などの宗教的な力によって国を治めました。

2．私は女性として初めて天皇になり，甥《おい》の聖徳太子《しょうとくたいし》を摂政《せっしょう》にたてて，新しい政治の仕組みをつくりました。

3．私は一条《いちじょう》天皇の中宮彰子《しょうし》に仕え，光源氏を中心とした貴族の恋《こい》模様や生活をえがいた物語をつくりました。

4．私は源頼朝《みなもとのよりとも》の妻で，頼朝の死後，政治に参加したことから「尼《あま》将軍」といわれました。

5．私は(あ)室町幕府8代将軍の妻で，息子を将軍にしようとしましたが，跡継《あとつ》ぎ争いがおこりました。その争いに細川《ほそかわ》氏と山名《やまな》氏の権力争いがからみ，(い)京都を中心に大きな戦乱となりました。

6．私は戦国大名の妹で，兄と同盟を結ぶ浅井長政《あざいながまさ》の妻となりました。しかし長政は戦いに敗れて自害し，兄も1582年に家臣に攻められて自害しました。

問1．1～4の「私」とはだれかを答えなさい。

問2．3の人物が仕えた彰子の父親で，摂関《せっかん》政治の最盛期を築いた人物はだれかを漢字で答えなさい。

問3．1の人物についての記述がある歴史書に書かれている内容として正しいものを下から一つ選び，記号で答えなさい。

ア．漢の皇帝《こうてい》から「漢委奴国王」と記された金印がおくられた。
イ．魏《ぎ》の皇帝から金印や銅鏡がおくられた。
ウ．倭（日本）は朝鮮《ちょうせん》半島南部に進出した。
エ．倭の五王が中国に使いを送った。

問4．2の人物の時代に中国に派遣《はけん》した使節とその使節に参加した人物の組み合わせとして正しいものを下から選び，記号で答えなさい。

| | |
|---|---|
| ア．遣隋《ずい》使 ― 阿倍仲麻呂《あべのなかまろ》 | イ．遣唐《とう》使 ― 阿倍仲麻呂 |
| ウ．遣隋使 ― 小野妹子《おののいもこ》 | エ．遣唐使 ― 小野妹子 |

問5．3の人物と同時代の作品で，女性が使っていたひらがなを用いて書かれた作品として正しいものを下から選び，記号で答えなさい。

| | | | |
|---|---|---|---|
| ア．『風土記』 | イ．『古事記』 | ウ．『土佐《とさ》日記』 | エ．『方丈記《ほうじょうき》』 |

問6．4の人物はある争いの際に頼朝のご恩を説き，御家人《ごけにん》の団結を訴《うった》えました。その争いの名称と，幕府と対立していた上皇の組み合わせとして正しいものを下から選び，記号で答えなさい。

| | |
|---|---|
| ア．壬申《じんしん》の乱 ― 後白河《ごしらかわ》上皇 | イ．承久《じょうきゅう》の乱 ― 後白河上皇 |
| ウ．壬申の乱 ― 後鳥羽《ごとば》上皇 | エ．承久の乱 ― 後鳥羽上皇 |

問7．5の文中の下線部（あ）・（い）が指している内容の組み合わせとして正しいものを下から選び，記号で答えなさい。

| | |
|---|---|
| ア．（あ）足利義政《あしかがよしまさ》 ― （い）応仁《おうにん》の乱 | イ．（あ）足利義満《よしみつ》 ― （い）応仁の乱 |
| ウ．（あ）足利義政 ― （い）保元《ほうげん》の乱 | エ．（あ）足利義満 ― （い）保元の乱 |

問8．6の人物の兄について，下の問いに答えなさい。

（1）6の人物の兄の宗教勢力に対する対応として正しいものを下から選び，記号で答えなさい。

ア．すべての仏教を保護し，布教を許した。
イ．一向一揆《いっこういっき》の中心であった延暦寺《えんりゃくじ》に攻撃《こうげき》を加え，降伏《こうふく》させた。
ウ．バテレン追放令を出した。
エ．キリスト教を保護し，布教を許した。

（2）下の資料は，6の人物の兄の戦いの一つを描いたものです。兄の名前と，こうした戦いによって重要な役割を果たすようになった大阪にある都市の名前を答えなさい。またその都市が重要な役割を持つようになった理由を下の資料を参考に答えなさい。

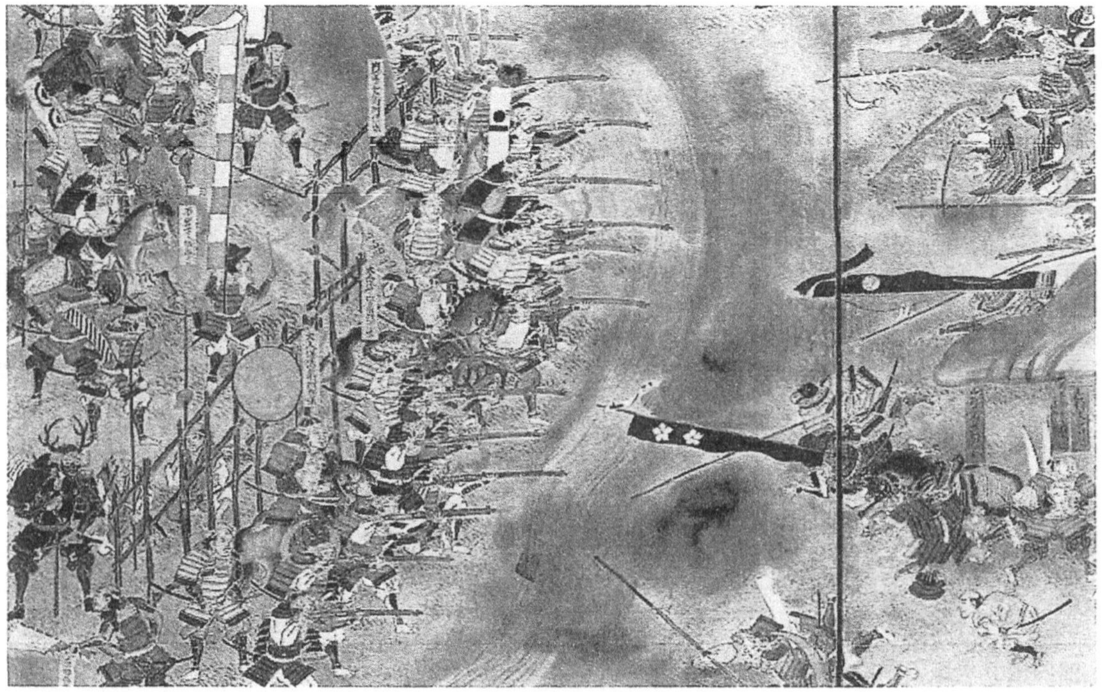

**4**　次の文章を読んで，各問いに答えなさい。

17世紀の前半に①江戸《えど》幕府が貿易を統制し，外交を独占《どくせん》する，いわゆる「鎖国《さこく》」が始まりました。その間も「四つの口」においては，海外との関係が続きました。

朝鮮《ちょうせん》とは（　1　）藩《はん》の仲立ちで国交が再開され，将軍の代替《だいが》わりごとに②使節が江戸に派遣《はけん》されました。中国(清《しん》)やオランダとは，（　2　）において貿易が続けられました。（　3　）藩に服属した琉球《りゅうきゅう》は，将軍や琉球国王の代替わりごとに使節を江戸に派遣しました。蝦夷《えぞ》地南部に領地を持つ（　4　）藩は，アイヌの人々との交易の独占権を幕府に認められていました。

19世紀に入り、開国を経《へ》て明治維新《いしん》となりました。 中国（清）とは，日本初の対等な条約を結び，お互《たが》いに（　5　）を認めました。琉球については，1872年に琉球藩を置き，1879年にそれを廃止《はいし》して（　6　）県としました。蝦夷地は北海道と改められ，③開拓使《かいたくし》が置かれて開発が進められました。

朝鮮については，1876年に日本に（　5　）を認めさせる不平等条約を結んだことを始まりとし，勢力拡大を目指しました。日清，日露《にちろ》の二度の戦争で対立国を退けたことで④支配を強め，遂《つい》に1910年に⑤韓国併合《かんこくへいごう》を行いました。その後第二次世界大戦を経て、⑥1951年に日本は朝鮮の独立を認めました。

問1．上の文章の（　）にあてはまるものを下から選び，記号で答えなさい。

| | | | |
|---|---|---|---|
| あ．長崎 | い．領事裁判権 | う．鹿児島 | え．薩摩《さつま》 |
| お．仙台《せんだい》 | か．対馬《つしま》 | き．沖縄 | く．長州《ちょうしゅう》 |
| け．松前《まつまえ》 | こ．福岡 | さ．関税自主権 | し．土佐《とさ》 |

問2．下線部①について，このことはキリスト教対策が始まりでしたが，キリシタンを発見するために何を行いましたか。

問3．下線部②について，この使節を何といいますか。

問4．下線部③について，開発を進めるために送られた人たちを何といいますか。

問5．下線部④について，ポーツマス条約後に日本が韓国の政治を監督《かんとく》するために置いたものを何といいますか。

問6．下線部⑤について，次の資料を読んで，以下の問に答えなさい。

資料　韓国併合条約

> 第一条　韓国皇帝は，韓国全体の統治権を完全かつ永久に日本の天皇に譲与《じょうよ》する。
>
> 第二条　天皇は，前条の譲与を受け入れ，完全に韓国を日本に併合することを承認する。
>
> （『日本外交年表 並《ならびに》 主要文書』現代語訳より）

（1）この条約は韓国が日本にとってどのような立場になったことを意味しますか，「統治権」「譲与」「併合」の言葉を使わずに説明しなさい。

（2）その後，日本はどのような政策を行いましたか，考えられることを答えなさい。

問7．下線部⑥について，このことを取り決めた条約名を答えなさい。なお，この条約で日本は主権を回復しました。

5　次の各問いに答えなさい。　**その5**

> 第二次世界大戦が終わったころ…①直接戦火を交えることのない対立の起こり
>
> ↓　アメリカ合衆国を中心とする（　A　）諸国
> 　　ソ連を中心とする（　B　）諸国
>
> 1962年（　C　）でのソ連によるミサイル基地の開発をめぐって両陣営の対立
>
> ↓　☞交渉《こうしょう》による解決：②緊張緩和《きんちょうかんわ》の時代を迎える
>
> 1989年，アメリカ合衆国とソ連③両国の首脳会談で対立の終了が宣言される

問1．下線部①，下線部③の言葉をそれぞれ答えなさい。（必要があれば漢字を使うこと。）

問2．下線部②のころ制定された，部分的核《かく》実験禁止条約（PTBT）の特徴として正しいものを下から一つ選び，記号で答えなさい。

ア．アメリカ合衆国，ソ連，イギリスの間で調印された地下実験を除く核実験を制限する条約。
イ．核兵器の所持を全面的に禁止する条約。ソ連が批准《ひじゅん》したため，発効《はっこう》にいたった。
ウ．核実験を全面的に禁止する条約。アメリカ合衆国が批准していないため発効していない。
エ．アメリカ合衆国，ソ連，イギリスの間で調印されたすべての核実験を制限する条約。

問3．（A）・（B）に当てはまる経済の考え方について，下からそれぞれ選び，記号で答えなさい。

| ア．社会主義 | イ．民主主義 | ウ．ファシズム | エ．資本主義 |
|---|---|---|---|

問4．（C）に当てはまる国名を下から一つ選び，記号で答えなさい。

| ア．西ドイツ | イ．キューバ | ウ．ウクライナ | エ．北朝鮮 | オ．ハンガリー |
|---|---|---|---|---|

問5．次の文章は2023年5月に行われたＧ７サミットの宣言文から一部抜粋《ばっすい》したものである。次の各問いに答えなさい。

> 我々は，核軍縮に関するＧ７首脳《しゅのう》［地名］ビジョンと共に，全ての者にとっての安全が損なわれない形で，現実的で，実践的《じっせんてき》な，責任あるアプローチを採ることによる，核兵器のない世界の実現に向けた我々のコミットメントを表明する。我々は，より安定し，より安全な世界を作るための軍縮・不拡散《ふかくさん》の取組の重要性を再確認する。［空白］は，…（中略）…であり，核軍縮及び原子力の平和的利用を追求するための基礎である。…（以下略）

（1）G7サミットが開かれた［地名］に当てはまる都道府県を，次のヒントをもとに，漢字で答えなさい。

ヒント1：世界遺産の厳島《いつくしま》神社がある。
ヒント2：世界で最初に実際の戦争で原子爆弾《ばくだん》が落とされた場所がある。
ヒント3：自動車産業が盛んな場所で，県庁所在地は政令指定都市に定められている。

（2）核軍縮に関して，1981年に元駐日《ちゅうにち》大使であったライシャワーは以下のように発言している。この発言は「非核三原則」のどの項目に違反する恐《おそ》れがあるのか，答えなさい。

> 日米間の了解《りょうかい》の下で，アメリカ海軍の艦船《かんせん》が核兵器を積んだまま日本の基地に寄港していた。

（3）［空白］に当てはまる条約の名称を，次のヒントをもとに答えなさい。

ヒント1：この条約で核兵器を持つことが認められたのは，アメリカ合衆国，ソ連（当時），イギリス，フランス，中国である。
ヒント2：ヒント1以外の国々には核兵器が広がらないことを目的とした。
ヒント3：この条約は1968年に調印され，1970年に発効した条約である。

（4）次の表は，核兵器の数の移り変わりを表すものです。次のことがらについて答えなさい。

・核兵器の保有の移り変わりについて，最近の世界各国はどんな動きをしていますか。
・（3）の条約が，どの程度達成されているでしょうか。

**核兵器保有数の推移（1971/2011年～2021年）**

| | 1971 | 2011 | 2013 | 2015 | 2017 | 2019 | 2021 |
|---|---|---|---|---|---|---|---|
| 中国 | 100 | 240 | 250 | 260 | 270 | 290 | 350 |
| フランス | 45 | 300 | 300 | 300 | 300 | 300 | 290 |
| ロシア※1 | 13,279 | 11,000 | 8,500 | 7,500 | 7,000 | 6,500 | 6,255 |
| イギリス | 412 | 225 | 225 | 215 | 215 | 200 | 225 |
| アメリカ合衆国 | 25,830 | 8,500 | 7,700 | 7,260 | 6,800 | 6,185 | 5,550 |
| インド | — | 80-100 | 90-110 | 90-110 | 120-130 | 130-140 | 156 |
| パキスタン | — | 90-110 | 100-120 | 100-120 | 130-140 | 150-160 | 165 |
| イスラエル | 11 | 80 | 80 | 80 | 80 | 80-90 | 90 |
| 北朝鮮 | - | ? | 6-8 | 6-8 | 10-20 | 20-30 | 40-50※1 |
| 世界 | 39,677 | 20,530 | 17,270 | 15,850 | 14,935 | 13,865 | 13,080※2 |

※1：1991以前はソビエト社会主義共和国連邦（ソ連）の数字とする。
※2：北朝鮮の核兵器保有数は，北朝鮮が生産した核兵器製造に必要な原料から推測したものである。
※3：2013年～2021北朝鮮の核兵器保有数は世界総数に含まない。

（『2022年度版ひろしまレポート』／全米科学者連盟調べより）

# 二〇二四年度大阪女学院中学校前期入学試験問題　国語　解答用紙

## 一

小計

- 問一　a　　　った　b　c　　　り　d
- 　　　e　　　まって　f　　　って　g　h
- 問二　A　B
- 問三
- 問四
- 問五
- 問六　Ⅰ　Ⅱ　Ⅲ
- 問七　　　　気持ち。
- 問八
- 問九
- 問十
- 問十一
- 問十二
- 問十三

問一．２点×８
問二．３点×２
問三．３点
問四．３点
問五．４点
問六．３点×３
問七．４点
問八．４点
問九．３点
問十．３点×２
問十一．４点
問十二．４点
問十三．４点

## 二

小計

- 問一　①　②　③
- 問二　①漢字　意味　②漢字　意味　③漢字　意味　④漢字　意味
- 問三　①漢字　意味　②漢字　意味　③漢字　意味　④漢字　意味
- 問四　①　②　③
- 問五　①誤　正　②誤　正　③誤　正
- 問六　①　②　③

問一．２点×３
問二．１点×８
問三．１点×８
問四．２点×３
問五．完答２点×３
問六．２点×３

## 三

小計

1　2　3　4　5

２点×５

受験番号

氏名

得点

※120点満点

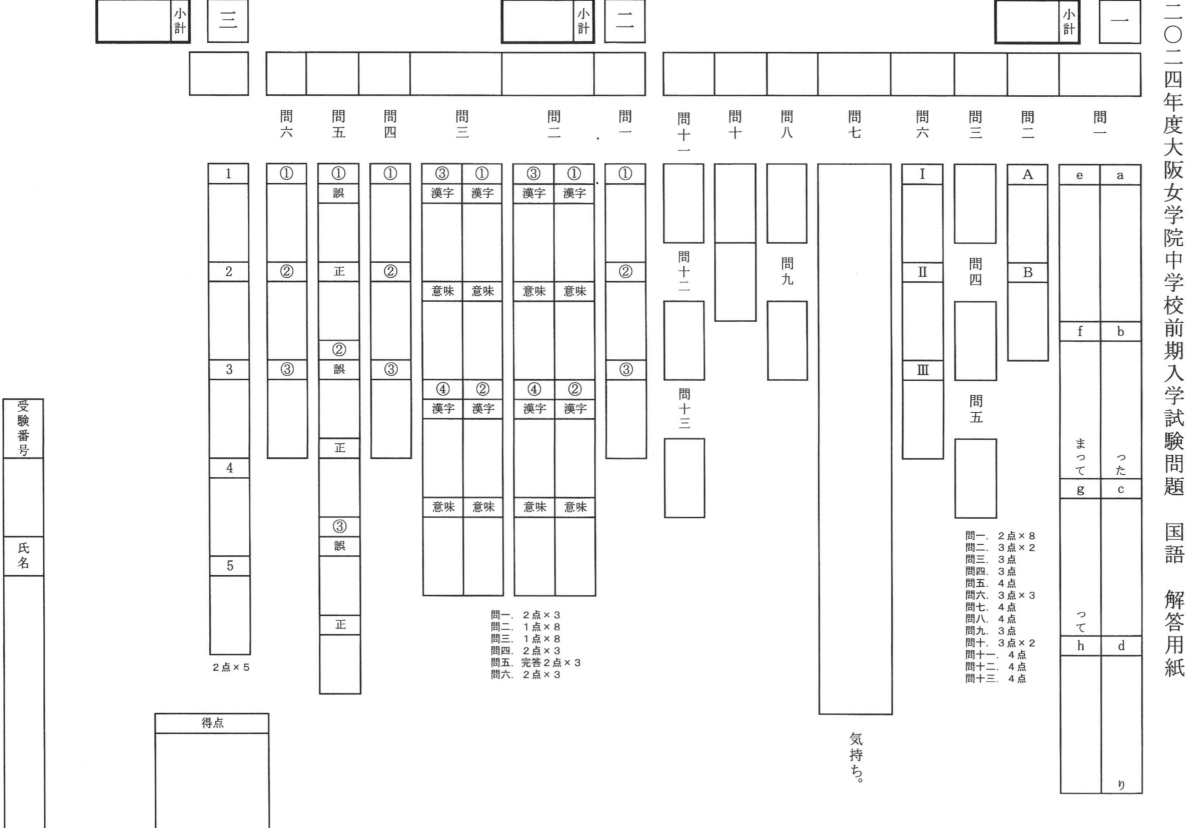

2024年度　大阪女学院中学校　前期入学試験解答用紙
「算　　数」

（解答用紙には答えのみを記入し，途中の計算や式は書かないこと。）

| 受験番号 | 名　前 |
|---|---|
| | |

中計

総得点

※120点満点

中計

**1**　（40点）　5点×8

| | 解答欄 | 得点 |
|---|---|---|
| (1) | | |
| (2) | | |
| (3) | | |
| (4) | | |
| (5) | | |
| (6) | | |
| (7) | 円 | |
| (8) | g | |

小計

小計

**2**　（15点）　5点×3

| | 解答欄 | 得点 |
|---|---|---|
| (1) | 人 | |
| (2) | $cm^2$ | |
| (3) | $cm^2$ | |

小計

**3**　（15点）　5点×3

| | 解答欄 | 得点 |
|---|---|---|
| (1) | cm | |
| (2) | $cm^2$ | |
| (3) | $cm^3$ | |

小計

**4**　（17点）　(1)4点　(2)4点　(3)4点　(4)5点

| | 解答欄 | 得点 |
|---|---|---|
| (1) | $cm^2$ | |
| (2) | $cm^2$ | |
| (3) | $cm^2$ | |
| (4) | $cm^2$ | |

小計

**5**　（17点）　(1)4点　(2)4点　(3)4点　(4)5点

| | 解答欄 | 得点 |
|---|---|---|
| (1) | km | |
| (2) | km | |
| (3) | 分　　秒後 | |
| (4) | 分後 | |

小計

**6**　（16点）　(1)12点　(2)4点

| | 解答欄 | | | | 得点 |
|---|---|---|---|---|---|
| (1) | ア | | イ | | |
| | ウ | | エ | | |
| | オ | | カ | | |
| (2) | | | | | |

小計

46-(27)
【解答用紙4-(2)】

# ２０２４年度　大阪女学院中学校
# 入学試験解答用紙　「理　科」

| 受験番号 | 氏　名 |
|---|---|
| | |

総計

※80点満点

1（問１）　（問２）

（問３）①　②　③　④　（問４）

（問５）　（問６）　（問７）　→　→　→

小計①　10点

2（問１）　（問２）記号　結果

（問３）　（問４）記号　結果　（問５）　%

小計②　11点

3（問１）①　②　③　（問２）(A)　本　(B)

（問３）(A)　(B)

小計③　９点

4（問１）　mm　（問２）　（問３）

（問４）

小計④　８点

中計①

中計②

5（問１）　（問２）①　②

（問３）　（問４）　（問５）

小計⑤　９点

6（問１）　（問２）

（問３）　図　（問４）

小計⑥　12点

7（問１）　（問２）　（問３）

小計⑦　９点

8（問１）　（問２）　（問３）

（問４）　（問５）　（問６）

（問７）　（問８）　→　→　→　→　→

小計⑧　12点

46-(29)
【解答用紙4-(3)】

2024年度大阪女学院中学校入学試験

# 社会

| 受験番号 | 氏　名 |
|---|---|
| | |

1 問1．2点
問2．1点
問3．1点×3
問4．1点
問5．1点
問6．1点
問7．3点

2 問1．1点
問2．2点
問3．1点×4
問4．1点
問5．(1)1点
(2)2点
問6．2点

3 問1．2点×4
問2．2点
問3．1点
問4．1点
問5．1点
問6．1点
問7．1点
問8．(1)1点
(2)兄…1点
都市…1点
理由…2点

4 問1．1点×6
問2．2点
問3．2点
問4．2点
問5．2点
問6．2点×2
問7．2点

5 問1．1点×2
問2．1点
問3．1点×2
問4．1点
問5．(1)2点
(2)2点
(3)2点
(4)2点×2

※80点満点

| 総計 | |
|---|---|

| 小計 | 中計 |
|---|---|

## 1

| | | | | | | | | | | |
|---|---|---|---|---|---|---|---|---|---|---|
| 問1 | 政策 | 問2 | | 問3 | A | | B | | C | |
| 問4 | | 問5 | | | | | 問6 | | | |
| 問7 | | | | | | | | | | |

## 2

| | | | | | | | | | | |
|---|---|---|---|---|---|---|---|---|---|---|
| 問1 | | 問2 | | | | | | | | |
| 問3 | （1） | ア | | イ | | ウ | | （2） | 問4 | |
| 問5 | （1） | | | | | | | | | |
| | （2） | | | | | | | | | |
| 問6 | | | | | | | | | | |

## 3

| | | | | | | | | | | | |
|---|---|---|---|---|---|---|---|---|---|---|---|
| 問1 | 1 | | 2 | | 3 | | | | | | |
| | 4 | | 問2 | | | | | | | | |
| 問3 | | 問4 | | 問5 | | 問6 | | 問7 | | 問8 | （1） |
| 問8 | （2） | 兄の名前 | | 都市 | | | | | | | |
| | | 理由 | | | | | | | | | |

46-(31)
【解答用紙4-(4)】

## 4

| | | | | | | | | | | | | |
|---|---|---|---|---|---|---|---|---|---|---|---|---|
| 問1 | 1 | | 2 | | 3 | | 4 | | 5 | | 6 | |
| 問2 | | 問3 | | | | | | | | | | |
| 問4 | | 問5 | | | | | | | | | | |
| 問6 | （1） | | | | | | | | | | | |
| | （2） | | | | | | | | | | | |
| 問7 | | | | | | | | | | | | |

## 5

| | | | | | | | |
|---|---|---|---|---|---|---|---|
| 問1 | ① | | ③ | | 問2 | | |
| 問3 | (A) | | (B) | | 問4 | | |
| 問5 | （1） | 県 | （2） | | （3） | | |
| | （4） | 最近の動き | | | | | |
| | | 達成の度合い | | | | | |

# 二〇二四年度　大阪女学院中学校入学試験問題　後期

## 国語（50分）

※出題の都合上、本文の省略と表記の変更《へんこう》があります。
※字数制限のある問いはすべて、句読点等も一字とします。

## 一

理容店「バーバーチー」は、主人公のキリが理容師修業をしている店であるが、町の再開発により一時移転をしなければならなくなり、不動産屋社長のサチと仮店舗《かりてんぽ》を開く場所を探している。次の文章を読んであとの問いに答えなさい。

サチが運転する[注1]セダンは大渋滞《だいじゅうたい》に巻《ま》き込《こ》まれていた。

「ここね、いっつもこんな感じなの。慢性的《まんせいてき》な渋滞」

サチがゆったりと言う。

助手席でキリはいらいらしていた。春はもうそこまで来ているのに、仮店舗が決まっていない。今日は「面白《おもしろ》い物件がある」というサチの誘《さそ》いを受け、バーバーチーの営業日ではあったが、出かけてきていた。なにしろ移転先の決定はもはや[注2]可及的速《かきゅうてきすみ》やかに行われるべき事項《じこう》なのだ。

「キリちゃん、左前方見て」

サチに言われ、面倒臭《めんどうくさ》そうにそちらを見やる。シャッターが下りている店舗があった。

「あそこね、つい最近まで写真館だったの。後継者《こうけいしゃ》がいなくてついに閉店の憂《う》き目《め》にあったわけ。だけどね、デジカメやスマホに押《お》されっぱなしなわりにここまで踏《ふ》ん張《ば》れたのは立地がよかったからよ」

「どういうことです?」

〃立地がよい〃という言葉に、キリは（　1　）身体を前に出した。

「この状況《じょうきょう》を見てよ。車が（　2　）動かないんだもの、周りを眺《なが》めるしかないでしょう。嫌《いや》でも店のaカンバンは目に飛《と》び込《こ》んでくる。なにかあったら、あの店を利用するかって、頭の片隅《かたすみ》に残るわけ。それが理容店だったらどう?」

「こう動かないんじゃしょうがない。ちょっと髪《かみ》でも切ってくるか——そんなところでしょうか?」

「ピンポーン。もちろん駐車場《ちゅうしゃじょう》完備よ」

「いいじゃないですか!」

キリは打って変わってA乗り気になった。

「オーケー。物件はいいわね。じゃあ、周辺を偵察《ていさつ》しましょ」

サチはハンドルを切って渋滞を脱出《だっしゅつ》すると、元写真館の駐車場に車を置いた。幹線道路を一歩脇《わき》に入ると、そこは（　3　）家が建ち並んだ住宅地だった。

「ますますいい感じ」

キリは①さらにその気になってきた。

「ちょっと待って。あそこ——」

サチが指さす先にヤなものを見つけた。[注3]サインポール。商売敵《しょうばいがたき》だ。

キリは緊張《きんちょう》した。だが、なにかおかしい。そのサインポールが回っていなかった。今日は[注4]月曜ではないのだが……。

「中を覗《のぞ》いてみようと思うんですが」

キリのbテイアンに、「この際だもの、突撃《とつげき》しましょ」サチも同意した。

ドアを引くと、「いらっしゃい」と声がかかる。

ふたりの女性理容師が客の髪をカットしていた。理容師はふたりとも五十代といったところ。化粧《けしょう》の濃《こ》い顔立ちがよく似ているので姉妹《しまい》だろう。

「あのう、外のサインポールが回っていないようですけど」

キリは遠慮《えんりょ》がちに言ってみた。

「いいのよ。サインポール回すと、どんどんお客さまが入ってきちゃって、お待たせしちゃうことになるから。はは」

少し年配のほうがそう応《こた》える。自信に満ちた言葉ではないか。B聞き捨てならない。

しかしなるほど、順番待ちする客がふたりいるのを見やってから、②「あたし、駆《か》け出《だ》しの理容師なんですけど、少しお店を見学させていただいていいですか?」と訊《き》いてみた。

「あら、学生さんかと思ったら、あなたも同業なの」

今度は妹のほうがキリを見る。それから、注5ワシントン条約以前に取り引きされたらしいクロヒョウの毛皮を着たサチに目をやった。

「そちらの方もご同業？」

「いえ、あたしは、付き人」

サチのわけの分からない返答に取り合うでもなく、ふたりは客の頭を刈《か》り続けた。

「でね、俺《おれ》、アケミってその女の息子《むすこ》とも仲良くなってさ、グローブ買ってやったのよ。そしたら、シンノスケのやつ喜んでさ。あ、アケミの息子の名前シンノスケっていうの」

客が自分の髪を切っている姉理容師に向けて（　4　）ぼやいている。

「できる限りのことはしてるつもりなんだけどなあ……でも〝結婚《けっこん》しよう〟って言うと、アケミのやつ話を逸《そ》らすんだよなあ」

すると、姉理容師が「それってさ、結局できる限りのことしかしてないわけじゃない」と思いきり客を叱《しか》り飛《と》ばした。

「できる限りのことなら、誰《だれ》だってするよ。そのアケミさんって人に本気で惚《ほ》れてるんなら、自分ができる以上のことをしなけりゃ」

「なるほど」

客は納得《なっとく》の表情を浮《う》かべた。さらに姉理容師の言葉が続く。

「頭さっぱりしてこの店出たら、その足でふたりのところに行くんだよ。それで、シンノスケ君と買ってやったグローブでキャッチボールしてやりな」

今度は妹理容師のほうが自分の客にCはっぱをかける。「〝頑張《がんば》ってる、頑張ってる〟ってあんたは言うけどね、いったい誰に向けて頑張ってるんだい？　会社の上司に向けてかい？　それとも同僚《どうりょう》を出《だ》し抜《ぬ》こうって頑張ってるのかい？　そうじゃないだろ。家族のために頑張ってるんだろ？　それなのに、大事なその家族を顧《かえり》みないでなにを頑張る意味があるのさ」

強い言葉をぶつけられながらも客は嬉《うれ》しそうにしていた。

店から街路の冬c木立の下に出ると、「あの姉妹理容師の腕前《うでまえ》は？」とサチが訊いてきた。

「キリちゃんのその顔だと、まあ並ってとこだわね」

黙《だま》っている自分に向けてサチがさらに言って寄越《よこ》す。

「だけど③最強の店って感じ。あなたもそう思ってるんでしょ？」

D図星だった。あそこにはかなわないかもしれない。

「あのふたりはね、言ってみれば注6スナックのママと小ママなのよね。男たちは、ふたりに愚痴《ぐち》をこぼしたり、相談ごとを持ちかけたりする。それは、ふたりから返ってくる答えの意味に期待をかけてじゃないの。きっと叱られたいんだわあ。男たちは、そうやって甘《あま》えたいわけ」

キリは黙ったままでいた。

「あたしなんかが余計なこと言うようだけどね、ほかを探そうよ」

帰ると注7千恵子《ちえこ》に今日の報告をした。

「で、サチ社長はなんだって？」

「ほかを探すべきだと」

④千恵子が頷《うなず》いた。

「あんたはどう思うんだい？」

「競《きそ》いたいです。自分のカットや顔剃《かおそ》りで競い合いたいです」

⑤千恵子がまた頷く。

「今のキリちゃんの技術はあたしも認める。けどね、その店のお客さまは動かないよ。それをd承知で出店するのはどうだろう」

「でも……」

「地元のお客さまを諦《あきら》め、注8流しのお客さまばかりつかまえにいってもね」

キリは応えに困ってしまった。

「※だけは補えないよ。それはこののちどんどん積んでいくことで、あんたの武器になるもんでもある。いつかキリちゃんが、ママや小ママの役割をこなせるようになるかもしれないね」

「ママや小ママ、ですか」

「別にそうなれってことじゃないさ。※を積み、技術と心を備えた時、あんたは無敵の理容師になる」

千恵子は寛《くつろ》いだ笑《え》みを浮かべてみせた。

「そも、お客さまが理容店に来る理由はさまざまなんだ。もちろん髪を切り、お顔を剃りにくるのが目的。でも、注9プラスアルファの目的もある。あたしの知ってるお店の話なんだけどね」

ゆっくりと語り始めた。

「そこは予約制なんだよ。けれど、かならず予約時間よりも三十分ほど早く来るお客さまがいらっしゃるそうだ。で、なにをしているかっていうと、本を読んでる。待合所にある全何巻っていうマンガの本にハマったらしくて、それを楽しみに来ているのさ。待たせちゃ悪いと思って、手が空いたその店の主が、〝どうぞ〟って案内したらひどくがっかりした表情をしたそうだよ」

その話を聞いてキリもついおかしくなった。

「いいかい、日曜日のeコンザツ店で、携《たずさ》えてきた文庫本を読んでいる男性はただ順番待ちをしてるんじゃなくて、休日に家族から逃《のが》れひとりだけのわずかな時間を楽しんでいるのかもしれない。理容店で過ごす時間は、自由な癒《いや》しの時間でもあるのさ。文字通り男性が素顔《すがお》になれる場所なのかもしれないね」

千恵子がキリを真《ま》っ直《す》ぐに見る。

「焦《あせ》っちゃいけないよ。そして、キリちゃんが今持っているものを最大限に発揮できる舞台《ぶたい》を選ぶんだ」

（上野《うえの》歩《あゆむ》『キリの理容室』）

注1　セダン…車の種類の一つ。
2　可及的速やかに…できるだけ素早く。
3　サインポール…理容店であることを示す目印。店頭に出すことが多い。
4　月曜…日本の理容室は月曜日に休業となることが多い。
5　ワシントン条約…絶滅《ぜつめつ》のおそれのある野生動物の保護を目的とする条約。
6　スナック…客にお酒と軽食を出す飲食店。
7　千恵子…「バーバーチー」の経営者。
8　流しの…ここでは「特定の店を利用しているわけではない」の意味。
9　プラスアルファ…すでにあるものにさらに何かをつけ加えること。

問一　〰〰a～eのカタカナを漢字に直し、漢字は読み方を答えなさい。

問二　═══A～Dの本文中における意味として最も適当なものを次の中から選んで、それぞれ記号で答えなさい。

A「乗り気」
ア　無邪気《むじゃき》　イ　やる気　ウ　弱気　エ　強気

B「聞き捨てならない」
ア　相手にしたくない　イ　無視できない　ウ　話にならない　エ　理解できない

C「はっぱをかける」
ア　はげまし気合いを入れる　イ　はげしく責め立てる　ウ　やさしくなぐさめる　エ　ひどく怒《おこ》ってののしる

D「図星」
ア　あっけにとられること　イ　興味がないこと　ウ　的外れであること　エ　まさにその通りであること

問三　（　）1～4に入ることばとして最も適当なものを次の中から選んで、それぞれ記号で答えなさい。
ア　ちっとも　イ　さかんに　ウ　ぎっしりと　エ　ぐっと

問四　――①とありますが、このときのキリの心情の説明として最も適当なものを次の中から選んで、記号で答えなさい。
ア　車が動かないことに不安を感じていたが、物件が住宅街にあることを知り、商売がうまくいくと感じた。
イ　移転先が決まらないことに不満を感じていたが、サチの優《やさ》しさに触《ふ》れ、改めて頑張ろうと思った。
ウ　通りすがりの人に加え、地元の人にも来てもらえる立地だと知り、物件に対する期待が高まった。
エ　自分たちの車をとめられる駐車場があるということに加え、客も集まりそうな立地に感動した。

問五　――②とありますが、キリはなぜこのような行動をとったのですか。説明として最も適当なものを次の中から選んで、記号で答えなさい。

ア　女性理容師と利用客がどのようなコミュニケーションをしているかが気になり、実際に見たいと思ったから。

イ　女性理容師の言動に腹が立ったため、接客のどこかに弱点がないかを見つけて指摘《してき》をしようと思ったから。

ウ　女性理容師の自信の源である腕の良さを自分の目で確かめ、その技術を学んで今後の参考にしたいと思ったから。

エ　姉妹の理容室がなぜ人気なのか知るためには、実際に客の髪を切っているところを見るのが一番良いと思ったから。

問六　――③とありますが、サチがそう思った理由の説明として最も適当なものを次の中から選んで、記号で答えなさい。

ア　お店のある場所が、あえてサインポールを回さなくても客の順番待ちができるほど良いところだと思ったから。

イ　姉妹は理容技術だけでなく、客の思いをくんだ的確なうけこたえができる点でもすぐれていると思ったから。

ウ　客に対して強い言葉を使っても許されるほどの姉妹の理容技術の高さは誰にももてないと思ったから。

エ　姉妹の接客技術はそこまで高くない理容技術を十分に補うものであり、肩《かた》を並べるのは難しいと思ったから。

問七　――④・⑤とあるが、千恵子が頷いた理由として最も適当なものを次の中から選んで、記号で答えなさい。

ア　一度目はサチ社長の意見への賛同を示し、二度目はキリの考えを一度受け止めた上で助言しようとしたから。

イ　一度目はサチ社長の発言に賛成であることを示し、二度目はキリの意見が現実的でないと否定しようとしたから。

ウ　一度目も二度目も単なる相づちであり、サチ社長とキリの意見に対しひとまずどっちつかずの立場を示そうとしたから。

エ　両方ともそれぞれの発言にこめられた話し手の意図を理解し、どのように答えるか思案中であることを示そうとしたから。

問八　二つの［※］には同じことばが入ります。そのことばとして適当なものを考えて漢字二字で答えなさい。

問九　本文の主人公のキリについての説明として適当でないものを次の中から一つ選んで、記号で答えなさい。

ア　キリは、自分の興味や関心があることになると、ためらわずに積極的に行動することができる人物である。

イ　キリは、姉妹理容師と競いたいと発言しているが、その一方で「かなわないかもしれない」と弱気になっている。

ウ　サチ社長と千恵子の言うことは間違っているとキリは感じており、千恵子に対して聞く耳をもとうとしていない。

エ　千恵子はキリの理容技術の高さを認めつつも、総合的にみると姉妹理容師にはかなわないと考えている。

二　次の各問いに答えなさい。

問一　次の1～3の対義語になるように、下の（　）に入る漢字をそれぞれ一字で答えなさい。

1　革新↕（　）守　　2　喜劇↕（　）劇　　3　前進↕後（　）

問二　次の1～4の（　）に入ることばとして最も適当なものをあとの語群から選んで、それぞれ記号で答えなさい。（同じ記号は二度使わない。）

1　ベテラン漫才《まんざい》コンビがネタの（　）ことで、新しい客を集める。
2　上級生の力強いダンスに（　）。
3　長年続けてきた研究がついに明日（　）。
4　私の誕生日に父が料理の（　）。

【語群】
ア　火に油を注ぐ　　イ　目先を変える　　ウ　日の目を見る　　エ　腕を振《ふ》るう
オ　手の平を返す　　カ　目をうばわれる

問三　次の1～3の（　）に漢字二字を入れ、四字熟語を完成させなさい。

1　二束（　）・・・値段が非常に安いこと。
2　意味（　）・・・人の言動などに本来の意味とは異なる意味がこめられていること。
3　無我（　）・・・心をうばわれ、無意識にひたすら行動するさま。

問四　次の1～3の□に入る前後をつなぐことばをあとから選んで、それぞれ記号で答えなさい。

1　今日は私の誕生日です。□、明日は親友の誕生日です。
2　今日の試験は自信があります。□、これまでがんばって勉強してきたからです。
3　大型の台風が接近しています。□、明日は臨時休校になります。

ア　したがって　　イ　なぜなら　　ウ　そして　　エ　むしろ

問五　次の1～3の――を漢字に直した時、他と異なるものがあります。その記号をそれぞれ選んで、さらに漢字も答えなさい。

1【ア　めったにないキカイだ。　イ　キカイの整備を念入りに行う。　ウ　キカイ体操を行う。】
2【ア　食品のエイセイを管理する。　イ　エイセイ中立国であるスイス。　ウ　木星のエイセイはエウロパだ。】
3【ア　漢字練習がシュウカン化する。　イ　シュウカン誌《し》を定期的に買う。　ウ　明日から交通安全シュウカンだ。】

問六　次の1～3の文について、表現として適当なものはア・イのどちらか。それぞれ記号で答えなさい。

1　ア　ここで働かさせてください。
　　イ　ここで働かせてください。
2　ア　自分で決めれることが多い。
　　イ　自分で決められることが多い。
3　ア　あの絵をご覧になりましたか。
　　イ　あの絵を拝見されましたか。

問七　次の1～3のことばの意味をあとから選んで、それぞれ記号で答えなさい。

1　ルーツ　　2　コンテンツ　　3　セオリー

ア　計画　　イ　起源　　ウ　理論
エ　内容　　オ　詳細

問八　次の1～4の――は「話し言葉」である。それぞれ四字以内で「書き言葉」に書き改めなさい。

1　こっちの意見も素晴《すば》らしい。
2　ぬいだ靴《くつ》をちゃんとそろえる。
3　親子丼《どん》じゃなくてカツ丼が好きです。
4　お客様がいっぱい来場してくれた。

問九　次の1～5の和歌の（　　）に入ることばとして最も適当なものをあとから選んで、それぞれ記号で答えなさい。

1　今来むと　言ひしばかりに　長月の　有明《ありあけ》の（　　）を　待ちいでつるかな
「今すぐ来よう」と　言ったばかりに、　九月の

2　しのぶれど　色に出にけり　わが（　　）は　物や思ふと　人の問ふまで
秘密にしていたけれど　表情に出てしまったよ　人から言われるほどに

3　ひさかたの　ひかりのどけき　（　　）の日に　しづ心なく　花のちるらむ
日の光がのどかな　どうしてあわただしく　桜の花は散るのでしょう

4　村雨の　露《つゆ》もまだひぬ　まきのはに　霧《きり》たちのぼる　（　　）の夕暮《ゆうぐれ》
にわか雨の　しずくがまだ乾《かわ》かない　きりが立ちのぼる

5　誰をかも　しる人にせむ　高砂の　（　　）もむかしの　ともならなくに
だれを　友人としようか　高砂《たかさご》にある　長寿《ちょうじゅ》で名高い　むかしからの　友人ではないのに

ア　春　　イ　秋　　ウ　日　　エ　命　　オ　恋《こい》
カ　人　　キ　月　　ク　松

# 2024年度

# 大阪女学院中学校
# 後期入学試験問題

# 「算　　数」

(50分)

1. 試験開始の合図があるまで，この問題冊子にふれてはいけません。
2. 問題は1ページ～ 6ページまで 1 ～ 5 の大問があります。
3. 解答はすべて解答用紙に記入しなさい。
4. 円周率は，3.14 として答えなさい。
5. ホッチキスは，はずしてはいけません。
6. 試験中に問題冊子の印刷不鮮明，ページの落丁・乱丁及び解答用紙の汚れ等に気付いた場合は，手をあげて監督の先生に知らせなさい。

1 次の□にあてはまる数を答えなさい。

(1) $6\times7-24\div6=\square$

(2) $(6-0.9)\times4.9=\square$

(3) $\left(\frac{5}{2}-\frac{3}{5}-\frac{5}{3}\right)\div\frac{14}{15}=\square$

(4) $\left(3\frac{1}{3}+\square\right)\times\frac{1}{7}=\frac{7}{12}$

(5) $2.6-\frac{7}{4}+0.7\div\frac{2}{5}=\square$

(6) $\left(\frac{4}{7}\div\square-5\right)\times8+35=195$

(7) ある都市の人口は27000人で，そのうち女性の割合は$\frac{5}{9}$で，さらにその1割が15才未満なので，その都市の15才未満の女性の人口は□人です。

(8) 6％の食塩水300gに13％の食塩水200g加えると□％の食塩水ができます。



店員　「お客様，どうなさいましたか？」

ミナ　「面積84 $m^2$のフロアをそうじするには，最初から最後まで高速モードでそうじしたとしても［お］分［か］秒かかりますね。」

店員　「そうですね。」

ミナ　「もう少し，スピーディーにそうじしたいな。同じそうじロボットを2台同時に使ったら半分の時間でできますか？」

店員　「それがですね，2台できっちり半分ずつ分けてそうじすることはできなくて，どうしても重なる部分ができますので，時間も半分より多くかかります。わが社のデータでは，2台で63 $m^2$のお部屋をそうじすると，10分かかるようです。」

ミナ　「そうなんですね。ありがとうございました。」

（会話文は以上です）

(1) ［あ］～［か］にあてはまる数を書き入れ，会話を完成させなさい。

(2) 63 $m^2$の部屋を高速モードでそうじするとき，2台で10分かかったとすると，重なってそうじする部分の面積は何$m^2$か求めなさい。

5　次の文章は，ミナさんがそうじロボットを買いに行ったときに，売り場の店員さんと会話したものです。以下の会話文を読み，次の問いに答えなさい。

ミナ　「部屋をそうじするのに，どれくらい時間がかかりますか？」

店員　「このロボットは高速モードと，静音モードがあって，2つのモードはリモコンのボタンで切りかえることができます。高速モードだと63 m$^2$のお部屋を14分で，そうじすることができます。」

ミナ　「なるほど。高速モードは，1分間に［　あ　］m$^2$のそうじができるんですね。」

店員　「その通りです。静音モードでは高速モードの$\frac{5}{3}$倍の時間がかかりますが，音が静かでおすすめです。」

ミナ　「静音モードは，え～と，1分間に［　い　］m$^2$のそうじができるんですね。」

店員　「はい，その通りです。この2つのモードを，組み合わせて使うことも可能です。例えば，63 m$^2$のお部屋の$\frac{1}{4}$の面積を高速モードで，残りの面積を静音モードでそうじした場合［　う　］分でそうじできます。ライフスタイルやその日のご予定に合わせたそうじが，思いのままです！」

ミナ　「私は面積84 m$^2$のフロアをそうじしたいんだけど，たとえば最初の［　え　］m$^2$を高速モードでそうじして，残りは静音モードに切りかえてそうじするような使い方もできるんですね。」

店員　「はい。その使い方だと，え～と，ちょうど24分で，そうじできます。」

ミナ　「なるほど。う～ん，でもなぁ。」



2　次の問いに答えなさい。

(1)　3倍すると71以上100以下となる整数のうち，3番目に小さい数は何か求めなさい。

(2)　斜線《しゃせん》部の面積は何cm$^2$か求めなさい。

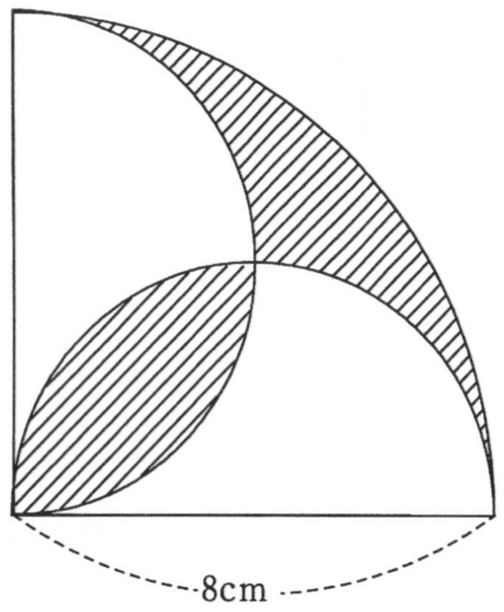


(3)　ルミさんが学校から駅までの道のりを分速72 mの速さで歩くと，7分かかります。ミナさんは自転車でルミさんの歩く速さの$\frac{5}{2}$倍の速さで進むことができます。ルミさんが学校から駅に向かって歩いて出発したのと同時に，ミナさんが自転車で駅から学校に向かって出発したとき，2人が出会うのは出発してから何分後か求めなさい。

3　下の図のような，台形ABCDがあります。点Eは辺BC上の点で，直線AEと辺BCは垂直です。点Pが，点Cを出発して秒速2 cmの速さで，C→D→A→Bの順に台形の辺上を，12.5秒で移動します。このとき，次の問いに答えなさい。

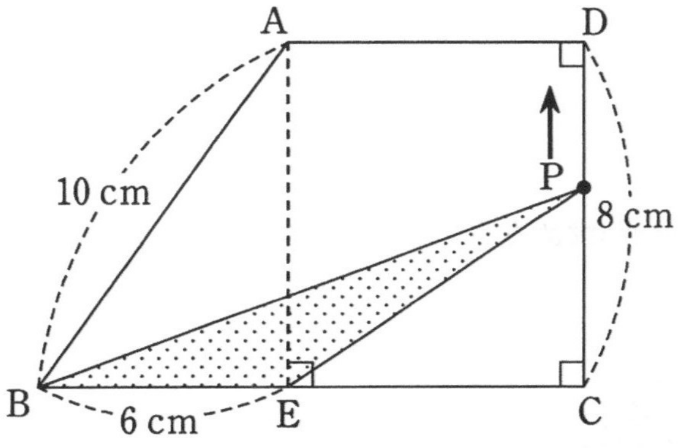


(1)　辺ADの長さは何cmか求めなさい。

(2)　点Pが辺CD上にあるとき，三角形BEPの面積が21 $cm^2$ となるのは，点Pが点Cを出発してから何秒後か求めなさい。

(3)　三角形BEPの面積がいちばん大きくなるのは，点Pが点Cを出発してから何秒後から何秒後の間か求めなさい。

(4)　三角形BEPの面積が7.2 $cm^2$ になるのは，点Pが点Cを出発してから何秒後と何秒後か求めなさい。

4　以下のような，2つの円柱を組み合わせた容器があります。この容器は，①の向きに置くとふたを開けることができます。ふたをとじて，②の向きに置くこともできます。次の問いに答えなさい。

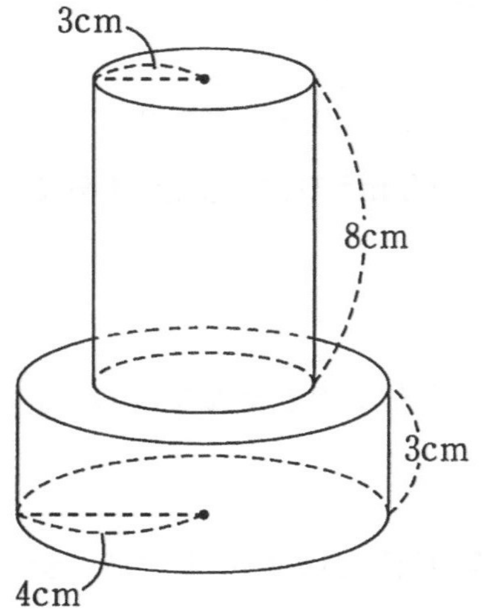


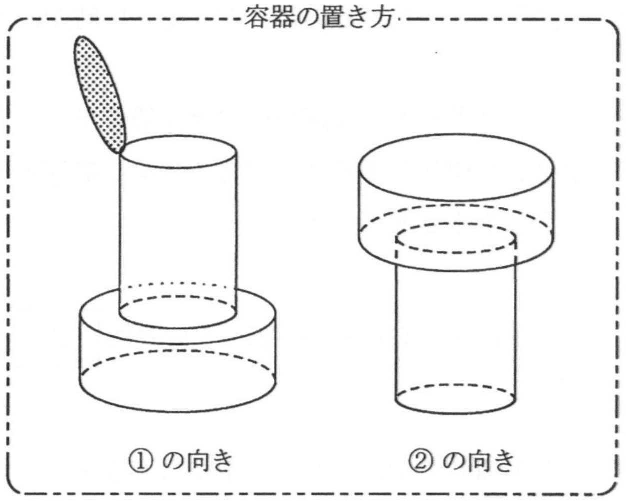


(1)　この容器の容積は何$cm^3$か求めなさい。

(2)　この容器を①の向きに置いてふたを開け，容積の $\frac{3}{4}$ だけ水を入れます。水面の高さは何cmになるか求めなさい。

(3)　(2)の状態からふたをとじ，②の向きに置くと水面の高さは何cmになるか求めなさい。

(4)　(3)の状態から容器を再び①の向きに置いてふたを開け，水の中にビー玉を5個しずめると，水面の高さが2.5 cm上がりました。このビー玉1個分の体積は何$cm^3$か求めなさい。

# 二〇二四年度大阪女学院中学校後期入学試験問題　国語　解答用紙

## 一

小計

問一　a　b　c　d　e

問二　A　B　C　D

問三　1　2　3　4

問四

問五

問六

問七

問八

問九

問一．２点×５
問二．３点×４
問三．３点×４
問四．４点
問五．４点
問六．３点
問七．４点
問八．４点
問九．４点

## 二

小計

問一　1　2　3

問二　1　2　3　4

問三　1　2　3

問四　1　2　3

問五　1　記号　漢字　2　記号　漢字　3　記号　漢字

問六　1　2　3

問七　1　2　3

問八　1　2　3　4

問九　1　2　3　4　5

問一．１点×３
問二．１点×４
問三．２点×３
問四．１点×３
問五．１点×３
問六．１点×３
問七．１点×３
問八．２点×４
問九．２点×５

受験番号

氏名

得点

※100点満点

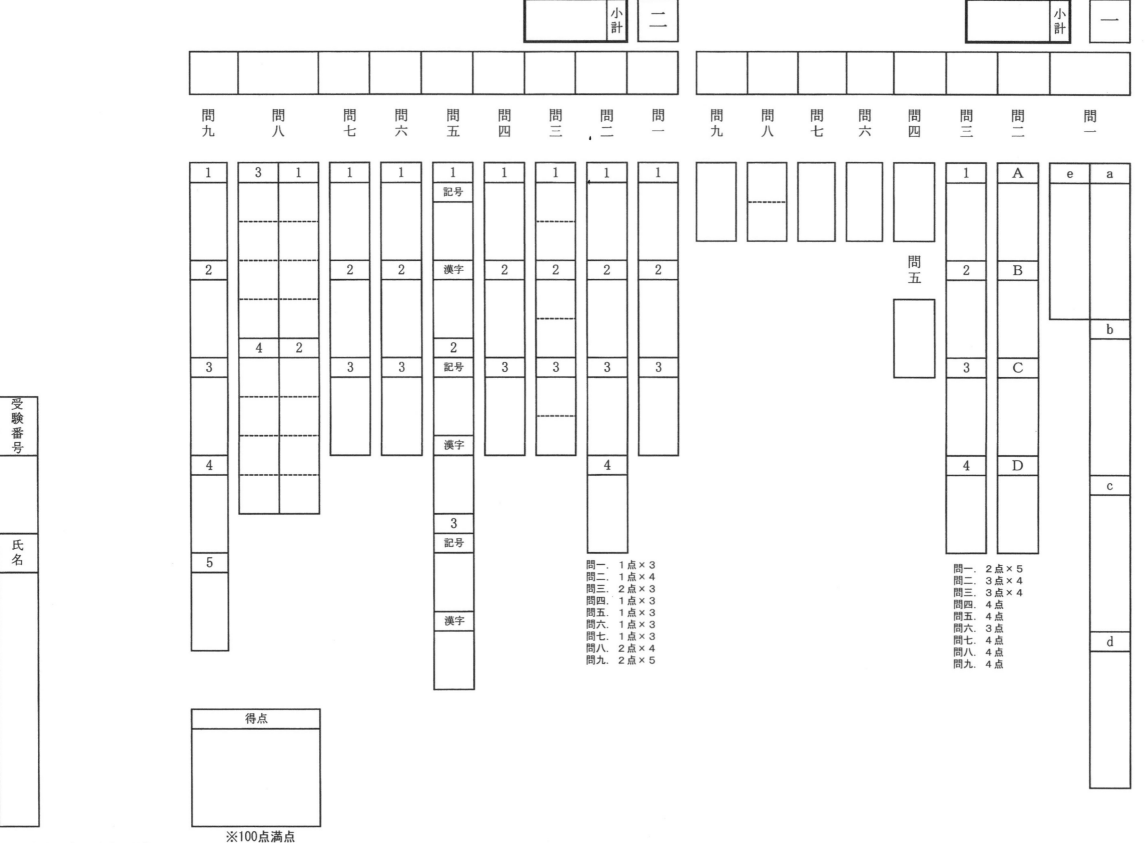

2024年度 大阪女学院中学校 後期入学試験解答用紙
「算　数」

（解答用紙には答えのみを記入し，途中の計算や式は書かないこと。）

| 受験番号 | 名　前 |
|---|---|
| | |

| 中計 | 総得点 | 中計 |
|---|---|---|
| | | |

※100点満点

1 （40点） 5点×8

| | 解答欄 | 得点 |
|---|---|---|
| (1) | | |
| (2) | | |
| (3) | | |
| (4) | | |
| (5) | | |
| (6) | | |
| (7) | 人 | |
| (8) | % | |

小計

小計

2 （12点） 4点×3

| | 解答欄 | 得点 |
|---|---|---|
| (1) | | |
| (2) | $cm^2$ | |
| (3) | 分後 | |

小計

3 （16点） 4点×4

| | 解答欄 | 得点 |
|---|---|---|
| (1) | cm | |
| (2) | 秒後 | |
| (3) | 秒後から　秒後 | |
| (4) | 秒後と　秒後 | |

小計

4 （16点） 4点×4

| | 解答欄 | 得点 |
|---|---|---|
| (1) | $cm^3$ | |
| (2) | cm | |
| (3) | cm | |
| (4) | $cm^3$ | |

小計

5 （16点） (1)2点×6 (2)4点

| | | 解答欄 | 得点 |
|---|---|---|---|
| (1) | あ | $m^2$ | |
| | い | $m^2$ | |
| | う | 分 | |
| | え | $m^2$ | |
| | お | 分 | |
| | か | 秒 | |
| (2) | | $m^2$ | |

小計

46-(45)
【解答用紙2-(2)】

## 福岡県

- ①[国立]福岡教育大学附属中学校（福岡・小倉・久留米）
- ②[県立]
  - 育徳館中学校
  - 門司学園中学校
  - 宗像中学校
  - 嘉穂高等学校附属中学校
  - 輝翔館中等教育学校
- ③西南学院中学校
- ④上智福岡中学校
- ⑤福岡女学院中学校
- ⑥福岡雙葉中学校
- ⑦照曜館中学校
- ⑧筑紫女学園中学校
- ⑨敬愛中学校
- ⑩久留米大学附設中学校
- ⑪飯塚日新館中学校
- ⑫明治学園中学校
- ⑬小倉日新館中学校
- ⑭久留米信愛中学校
- ⑮中村学園女子中学校
- ⑯福岡大学附属大濠中学校
- ⑰筑陽学園中学校
- ⑱九州国際大学付属中学校
- ⑲博多女子中学校
- ⑳東福岡自彊館中学校
- ㉑八女学院中学校

## 佐賀県

- ①[県立]
  - 香楠中学校
  - 致遠館中学校
  - 唐津東中学校
  - 武雄青陵中学校
- ②弘学館中学校
- ③東明館中学校
- ④佐賀清和中学校
- ⑤成穎中学校
- ⑥早稲田佐賀中学校

## 長崎県

- ①[県立]
  - 長崎東中学校
  - 佐世保北中学校
  - 諫早高等学校附属中学校
- ②青雲中学校
- ③長崎南山中学校
- ④長崎日本大学中学校
- ⑤海星中学校

## 熊本県

- ①[県立]
  - 玉名高等学校附属中学校
  - 宇土中学校
  - 八代中学校
- ②真和中学校
- ③九州学院中学校
- ④ルーテル学院中学校
- ⑤熊本信愛女学院中学校
- ⑥熊本マリスト学園中学校
- ⑦熊本学園大学付属中学校

## 大分県

- ①[県立]大分豊府中学校
- ②岩田中学校

## 宮崎県

- ①[県立]五ヶ瀬中等教育学校
- ②[県立]
  - 宮崎西高等学校附属中学校
  - 都城泉ヶ丘高等学校附属中学校
- ③宮崎日本大学中学校
- ④日向学院中学校
- ⑤宮崎第一中学校

## 鹿児島県

- ①[県立]楠隼中学校
- ②[市立]鹿児島玉龍中学校
- ③鹿児島修学館中学校
- ④ラ・サール中学校
- ⑤志學館中等部

## 沖縄県

- ①[県立]
  - 与勝緑が丘中学校
  - 開邦中学校
  - 球陽中学校
  - 名護高等学校附属桜中学校

## もっと過去問シリーズ

### 北海道

北嶺中学校
7年分（算数・理科・社会）

### 静岡県

静岡大学教育学部附属中学校
（静岡・島田・浜松）
10年分（算数）

### 愛知県

愛知淑徳中学校
7年分（算数・理科・社会）
東海中学校
7年分（算数・理科・社会）
南山中学校男子部
7年分（算数・理科・社会）
南山中学校女子部
7年分（算数・理科・社会）
滝中学校
7年分（算数・理科・社会）
名古屋中学校
7年分（算数・理科・社会）

### 岡山県

岡山白陵中学校
7年分（算数・理科）

### 広島県

広島大学附属中学校
7年分（算数・理科・社会）
広島大学附属福山中学校
7年分（算数・理科・社会）
広島学院中学校
7年分（算数・理科・社会）
広島女学院中学校
7年分（算数・理科・社会）
修道中学校
7年分（算数・理科・社会）
ノートルダム清心中学校
7年分（算数・理科・社会）

### 愛媛県

愛光中学校
7年分（算数・理科・社会）

### 福岡県

福岡教育大学附属中学校
（福岡・小倉・久留米）
7年分（算数・理科・社会）
西南学院中学校
7年分（算数・理科・社会）
久留米大学附設中学校
7年分（算数・理科・社会）
福岡大学附属大濠中学校
7年分（算数・理科・社会）

### 佐賀県

早稲田佐賀中学校
7年分（算数・理科・社会）

### 長崎県

青雲中学校
7年分（算数・理科・社会）

### 鹿児島県

ラ・サール中学校
7年分（算数・理科・社会）

※もっと過去問シリーズは
国語の収録はありません。

教英出版

〒422-8054
静岡県静岡市駿河区南安倍3丁目12－28
TEL 054-288-2131
FAX 054-288-2133
詳しくは教英出版で検索
教英出版　検索
URL https://kyoei-syuppan.net/

④[府立]富田林中学校
⑤[府立]咲くやこの花中学校
⑥[府立]水都国際中学校
⑦清風中学校
⑧高槻中学校（A日程）
⑨高槻中学校（B日程）
⑩明星中学校
⑪大阪女学院中学校
⑫大谷中学校
⑬四天王寺中学校
⑭帝塚山学院中学校
⑮大阪国際中学校
⑯大阪桐蔭中学校
⑰開明中学校
⑱関西大学第一中学校
⑲近畿大学附属中学校
⑳金蘭千里中学校
㉑金光八尾中学校
㉒清風南海中学校
㉓帝塚山学院泉ヶ丘中学校
㉔同志社香里中学校
㉕初芝立命館中学校
㉖関西大学中等部
㉗大阪星光学院中学校

### 兵庫県

①[国立]神戸大学附属中等教育学校
②[県立]兵庫県立大学附属中学校
③雲雀丘学園中学校
④関西学院中学部
⑤神戸女学院中学部
⑥甲陽学院中学校
⑦甲南中学校
⑧甲南女子中学校
⑨灘中学校
⑩親和中学校
⑪神戸海星女子学院中学校
⑫滝川中学校
⑬啓明学院中学校
⑭三田学園中学校
⑮淳心学院中学校
⑯仁川学院中学校
⑰六甲学院中学校
⑱須磨学園中学校(第1回入試)
⑲須磨学園中学校(第2回入試)
⑳須磨学園中学校(第3回入試)
㉑白陵中学校
㉒夙川中学校

### 奈良県

①[国立]奈良女子大学附属中等教育学校
②[国立]奈良教育大学附属中学校
③[県立]（国際中学校／青翔中学校）
④[市立]一条高等学校附属中学校
⑤帝塚山中学校
⑥東大寺学園中学校
⑦奈良学園中学校
⑧西大和学園中学校

### 和歌山県

①[県立]（古佐田丘中学校／向陽中学校／桐蔭中学校／日高高等学校附属中学校／田辺中学校）
②智辯学園和歌山中学校
③近畿大学附属和歌山中学校
④開智中学校

### 岡山県

①[県立]岡山操山中学校
②[県立]倉敷天城中学校
③[県立]岡山大安寺中等教育学校
④[県立]津山中学校
⑤岡山中学校
⑥清心中学校
⑦岡山白陵中学校
⑧金光学園中学校
⑨就実中学校
⑩岡山理科大学附属中学校
⑪山陽学園中学校

### 広島県

①[国立]広島大学附属中学校
②[国立]広島大学附属福山中学校
③[県立]広島中学校
④[県立]三次中学校
⑤[県立]広島叡智学園中学校
⑥[市立]広島中等教育学校
⑦[市立]福山中学校
⑧広島学院中学校
⑨広島女学院中学校
⑩修道中学校
⑪崇徳中学校
⑫比治山女子中学校
⑬福山暁の星女子中学校
⑭安田女子中学校
⑮広島なぎさ中学校
⑯広島城北中学校
⑰近畿大学附属広島中学校福山校
⑱盈進中学校
⑲如水館中学校
⑳ノートルダム清心中学校
㉑銀河学院中学校
㉒近畿大学附属広島中学校東広島校
㉓AICJ中学校
㉔広島国際学院中学校
㉕広島修道大学ひろしま協創中学校

### 山口県

①[県立]（下関中等教育学校／高森みどり中学校）
②野田学園中学校

### 徳島県

①[県立]（富岡東中学校／川島中学校／城ノ内中等教育学校）
②徳島文理中学校

### 香川県

①大手前丸亀中学校
②香川誠陵中学校

### 愛媛県

①[県立]（今治東中等教育学校／松山西中等教育学校）
②愛光中学校
③済美平成中等教育学校
④新田青雲中等教育学校

### 高知県

①[県立]（安芸中学校／高知国際中学校／中村中学校）

## 神奈川県

①[県立] 相模原中等教育学校
　　　 平塚中等教育学校

②[市立]南高等学校附属中学校

③[市立]横浜サイエンスフロンティア高等学校附属中学校

④[市立]川崎高等学校附属中学校

✿⑤聖光学院中学校

✿⑥浅野中学校

⑦洗足学園中学校

⑧法政大学第二中学校

⑨逗子開成中学校(1次)

⑩逗子開成中学校(2・3次)

⑪神奈川大学附属中学校(第1回)

⑫神奈川大学附属中学校(第2・3回)

⑬栄光学園中学校

⑭フェリス女学院中学校

## 新潟県

①[県立] 村上中等教育学校
　　　 柏崎翔洋中等教育学校
　　　 燕中等教育学校
　　　 津南中等教育学校
　　　 直江津中等教育学校
　　　 佐渡中等教育学校

②[市立]高志中等教育学校

③新潟第一中学校

④新潟明訓中学校

## 石川県

①[県立]金沢錦丘中学校

②星稜中学校

## 福井県

①[県立]高志中学校

## 山梨県

①山梨英和中学校

②山梨学院中学校

③駿台甲府中学校

## 長野県

①[県立] 屋代高等学校附属中学校
　　　 諏訪清陵高等学校附属中学校

②[市立]長野中学校

## 岐阜県

①岐阜東中学校

②鶯谷中学校

③岐阜聖徳学園大学附属中学校

## 静岡県

①[国立]静岡大学教育学部附属中学校
　　　(静岡・島田・浜松)

② [県立]清水南高等学校中等部
　 [県立]浜松西高等学校中等部
　 [市立]沼津高等学校中等部

③不二聖心女子学院中学校

④日本大学三島中学校

⑤加藤学園暁秀中学校

⑥星陵中学校

⑦東海大学付属静岡翔洋高等学校中等部

⑧静岡サレジオ中学校

⑨静岡英和女学院中学校

⑩静岡雙葉中学校

⑪静岡聖光学院中学校

⑫静岡学園中学校

⑬静岡大成中学校

⑭城南静岡中学校

⑮静岡北中学校

⑯ 常葉大学附属常葉中学校
　 常葉大学附属橘中学校
　 常葉大学附属菊川中学校

⑰藤枝明誠中学校

⑱浜松開誠館中学校

⑲静岡県西遠女子学園中学校

⑳浜松日体中学校

㉑浜松学芸中学校

## 愛知県

①[国立]愛知教育大学附属名古屋中学校

②愛知淑徳中学校

③ 名古屋経済大学市邨中学校
　 名古屋経済大学高蔵中学校

④金城学院中学校

⑤椙山女学園中学校

⑥東海中学校

⑦南山中学校男子部

⑧南山中学校女子部

⑨聖霊中学校

⑩滝中学校

⑪名古屋中学校

⑫大成中学校

⑬愛知中学校

⑭星城中学校

⑮名古屋葵大学中学校
　(名古屋女子大学中学校)

⑯愛知工業大学名電中学校

⑰海陽中等教育学校(特別給費生)

⑱海陽中等教育学校(I・II)

⑲中部大学春日丘中学校

新刊⑳名古屋国際中学校

## 三重県

①[国立]三重大学教育学部附属中学校

②暁中学校

③海星中学校

④四日市メリノール学院中学校

⑤高田中学校

⑥セントヨゼフ女子学園中学校

⑦三重中学校

⑧皇學館中学校

⑨鈴鹿中等教育学校

⑩津田学園中学校

## 滋賀県

①[国立]滋賀大学教育学部附属中学校

②[県立] 河瀬中学校
　　　 守山中学校
　　　 水口東中学校

## 京都府

①[国立]京都教育大学附属桃山中学校

②[府立]洛北高等学校附属中学校

③[府立]園部高等学校附属中学校

④[府立]福知山高等学校附属中学校

⑤[府立]南陽高等学校附属中学校

⑥[市立]西京高等学校附属中学校

⑦同志社中学校

⑧洛星中学校

⑨洛南高等学校附属中学校

⑩立命館中学校

⑪同志社国際中学校

⑫同志社女子中学校(前期日程)

⑬同志社女子中学校(後期日程)

## 大阪府

①[国立]大阪教育大学附属天王寺中学校

②[国立]大阪教育大学附属平野中学校

③[国立]大阪教育大学附属池田中学校